Corporate Entrepreneurship

Andreas Engelen · Monika Engelen
Jan-Thomas Bachmann

Corporate Entrepreneurship

Unternehmerisches Management
in etablierten Unternehmen

Springer Gabler

Andreas Engelen
Lehrstuhl für Unternehmensführung
TU Dortmund
Dortmund
Deutschland

Monika Engelen
Köln
Deutschland

Jan-Thomas Bachmann
Unternehmensführung
TU Dortmund
Dortmund
Deutschland

ISBN 978-3-658-00645-7 ISBN 978-3-658-00646-4 (eBook)
DOI 10.1007/978-3-658-00646-4

Die Deutsche Nationalbibliothek verzeichnet diese Publikation in der Deutschen Nationalbibliografie; detaillierte bibliografische Daten sind im Internet über http://dnb.d-nb.de abrufbar.

Springer Gabler
© Springer Fachmedien Wiesbaden 2015

Springer Fachmedien Wiesbaden ist Teil der Fachverlagsgruppe Springer Science+Business Media
(www.springer.com)

Vorwort

Aktuelle Studien kommen zu dem Schluss, dass ein Mensch mit durchschnittlicher Lebensdauer die meisten Unternehmen überlebt. Von vor 40 Jahren gegründeten Unternehmen existieren nur noch 0,1 %. Dieser Schwund lässt sich nicht nur auf kleine und junge Unternehmen zurückführen, die schnell wieder vom Markt verschwinden. Etwa ein Drittel der laut Forbes 500 größten Unternehmen existiert nach 10 Jahren nicht mehr. Von den 1000 größten Unternehmen, die 1962 aktiv waren, gibt es heute nur noch weniger als 16 %.

Warum sind etablierte Unternehmen mit all ihren Erfahrungen und Ressourcen nicht langfristig erfolgreicher und nachhaltiger? Sie werden über die Jahre des Erfolges selbstzufrieden und meist weniger flexibel. Ihnen geht die unternehmerische Dynamik verloren, um neue Gelegenheiten zu erkennen und diese zu nutzen. Start-ups dagegen realisieren oft die Geschäftsideen, die etablierte Unternehmen nicht erkennen oder an die sich diese nicht trauen. Einige Start-ups haben es mit innovativen Ideen und Produkten geschafft, innerhalb weniger Jahre ganz neue Märkte zu schaffen und zu globalen Playern zu wachsen. Etablierte Unternehmen können und müssen von diesen Start-ups lernen. In einer volatilen Geschäftswelt mit immer kürzeren Produktlebens- und Innovationszyklen ist es auch für etablierte Unternehmen unabdingbar, nach neuen Gelegenheiten Ausschau zu halten und diese zu erschließen. Nur Unternehmen, die kontinuierlich ihre Betätigungsfelder hinterfragen und unternehmerisch erweitern, werden auch in Jahrzehnten noch erfolgreich am Markt agieren.

Corporate Entrepreneurship beschreibt die Unternehmensaktivitäten, die hinter diesem unternehmerischen Handeln in bestehenden, etablierten Unternehmen stehen. Gekennzeichnet durch die drei Dimensionen Innovativität, Proaktivität und Risikobereitschaft ist Corporate Entrepreneurship heute belegbar ein wichtiger Faktor für nachhaltigen Unternehmenserfolg. Erfolgreiche innovative Unternehmen wie 3M und W. L.Gore und Associates haben Strukturen, die es ihren Mitarbeitern erleichtern, selbst unternehmerisch zu handeln und sich so einer Start-up-Situation anzunähern. So ermutigen Google und der indische Konzern Tata ihre Mitarbeiter, unternehmerische Initiativen zu ergreifen und belohnen auch gescheiterte Ideen. Starbucks holte den ehemaligen Gründer und Vorstandsvorsitzenden zurück, um den Elan und Eifer der Start-up-Zeit wiederzubeleben.

Erste wissenschaftliche Studien beleuchten Aspekte von Corporate Entrepreneurship und es kursieren viele Anekdoten zu Corporate Entrepreneurship, aber bisher fehlt es an einem umfassenden strukturierten Überblick, um Corporate Entrepreneurship zu verstehen und umzusetzen. Mit dem vorliegenden Buch haben wir es uns zur Aufgabe gemacht, das Konzept des Corporate Entrepreneurship wissenschaftlich zu beleuchten und anhand von Praxisbeispielen umsetzbar zu machen. Entlang der fünf Managementfunktionen Planung, Organisation, Personal, Führung und Kontrolle werden die Erkenntnisse der aktuellen Managementforschung in Bezug auf Corporate Entrepreneurship strukturiert präsentiert. Reale Beispiele einer Vielzahl von Unternehmen illustrieren die wichtigsten Stellhebel für Corporate Entrepreneurship und sind durch konkrete Managementtools ergänzt.

Herzlich bedanken möchten wir uns bei den Unterstützerinnen, die dieses Buch in seiner jetzigen Form ermöglicht haben. Dies sind in alphabetischer Reihenfolge: Jana Drechsler, unsere Lektorin Gundula Herget und Barbara Kirchhoff.

Köln, im Spätsommer 2014   Andreas Engelen
                                                                                               Monika Engelen
                                                                                          Jan-Thomas Bachmann

Inhaltsverzeichnis

Einführung

1

Kapitel 1 dient der Einführung in die Thematik des Corporate Entrepreneurship. Im Folgenden wird in Abschn. 1.1 zunächst dargelegt, welche Veränderungen in vielen Industrien zu der Notwendigkeit geführt haben, existierende Management-Ansätze zu überdenken. Abschnitt 1.1 legt die definitorischen Grundlagen zum Thema, grenzt den Begriff des Corporate Entrepreneurship vom Start-up-Entrepreneurship ab und zeigt, wie Corporate Entrepreneurship Unternehmen hilft, in veränderten Umfeldern, die in Abschn. 1.1 dargestellt wurden, zu überleben. Abschnitt 1.3 stellt dar, welche Hürden Führungskräfte in ihren Unternehmen sehen, die verhindern, dass Corporate Entrepreneurship etabliert werden kann, und zeigt die Bedeutung von Managementaktivitäten zur Förderung von Corporate Entrepreneurship auf. Insbesondere stellt dieser Abschnitt heraus, dass diese Hürden überwiegend interner Natur sind und Corporate Entrepreneurship somit ein durch Management steuerbares Phänomen darstellt. Abschließend zeigt Abschn. 1.4 den weiteren Aufbau des vorliegenden Buchs.

> **Zentrale Fragen von Kap. 1**
> - Welche Veränderungen führen in vielen Industrien zur Notwendigkeit, traditionelle, etablierte Management-Ansätze zu überdenken? Welchen Beitrag kann Corporate Entrepreneurship leisten?
> - Was ist Corporate Entrepreneurship und wie grenzt es sich vom Start-up-Entrepreneurship ab?
> - Welche Schwierigkeiten existieren in etablierten Unternehmen, „Entrepreneurship zu praktizieren", d. h. die einzelnen Mitarbeiter zu unternehmerischem Handeln zu motivieren?
> - Was sind wesentliche Hürden bei der Etablierung eines Corporate Entrepreneurship im Unternehmen?

© Springer Fachmedien Wiesbaden 2015

A. Engelen et al., *Corporate Entrepreneurship*, DOI 10.1007/978-3-658-00646-4_1

1.1 Entwicklung der wirtschaftlichen Rahmenbedingungen in vielen Industrien

Verschiedenste Entwicklungen in vielen Industrien haben zu erheblichen Veränderungen geführt, von denen eine ganze Reihe von Unternehmen profitiert hat. Für nicht wenige aber haben diese Veränderungen erhebliche Nachteile gebracht, indem bestehende Geschäftsfelder unattraktiv wurden und möglicherweise sogar ganz verschwunden sind. Welche Treiber stehen hinter diesen Entwicklungen? Kuratko et al. (2011) unterscheiden zwischen Veränderungen im Wettbewerberverhalten, in Technologieentwicklungen, im Kundenverhalten und im institutionellen Kontext, wie Abb. 1.1 zusammenfasst.

In den letzten Jahrzehnten haben sich viele Wettbewerbsumfelder dramatisch geändert. Vor allem in technologie- und internetorientierten Industrien haben teilweise ganze Wachablösungen in Marktzusammensetzungen stattgefunden. So hat Skype eine ganze Reihe großer Telekommunikationsunternehmen in einigen Märkten ausgespielt, Apples iPod hat den Sony Walkman abgelöst, und eBay hat die klassische Kleinanzeige ersetzt. Auffällig ist, dass insbesondere neugegründete Start-up-Unternehmen in diesen Industrien innerhalb weniger Jahre neue Gelegenheiten („Opportunities") so ausgenutzt haben, dass sie etablierte Unternehmen teilweise komplett aus dem Markt verdrängt haben. So sind in der aktuellen Zusammensetzung des NASDAQ-100-Index 55 Unternehmen jünger als 30 Jahre, 29 Unternehmen sogar unter 20 Jahre alt (Stand: Frühjahr 2014). Geleitet durch einen ausgeprägten Unternehmergeist haben es diese Unternehmen innerhalb weniger Jahre geschafft, andere mittlere und große Unternehmen hinter sich zu lassen – oft aus der viel zitierten Garage in Technologieparks wie dem Silicon Valley heraus. Ähnliche Tendenzen zeigt eine Studie von Forbes auf, in der jedes Jahr Führungskräfte in den USA zur Identifikation der „World's Most Innovative Companies" befragt werden. In 2013 war mit Natura Cosmeticos nur ein Unternehmen in den Top 10 gelistet, das vor 1990 gegründet wurde, wie auch Tab. 1.1 zeigt (Forbes 2013).

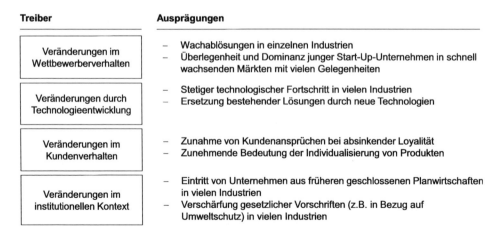

Treiber	Ausprägungen
Veränderungen im Wettbewerberverhalten	– Wachablösungen in einzelnen Industrien – Überlegenheit und Dominanz junger Start-Up-Unternehmen in schnell wachsenden Märkten mit vielen Gelegenheiten
Veränderungen durch Technologieentwicklung	– Stetiger technologischer Fortschritt in vielen Industrien – Ersetzung bestehender Lösungen durch neue Technologien
Veränderungen im Kundenverhalten	– Zunahme von Kundenansprüchen bei absinkender Loyalität – Zunehmende Bedeutung der Individualisierung von Produkten
Veränderungen im institutionellen Kontext	– Eintritt von Unternehmen aus früheren geschlossenen Planwirtschaften in vielen Industrien – Verschärfung gesetzlicher Vorschriften (z.B. in Bezug auf Umweltschutz) in vielen Industrien

Abb. 1.1 Überblick über Treiber von Veränderungen in Umfeldern von Unternehmen. (Eigene Darstellung nach Kuratko et al. 2011)

Tab. 1.1 „World's Most Innovative Companies" in 2013 und ihr Gründungsjahr. (Nach Forbes 2013)

Rang	Unternehmen	Land	Gründungsjahr
1	Salesforce.com	USA	1999
2	Alexion Pharmaceuticals	USA	1992
3	VMware	USA	1998
4	Regeneron Pharmaceuticals	USA	1988
5	ARM Holdings	Großbritannien	1990
6	Baidu	China	2000
7	Amazon.com	USA	1994
8	Intuitive Surgical	USA	1995
9	Rakuten	Japan	1997
10	Natura Cosmeticos	Brasilien	1969

Christensen (2011) erklärt dieses Phänomen mit seinem Konzept der disruptiven Innovationen, welche sich auf bahnbrechende Neuheiten beziehen, die einen für den Kunden bis dahin nicht da gewesenen Nutzen schaffen können. Beispiele sind der Mobilfunk im Telekommunikationsmarkt, Digitalkameras im Fotografiemarkt oder Online-Shopping im Einzelhandel. Christensen (2011) beschreibt, dass große, bis dahin marktbeherrschende Unternehmen es nicht schaffen, aufkommende neue Innovationen zu begreifen und zu kommerzialisieren. Diesen Unternehmen gelingt es oft nicht, aus ihrem eigenen Wertesystem bisheriger Aktivitäten auszutreten und sich auf diese neue Innovation einzulassen. Hinzu kommt, dass die aufgrund disruptiver Innovationen neu entstehenden Marktchancen zu Beginn oft sehr klein sind und es sich daher für große Unternehmen nicht lohnt, in diese zu investieren. Wachsen dann aber diese Marktchancen plötzlich erheblich, ist es oft zu spät, da kleine Start-up-Unternehmen diese Marktchancen bereits besetzt, eigene Erfahrungen gesammelt und Marken aufgebaut haben. Etablierte mittlere und große Unternehmen müssen also lernen, diese Marktchancen rechtzeitig zu identifizieren und entsprechend unternehmerisch zu nutzen (Downes und Nunes 2013).

In welchen Bereichen im nächsten Jahrzehnt disruptive Innovationen besonders zu erwarten sind, zeigt Abb. 1.2. Das mobile Internet, Automatisierung von Wissensmanagement, das „Internet of Things" und Cloud Computing stellen zentrale Bereiche möglicher disruptiver Innovationen dar, die wiederum Auswirkungen auf viele Branchen haben können (Manyika et al. 2013). So werden andere Produkte (bezeichnet sowohl Produkte als auch Dienstleistungen) durch disruptive Innovationen in diesen Branchen möglicherweise komplett obsolet – mit den entsprechenden negativen Konsequenzen für die bisherigen Unternehmen in diesen Märkten.

Darüber hinaus haben technische Weiterentwicklungen und Innovationen in einigen Marktumfeldern zu fundamentalen Veränderungen geführt, so dass traditionelle Angebote von Unternehmen in einzelnen Branchen teilweise komplett verschwunden sind. Beispiel

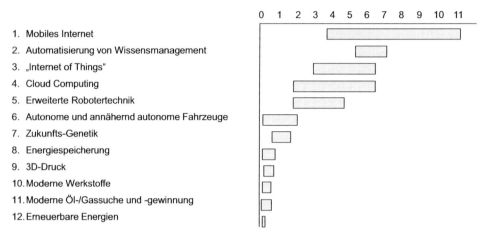

Abb. 1.2 Schätzung des weltweiten ökonomischen Potenzials (inklusive monetarisiertem Kunden-nutzen) disruptiver Innovationen in 2025 (in Billionen US-Dollar). (Nach Manyika et al. 2013)

1.1 verdeutlicht die Situation der Tageszeitungen in Deutschland, denen in den letzten Jahren ein Großteil der Werbeeinnahmen weggebrochen ist. Grund sind die neuen techno-logischen Entwicklungen, die zum Beispiel dazu geführt haben, dass Online-Werbung die klassische Printanzeige verdrängt hat.

Beispiel 1.1: Umwälzung einer ganzen Industrie durch neue Technologien: Wie der Zei-tungsmarkt sich verändert hat

2012 machte die Frankfurter Rundschau 16 Mio Euro Verlust – nur ein Indiz von vielen für die schwierige Situation der Tageszeitungen in Deutschland (Steinkirchner 2012). 1992 gab es noch 426 Tageszeitungen in Deutschland, 2012 waren es nach dem Bun-desverband Deutscher Zeitungsverleger nur noch 333. 2013 wurden täglich knapp 18 Mio. Exemplare von Tageszeitungen verkauft, während es Anfang der 1990er-Jahre noch knapp 30 Mio waren (dpa 2012).

Ein wesentlicher Grund für diese Entwicklung ist der Rückgang der Werbeumsätze im Printbereich (Bartsch et al. 2012). Werbetreibende investieren lieber in Online-Wer-bung, so dass in den ersten Monaten 2012 erstmals Google, erst Ende der 1990er-Jahre gegründet, mehr Umsatz mit Werbung gemacht hat als alle Zeitungen und Magazine in den USA zusammen. In den USA gibt es mittlerweile ganze Millionenmetropolen – wie New Orleans –, in denen überhaupt keine gedruckten regionalen Tageszeitungen mehr zu kaufen sind.

Technologische Weiterentwicklungen, insbesondere durch das Internet, gepaart mit geändertem Konsumentenverhalten, führten so zu gravierenden Veränderungen einer ganzen Branche.

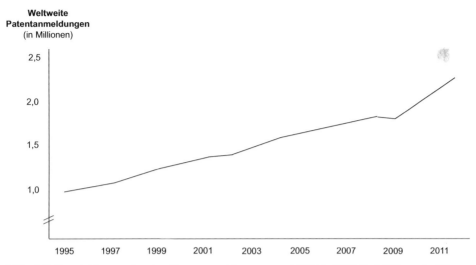

Abb. 1.3 Entwicklung weltweiter Patentanmeldungen von 1995 bis 2012 (in Millionen). (Eigene Darstellung nach WIPO 2013)

Die wachsende Bedeutung neuer Technologien oder Erfindungen generell zeigt sich auch in den weltweit angemeldeten Patenten in den letzten Jahren. Wie Abb. 1.3 darlegt, hat sich die Zahl dieser Patente zwischen 1995 und 2011 mehr als verdoppelt, von etwa einer Million Anmeldungen auf knapp 2,5 Mio pro Jahr. Jedes Patent kann potenziell ein aktuelles Produktangebot obsolet machen und die Unternehmen, die es bislang angeboten haben, vor große Herausforderungen stellen.

Darüber hinaus erkennt man, dass sich in vielen Industrien das Kundenverhalten über die Zeit deutlich verändert hat. Kunden sind heute wesentlich anspruchsvoller. Dies zeigt beispielsweise eine Befragung von 110 Managern im Bereich Beschwerdemanagement und 550 Kunden von Homburg et al. (2007). Viele Industrien sind fragmentierter, und Kunden erwarten individuelle Lösungsansätze. Außerdem sind Kunden heute oft wesentlich besser vernetzt, beispielsweise über soziale Medien. Sie tauschen sich über Angebote im Markt aus und sind über Preise und Qualität der Produkte und Anbieter deutlich besser informiert. Neue technologische Möglichkeiten (wie Online-Konfigurations-Angebote) haben außerdem bewirkt, dass Kunden heutzutage in Produktentwicklungsprozesse eingebunden werden wollen (Droge et al. 2010).

Schließlich haben sich einige institutionelle Rahmenbedingungen geändert. Auf globaler Ebene sind durch die Öffnung ehemaliger Planwirtschaften neue Spieler in den Weltmarkt eingestiegen. Sie übernehmen heute in vielen Industrien Vorreiterrollen, insbesondere durch Kostenvorteile bei einzelnen Produktionsfaktoren wie etwa dem Faktor menschliche Arbeit (Hill 2010). Auf diese Weise haben beispielsweise chinesische und indische Unternehmen Wettbewerbsvorteile westeuropäischer und US-amerikanischer Unternehmen untergraben. Diese müssen nun neue Wege finden, sich vom Wettbewerb abzusetzen und zu überleben. Auf institutioneller Ebene sind in einigen Branchen zudem verschärfte regulatorische Rahmenbedingungen, insbesondere in Bezug auf den Umwelt-schutz und nachhaltiges Wirtschaften, zu beobachten.

Was bedeuten nun diese veränderten Rahmenbedingungen entlang Wettbewerb, Tech-nologien, Kunden und institutionellem Umfeld für das Management von Unternehmen? Für viele etablierte Unternehmen stellen diese Veränderungen eine Gefahr dar, da be-stehende Produkte möglicherweise überholt sind bzw. nicht mehr nachgefragt werden. Womöglich kommen neue Wettbewerber dazu, die heute noch gar nicht auf dem Markt sind, aber in naher Zukunft überlegene Lösungen für veränderte Rahmenbedingungen in der jeweiligen Industrie anbieten können (Kuratko et al. 2011).

Auf solche Situationen müssen sich Unternehmen vorbereiten, insbesondere solche, deren Rahmenbedingungen sich fundamental in den vier beschriebenen Bereichen än-dern. Denn dann ist die Wahrscheinlichkeit sehr hoch, dass bestehende Geschäftsfelder in Zukunft kaum Wachstumspotenzial haben, sogar schrumpfen oder durch neue Lösun-gen ersetzt werden. Darauf müssen sich etablierte Unternehmen vorbereiten. Und zwar idealerweise so, dass das Unternehmen selbst von den veränderten Rahmenbedingungen profitieren kann (Garvin und Levesque 2006). Veränderung im Umfeld von Unternehmen schafft auch neue Gelegenheiten. Genau diese gilt es zu identifizieren und zu nutzen.

Nur wenige Unternehmen haben es über die letzten 100 Jahre geschafft, in ihrem Stammgeschäft durchgehend vertreten zu sein. Viele Großunternehmen von vor 100 Jah-ren existieren heute nicht mehr oder haben mehrmals über die Zeit ihr Geschäftsfeld ver-ändert. So hat IBM sich im letzten Jahrhundert mindestens drei Mal neu erfunden und neue Geschäftsfelder besetzt (Anthony 2012). In den 1920er-Jahren hat IBM elektrische Fleisch- und Brotschneidemaschinen verkauft, stellte dann Lochkartenmaschinen her und trat schließlich in den damals aufkommenden Markt für Großrechner ein. Heute ist mehr als die Hälfte der IBM-Mitarbeiter im IT-Service- und Beratungsgeschäft aktiv.

Eine ähnlich substanzielle Entwicklung hat das US-amerikanische Unternehmen Milli-ken and Company durchlebt, wie Beispiel 1.2 zeigt.

Beispiel 1.2: Milliken and Company: Vom klassischen Textilunternehmen zum High-Tech-Unternehmen

Milliken and Company ist ein US-amerikanisches Unternehmen, das eine Transforma-tion vom Textilunternehmen zum High-Tech-Unternehmen vollzogen hat, wie McGrath (2012) beschreibt. Gegründet wurde Milliken 1865 als Produzent von Wolle und war bis in die 1960er-Jahre ein klassisches Textilunternehmen, das Stoffe herstellte. Wäh-rend die US-amerikanischen Hauptwettbewerber ab den 1970er-Jahren nach und nach insolvent gegangen sind, schloss Roger Milliken bewusst eine Textilproduktion nach der anderen. Denn er hatte neue Pläne: Er hatte früh erkannt, dass er im Textilgeschäft durch den aufkommenden globalen Wettbewerb keine Chance mehr haben würde. Bis 1991 waren beispielsweise bereits 58% aller im US-Einzelhandel verkauften Stoffe und Kleidung importiert. Roger Milliken hatte diese Entwicklung kommen sehen. Er hatte bereits 1958 in ein eigenes Forschungslabor investiert und in den Folgejahren in viele neue Technologien und Märkte. Heute ist Milliken ein High-Tech-Unternehmen, das Spezialmaterialien herstellt, die Matratzen feuerfest, Windräder leichter und Kühlschrankbehälter klarer macht. Milliken hat dabei oft Mitarbeiter aus früheren Innovationswellen übernommen, konsequent intern ausgebildet und auf kommende Herausforderungen vorbereitet.

McGrath (2012) argumentiert sogar, dass es langfristige Wettbewerbsvorteile – als zentrales Konzept des strategischen Managements – heutzutage kaum noch gibt und sie, wenn überhaupt, immer nur vorübergehender Natur sind. Für die meisten Unternehmen hat damit jedes Geschäft ein begrenzt langes Leben. Nur Unternehmen, die sich kontinuierlich neu erfunden haben, haben bisher überlebt und werden in Zukunft überleben.

Etablierte Management-Praktiken in mittleren und großen Unternehmen, wie Effizienzorientierung, Standardisierung, langfristige Orientierung haben nicht zwangsläufig an Bedeutung verloren, müssen jedoch durch weitere Praktiken – die wir dem Bereich des „Corporate Entrepreneurship als unternehmerisches Management" – zuordnen, ergänzt werden (Thornberry 2001). Bisherige Ansätze zur Erzielung eines Wettbewerbsvorteils, wie geringe Kosten oder eine Differenzierung über einzelne überlegene Produktmerkmale im Markt, reichen nicht mehr aus, sondern werden mehr und mehr zu Hygienefaktoren (Porter 2008). Ging man in den 1980er- und 1990er-Jahren noch davon aus, dass Unternehmen, die sehr marktorientiert handelten, d. h. deren Aktivitäten sehr kunden- und wettbewerbsorientiert waren, einen deutlichen Wettbewerbsvorteil in ihrer Industrie hatten, so zeigt eine empirische Längsschnittstudie von Kumar et al. (2011), dass der Effekt einer Marktorientierung auf Umsatz und Gewinn über die letzten zwei Jahrzehnte deutlich abgenommen hat, wie Abb. 1.4 zeigt. Waren marktorientierte Unternehmen Ende der 1990er-Jahre typischerweise die „High-Performer" in ihren Branchen, so ist eine Marktorientierung heutzutage lediglich ein Hygienefaktor, aber kein Differenzierungsmerkmal mehr.

Kurt Estes, ehemals verantwortlich für Corporate-Entrepreneurship-Themen bei Motorola, äußerte einst, dass Unternehmen, die nicht ständig innovative neue Gelegenheiten suchen und verfolgen, zwangsläufig über die Zeit zu einem Anbieter von Commodity-Produkten und schließlich vergessen werden (Wolcott und Lippitz 2009). Neue Gelegenheiten wahrzunehmen und Innovationen zu fördern hat zudem nach Bob McDonald, einem ehemaligen Vorstandsvorsitzenden von Procter & Gamble, langfristigere Wirkungen als irgendwelche Marketing-Aktionen: „We know from our history that while promotions may win quarters, innovation wins decades" (Brown und Anthony 2011). Peters (2010) stellt dar, dass eine Fixierung auf Kostenreduktion und Effizienzorientierung, die lange Zeit an der Spitze der Agenda großer Unternehmen stand, nicht mehr ausreicht. Aus Sicht des Kapitalmarkts werden steigende Gewinnmargen langfristig kaum gewürdigt, wenn dabei der Umsatz stagniert. Arthur Martinez, Vorstandsvorsitzender von Sears, hält treffend fest: „You can't shrink your way to greatness".

Sich ständig verändernde Umfelder machen es vielmehr erforderlich, zukünftige Gelegenheiten zu verstehen und zukünftige Kundenbedürfnisse zu antizipieren. Dies ist umso

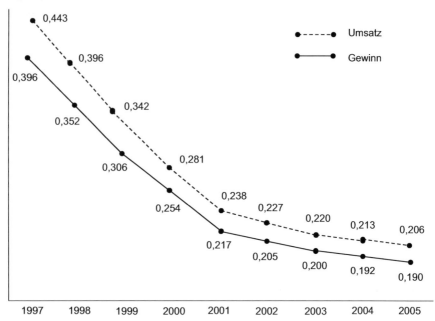

Abb. 1.4 Abnehmender Effekt einer Marktorientierung auf Umsatz und Gewinn von 1997 bis 2005. (Nach Kumar et al. 2011)

wichtiger, wenn es gleichzeitig bestehendem Wettbewerb oder neuem Wettbewerb – in Form von Start-up-Unternehmen – gelingt, von diesen neuen Technologien zu profitieren, die neuen Gelegenheiten für sich zu besetzen und damit existierende Geschäftsfelder zum Erliegen zu bringen. Etablierte Unternehmen müssen so gemanagt werden, dass ihre existierenden Geschäfte nicht in Gefahr geraten oder gar die Unternehmen selbst Opfer der veränderten Rahmenbedingungen werden. Nötig sind Flexibilität, schnelles Entscheiden mit kürzeren Entscheidungsfenstern, kontinuierliches Verfolgen von Innovationen und die Bereitschaft, Risiken einzugehen (Kuratko et al. 2011). Corporate Entrepreneurship zielt darauf ab, dass etablierte Unternehmen kontinuierlich neue Gelegenheiten aufspüren und diese nutzen, um so Wettbewerbsvorteile langfristig zu halten und auszubauen.

1.2 Corporate Entrepreneurship: Unternehmertum im etablierten Unternehmen

Im nun folgenden Abschnitt soll das Konzept des Corporate Entrepreneurship genauer vorgestellt werden. Dazu soll zunächst der Begriff des Entrepreneurship betrachtet werden: Er wurde insbesondere in der Literatur zum Gründungs- und Wachstumsmanagement geprägt (Gartner 1989). Dabei wurde die ein Unternehmen gründende Person untersucht, welche als Entrepreneur gilt. Im Mittelpunkt der Tätigkeiten eines Entrepreneurs steht dabei, dass vielversprechende Gelegenheiten identifiziert werden und etwas Neues geschaffen wird, wie in Abb. 1.5 dargestellt ist. Für den Entrepreneur selbst heißt dies zumeist, ein neues Unternehmen zu gründen, und, je nach Erfolg der Gründung, Wohlstand und Reichtum für ihn als Privatperson zu erlangen. Ebenso stehen Innovation und Veränderung im Mittelpunkt des unternehmerischen Verhaltens, welches dabei Wert und Beschäftigung für andere Individuen schafft (Timmons 1999).

Individuelles Unternehmertum hat dabei zentrale Auswirkungen sowohl auf das Individuum als auch auf das Umfeld der Industrie, in der das Unternehmen aktiv ist. Für das einzelne Individuum kann eine erfolgreiche Gründung wesentlichen Mehrwert liefern, von der finanziellen Unabhängigkeit über die Selbstverwirklichung bis hin zu einer gewissen Prominenz. Aber auch für die Industrie, die das neu gegründete Unternehmen betritt, kann es eine Bedeutung haben. Nach Schumpeter (1934) beinhaltet Unternehmertum immer kreative Zerstörung. Neu gegründete Unternehmen haben es – so hat die Vergangenheit gezeigt – oft geschafft, bestehende Industriestrukturen zu zerstören und komplett neue Märkte zu schaffen, die für den Kunden einen völlig neuen Nutzen generieren. Damit

Vermögensbildung	Unternehmertum beinhaltet die Übernahme von Risiken, welche mit einer Produktionserleichterung einhergehen kann. Für die Übernahme des Risikos können Gewinne erzielt werden.
Gestaltung eines Unternehmens	Unternehmertum hat das Gründen von neuen Unternehmen in Bereichen zur Folge, in denen vorher keine existierten.
Gestaltung von Innovationen	Unternehmertum beschäftigt sich mit einzigartigen Kombinationen von Ressourcen, welche existierende Methoden oder Produkte hinfällig werden lassen.
Gestaltung von Veränderung	Unternehmertum beinhaltet die Gestaltung von Veränderungen durch Anpassung, Adaptierung und Modifikation der eigenen Vorgehensweisen und Fähigkeiten, um die unterschiedlichsten Chancen der Umwelt wahrzunehmen.
Arbeitsplatzbeschaffung	Unternehmertum beschäftigt sich mit der Einstellung und dem Führen von Mitarbeitern sowie der Entwicklung von Faktoren der Produktion einschließlich der Arbeitskräfte.
Wertschöpfung	Unternehmertum ist ein Prozess der Wertschöpfung für Kunden durch Nutzung unerschlossener Potenziale.
Schaffung von Wachstum	Unternehmertum wird definiert als eine starke und positive Orientierung hinsichtlich eines Wachstums in Verkauf, Einkommen, Anlagen und Beschäftigung.

Abb. 1.5 Entrepreneurship als die Kreation von etwas Neuem. (Nach Kuratko et al. 2011)

kann festgehalten werden, dass Entrepreneurship im Kern bedeutet, neue Geschäftsfelder zu betreten.

Auf Unternehmensebene wird unternehmerisches Verhalten zumeist mit kleinen, neu-gegründeten Start-up-Unternehmen assoziiert. Die Literatur hat einige Gründe dafür iden-tifiziert, warum es eben diese Unternehmen oft schaffen, großen etablierten Unterneh-men im Markt erfolgreich Wettbewerb zu bieten (Gruber 2004). Sie sind typischerweise viel flexibler und bieten ihren Mitarbeitern mehr Freiraum, den sie für eigene Ideen und Initiativen nutzen können (Aldrich und Auster 1986). Ausgeprägte Formalisierung und Bürokratie in etablierten Unternehmen kann jegliche unternehmerische und innovative Aktivität im Keim ersticken und schnelles Handeln im Markt, wie es Start-ups oft können, verhindern (Engelen 2010). Junge Unternehmen profitieren auch von ihrer geringeren Größe: der Gründer kennt noch alle Mitarbeiter, die sich wiederum untereinander auch kennen, häufig sogar in enger räumlicher Nähe zueinander arbeiten, was einen kontinuier-lichen Austausch von Ideen ermöglicht (Brettel et al. 2010). Zudem sind sie oft völlig frei von langfristigen vertraglichen Verpflichtungen, die große etablierte Unternehmen häufig haben.

In vielen Industrien gibt es somit zwei grundsätzliche Typen von Unternehmen: auf der einen Seite junge und kleine Unternehmen mit einem inhärent hohen Grad an Unterneh-mertum, die ständig Neues ausprobieren und erschaffen. Auf der anderen Seite etablierte-re, größere Unternehmen, deren häufig verkrustete Strukturen das kontinuierliche Hervor-bringen von Neuem verhindern. Diese beiden Typen von Unternehmen stehen am Beginn und am Ende einer natürlichen zeitlichen Abfolge, wie sie das Lebenszyklusmodell in Tab. 1.2 darstellt (Hanks et al. 1993). In Start-up-Phasen sind Unternehmen per Definition jung und klein, haben keine ausgeprägten Unternehmensstrukturen, nur einen geringen Grad an Formalisierung, und alle Aktivitäten liegen zumeist in den Händen des Grün-ders. Ein solches Umfeld erlaubt es, mit neuen Produkten zu experimentieren, gemeinsam mit Kunden neue Ideen zu entwickeln und schnell auf veränderte Marktgegebenheiten zu reagieren – alles in der Literatur aufgedeckte Erfolgsfaktoren von Start-up-Unterneh-men (Luger und Koo 2005). Wächst das Unternehmen – was zwangsläufig zu erwarten ist, wenn es in der Start-up-Phase erfolgreich war –, kommt es in eine Phase schnellen Wachstums, was erste formelle Strukturen erfordert. Ein erstes Delegieren von Aktivitäten seitens des Gründers findet statt, erste formalisierte Regeln müssen aufgesetzt werden. Das Unternehmen landet in der sogenannten Reifephase, in der es eine gewisse Größe erreicht hat und das Wachstum langsam abebbt. Ausgeprägte Abteilungsstrukturen sowie bürokratische Planungs- und Kontrollsysteme entstehen (Greiner 1972). Schließlich geht das Unternehmen in eine Schrumpfungsphase über. Das Unternehmen wächst nicht mehr und schrumpft schließlich sogar. Preiskämpfe im Markt führen zu niedrigen Margen, In-novativität spielt keine Rolle mehr. Kosteneinsparungen sind der zentrale Hebel, um das Überleben zu sichern.

In den Reife- und Schrumpfungsphasen dürfte sich die Mehrzahl aller Unternehmen befinden. Start-up-Unternehmen, die kein entsprechendes Wachstum erreichen, ver-schwinden meistens nach einiger Zeit wieder aus dem Markt (Freeman et al. 1983). Tritt

Tab. 1.2 Lebenszyklusmodelle: Situation, Organisationsstruktur, Innovation und Strategie

	Start-up-Phase	Wachstumsphase	Reifephase	Schrumpfungsphase
Situation	• Geringe Größe	• Mittlere Größe	• Ausgeprägte Größe	• Großer Markt
	• Geringes Alter	• Mittleres Alter	• Höheres Alter	• Hohe Wettbewerbsintensität
	• Gründer-Dominanz	• Ggf. mehrere Eigentümer	• Ggf. hohe Streuung der Anteile	• Geringes oder gar kein Wachstum
Organisationsstruktur	• Informelle Organisationsstruktur	• Erste Formalisierung	• Hohe Formalisierung und Bürokratie	• Hohe Formalisierung und Bürokratie
	• Undifferenzierte Struktur	• Einführung erster Hierarchieebenen	• Ausgeprägte Hierarchien	• Ausgeprägte Hierarchien
	• Zentralisierung von Entscheidungen	• Moderate Differenzierung	• Räumliche Verteilung von Mitarbeitern	• Geringer Informationsaustausch
	• Ausprägte räumliche Nähe	• Erste räumliche Verteilung von Mitarbeitern		• Räumliche Verteilung von Mitarbeitern
Innovation und Strategie	• Hohe Innovativität und Flexibilität	• Ausbau des Markt-Produkt-Portfolios in benachbarte Bereiche	• Konsolidierung der Markt-Produkt-Strategie	• Geringe Innovativität und Flexibilität
	• Experimentierfreude	• Inkrementelle Innovation	• Fokus auf Effizienz	• Preiskämpfe
	• Nischenstrategie		• Konservative Strategie	• Schließung von Teilen des Unternehmens
	• Beträchtliche Risikobereitschaft			• Risikoaversion

allerdings Wachstum ein, müssen Unternehmen die erforderlichen Strukturen für erhöhte Mitarbeiterzahlen schaffen, mit allen Konsequenzen für die Struktur, Flexibilität, Innovativität und das Management des Unternehmens (Hanks et al. 1993). Haben Unternehmen die Reifephase erreicht, so haben sie eine gewisse Größe und eine gewisse Ressourcenausstattung erarbeitet, die wiederum jungen Unternehmen fehlt. Nun fehlt den etablierten Unternehmen jedoch die unternehmerische Freiheit, die sie in der Start-up-Phase noch besessen haben. Stattdessen werden Management- und Organisationsstrukturen aufgebaut, wie sie etablierten Unternehmen entsprechen. Das kann auch negative Folgen haben, wie es zum Beispiel Microsoft im ersten Jahrzehnt des 21. Jahrhunderts erfahren musste (N.N. 2012a).

Beispiel 1.3: Den Unternehmergeist verloren: Das „verlorene Jahrzehnt" von Microsoft

2012 generierte Apple mit dem iPhone mehr Umsatz als Microsoft mit allen Produkten zusammen. Wie konnte es passieren, dass Microsoft von Ende der 1990er-Jahre – dem Höhepunkt seiner Macht und seines Wachstums – bis heute seine Marktstellung so verloren hat? Experten sehen verschiedene Gründe (N. N. 2012a):

- Die Einführung des Management-Systems „Stack Ranking" durch Steve Ballmer: Jede Einheit wurde gezwungen, jedes Jahr die Mitarbeiter in drei Kategorien entsprechend ihrer Leistung zu ranken. 20 % durften als Top-Performer gerankt werden, 70 % als Mittelmaß und 10 % als Under-Performer. Letztere mussten das Unternehmen verlassen. Insider erzählen, dass dies zu erheblichem Unwohlsein der Mitarbeiter und zu Wettbewerb untereinander geführt hat, nicht aber zum Verfolgen gemeinsamer Ziele und zum Entwickeln neuer Ideen.
- Der Fokus auf kurzfristige Profite: Ein Mitglied der Technologie-Gruppe berichtet, dass Microsoft seit Ende der 1990er-Jahre nicht mehr primär darauf aus war, Technologien zu entwickeln, sondern kurzfristig mit Projekten zu bewährten Technologien Geld zu verdienen. Aus diesem Grund sind viele langfristige Projekte über neue innovative Technologien mit unsicherem Ergebnis nicht angegangen worden.
- Die Loyalität zu Windows: Das Betriebssystem Windows hat Microsoft zu einem der erfolgreichsten und bedeutendsten Unternehmen weltweit gemacht, aber die ausgeprägte „Windows-Verehrung" hat dazu geführt, dass Microsoft keinen Blick mehr für andere aufkommende Technologien wie zum Beispiel Mobile Computing hatte. Die große Stärke von Microsoft, der Wissensvorsprung und die ausgeprägte Marke im Betriebssystemmarkt, wurde zur Schwäche auf dem Höhepunkt. Jegliche Ideen zum Mobile Computing wurden abgelehnt und nicht verfolgt.

Ed McCahill arbeitete 16 Jahre als Marketingmanager bei Microsoft und fasst die Entwicklungen wie folgt zusammen: „They had a great lead, they were years ahead. And they completely blew it." Der Fall Microsoft zeigt die Fallen und Gefahren des Erfolges, wenn Unternehmen in späteren Lebenszyklusphasen nicht aktiv entgegensteuern, um Flexibilität und unternehmerisches Denken zu behalten bzw. wiederherzustellen.

Unternehmen in diesen Phasen verlieren ihre Flexibilität, ihre Innovationsfähigkeit und ihre Fähigkeit, neue Ideen und Gelegenheiten zu identifizieren und proaktiv zu nutzen. Genau diese Fähigkeiten sind aber nun in den in Abschn. 1.1 beschriebenen veränderten Rahmenbedingungen in vielen Industrien notwendig, um Wettbewerbsvorteile aufrechtzuerhalten. Wie in Tab. 1.3 zusammengefasst, haben sowohl junge Start-up-Unternehmen in frühen Phasen als auch etablierte Unternehmen in späten Phasen, bedingt durch ihre jeweiligen Strukturen und Ressourcenausstattungen, gewisse Vorteile im Wettbewerb.

Bei naiver Betrachtung könnte die Schlussfolgerung sein, dass je nach Marktsituation entweder junge Start-up-Unternehmen oder etablierte Unternehmen im Vorteil sind. In den letzten zwanzig Jahren hat sich aber in der Praxis und in der wissenschaftlichen Betrachtung die Einsicht durchgesetzt, dass auch etablierte Unternehmen wieder unternehmerische Strukturen aufbauen können und sollten – Strukturen, die diese Unternehmen

Tab. 1.3 Vergleich der Vorteile von Start-up-Unternehmen und etablierten Unternehmen im Wettbewerb

Vorteile junger Start-up-Unternehmen im Wettbewerb	Vorteile etablierter Unternehmen im Wettbewerb
Ausgeprägte Flexibilität	Ausgeprägte Ressourcenausstattung
Keine vergangenheitsbezogenen Verpflichtungen	Erfahrungen mit Produktentwicklungen
Gründerperson als Experte im Themenfeld	Typischerweise größeres Portfolio von Produkten (d. h. keine volle Abhängigkeit von einzelnen Projekten)
Enger Austausch und räumliche Nähe zwischen Mitarbeitern	

in ihren frühen Lebensjahren hatten und die ihnen zu ausgeprägtem Wachstum verholfen haben. Burns (2013) hält fest: „The trick is to learn the lessons of that success [Wachstum von Start-ups] and not allow the organization to fossilize and die." Damit ist Entrepreneurship nicht nur für junge Start-up-Unternehmen, sondern auch für etablierte Unternehmen relevant.

Unternehmerisches Denken und Handeln im etablierten Unternehmen („Corporate Context") zu verankern, wird als Corporate Entrepreneurship bezeichnet (Garvin und Levesque 2006). Wenn ein Unternehmen, das einst jung und klar war und als Ziel hatte, zu wachsen, von den Unternehmensstrukturen zumindest teilweise wieder dahin zurück will, wo es gestartet ist, steht es beispielsweise vor der Herausforderung, wie es trotz seiner Größe und Formalisierung Freiräume für unternehmerische Aktivitäten schaffen kann. Dieser Herausforderung sind sich nur sehr wenige Unternehmen bewusst. Als eine Ausnahme mag Google gelten, das – wie im Beispiel 1.4 beschrieben – die Gefahr erkannt und den Gründer wieder als Vorstandsvorsitzenden eingesetzt hat, um den Unternehmergeist wiederzubeleben (Miller und Helft 2011).

Beispiel 1.4: Wird Google wieder zum Start-up durch den Gründer?

Bei Google arbeiteten 2011 bereits über 20.000 Menschen – das Unternehmen hat sich in wenigen Jahren vom Start-up zum Großunternehmen entwickelt. Mitarbeiter und Analysten beobachteten nun aber, dass Google langsam bürokratischer und unflexibler wurde. 2011 war Google erstmals auch nicht mehr der beliebteste Arbeitgeber im Silicon Valley, und einige Entwickler wanderten ab. Die Gründer, Larry Page und Sergey Brin, sahen ihr Ziel, dass Google ein großes Unternehmen mit der Seele, der Leidenschaft und dem Tempo eines Start-ups werden sollte, in Gefahr. Entsprechend entschied sich Larry Page, das Kommando nun wieder selbst zu übernehmen, nachdem Google etwa zehn Jahre von Eric Schmidt, einem erfahrenen Manager, der zuvor bei Apple und Novell gearbeitet hatte, geführt worden war (Miller und Helft 2011). Die Intention dahinter war, durch die Re-Installation des Gründers an der Spitze den Start-up-Geist der Gründerjahre wiederzubeleben. Zumindest das potenzielle Problem, dem

Google gegenüberstand, wurde damit erfasst. Nun bleibt abzuwarten, ob alleine der Austausch auf der Vorstandsebene zu einer Revitalisierung des ganzen Unternehmens führen kann.

Die wissenschaftliche Literatur hat aufgezeigt, dass etablierte Unternehmen verschiedener Größenklassen und Industrieherkünfte davon profitieren, wenn sie in ihre Unternehmen unternehmerische Dimensionen (wie eine gewisse Innovationstätigkeit, gepaart mit Risikobereitschaft und Proaktivität im Markt) integrieren (Rauch et al. 2009; Saeed et al. 2014). Nur durch unternehmerische Ansätze können Wettbewerbsvorteile erreicht werden, wenn sich Industrien in Bezug auf die Technologie, den Wettbewerb und Kunden so verändern, wie es in Abschn. 1.1 dargelegt wurde. Ein etabliertes Unternehmen, das unternehmerisch handelt, neue Chancen identifiziert und schnell auf sie reagiert, wird nicht Opfer der in Abschn. 1.1 beschriebenen Veränderungen in vielen Industrien, sondern begreift diese Veränderung als Chance, Wettbewerbsvorteile zu halten und zu erweitern. Wie im Beispiel 1.5. dargelegt, geht Mike Markkula, einer der ersten Investoren von Apple, davon aus, dass nur Unternehmen, die sich kontinuierlich verändern, langfristig existieren können (Isaacson 2011).

Beispiel 1.5: Mike Markkula: „Unternehmen sind wie Raupen und Schmetterlinge"

Mike Markkula war einer der ersten Geldgeber von Apple. 1977 investierte er US$ 250.000 und erhielt dafür 26 % der Anteile an Apple (Isaacson 2011). Von 1981 bis 1983 war er Vorstandsvorsitzender. Als Steve Jobs Mitte der 1990er-Jahre zu Apple zurückkehren sollte, traf er sich mit Markkula und fragte ihn nach seiner Sicht der Dinge. Apple hatte große Probleme und im damaligen Kerngeschäft gerade erheblich Marktanteile verloren. Markkula teilte Jobs mit, dass er mit Apple etwas ganz anderes machen müsse. Unternehmen bestünden langfristig nur, wenn sie ab und an ihr Geschäftsfeld änderten und sozusagen eine Metamorphose vollzögen, wie die Raupe, die sich zum Schmetterling entwickelt, weil sie eben nicht länger Raupe bleiben kann. Jobs verstand die Botschaft und überarbeitete alle Produktlinien, entfernte einige aus dem Angebot und kümmerte sich mehr und mehr um den Endkunden. Das gipfelte in der Entwicklung von iTunes und iPod Anfang der 2000er-Jahre und startete die Erfolgsstory der „Digital Hub"-Strategie.

Während bei Start-ups der unternehmerische Akt zumeist darin besteht, das gesamte Unternehmen zu gründen, äußert sich Unternehmertum im etablierten Unternehmen entweder im Eintritt in einen Markt, durch das Anbieten neuer Produkte oder die Implementierung völlig neuer interner Technologien (Bosma et al. 2013). Die möglichen Kombinationen unternehmerischer Aktivitäten in Bezug auf den Markt und das Produkt des betrachteten Unternehmens zeigt Abb. 1.6. Naheliegenderweise bezieht sich das existierende Geschäft auf den aktuellen Markt und das aktuelle Produkt. So können Erweiterungen des Produkts und des Marktes in verschiedenen Stufen, einzeln oder kombiniert, Fokus der unterneh-

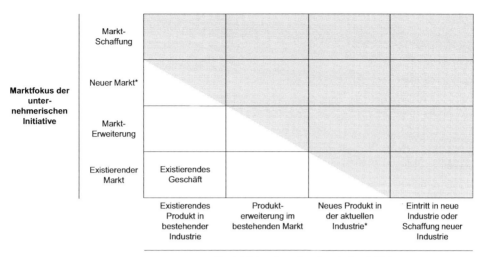

Produktfokus der unternehmerischen Initiative

* „Neu" für das betrachtete Unternehmen

Abb. 1.6 Corporate Entrepreneurship als Eintritt in neue Märkte und/oder Produkte. (Nach Kuratko et al. 2011)

merischen Aktivitäten sein (Ansoff 1979). Tatsächlich unternehmerische Aktivitäten sind dabei in der Abbildung grau markiert (Kuratko et al. 2011). Eine unternehmerische Aktivität sollte ein für die gesamte Industrie neues Produkt beinhalten, das Unternehmen in eine neue Industrie bringen oder möglicherweise sogar eine völlig neue Industrie schaffen kann. Gleiches gilt für die Marktperspektive. Unternehmerische Aktivitäten können sich nicht auf den aktuellen, existierenden Markt beschränken, sondern sollten das Unternehmen in andere Märkte bringen, im Extremfall sogar neue Märkte entwickeln. Ist der Kernmarkt, in dem das Unternehmen bislang aktiv war, von veränderten Rahmenbedingungen wie in Abschn. 1.1 betroffen, sind diese unternehmerischen Stoßrichtungen Möglichkeiten, mit diesen schwierigen Rahmenbedingungen umzugehen.

Anthony (2012) argumentiert, dass etablierte Unternehmen heutzutage in Umfeldern großer Wissens- und Technologiedominanz gegenüber Start-ups oft überlegene Ressourcen besitzen, um unternehmerisch zu handeln und beispielsweise neue Märkte zu schaffen. Er sieht dafür folgende Gründe:

- Globale Infrastruktur: Insbesondere wenn es um physische Produkte geht, die nicht online vertrieben werden können, ist eine globale Distributionsinfrastruktur von zentraler Bedeutung. Große etablierte Unternehmen haben oft die Infrastruktur für diese „letzte Meile".
- Ausgeprägte Marken-Reputation: In vielen Märkten ziehen Endkonsumenten immer noch bekannte Marken vor, die Start-ups zumeist nicht haben, etablierte Unternehmen aber schon.

- Partnerschaften: Große etablierte Unternehmen haben einfacheren Zugang zu Partnerschaften mit anderen Unternehmen, um Ideen zu entwickeln.
- Wissenschaftliches Wissen: Große etablierte Unternehmen beschäftigen Teams von Wissenschaftlern, die sehr ausgeprägtes Produktwissen haben.
- „Operational excellence": In großen etablierten Unternehmen laufen eingespielte, bewährte Prozesse ab, die bei Bedarf skaliert werden können.

Zentral ist dabei jedoch, dass etablierte Unternehmen auf ihren bestehenden Stärken, Fähigkeiten und Ressourcen aufbauen, wenn sie neue Gelegenheiten identifizieren wollen und unternehmerische Aktivitäten verfolgen (Brown und Anthony 2011). Garvin und Levesque (2006) halten fest, dass

> existing companies will enjoy an advantage in new-business creation only if they build on their strengths; otherwise, they will be no better off than Start-ups that must begin with a clean state. (Garvin und Levesque 2006, S 106).

Corporate Entrepreneurship bedeutet, systematisch im Unternehmen zu „Opportunity-Seeking" und Innovation zu ermutigen. Mitarbeiter aller Ebenen sollen kontinuierlich nach Gelegenheiten für neue Geschäfte suchen, den Status quo hinterfragen und nach neuen Wegen zur Verbesserung etablierter Produkte suchen, um auf diese Weise Wettbewerbsvorteile zu schaffen (Burns 2013). Man definiert unternehmerische etablierte Unternehmen als solche, die erstens einen hohen Grad an Innovativität in ihren Produkten aufweisen, zweitens diese Leistungen proaktiv, also vor dem Wettbewerb, auf den Markt bringen, und drittens bereit sind, ein gewisses Risiko einzugehen (Miller 1983). Wichtig ist, dass Corporate Entrepreneurship nur praktiziert wird, wenn Unternehmen ein Mindestniveau aller drei genannten Dimensionen aufweisen. Wie das Beispiel 1.6 zu Kodak zeigt, reicht es oft nicht aus, nur innovativ zu sein.

Beispiel 1.6: Der Untergang Kodaks: Nur innovativ sein reicht nicht aus ...

Kodak hat viele Jahre die Welt der Fotografie bestimmt. Negative, Diafilme, Fotopapier und Entwickler waren das Metier. Den Sprung in die Digitalfotografie aber hat Kodak verpasst; die Krise endete in einem Insolvenzantrag im Januar 2012. Gleichzeitig kündigte Kodak an, sich aus dem Geschäft der Fotografie zurückzuziehen und sich fortan auf Druckmaschinen zu konzentrieren.

Dabei war das Scheitern im Markt der Digitalfotografie keineswegs vorgezeichnet (N. N. 2012b). 1973 hatte der damals 25-jährige Steven Sasson, ein Mitarbeiter im Büro für angewandte Forschung von Kodak, die Idee, eine „elektronische Kamera für Standbilder" zu entwickeln – wahrscheinlich als erster weltweit. Daraufhin baute er die erste Digitalkamera der Welt: Schwarz-Weiß-Bilder mit 0,1 Megapixeln Auflösung, die auf einer Audiokassette gespeichert und in nur 23 s je nach Auflösung auf einen Fernseher übertragen werden konnten. Sasson führt heute weiter aus, dass er „damals davon ausging, dass es 15 bis 20 Jahre dauern würde, bis eine solche Kamera für den Endverbraucher reif wäre. Ich habe damals schon aufgeschrieben, dass es die Art und Weise fundamental ändern würde, wie wir Bilder machen – Fotografie ohne Film."

Sassons Idee erhielt im Unternehmen keine Unterstützung, die aktuellen Projekte hatten Vorrang. Währenddessen aber sprangen andere Konkurrenten auf den Zug der Digitalfotografie auf. Sie dominieren heute den Markt (N. N. 2012b). Sasson war damals entmutigt und förderte seine Idee nicht weiter. Heute fasst er zusammen: „Wir haben so lange gewartet, weil wir zu zaghaft waren."

Kodak verfügte über neue Ideen, die später in anderen Unternehmen bahnbrechende Innovationen hervorgebracht haben. Das bedeutet nicht, dass die anderen Unternehmen innovativer waren, sondern nur, dass sie die Innovationen proaktiv und mit einer gewissen Risikobereitschaft auf den Markt gebracht haben.

Ein anderes Beispiel, das denselben Sachverhalt gut beleuchtet, ist die Entwicklungsgeschichte der Firma Gore, die sich die Unfähigkeit des Chemieriesen DuPont, eine bahnbrechende Innovation zu begreifen, zunutze machte (Beispiel 1.7).

Beispiel 1.7: Wie Gore aus den Laboren von DuPont entstanden ist ...

Der Chemiekonzern DuPont ist eines der ganz prominenten Unternehmen der US-Wirtschaft. 1802 als Unternehmen für Sprengstoffe gegründet, ist DuPont heute in den Bereichen Chemie, Materialien und Energie aktiv und stellt Produkte für die Bereiche Landwirtschaft, Ernährung, Elektronik, Kommunikation, Sicherheit, Haushalt, Bau, Verkehr und Bekleidung her. Ende der 2000er-Jahre steckte DuPont in einer großen Krise. Thomas Connelly, der seit 33 Jahren bei DuPont arbeitete, stellte fest, dass der Konzern immer noch von den Forschungserfolgen der 1930er- und 1940er-Jahre lebte und fehlende Innovativität ein Hauptgrund für die Krise war (Bergmann 2009).

Einer der dunkelsten Flecken in der Geschichte DuPonts ist eine verpasste Milliarden-Chance: Der Chemiker Bill Gore, der in den 1950er-Jahren bei DuPont an dem Kunststoff Polytetrafluoräthylen (PTFE) arbeitete, hatte erkannt, dass man PTFE zu Isolationsmaterial spinnen konnte. Aber die Idee stieß bei DuPont auf kein Interesse. Also machte Gore in der eigenen Garage weiter – und baute ein Familienunternehmen auf. Seitdem hat die W.L. Gore & Associates diese Technik in verschiedenste Industrien gebracht (Bergmann 2009), und die Gore-Tex-Produkte generierten bis zum Ende des Patentschutzes Milliardenumsätze. Obwohl die innovative Idee im Unternehmen DuPont also grundsätzlich existierte, schaffte DuPont es nicht, diese auf den Markt zu bringen. Proaktivität, vielleicht auch etwas Risikobereitschaft, sowie die nötigen Management-Prozesse haben gefehlt.

Tabelle 1.4 zeigt einige Beispiele unternehmerischer Aktivitäten prominenter Unternehmen auf. Ein Paradebeispiel ist sicher Apples Eintritt in den Online-Musik-Markt Anfang der 2000er-Jahre, der durch zentrale Veränderungen im Umfeld ermöglicht wurde. Zum

Tab. 1.4 Beispiele unternehmerischer Aktivitäten

Unternehmen	Unternehmerische Aktivität	Zugrunde liegende (Haupt-) Veränderung(en)	Innovativität	Proaktivität	Risikobereitschaft
Amazon.com	Einstieg in das Cloud-Computing-Geschäft	Verbesserung von Internetverbindungen (Technologie), Erhöhung der Akzeptanz von Cloud-Lösungen (Kundenverhalten)	Hoch	Hoch	Mittel
Apple	Eintritt in den Online-Musik-Markt Anfang der 2000er-Jahre	Verbesserung von Internetverbindungen (Technologie), unklare rechtliche Situation von File-Sharing (institutionelle Rahmenbedingungen), Präferenz von Kunden, einzelne Lieder zu kaufen (Kundenverhalten)	Hoch	Hoch	Mittel bis hoch
Dropbox	Ausweitung des Angebots durch Projektmanagement-Tools für Geschäftskunden	Erhöhung der Akzeptanz von Cloud-Lösungen (Kundenverhalten)	Mittel bis hoch	Hoch	Mittel bis hoch
Nokia	Einstieg in den Mobilfunk durch Herstellung des ersten Automobiltelefons für skandinavisches Netz Anfang der 1980er-Jahre und Reduktion der Aktivitäten im Gummi-Geschäft	Inbetriebnahme des ersten Mobilfunknetzes (Technologie)	Hoch	Hoch	Hoch
Research in Motion (RIM)	Einstieg in die Technologie von „Wireless Pagers" Ende der 1980er-/Anfang der 1990er-Jahre als eines der ersten Unternehmen und Aufgabe des LED-Geschäfts	Weiterentwicklungen der Möglichkeiten beim kabellosen Datentransfer (Technologie)	Hoch	Hoch	Hoch
REWE	Aufbau von Convenience-Stores mit beschränktem Sortiment („REWE To Go")	Zunahme von Single-Haushalten mit entsprechendem Bedürfnis nach kleinen Packungsgrößen und Fertigprodukten (Kundenverhalten)	Mittel bis hoch	Mittel bis hoch	Hoch
Shutterstock	Ausweitung des Bilderdownload-Services auf Facebook-Werbetreibende	Verändertes Surfverhalten von Werbeadressaten (Kundenverhalten)	Mittel	Hoch	Mittel

einen hatte sich für viele potenzielle Kunden der Zugang zum Internet verbessert. Zum anderen hatte die unklare rechtliche Situation in Bezug auf File-Sharing-Seiten die Musikindustrie für eine Lösung, wie iTunes sie anbot, sehr offen gemacht. Außerdem traf das Konzept, einzelne Lieder zum erschwinglichen Preis zum Download anzubieten, auf Veränderungen im Nachfrageverhalten, weil die Kunden nicht mehr ganze Alben auf CD kaufen wollten.

Ähnliche Rahmenbedingungen erlebte Nokia Anfang der 1980er-Jahre im Mobilfunkmarkt. Bis dahin im Wesentlichen ein Produzent verschiedener Produkte aus Gummi, brachte Nokia mit der Entstehung des ersten Mobilfunknetzes in Skandinavien Anfang der 1980er-Jahre das erste Autotelefon für dieses Netz auf den Markt. Diese Aktivität war durch hohe Innovativität, hohe Proaktivität sowie durch eine gewisse Risikobereitschaft geprägt, da die Entwicklung eines solchen Geräts mit hohen Kosten verbunden war, ohne dass spätere Erfolge absehbar gewesen wären.

Ein weiteres Beispiel ist der Eintritt der REWE Handelsgruppe mit REWE To Go in den Convenience-Markt, der zumindest in Deutschland bislang nicht bedient wurde. Somit liegt eine gewisse Innovativität, eine hohe Proaktivität für den deutschen Markt sowie eine recht hohe Risikobereitschaft vor. Letztere ist gegeben, da die Eröffnung dieser Läden auf teuren Haupteinkaufsstraßen oder belebten Plätzen finanzielle Ressourcen erfordert hat und die Reaktion deutscher Kunden auf dieses neue Konzept nicht völlig absehbar war. Veränderte Lebensbedingungen, vor allem die Zunahme von Single-Haushalten, haben zu dieser Gelegenheit für REWE beigetragen.

Weitere Beispiele unternehmerischer Aktivitäten bei Amazon.com, Dropbox, Research in Motion (RIM) und Shutterstock zeigt Tab. 1.4.

Gemeinsam ist diesen Beispielen, dass die Unternehmen über ihr bisheriges Kerngeschäft hinaus neue Dinge ausprobiert haben und dabei zumeist mit konkreten Lösungen vor dem Wettbewerb auf den Markt gegangen sind.

Zentral zum Verständnis des Corporate Entrepreneurship ist, dass unternehmerische Aktivitäten auf allen Ebenen eines Unternehmens stattfinden können. Alle Mitarbeiter, vom Top-Management über das mittlere Management bis zur operativ angestellten Teilzeitkraft, sind gleichzeitig potenzielle Quelle für neue innovative Ideen und mitverantwortlich für die konsequente Umsetzung identifizierter neuer Ideen (Wales et al. 2011).

Auf Basis dieser Darstellungen können nun Start-up-Entrepreneurship und Corporate Entrepreneurship verglichen werden. Zwischen den beiden Konzepten bestehen einige zentrale Gemeinsamkeiten (Kuratko et al. 2011):

- Beide beziehen sich darauf, kontinuierlich neue Gelegenheiten („Opportunities") zu entdecken und zu entwickeln.
- Beide beinhalten Tätigkeiten, die zunächst unsicher sind und über die Zeit durch Lerneffekte angepasst werden müssen.
- Beiden bieten sich oft nur kurze Entscheidungsfenster, in denen Gelegenheiten wahrgenommen werden können.

- Beide sehen sich bei der Verfolgung unternehmerischer Aktivitäten Hürden gegenüber.
- Beide bringen Risiken mit sich.
- Beide beinhalten einen hohen Grad an Unsicherheit.

Wichtig ist zudem zu verstehen, dass das Konzept des Corporate Entrepreneurship davon ausgeht, dass kontinuierlich nach neuen Ideen gesucht wird und diese – zumindest teilweise – umgesetzt werden. Corporate Entrepreneurship steht damit nicht in Einklang mit punktuellen Innovationsinitiativen wie zum Beispiel einmaligen Ideenwettbewerben oder ähnlichem. Die eingangs beschriebenen geänderten Rahmenbedingungen machen es vielmehr notwendig, sich kontinuierlich mit Veränderungen und den sich daraus ergebenden Gelegenheiten zu beschäftigen, da jede verpasste Gelegenheit einem Unternehmen heute massive Wettbewerbsnachteile bringen kann.

So wie zwischen etablierten und jungen Unternehmen existieren auch zwischen Corporate Entrepreneurship und Start-up-Unternehmen zentrale Unterschiede. Tabelle 1.5 stellt die Eigenschaften der beiden Typen von Entrepreneurship gegenüber (Kuratko et al. 2011). Beim Start-up-Entrepreneurship liegt das Risiko alleine bei der Unternehmerperson, während beim Corporate Entrepreneurship immer noch das Unternehmen das Risiko trägt, von karrierebezogenen Konsequenzen gescheiterter unternehmerischer Aktivitäten einzelner Mitarbeiter abgesehen. Im Falle vom Start-up-Entrepreneurship gehört die Idee dem Unternehmer, im Falle des Corporate Entrepreneurship dem Unternehmen. Beim Start-up-Entrepreneurship besitzt der Unternehmer typischerweise sein Unternehmen, zumindest zu großen Teilen, während die Person, die in etablierten Unternehmen unternehmerisch handelt, normalerweise keine Anteile am Unternehmen hat. Entsprechend sehen die finanziellen Anreize unterschiedlich aus: Ein Mitarbeiter eines etablierten Unternehmens, der unternehmerisch tätig werden will, hat ein anderes Anreizschema als ein individueller Unternehmer in einer Gründungssituation.

In Start-up-Unternehmen kann ein Fehler, z. B. ein Produkt, welches nicht vom Markt angenommen wird, oft das Ende der gesamten Unternehmensaktivität bedeuten. Etablierte Unternehmen haben zumeist ein ganzes Portfolio von Produkten und Projekten, die sich querfinanzieren können. Im Start-up-Unternehmen wiederum haben die Mitarbeiter größeren Freiraum (Gruber 2004). Die Entscheidungsgeschwindigkeit ist meistens höher als in etablierten Unternehmen, welche dafür, wie bereits dargelegt, meistens über ausgeprägtere Ressourcen verfügen.

Praxisbeispiele und wissenschaftliche Literatur zeigen, dass auch etablierte Unternehmen unternehmerisch handeln, sich so gegen Start-up-Unternehmen und ihre Vorteile besser behaupten und neue Märkte für sich erarbeiten können. Etablierte Unternehmen stehen jedoch durch ihre Strukturen vor einigen Herausforderungen: Sie müssen einige der Strukturen wiederherstellen, die ihnen in Start-up-Zeiten unternehmerisches Handeln ermöglicht haben, ohne zugleich die notwendigen Strukturen zu zerstören, die durch eine gewisse Unternehmensgröße und Vergangenheit bedingt werden (Covin und Slevin 1991).

Tab. 1.5 Vergleich von Start-up- und Corporate Entrepreneurship. (Nach Kuratko et al. (2011))

	Start-up-Entrepreneurship	Corporate Entrepreneurship
Gewinnverteilung	Potenzielle Belohnungen sind für den Unternehmer theoretisch unbegrenzt	Klare Grenzen bezüglich finanzieller Belohnungen, die der Unternehmer erreichen kann
Risikoverteilung	Unternehmer trägt das Risiko	Unternehmen trägt die nicht karrierebezogenen Risiken
Handlungsrahmenbedingungen	Flexibilität bei Kursänderungen und beim Experimentieren mit neuen Richtungen	Regeln, Prozeduren und Bürokratie schränken die Handlungsfreiheit des Unternehmers ein
	Rasche Entscheidungsfindung	Längere Freigabezyklen
Möglichkeiten des Austauschs	Wenige Personen für den Ideenaustausch vorhanden	Großes internes Netzwerk für den Austausch von Ideen
Eigentumsverhältnisse	Unternehmer besitzt das Konzept oder die innovative Idee	Unternehmen besitzt das Konzept, und typischerweise auch die zugrunde liegenden Rechte
	Unternehmer besitzt das ganze oder einen großen Anteil am Unternehmen	Unternehmer hat meistens keinen oder nur sehr geringen Anteil am Unternehmen
Ressourcenverfügbarkeit	Strenge Limitierung von Ressourcen	Zugang zu Finanzen, Forschung und Entwicklung, zu Produktionsmöglichkeiten für Testdurchläufe, zu etablierten Vertriebskräften, einer existierenden Marke, passenden Vertriebskanälen, existierenden Datenbanken und Ressourcen aus der Marktforschung sowie zu einem etablierten Kundenstamm
Rolle von Scheitern	Ein falscher Schritt kann zum Scheitern führen	Mehr Raum für Fehler, Unternehmen kann ein Scheitern oft kompensieren

Einigkeit herrscht darin, dass einige etablierte Unternehmen dies erfolgreich geschafft haben, allerdings auch darin, dass ein ganzheitlicher Management-Ansatz erforderlich ist, um Unternehmertum in etablierten Unternehmen zu verankern (Engelen und Eßer 2014).

Bleibt zu klären, was Corporate Entrepreneurship nicht ist. Dabei ist insbesondere die Abgrenzung zu reinen Neuproduktentwicklungsprozessen zentral (Wolcott und Lippitz 2009). Oft werden bei Corporate Entrepreneurship neue Produkte für das Unternehmen entwickelt, aber nicht zwangsläufig. Auch mit bestehenden Produkten können neue Gelegenheiten ausgenutzt werden, beispielsweise durch einen Eintritt in andere Märkte mit den Produkten zugrunde liegenden Technologien. Wird bei der Nutzung von Gelegenheiten nicht auf bestehende Produkte gebaut, dann umfasst Corporate Entrepreneurship mehr, als „nur" ein neues Produkt zu entwickeln.

1.3   Hürden zur Etablierung eines „Corporate Entrepreneurship"

Wie aus den Ausführungen der vorherigen Abschnitte hervorgegangen ist, stellt es für etablierte Unternehmen mit ihren typischen Strukturen oft eine besondere Herausforderung dar, wieder unternehmerisch zu werden, um in den in Abschn. 1.1 beschriebenen veränderten Umfeldern Wettbewerbsvorteile erhalten und ausbauen zu können. Etablierte Unternehmen sind selten *per se* unternehmerisch (Wolcott und Lippitz 2009), sondern müssen den natürlichen Kräften im Lebenszyklus, der in Tab. 1.2 dargestellt wurde, entgegenwirken. Vorherrschende Strukturen in späten Lebenszyklusphasen sind zum Beispiel fixe Entlohnungssysteme, ausgeprägte Hierarchieebenen und sehr eng umgrenzte operative Aufgabenbereiche mit wenig Freiheiten. Sie führen selten dazu, dass typische Manager und Mitarbeiter in einem Angestelltenverhältnis neue Gelegenheiten proaktiv identifizieren, unternehmerischen Geist entwickeln und diese Gelegenheiten auch wirklich umsetzen. Prominente Beispiele sind hier die Vorsicht von Microsoft mit Open-Source-Software, Polaroids Ablehnung der digitalen Fotografie oder der Widerstand von GM und Ford gegen Hybrid-Autos. Thonberry (2001, S. 527) beobachtet sogar allgemein für die USA, dass diese Barrieren durchaus beträchtlich sind, und schlussfolgert: „America loves its entrepreneurs, but large companies have a way of eroding their entrepreneurial underpinnings."

Burns (2013) führt aus, dass traditionelle, bewährte Management-Praktiken in mittleren und großen Unternehmen oft eine Hürde zur Etablierung eines Corporate Entrepreneurship darstellen, wie Abb. 1.7 zusammenfasst:

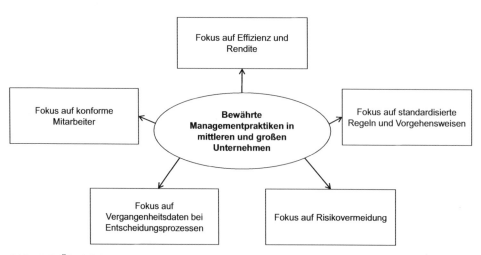

Abb. 1.7 Überblick über bewährte Managementpraktiken in mittelgroßen und großen Unternehmen. (Eigene Darstellung nach Burns 2013)

- Fokus auf Effizienz und Rendite: Unternehmerische Unternehmen gehen früh und schnell in neue Marktchancen, um diesen Markt zu entwickeln, mit ihm zu wachsen und ihn zu penetrieren. Bei diesen Aktivitäten sollten mögliche zukünftige Wachstumschancen im Vordergrund stehen, nicht strikte Effizienzüberlegungen. Das generelle Problem besteht darin, dass ein in bestehende und entwickelte Geschäfte investierter Euro kurzfristig immer eine höhere Rendite bringen wird als ein in neue Geschäftsideen investierter Euro, wenn diese noch Jahre benötigen, um sich zu entwickeln, dann aber ein großes Potenzial haben können.
- Fokus auf standardisierte Regeln und Vorgehensweisen: Ein solcher Fokus blockiert unternehmerische Initiativen und führt zu verpassten Gelegenheiten. Unternehmerisch geführte Unternehmen müssen flexibel und bereit sein, existierende Regeln zu durchbrechen, wenn eine Gelegenheit erkannt wurde.
- Fokus auf Risikovermeidung: Die Aktivitäten vieler großer Unternehmen zielen auf die Minimierung von Risiken ab. Neue, unsichere Marktchancen zu nutzen bedeutet aber auch, gewisse Risiken einzugehen.
- Fokus auf Vergangenheitsdaten bei Entscheidungsfindungen: Mittlere und große Unternehmen haben zumeist eine Vielzahl an Vergangenheitsdaten, die es ermöglichen, Trends fortzuschreiben und auf dieser Basis Entscheidungen zu treffen. In unternehmerischen Umfeldern mit großer Dynamik können solche Entscheidungsfindungen allerdings kontraproduktiv sein und neue Gelegenheiten und Marktchancen verstreichen lassen. Vielmehr müssen Pläne auf der Basis von Annahmen über die Entwicklung dynamischer Umfelder erarbeitet werden.
- Fokus auf konforme Mitarbeiter: In effizienzgetriebenen mittleren und großen Unternehmen sind konforme Mitarbeiter, die das Unternehmen seit Langem kennen und ein eingespieltes Team bilden, oft besonders geschätzt. Solche konformen Mitarbeiter sind aber zumeist wenig geeignet, um ganz neue Gelegenheiten zu erkennen und zu fördern.

Wissenschaftliche Beiträge sind sich einig, dass die Implementierung von Corporate Entrepreneurship kaum möglich ist, wenn das Management des Unternehmens nicht konsistent und konsequent auf Corporate Entrepreneurship ausgerichtet ist (Govindarajan 1988). Diese Beobachtung steht in Einklang mit prominenten Arbeiten anderer Strategieausrichtungen, wie zu der einer Kostenführerschaft oder einer Differenzierungsstrategie. Solche Strategietypen sind nur erfolgreich umsetzbar, wenn es dem Unternehmen wirklich gelingt, konsequent alle Aktivitäten im Unternehmen auf diese Strategien auszurichten. Liegen Inkonsistenzen vor (wie z. B., dass das Entlohnungssystem des Managements nicht an der Strategie ausgerichtet ist), ist es unwahrscheinlich, dass eine konsequente Strategieumsetzung gelingt. Solche Überlegungen sind insbesondere für die Umsetzung eines „Corporate Entrepreneurship" relevant, da hier – wie in Abschn. 1.1 dargestellt – eine ganze Reihe von Schwierigkeiten struktureller Art in etablierten Unternehmen existieren, die eine Umsetzung eines Corporate Entrepreneurship verhindern können. Burns (2013) zufolge können Hürden zur Etablierung eines Corporate Entrepreneurship in den verschiedensten Bereichen liegen. Ungeeignete Evaluations- und Entlohnungssysteme, zu viele hierarchische Strukturen, Verantwortung ohne Autorität und ein zu ausgeprägtes Top-Down-Management sind wenig förderlich, um unternehmerisches Verhalten bei Mitarbeitern auszulösen. Eine fehlende Vision an der Unternehmensspitze sowie fehlende „Entrepreneurial Role Models" sind eine weitere wesentliche Hürde, wenn es darum geht, auf allen Ebenen eines mittleren oder großen Unternehmens Unternehmertum zu fördern. Lange, komplexe Genehmigungsprozesse verhindern Corporate Entrepreneurship genauso wie Mitarbeiter, die Angst vor dem Scheitern haben und Widerstand gegen Veränderungen zeigen (Certo et al. 2009).

Eine 2011 von Forbes durchgeführte Umfrage unter 1245 europäischen Unternehmen deckt die wesentlichen Barrieren auf, die die Weiterverfolgung und Implementierung von unternehmerischen Ideen im Unternehmen verhindern (Forbes 2011). Die Ergebnisse in Abb. 1.8 zeigen, dass die wichtigsten Barrieren interner Natur sind. Fehlende Mittel aus existierenden Budgets zur Implementierung und Weiterverfolgung unternehmerischer Projekte stellen die Hauptbarrieren dar, gefolgt von zwei Barrieren mit unmittelbarem Top-Management-Bezug: Das Top-Management blockt in diesen Fällen unternehmerische Aktivitäten im Unternehmen, weil diese nicht schnell genug zu Profiten führen oder weil sogar überhaupt kein Potenzial für Profite gesehen wird. Weitere interne Barrieren sind fehlende passende Ressourcen (z. B. Anlagen oder Expertise), mangelnde Kooperationsbereitschaft anderer Unternehmensbereiche, bestehende interne Regeln oder mangelnde Kongruenz mit der aktuellen Unternehmensstrategie.

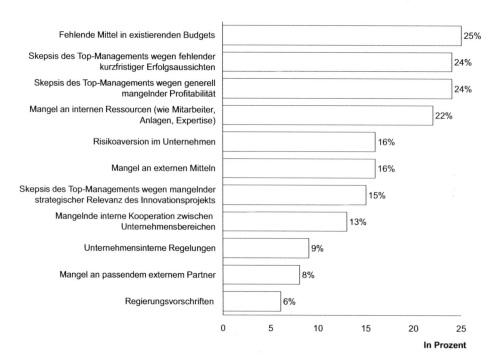

Abb. 1.8 Warum werden Innovationen in etablierten Unternehmen nicht implementiert? (Eigene Darstellung nach Forbes 2011)

Die in Beispiel 1.8 dargestellte Situation von IBM Ende der 1990er-Jahre unterstreicht den Einfluss interner Barrieren auf unternehmerisches Verhalten. IBM hatte vielversprechende Gelegenheiten verpasst, und die Analyse ergab, dass insbesondere interne Managementansätze (wie ein zu starker Fokus auf das bestehende Geschäft) ein Hauptgrund für diese verpassten Gelegenheiten war.

Beispiel 1.8: IBMs hausgemachte Barrieren unternehmerischen Handelns

Am 12. September 1999 erfuhr Lou Gerstner, damaliger Vorstandsvorsitzender von IBM, dass sein Top-Management eine vielversprechende Gelegenheit im Biotechnologie- und Life Science-Bereich nicht weiterverfolgt hatte. Diese Gelegenheit wurde mittlerweile von Konkurrenten und jungen Start-up-Unternehmen erfolgreich besetzt. Lou Gerstner setzte eine Task Force auf, um zu verstehen, warum IBM diese Gelegenheit verpasst hatte. Die Task Force verglich die Organisationsstrukturen von IBM mit denen anderer großer Unternehmen wie Microsoft und Cisco, aber auch mit denen aktiver Start-ups, und deckte auf, dass IBM zum damaligen Zeitpunkt Schwierigkeiten hatte, neue Geschäfte zu entwickeln und aufkommende Gelegenheiten zu nutzen. Dies war auf fünf wesentliche Gründe zurückzuführen (Garvin und Levesque 2006):

- ein Management-System, das auf kurzfristige Profite ausgerichtet war,
- ein zu starker Fokus auf heutige Märkte und Geschäfte,
- ein Fokus auf Marktanalysen mit finanziellen Vergangenheitsdaten, die für entstehende Märkte noch gar nicht verfügbar waren,
- fehlende Prozesse, um neue Geschäftsideen zu identifizieren und auszuwählen und
- fehlende unternehmerische Fähigkeiten der Mitarbeiter.

Wenn interne Barrieren die Entwicklung eines Corporate Entrepreneurship verhindern, bedeutet das auch, dass die meisten Barrieren durch das Unternehmen und sein Management adressierbar sein dürften. Im Gegensatz zu externen Barrieren, wie zum Beispiel Regierungsvorschriften, kann das Management an internen Barrieren arbeiten und dem Unternehmen eine andere Richtung geben. Damit ist Corporate Entrepreneurship ein „managebares" Phänomen. Unternehmen, die sich den in Abschn. 1.1 beschriebenen Rahmenbedingungen gegenübersehen, können durch geeignete Managementhandlungen, die insbesondere im Kap. 3 dargelegt werden, die Barrieren abbauen und so die Voraussetzungen für unternehmerische Impulse schaffen.

1.4 Aufbau des Buchs

Gegenstand des vorliegenden Buchs ist die systematische Darstellung der bestehenden Erkenntnisse zum Corporate Entrepreneurship als einen Ansatz, Wettbewerbsvorteile in dynamischen Umfeldern, wie in Abschn. 1.1 beschrieben, zu schaffen. Dabei sollen zum

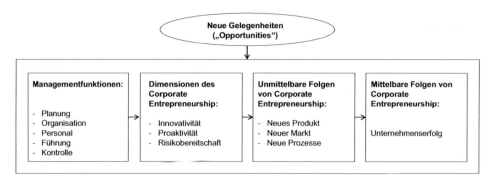

Abb. 1.9 Grundlogik zum Corporate Entrepreneurship in Unternehmen

einen Zusammenhänge (beispielsweise zwischen einzelnen Managementaktivitäten und dem Grad unternehmerischen Verhaltens in einem Unternehmen) theoretisch fundiert dargelegt und in Bezug zur allgemeinen Managementliteratur gesetzt werden. Auch soll auf aktuelle wissenschaftliche empirische Studien zurückgegriffen werden, die in den letzten Jahren in diesem noch jungen Gebiet der Betriebswirtschaftslehre durchgeführt wurden. Zum anderen sollen Zusammenhänge anhand praktischer Beispiele verdeutlicht werden.

Das grundlegende Gerüst dieses Buchs wird in Abb. 1.9 veranschaulicht. Es werden Managementaktivitäten mit den Dimensionen von Corporate Entrepreneurship in Verbindung gesetzt (Wie erhöht man den Grad an Corporate Entrepreneurship in einem Unternehmen?), welche zu unmittelbaren Folgen (Wie äußert sich Corporate Entrepreneurship unmittelbar?) und mittelbaren Folgen führen (Wie wirkt sich Corporate Entrepreneurship auf den Unternehmenserfolg aus?).

Im folgenden Kap. 2 steht zunächst die Klärung der Dimensionen des Corporate Entrepreneurship an. Welche grundlegenden Verhaltensweisen müssen einzelne Mitarbeiter und das ganze Unternehmen im Markt an den Tag legen, damit das Unternehmen als unternehmerisch gilt? Hierbei werden die drei Dimensionen Innovativität, Proaktivität und Risikobereitschaft dargestellt (Abschn. 2.1). Abschnitt 2.2 widmet sich dann der Fragestellung, inwiefern sich Corporate-Entrepreneurship-Aktivitäten tatsächlich auf den Unternehmenserfolg auswirken und zu welchen Zeitpunkten diese gestartet werden sollen.

Das zentrale Kap. 3 widmet sich der Fragestellung, inwiefern das Management durch die Gestaltung von fünf zentralen Managementfunktionen (Koontz und O'Donnell 1955) – Planung, Organisation, Personal, Führung und Kontrolle – den Grad an Corporate Entrepreneurship im Unternehmen steigern kann. Es besteht weitgehend Einigkeit in der Literatur, dass ein Unternehmen nur unternehmerisch sein kann, wenn zumindest ein großer Teil der Mitarbeiter entsprechendes Verhalten zeigt. Mitarbeiter gelten beispielsweise als Quelle möglicher Ideen für den Eintritt in neue Märkte, zumal sie oft in operativen Tätigkeiten einen viel engeren Bezug zum Produkt und zum Kunden haben als das Top-Management. Zudem sind es letztlich die Mitarbeiter in den einzelnen Abteilungen, die unternehmerische Projekte umsetzen müssen. Die genannten Managementfunktionen sind die zentrale Einflussmöglichkeit des Top-Managements auf das Verhalten der Mitarbeiter.

Die zielgerichtete Gestaltung dieser fünf Funktionen soll sicherstellen, dass die Mitarbeiter zu unternehmerischem Verhalten motiviert werden. Kapitel 3 liefert für jede der fünf Managementfunktionen zunächst eine kurze Zusammenfassung der Inhalte und zentralen Fragestellungen und bietet dann empirisch gesicherte Erkenntnisse zu der optimalen Ausgestaltung dieser Managementfunktionen, um unternehmerisches Verhalten zu fördern.

Eine umfassende Neuausrichtung des gesamten Managements lässt sich aber kaum per Knopfdruck erreichen. Individuelle Ängste von Mitarbeitern vor Veränderungen und organisatorische Trägheit führen dazu, dass umfassende Veränderungen im Unternehmen, wie sie bei der Implementierung von Corporate Entrepreneurship notwendig wären, nur schwierig durchzuführen sind. Deshalb ist ein zielgerichtetes Veränderungsmanagement notwendig. Kapitel 4 stellt dar, wie Veränderungsprozesse hin zu Corporate Entrepreneurship erfolgreich gestaltet werden können.

Kapitel 5 trägt der Beobachtung Rechnung, dass unternehmerische Aktivitäten heute mehr und mehr in einem internationalen Kontext stattfinden, und stellt die Wirkung nationaler Einflussgrößen (wie dem Entwicklungsstand einer Nation oder ihrer Kultur) auf relevante Zusammenhänge des Corporate Entrepreneurship dar.

Kapitel 6 beschäftigt sich mit Möglichkeiten der Messung von Corporate Entrepreneurship. Wie kann der Grad unternehmerischen Verhaltens eines Unternehmens erfasst werden? Wie kann ein Manager quantifizieren, ob sein aktuelles Führungsverhalten wirklich unternehmerisch ist oder Unternehmertum im Unternehmen fördert? Dazu wird eine Reihe von Messinstrumenten dargestellt und kritisch diskutiert.

Einen Gesamtüberblick über die Struktur des Buches gibt Abb. 1.10.

Abb. 1.10 Struktur des Buches im Überblick

Beantwortung der zentralen Fragen von Kap. 1

Veränderungen im Wettbewerberverhalten (beispielsweise durch den Eintritt dynamischer junger Unternehmen in vielen Industrien), in Technologieentwicklungen (beispielsweise durch disruptive Innovationen), im Kundenverhalten (beispielsweise durch gestiegene Ansprüche von Kunden) und im institutionellen Kontext (beispielsweise durch neue Konkurrenz aus ehemaligen Planwirtschaften) haben in vielen Industrien ein Umdenken und kritisches Hinterfragen traditioneller Managementansätze notwendig gemacht.

Corporate Entrepreneurship bezeichnet unternehmerisches Verhalten in etablierten Unternehmen, d. h. in Unternehmen, die sich in der Reife- oder auch bereits in der Schrumpfungsphase ihres Lebenszyklus befinden. Etablierte unternehmerische Unternehmen weisen simultan einen hohen Grad an Innovativität, Proaktivität und Risikobereitschaft auf und treten regelmäßig in für sie neue Märkte ein oder bieten neue Produkte an. Corporate Entrepreneurship bereitet Unternehmen darauf vor, in veränderten dynamischen Umfeldern zu überleben und ihre Ziele zu erreichen.

Die Implementierung eines bestimmten Grades an Corporate Entrepreneurship stellt grundsätzlich eine Herausforderung an etablierte Unternehmen dar, da viele traditionelle Managementansätze (wie beispielsweise Fokus auf Effizienz und Rendite oder auf standardisierte Regeln und Vorgehensweisen) nicht im Einklang mit flexiblem unternehmerischem Verhalten stehen.

Barrieren beim Etablieren von Corporate Entrepreneurship sind vor allem intern im Unternehmen zu finden. Zu nennen sind insbesondere fehlende finanzielle Mittel, mangelnde Top-Management-Unterstützung, fehlende Kooperation zwischen Gruppen im Unternehmen und bestehende Regelungen.

Literatur

Aldrich, H., & Auster, E. (1986). Even dwarfs started small: Liabilities of age and size and their strategic implications. *Research in Organizational Behavior, 8,* 165–186.

Ansoff, H. (1979). *Strategic management* (1. Aufl.) London: Macmillan.

Anthony, S. D. (2012). The new corporate garage. *Harvard Business Review, 90*(9), 44–53.

Bartsch, M., Brauck, M., & Hülsen, I. (2012). Zeitungskrise: Frankfurter Rundschau meldet Insolvenz an http://www.spiegel.de/kultur/gesellschaft/frankfurter-rundschau-qualitaetszeitung-meldet-insolvenz-an-a-866984.html. Zugegriffen: 12. Juni 2014.

Bergmann, J. (2009). Der Talentschuppen. *Brand Eins,* (11), 60–65.

Bosma, N., Wennekers, S., Guerrero, M., Amoros, J., Martiarena, A., & Singer, S. (2013). *Global entrepreneurship monitor – special report on entrepreneurial employee activity.* Babson: Global Entrepreneurship Research Association.

Brettel, M., Engelen, A., & Voll, L. (2010). Letting go to grow-empirical findings on a Hearsay. *Journal of Small Business Management, 48*(4), 552–579.

Brown, B., & Anthony, S. (2011). How P & G tripled its innovation success rate. *Harvard Business Review, 89*(6):64–72.

Burns, P. (2013). *Corporate entrepreneurship – innovation and strategy in large organizations* (3. Aufl.) New York: Palgrave.

Certo, S. T., Moss, T. W., & Short, J. C. (2009). Entrepreneurial orientation: An applied perspective. *Business Horizons, 52*(4), 319–324.

Christensen, C. M. (2011). *The innovator's dilemma: The revolutionary book that will change the way you do business*. USA: Harper Business Review.

Covin, J., & Slevin, D. (1991). A conceptual model of entrepreneurship as firm behavior. *Entrepreneurship Theory and Practice, 16*(1), 7–25.

Downes, L., & Nunes, P. F. (2013). Big-bang disruption. *Harvard Business Review, 91*(3), 44–56.

dpa. (2012). Die Entwicklung der Tageszeitungen. http://www.welt.de/aktuell/article111762260/Die-Entwicklung-der-Tageszeitungen.html. Zugegriffen: 12. Juni 2014.

Droge, C., Stanko, M. A., & Pollitte, W. A. (2010). Lead users and early adopters on the web: The role of new technology product blogs. *Journal of Product Innovation Management, 27*(1), 66–82.

Engelen, A. (2010). Entrepreneurial orientation as a function of national cultural variations in two countries. *Journal of International Management, 16*(4), 354–368.

Engelen, A., & Eßer, F. (2014). So fördern Sie Entrepreneure. *Harvard Business Manager,* (2), 2–3.

Forbes. (2011). *Nurturing Europe's spirit of enterprise: How entrepreneurial exeuctives mobilize organizations to innovate*. New York.

Forbes. (2013). The World's Most Innovative Companies. http://www.forbes.com/innovative-companies/list/. Zugegriffen: 1. Juli 2014.

Freeman, J., Carroll, G., & Hannan, M. (1983). The liability of newness: Age dependence in organizational death rates. *American Sociological Review, 48*(5), 692–710.

Gartner, W. (1989). „Who Is an Entrepreneur?" is the wrong question. *Entrepreneurship Theory and Practice, 13*(4), 47–68.

Garvin, D., & Levesque, L. (2006). Meeting the challenge of corporate entrepreneurship. *Harvard Business Review, 84*(10), 102–112.

Govindarajan, V. (1988). A contingency approach to strategy implementation at the business-unit level: Integrating administrative mechanisms with strategy. *Academy of Management Journal, 31*(4), 828–853.

Greiner, L. (1972). Evolution and revolution as organizations grow. *Harvard Business Review, 50*(4), 37–46.

Gruber, M. (2004). Marketing in new ventures: Theory and empirical evidence. *Schmalenbach Business Review, 56*(2), 164–199.

Hanks, S., Watson, C., Jansen, E., & Chandler, G. (1993). Tighening the life-cycle construct: A taxonomic study of growth stage configurations in high-technology organizations. *Entrepreneurship Theory and Practice, 18*(2), 5–29.

Hill, C. (2010). *International business: Competing in the global marketplace*. (8. Aufl.) London: McGraw.

Homburg, C., Grozdanovic, M., & Klarmann, M. (2007). Responsiveness to customers and competitors: The role of affective and cognitive organizational systems. *Journal of Marketing, 71*(3), 18–38.

Isaacson, W. (2011). *Steve Jobs*. (1. Aufl.) New York: Simon & Schuster.

Koontz, H., & O'Donnell, C. (1955). *Principles of management: An analysis of managerial functions* (1. Aufl.) New York: McGraw-Hill.

Kumar, V., Jones, E., Venkatesan, R. & Leone, R. P. (2011). Is market orientation a source of sustainable competitive advantage or simply the cost of competing? *Journal of Marketing, 75*(1), 16–30.

Kuratko, D., Morris, M. H., & Covin, J. (2011). *Corporate entrepreneurship and innovation* (3. Aufl.) USA: Cengage Learning Emea.

Luger, M., & Koo, J. (2005). Defining and tracking business start-ups. *Small Business Economics, 24*(1), 17–28.

Manyika, J., Chui, M., Bughin, J., Dobbs, R., Bisson, P., & Marrs, A. (2013). *Disruptive technologies: Advances that will transform life, business, and the global economy*. McKinsey Global Institute

McGrath, R. (2012). *The End of competitive advantage: How to keep your strategy moving as fast as your business*. (1. Aufl.) U S A: Harvard Business Press.

Miller, D. (1983). The correlates of entrepreneurship in three types of firms. *Management Science, 29*(7), 770–791.

Miller, C., & Helft, M. (21 January 2011). Google shake-up is effort to revive start-up spark. *New York Times*, A1.

N. N. 2012a. Microsoft's downfall: Inside the executive e-mails and cannibalistic culture that felled a tech giant. *Vanity Fair*.

N. N. 2012b. What's wrong with this picture: Kodak's 30-year Slideinto Bankruptcy. http://knowledge.wharton.upenn.edu/article/whats-wrong-with-this-picture-kodaks-30-year-slide-into-bankruptcy/. Zugegriffen: 1. Juni 2014.

Peters, T. (2010). *The circle of innovation: You can't shrink your way to greatness* (1. Aufl.) New York: Vintage.

Porter, M. (2008). The five competitive forces that shape strategy. *Harvard Business Review, 86*(1), 25–40.

Rauch, A., Wiklund, J., Lumpkin, G. T., & Frese, M. (2009). Entrepreneurial orientation and business performance: An assessment of past research and suggestions for the future. *Entrepreneurship: Theory and Practice, 33*(3), 761–787.

Saeed, S., Yousafzai, S. Y., & Engelen, A. (2014). On cultural and macroeconomic contingencies of the entrepreneurial orientation-performance relationship. *Entrepreneurship: Theory and Practice, 38*(2), 255–290.

Schumpeter, J. (1934). *The theory of economic development – An inquiry into profits, capital, credit, interest, and the business cycle*. Cambridge: Transaction Publishers.

Steinkirchner, P. (2012). Frankfurter Rundschau macht 16 Millionen Euro Verlust. http://www.wiwo.de/unternehmen/dienstleister/traditionsblatt-frankfurter-rundschau-macht-16-millionen-euro-verlust/7384214.html. Zugegriffen: 12. Juni 2014.

Thornberry, N. (2001). Corporate entrepreneurship: Antidote or oxymoron? *European Management Journal, 19*(5), 526.

Timmons, J. (1999). *New venture creation: Entrepreneurship for the 21st Century* (5. Aufl.) Boston: McGraw-Hill.

Wales, W., Monsen, E., & McKelvie, A. (2011). The organizational pervasiveness of entrepreneurial orientation. *Entrepreneurship Theory and Practice, 35*(5), 895–923.

Wolcott, R., & Lippitz, M. (2009). *Grow from within: Mastering corporate entrepreneurship and innovation* (1. Aufl.) USA: Mcgraw-Hill.

Grundlagen zum Konzept des Corporate Entrepreneurship

2

Das zweite Kapitel beschäftigt sich mit den drei Dimensionen von Corporate Entrepreneurship und dessen Potenzialen, um den Erfolg eines Unternehmens nachhaltig zu steigern. In Abschn. 2.1 werden diese drei Dimensionen – Innovativität, Proaktivität und Risikobereitschaft – dargestellt. Abschnitt 2.2 präsentiert die konzeptuellen Argumente für eine positive Erfolgswirkung von Corporate Entrepreneurship und legt empirische Befunde für diese Erfolgswirkung dar. Schließlich wird diskutiert, in welchen Umfeldern die Erfolgswirkung am stärksten ist und zu welchen Zeitpunkten Unternehmen sich mit Corporate Entrepreneurship-Aktivitäten beschäftigen sollten.

Zentrale Fragen von Kap. 2

- Was steckt hinter den Dimensionen Innovativität, Proaktivität und Risikobereitschaft von Corporate Entrepreneurship?
- Warum sind Unternehmen mit einem gewissen Grad an Corporate Entrepreneurship erfolgreicher als andere Unternehmen?
- Unter welchen Umständen ist Corporate Entrepreneurship besonders geeignet, um Wettbewerbsvorteile zu erzielen?
- Zu welchen Zeitpunkten sollten sich Unternehmen mit Corporate Entrepreneurship beschäftigen?

© Springer Fachmedien Wiesbaden 2015
A. Engelen et al., *Corporate Entrepreneurship*, DOI 10.1007/978-3-658-00646-4_2

2.1 Innovativität, Proaktivität und Risikobereitschaft als Dimensionen von Corporate Entrepreneurship

Im Folgenden werden die drei Dimensionen des Corporate Entrepreneurship-Konzepts dargelegt. Abschnitt 2.1.1 geht zunächst auf die Dimension der Innovativität ein, da jedes unternehmerische Verhalten innovative Facetten beinhaltet. Abschnitt 2.1.2 stellt die Dimension der Proaktivität dar, bevor Abschn. 2.1.3 die Risikobereitschaft als dritter Dimension umreißt.

2.1.1 Innovativität als Dimension von Corporate Entrepreneurship

In Abschn. 2.1.1 sollen der Begriff der Innovativität vorgestellt, der Erfolgsbeitrag herausgestellt und verschiedene Typen von Innovationen hergeleitet werden. Des Weiteren wird erarbeitet, inwiefern die Verfolgung von Innovationen in einen strukturierten Prozess eingebettet werden kann.

Ohne einen gewissen Grad an Innovativität, analog zum Start-up-Entrepreneurship, kann ein etabliertes Unternehmen kaum als unternehmerisch gelten (Miller 1983). Ein innovatives Unternehmen ist fähig, neue Gelegenheiten und Lösungen zu finden. Kreativität und Experimentierfreudigkeit führen zu neuen Produkten, Dienstleistungen oder technologischen Prozessen.

Dess und Lumpkin (2005) unterscheiden zwischen drei Arten von Innovationen:

- technologische Innovationen, die sich auf die Forschung und Entwicklung neuer Produkte oder Prozesse beziehen,
- Produkt-Markt-Innovationen, die sich auf Marktforschung, Produktdesign und Innovationen in Werbung beziehen und
- administrative Innovationen, die sich auf Management-Systeme, Kontrollansätze und Organisationsstrukturen beziehen.

Wichtig ist dabei zu verstehen, dass sich Innovationen zwar oft in Bezug auf im Markt angebotene Produkte äußern, aber auch in Bezug auf interne Prozesse im Unternehmen (wie eine überlegene Fertigungstechnik) erhebliche Wettbewerbsvorteile schaffen können.

Praxis und wissenschaftliche Studien zeigen, dass innovative Unternehmen in der Regel erfolgreicher sind als weniger innovative (Rubera und Kirca 2012). Denn Unternehmen, die Innovationen auf den Markt bringen, können zumindest für eine gewisse Zeit eine monopolähnliche Stellung einnehmen, bis der Wettbewerb die Innovation imitiert oder eine überlegene Lösung entwickelt hat (Henard und Szymanski 2001). Auch werden innovative Unternehmen von Kunden als besonders positiv wahrgenommen, was in erhöhter Markentreue resultieren kann. Innovative Unternehmen sind zudem beliebte Arbeitgeber und ziehen somit besonders gute Mitarbeiter an, mit allen positiven Konsequenzen für diverse Funktionen im Unternehmen. Weisen Unternehmen hingegen gar keine Innovativität in ihren Produkten auf, verschwinden sie in den meisten Industrien über kurz oder lang wieder aus dem Geschäft, weil sie vom bestehenden Wettbewerb oder neu eintretenden Wettbewerbern ausgestochen werden.

Aber wie erreichen Unternehmen diese gewisse Innovativität? Anekdoten zufolge können Unternehmen ab und zu sogar von eher zufälligen Innovationen profitieren. Die in Beispiel 2.1 dargelegten Geschichten von Wrigley und Lamborghini verdeutlichen dies.

Beispiel 2.1: Auch so können Innovationen entstehen: Kaugummis und Luxusautos als „Zufallsinnovationen"

Ein strukturierter Prozess im Innovationsmanagement ist zumeist zielführend. Einige Beispiele zeigen, dass Innovationen und damit neue Geschäftsfelder aber auch zufällig entdeckt werden können.

Dem aktuell größten Anbieter im Kaugummigeschäft weltweit, der Wrigley Company, sagt man nach, mehr oder weniger zufällig in dieses Geschäftsfeld gekommen zu sein. Ursprünglich verkaufte Wrigley Backpulver. In einer Weihnachtsaktion legte man dem Backpulver zwei Streifen Kaugummi bei, die bei den Kunden so gut ankamen, dass die Aktion eine hohe Nachfrage nach diesen Kaugummis mit sich brachte. 1893 sattelte Wrigley komplett um und die so nie geplante Erfolgsstory nahm ihren Anfang (Crainer 2002).

Ähnliches ist über den Einstieg des Traktorenherstellers Lamborghini in das Luxusautosegment überliefert. Der Sportwagenliebhaber Ferruccio Lamborghini war unzufrieden mit seinem Ferrari und beschwerte sich bei Enzo Ferrari persönlich. Der tat die Beschwerde mit der Bemerkung ab, dass Lamborghini wohl nur mit Traktoren umgehen könne. Aus Trotz über diese Reaktion beschloss Lamborghini, selbst in dieses Geschäft einzusteigen – und stellte 1963 den ersten Prototyp eines Lamborghini-Sportwagens vor.

In der Regel aber verfolgen erfolgreiche Unternehmen einen strukturierten Prozess zur Identifikation und Umsetzung von Innovationen, wie in Abb. 2.1 dargestellt. In einem ersten Schritt kommt es zur Ideengewinnung und -konkretisierung, etwa durch Kreativitätstechniken oder auch den Lead-User-Ansatz, bei dem mit visionären Kunden zusammen Innovationen entwickelt werden (Droge et al. 2010; Hippel 1986). Darauf aufbauend kommt es zur Konzeptdefinition und in einem dritten Schritt zur Konzeptbewertung und -selektion, wozu verschiedene Instrumente wie Checklisten, Scoring-Modell, Testmärkte oder Investitionsrechnungs-Modelle angewendet werden können (Homburg und Krohmer 2005). Im letzten Schritt steht die Einführung eines neuen Produkts im Markt an. Hierzu sind Diffusionsmodelle zu beachten und eine Markteinführungsstrategie zu entwickeln.

Quellen zu Innovationsideen existieren unternehmensintern und unternehmensextern. Eine Übersicht möglicher Quellen zeigt Tab. 2.1. Unternehmensintern kann ein Vorschlagswesen etabliert werden (Vahs und Brem 2013). Besonders Mitarbeiter in Forschung

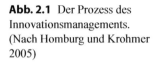

Abb. 2.1 Der Prozess des
Innovationsmanagements.
(Nach Homburg und Krohmer
2005)

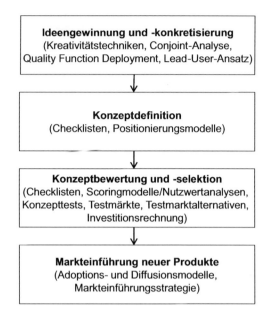

Tab. 2.1 Unternehmensinterne und -externe Quellen zur Ideengenerierung im Innovationsprozess.
(Nach Vahs und Brem 2013)

Unternehmensinterne Quellen	Unternehmensexterne Quellen

– Vorschlagswesen des Unternehmens
– Mitarbeiter aus Forschung und Entwicklung
  (z. B. im Hinblick auf Technologietrends)
– Mitarbeiter des Außendienstes
– Mitarbeiter des Kundendienstes/der
  Service-Hotline
–Beschwerdeinformationen
	– Kunden (z. B. direkte Befragung, Fokusgruppen mit Kunden, Beobachtung der Produktbenutzung durch Kunden, Anregungen/ Nachfragen von Kunden)
	– Wettbewerber (z. B. Analyse von Ausstellungen, Messen und Neuproduktankündigungen der Wettbewerber)
	– Marktneuheiten auf anderen Märkten
	– Technologische Entwicklungen
	– Experten (z. B. Befragung von Absatzmittlern oder Industrieexperten)
	– Erkenntnisse von Trend- und Marktforschungsinstituten, Unternehmensberatungen und Werbeagenturen

und Entwicklung spielen bei der Ideengenerierung eine Rolle, ebenso wie Mitarbeiter im Außendienst, die kontinuierlich mit Kunden in Kontakt sind und deren Bedürfnisse und Probleme mit aktuellen Produkten am besten verstehen. Beschwerdeinformationen sind eine weitere mögliche Quelle zur Identifikation von Verbesserungsmöglichkeiten. Zudem setzt sich in der Innovationsliteratur und -praxis in den letzten Jahren zunehmend die Erkenntnis durch, dass auch externe Quellen eine wesentliche Rolle spielen können (Fuchs und Schreier 2011). Insbesondere Kunden, als ultimative Anwender der vom Unternehmen hergestellten Produkte, sind eine wesentliche Quelle für Denkanstöße, wie Produkte weiterentwickelt werden können. Weitere Quellen können sein: Wettbewerber, Neuheiten auf anderen Märkten, technologische Entwicklungen und Experten, beispielsweise in Forschungseinrichtungen.

Innovationen werden oft als neue Kombination verschiedener Ideen oder Informationen dargestellt. Solch eine neue Kombination kann aus einer Information über eine etablierte Technologie in einer bestimmten Industrie und aus einer Information über verändertes Konsumverhalten in einer anderen Industrie generiert werden. Steigt die Anzahl der Ideen oder neuen Informationen an, so steigt auch die Anzahl der Kombinationsmöglichkeiten. Steigt erstere linear an, dann wächst die Anzahl der möglichen Kombinationen dieser Ideen oder neuen Informationen sogar quadratisch, wie Abb. 2.2 graphisch aufzeigt. Sind Innovationen also neue Kombinationen von Ideen oder Informationen, dann führt das Generieren weiterer Ideen oder Informationen zu wieder neuen Kombinationen und damit auch zu einer erhöhten Wahrscheinlichkeit, dass wirklich innovative Ideen entstehen. Demnach gilt, dass die Anzahl an Informationen und Ideen sowie die Fähigkeit von Unternehmen, diese zu kombinieren, Erfolgsfaktoren für Innovativität darstellen.

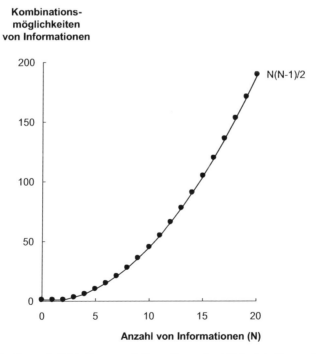

Abb. 2.2 Kombinationsmöglichkeiten von Informationen in Abhängigkeit von der Anzahl der Informationen. (Nach Christensen et al. 2011)

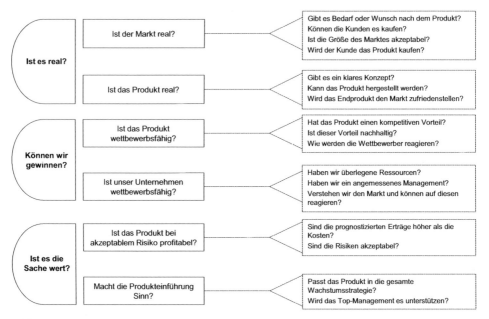

Abb. 2.3 Das R-W-W-Konzept. (Nach Day 2007)

Liegen Innovationsideen vor, stellt sich die Frage, welche von diesen Ideen ein Unternehmen weiterverfolgen sollte. Einen Ansatz zur Bewertung von Innovationsideen schlägt Day (2007) mit seinem R-W-W-Konzept vor („real, win, worth it"), welches Abb. 2.3 darstellt. Dieses Konzept erlaubt die Bewertung von Potenzialen und Risiken individueller Innovationsprojekte entlang eines Sets an Fragen zu verschiedenen Themen des Innovationsprozesses. „Ist es real?" („Is it real?") betrachtet den potenziellen Markt und die technologische Umsetzbarkeit der Produkt- oder Prozessentwicklung. Zentral ist dabei, dass das R-W-W-Konzept mit dem Markt anfängt. Studien haben gezeigt, dass ein fehlender oder nicht zugänglicher Markt ein Hauptgrund für das Scheitern von Innovationsaktivitäten ist, viel mehr als technische Probleme bei der Umsetzbarkeit (Hills und LaForge 1992). In diesen ersten beiden Schritten betrachtet das R-W-W-Konzept, ob Markt und Produkt real sind: Besteht auf Kundenseite ein Bedürfnis, das das neue Produkt adressieren kann? Ist das Produkt dann überhaupt für den Kunden zugänglich? Wie groß ist der Markt? Gibt es ein klares Produktkonzept? Ist das Produkt überhaupt technisch herstellbar?

Ist all dies abgeklärt, stellt sich die nächste Frage. „Können wir gewinnen?" („Can we win it?") fragt nach der Wettbewerbsfähigkeit der Idee. In Bezug auf das Produkt wird untersucht, ob überhaupt ein Wettbewerbsvorteil besteht und ob dieser nachhaltig ist. Es wird thematisiert, wie der Wettbewerb reagieren wird. Nicht nur die Produktidee, auch das ganze Unternehmen muss wettbewerbsfähig sein. Hat es überhaupt die Fähigkeiten, die neue Innovationsidee umzusetzen und voranzutreiben? Steht das Management hinter der Idee?

Schließlich untersucht „Ist es die Sache wert?" („Is it worth doing?") die potenziellen Erträge und die Unternehmensstrategie: Übersteigen die vorhergesagten Erträge wirklich die Kosten? Sind die Risiken akzeptabel? Passt die neue Innovationsidee in den größeren Kontext der Unternehmensstrategie?

Dieser Prozess dient der Aufdeckung von Problemen entlang der Kategorien R-W-W. Für jedes einzelne auftretende Problem muss dann geklärt werden, ob es lösbar ist. Lautet die Antwort nach intensiver Klärung „nein", ist das Projekt einzustellen. Einzig im letzten Schritt, der Vereinbarkeit der Idee mit der bestehenden Strategie, ist etwas mehr Flexibilität angezeigt. Denn Unternehmen könnten sich nicht mehr weiterentwickeln, wenn nur mit der bisherigen Unternehmensstrategie gänzlich vereinbare Produktideen akzeptiert würden.

Eine zentrale Frage der Fachliteratur besteht darin, wie innovativ ein Unternehmen sein muss (Narver et al. 2004). Man unterscheidet dabei Kerninnovationen (auch inkrementelle Innovationen genannt), d. h. Innovationen, die bestehende Angebote oder Prozesse in kleinen Schritten weiterentwickeln, und radikale Innovationen, d. h. Innovationen, die einen komplett neuen Kundennutzen generieren (Dewar und Dutton 1986). Im letzteren Fall werden sogar häufig neue Märkte erst geschaffen. Studien haben gezeigt, dass Unternehmen, die ihre gesamten Innovationsaktivitäten als ein Portfolio begreifen, in der Summe erfolgreicher sind. Nagji und Tuff (2012) erarbeiten die in Abb. 2.4 dargestellte Innovation-Ambition-Matrix. Die Abszisse erfasst, ob Innovationen unmittelbar auf Basis existierender Produkte und Prozesse entstehen oder ob vollständig neue Produkte oder Prozesse entwickelt werden. Die Ordinate bezieht sich auf den anvisierten Markt der Innovation: Werden bestehende Kunden oder komplett neue Märkte bedient bzw. so-

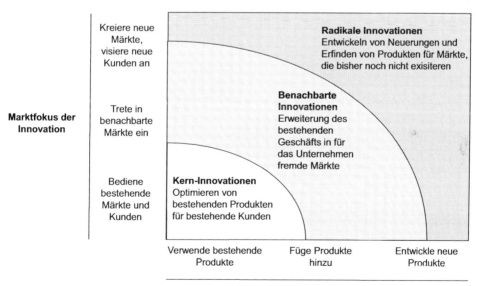

Abb. 2.4 Die Innovation-Ambition-Matrix. (Nach Nagji und Tuff 2012)

gar geschaffen? Im letzteren Fall könnten beispielsweise neue, möglicherweise dem Kunden selbst noch gar nicht bewusste Kundenbedürfnisse adressiert werden. Nagji und Tuff (2012) entwickeln entlang dieser beiden Dimensionen drei Kategorien von Innovationen:

- Kerninnovationen, die existierende Produkte für existierende Kunden optimieren,
- benachbarte Innovationen, die Produkte anpassen und weiterentwickeln und diese in Märkte bringen, die zumindest ähnlich zu den bestehenden sind und
- radikale Innovationen, bei denen komplett neue Produkte entwickeln werden, die neue Märkte schaffen und/oder bislang sogar den Kunden selbst unbekannte Bedürfnisse adressieren.

Barry Gilbert, ehemaliges Vorstandsmitglied von Sharper Image, fasst die Kundenreaktionen auf diese verschiedenen Innovationen anschaulich wie folgt zusammen. Bei einer Kerninnovation ist eine typische Kundenreaktion: „Oh, look how they have changed that". Bei einer radikalen Innovation fällt die Reaktion überschwänglicher aus, etwa „Wow, I have never seen that before" (Peters 2010, S. 301).

Nagji und Tuff (2012) analysieren, ob es eine optimale Verteilung der Innovationsressourcen auf diese drei Kategorien von Innovationen im Unternehmen gibt. Es gilt abzuwägen, dass Kerninnovationen zwar ein geringes Risiko aufweisen, das Ertragspotenzial aber begrenzt ist. Die unsicheren radikalen Innovationen haben ein viel höheres Risiko, beispielsweise in Bezug auf die technische Umsetzbarkeit oder auf die Marktreaktion. Im Erfolgsfall versprechen sie aber einen deutlich überdurchschnittlichen Ertrag, möglicherweise sogar über viele Jahre. Die Autoren kommen zu dem Ergebnis, dass eine optimale Verteilung der Innovationsressourcen im Unternehmen einer 70-20-10-Logik entspricht: 70% der Innovationsanstrengungen und -ressourcen eines Unternehmen sollten in Kerninnovationen gesteckt werden, 20% in benachbarte Innovationen und 10% in radikale Innovationen. In der Untersuchung der Autoren hatten Unternehmen mit einer solchen Aufteilung einen deutlich höheren Aktienkurs. Der Ertrag der Innovationen, die vom Markt tatsächlich angenommen wurden, kam zu 70% aus radikalen Innovationen, zu 20% aus benachbarten Innovationen und nur zu 10% aus Kerninnovationen – also genau umgekehrt zu der Verteilung der Ressourcen in Innovationsprozessen des gesamten Unternehmen. Unternehmen sollten ihre Innovationsaktivitäten wie ein Anlagen-Portfolio betrachten. Ohne Kerninnovationen fehlt möglicherweise eine relativ sichere Ertragsquelle. Versucht sich ein Unternehmen überhaupt nicht an radikalen Innovationen, ist die Wahrscheinlichkeit, in den Genuss überdurchschnittlicher Erträge aus einer oder mehreren erfolgreichen radikalen Innovationen zu kommen, zu gering (Brown und Anthony 2011).

Nagji und Tuff (2012) finden zudem, dass sich das optimale Ratio der Innovationskategorien je nach Unternehmen unterscheiden kann. Abbildung 2.5 illustriert das: Ein Konsumgüter-Unternehmen fährt besser damit, 80% der Innovationsressourcen in Kerninnovationen und nur 2% in radikale Innovationen zu allokieren. Diversifizierte Industrie-Unternehmen kommen der 70-20-10-Regel sehr nahe, während erfolgreiche Technologie-Unternehmen nur 45% in Kerninnovationen und sogar 15% ihrer Anstrengungen in radikale Innovationen stecken sollten.

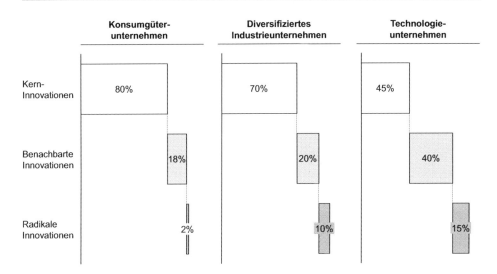

Abb. 2.5 Das optimale Innovations-Ambition-Ratio in verschiedenen Industrien. (Nach Nagji und Tuff 2012)

Day (2007) nimmt eine ähnliche Portfolio-Betrachtung von Innovationen vor und liefert Wahrscheinlichkeiten, im Innovationsprozess zu scheitern. Innovationen, die bestehende Kunden adressieren und auf bestehenden Produkten und Technologien aufbauen, scheitern mit einer Wahrscheinlichkeit von 25–40 %, weil entweder die angedachte neue Technologie nicht funktioniert oder der Markt die Weiterentwicklung nicht wie erwartet annimmt. Die Scheiterwahrscheinlichkeiten steigen, wenn man sich in der Matrix von links unten nach rechts oben bewegt, kontinuierlich an. Besonders hohe Scheiterraten haben Innovationen, die für das Unternehmen neue Märkte betreffen: Neue Produkte oder Technologien, die neue Märkte adressieren, scheitern mit einer Wahrscheinlichkeit von bis zu 95 %. Day (2007) argumentiert weiterhin, dass ein ausgewogenes Innovationsportfolio – aufgrund von Ertrags-Risiko-Abwägungen – für Unternehmen das vorteilhafteste ist (Abb. 2.6).

Ein Unternehmen, das Innovation als Portfolio betrachtet, geht davon aus, dass nicht alle Innovationsprozesse zum Erfolg führen, insbesondere radikale Innovationen nicht. Die Portfolio-Betrachtung steht ja gerade für einen Ausgleich von Risiken. Fehlversuche gehören völlig natürlich zum Innovationsprozess dazu. Bei vielen innovativen Unternehmen – wie im Beispiel 2.2 für Google dargelegt – gehört Scheitern sogar zur Normalität.

Beispiel 2.2: Scheitern als Geschäftsmodell – wie Google Scheitern einplant

Nach Heuer (2011) hat der Wahnsinn bei Google Methode. Ständig werden neue Produkte auf den Markt gebracht, und viele floppen. Das Entwicklungslabor von Google listet für das Jahr 2011 sage und schreibe 52 neue Ideen und Prototypen, die ausprobiert wurden. Marktbeobachter stellen heraus, dass man das Geschäftsmodell von Google

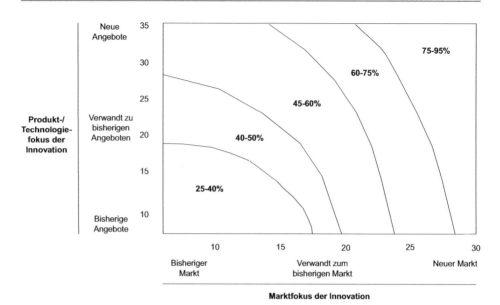

Abb. 2.6 Scheiterwahrscheinlichkeiten verschiedener Innovationstypen. (Nach Day 2007)

nicht verstanden hat, wenn man sich nur die Misserfolge ansieht. Google zielt darauf ab, aufkommende neue Gelegenheiten einzunehmen, bevor sich jemand anderes ansiedeln kann. Fehlschläge sind nicht nur erlaubt, sondern fest einkalkuliert. Der ehemalige Google-Chef Eric Schmidt verkündete sogar: „Wir feiern unsere Fehlschläge." Man weiß, dass Ideen vorab nicht in Gänze bewertet werden können und man daher eine hohe Anzahl an Projekten starten muss, um die ganz großen neuen Geschäfte zu identifizieren und auszubauen. Letzteres ist von zentraler Bedeutung. Zudem erlaubt es das Internet, neue Produkte zuerst als Alpha- oder Betaversion anzubieten und zu verstehen, was Nutzer damit tun. So wird die Fehlschlagwahrscheinlichkeit zumindest reduziert.

Sind Ideen generiert und in Bezug auf ihr Risikoprofil bewertet, steht nach der Entwicklung die Markteinführung an. Ein wichtiger Aspekt für die Innovationsforschung ist die der Markteinführung folgende Diffusion von Innovationen im Markt (Desiraju et al. 2004). Das bekannteste Modell zur Erklärung ist das von Rogers (2010), das in Abb. 2.7 veranschaulicht wird. Das Modell geht davon aus, dass neue Produkte nicht unmittelbar vom gesamten relevanten Markt angenommen und gekauft werden, sondern dass verschiedene Gruppen von Nachfragern zu unterschiedlichen Zeitpunkten einen Kauf tätigen. Innovatoren, als sehr kleine Gruppe von etwa 2,5 % aller Nachfrager in einem Markt, sind neuen Lösungen gegenüber sehr offen, informieren sich kontinuierlich über etwaige Neuheiten und haben die Kaufkraft, diese innovativen Produkte zu erstehen. Den Innovatoren folgen die sogenannten frühen Adoptoren, die mit etwa 13,5 % eine größere Gruppe der Nachfrager stellen. Frühe Adoptoren sind durch das Verhalten der Innovatoren motiviert und ziehen entsprechend nach, denken aber etwas rationaler über Produktneuheiten nach. Da diese Gruppe bereits größer ist, wächst auch das Gesamtvolumen des Marktes an,

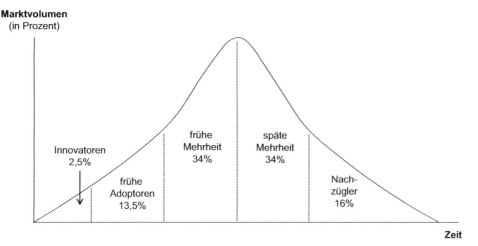

Abb. 2.7 Diffusionsmodell von Innovationen im Markt. (Nach Rogers 2010)

welches dann, wenn es auf die Gruppe der frühen Mehrheit trifft, seinen Höhepunkt erreicht. Zu diesem Zeitpunkt ist die Innovation massenmarktfähig geworden und hat einen „Proof of Concept" bei den frühen Adoptoren erbracht, so dass die Mehrheit der Nachfrager bereit ist, dieses Produkt anzunehmen. Auf dem Höhepunkt, wenn die frühe Mehrheit bedient ist, tritt noch die späte Mehrheit in das Spiel ein. Beide Gruppen machen etwa 34 % der Gesamtnachfrage aus. Hier beginnt das Gesamtvolumen des Markts aber bereits zu schrumpfen. Am Ende, wenn die Mehrheiten bedient sind, treten nur noch Nachzügler, die allem Neuen zunächst ablehnend gegenüberstehen, in den Markt ein. Diese Gruppe ist eher klein (16 % aller Nachfrager). Zu diesem Zeitpunkt ist der gesamte Markt mit dem neuen Produkt ausgestattet, es kommen keine neuen Nachfrager mehr hinzu. Jetzt kann durch dieses bestehende Produkt nur noch Ersatznachfrage (wie bei nicht mehr betriebsfähigen Produkten) generiert werden.

Ein konkretes Schema für Innovationsprozesse ist das sogenannte Stage-Gate®-System. Dieses geht ebenfalls davon aus, dass das Managen neuer innovativer Produkte ein Prozess aneinandergereihter Schritte (Stages) ist (Cooper 2008). Diese Stages sind durch Tore (Gates) getrennt, und an jedem dieser Gates muss das Neuproduktprojekt vordefinierte Kriterien erfüllen, damit es weitergeführt werden kann, also in den nächsten Stage übergeht. Gates stellen sicher, dass keine wichtigen Aktivitäten bis zu diesem Zeitpunkt vergessen worden sind. Jeder weitere Stage erfordert mehr Ressourcen (wie Mitarbeiter und finanzielle Mittel) als vorhergehende Stufen. An jedem Gate wird eine „Go/ Kill/Hold"-Entscheidung getroffen. Das Neuproduktvorhaben kann damit an jedem Gate abgebrochen werden.

Die konkreten Schritte werden in Abb. 2.8 dargestellt. Ist die Idee entstanden, findet am ersten Gate ein initialer Screen statt, bei dem die generelle Machbarkeit, die Marktattraktivität und der Fit zur bestehenden Strategie untersucht werden, jedoch alles noch auf einem sehr allgemeinen Niveau ohne tiefergehende Analyse. Übersteht die Produktidee dieses Gate, folgt der Schritt der vorläufigen Bewertung in Bezug auf die zugrunde liegende

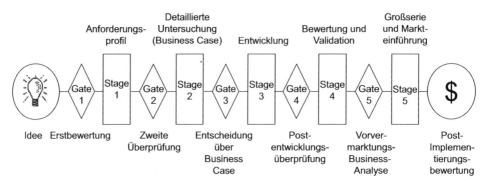

Abb. 2.8 Der Stage-Gate®-Prozess. (Nach Cooper 2008)

Technik und den Markt. So können beispielsweise erste Kunden befragt werden (Cooper 2008). Darauf folgt das zweite Gate in Form des zweiten Screens, das eine Wiederholung des ersten Screens darstellt. Übersteht die Produktidee dieses Gate, folgt der Schritt der Business-Case-Erstellung. Er beschäftigt sich detailliert damit, ob das Marktpotenzial und die zu erwartenden Kosten in einem attraktiven Verhältnis zueinander stehen. Der Business Case beinhaltet typischerweise eine Discounted-Cashflow-Analyse. Am dritten Gate wird über diesen Business Case entschieden. Eine positive Entscheidung für ein Weiterverfolgen des Projekts bedeutet, dass in den nächsten Schritten substanziell Ressourcen in das Projekt investiert werden müssen. In der dritten Phase (Stage) folgt die Entwicklung des Produkts, die am vierten Gate überprüft wird. Dann folgt der Schritt des Produkttestens, gefolgt vom Gate zur Analyse des gesamten Projekts vor der Markteinführung, die schließlich im fünften Schritt (Stage) vorgenommen wird. Die Abbruchwahrscheinlichkeiten reduzieren sich dabei von Gate zu Gate, die Ausgaben nehmen von Stage zu Stage zu.

2.1.2 Proaktivität als Dimension von Corporate Entrepreneurship

Proaktivität ist die zweite Dimension von Corporate Entrepreneurship. Diese Dimension bezieht sich auf die Fähigkeit von Unternehmen, Veränderungen im Umfeld zu erkennen und zeitlich vor dem Wettbewerb auf sie zu reagieren, um First-Mover-Vorteile zu generieren (Miller 1983). Ohne Proaktivität wäre das Unternehmen in den meisten Fällen nur ein Folger im Markt, der bestehende innovative Lösungen imitiert. Erreicht ein Unternehmen aber einen gewissen Grad an Proaktivität, so setzt es seine Wettbewerber unter Druck, auf die erfolgreiche strategische Initiative zu reagieren.

Unternehmen, die proaktiv im Markt agieren, erzielen Pioniervorteile mit entsprechenden Nachteilen für die Folger, wie das Beispiel 2.3 für britische Fußballclubs im asiatischen Markt verdeutlicht (Kerin et al. 1992). Solche Unternehmen sichern sich zumindest vorübergehend, manchmal sogar dauerhaft eine Monopolsituation, in der das Unternehmen höhere Preise erzielen kann. Durch Erfahrungskurveneffekte entstehen Kostenvorteile (Steinmann und Schreyögg 2005). Bei Nachfragern können Wechselbarrieren aufgebaut werden, wenn früh Industriestandards, etwa bei technischen Produkten, gesetzt werden. Dies sind Vorteile, von denen Unternehmen zeitlich weit über den Markteintritt hinaus zehren können. Kunden bauen zudem oft eine Präferenz für das erste Unternehmen auf und tendieren je nach Produktkategorie dazu, diesem Unternehmen treu zu bleiben. Schließlich können sich proaktive Unternehmen, die Produkte zeitlich vor dem Wettbewerb auf den Markt bringen, Distributionskanäle sichern (Mueller et al. 2012).

Beispiel 2.3: Warum Asien die Premier-League so verehrt ...

Britische Premier-League-Fußballvereine verbringen einen Teil ihrer Vorbereitung auf ihre Saison oft in Asien, tragen dort Freundschaftsspiele aus und betreiben Werbung für ihren Verein und ihre Liga. So mag es nicht überraschen, dass der asiatische Markt für das Merchandising der britischen Fußballvereine ein ganz zentraler geworden ist. 32,5 % der Fernsehzuschauer von Premier-League-Spielen leben in Asien (Dove 2013). Asiatische Unternehmen wie Samsung und Chang engagieren sich heute als Hauptsponsoren von Premier-League-Vereinen. Aber warum ist der britische Fußball so populär in Asien, während beispielsweise die deutsche oder spanische Liga eine untergeordnete Rolle spielt? Japan Today hat eine einfache Erklärung: Die Premier-League-Vereine waren die ersten, die in Asien aktiv ihr „Produkt" vermarktet haben. In diesem Fall eine lohnenswerte Strategie. Haben sich asiatische Fußballfans erstmals für einen Verein entschieden, ist die Vereinstreue hoch und die Wechselbereitschaft gering. Deshalb haben es Bundesliga-Vereine schwerer, im asiatischen Markt Fuß zu fassen. Die First-Mover-Strategie der Briten hat sich ausgezahlt.

In der Literatur werden diese Argumente für eine proaktive Strategie teilweise kontrovers diskutiert (Lieberman und Montgomery 1998). Gegner argumentieren, dass für einen frühen Markteintritt hohe Kosten anfallen, da der Markt erst noch erschlossen werden muss und die Mehrzahl der Kunden, wie die Diffusionsmodelle aus dem vorhergehenden Abschnitt zeigen, erst einige Zeit nach dem ersten Markteintritt zu kaufen beginnt. Möglicherweise müssen die Unternehmen dem Kunden das neue Produkt vollständig erklären und den Nutzen im Rahmen aufwendiger Werbe- und Schulungsmaßnahmen erst klar machen – Maßnahmen, von denen dann der Zweiteintretende in den Markt profitiert, ohne diese Aufwendungen aufgebracht zu haben. Ein proaktives Unternehmen ist außerdem mit Unsicherheiten in Bezug auf die Nachfrageentwicklung konfrontiert.

Sowohl für Erfolge als auch für Misserfolge proaktiver Strategien gibt es praktische Beispiele. Gillette mit mehrfach benutzbaren Rasierklingen und Sony mit tragbaren Musikabspielgeräten waren höchst erfolgreiche Pioniere und haben von dem Schritt, als erstes in den jeweiligen Markt gegangen zu sein, jahrelang, wenn nicht jahrzehntelang profitiert. Xerox war Pionier für Faxmaschinen, eToys für Spielzeugverkauf im Internet – beide haben von ihrer Pionierstrategie für diese Produkte aber nicht profitiert und sind aus den entsprechenden Märkten wieder verschwunden bzw. spielen nur eine untergeordnete Rolle.

Aber wovon hängen die Erfolgspotenziale eines frühen Markteintritts nun ab? Suarez et al. (2005) haben eine große Anzahl von frühen Markteintritten von Unternehmen unter-

sucht und herausgefunden, dass die Erfolgswahrscheinlichkeit wesentlich von zwei Faktoren abhängt: von der Geschwindigkeit der Marktentwicklung und der Geschwindigkeit
der Technologieentwicklung.

Kombiniert man die Ausprägungen „hoch" und „niedrig" dieser beiden Faktoren, so
erhält man vier mögliche Fälle:

„Ruhiges Fahrwasser" nennen Suarez et al. (2005) die Situation, wenn sich sowohl der
Markt als auch die Technologie nur langsam weiterentwickeln. Solche Verhältnisse sind
besonders gut für proaktive Unternehmen geeignet. Nur geringe technologische Weiterentwicklungen machen es Folgern sehr schwer, sich vom Angebot des proaktiven Unternehmens zu differenzieren, während es für das proaktive Unternehmen meistens leicht ist,
auf diese neueintretenden Konkurrenten zu reagieren. Auch der sich nur langsam weiter-
entwickelnde Markt ist für proaktive Unternehmen vorteilhaft, da sie so genug Zeit haben,
weitere Marktsegmente zu identifizieren und zu entwickeln. Das proaktive Unternehmen
ist zudem in der günstigen Lage, kaum kritische Ressourcen zu benötigen. Das langsame
Technologie- und Marktwachstum erlauben es, die Ressourcen generell nur langsam zu
entwickeln. Ein Beispiel für so einen Fall ist der Heim-Staubsauger, den William Hoover
1908 erstmalig produziert hat. Selbst in den späten 1930er-Jahren hatten weniger als 5 %
der US-Haushalte einen solchen Staubsauger. Die langsame, schrittweise Verbreitung von
Staubsaugern in US-amerikanischen Haushalten seit deren Erfindung zeigt Abb. 2.9 ver-

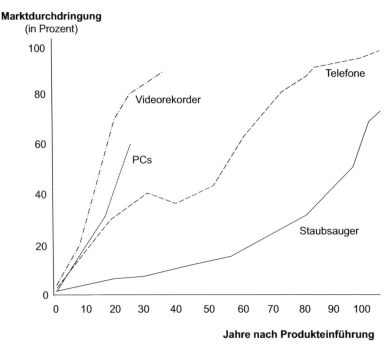

Abb. 2.9 Marktpenetration verschiedener Produkttypen in US-amerikanischen Haushalten in den
Jahren nach der Einführung. (Nach Suarez et al. 2005)

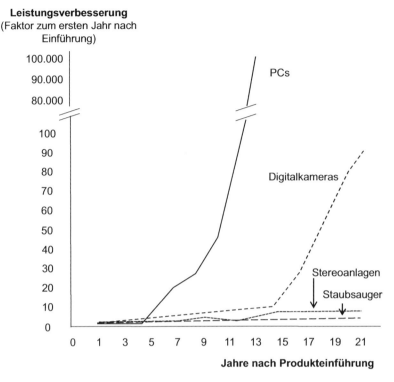

Abb. 2.10 Leistungsverbesserung ausgewählter Technologie in den Jahren nach der Einführung. (Nach Suarez et al. 2005)

gleichend mit anderen Produktkategorien, die wesentlich schneller verbreitet waren, wie Videorekorder und PCs.

Ähnlich langsam hat sich die zugrunde liegende Technologie entwickelt. Selbst heute funktionieren Staubsauger noch nach einem ähnlichen Prinzip wie in den 1930er-Jahren. Die begrenzte Leistungsentwicklung von Staubsaugern – im Vergleich zu der von PCs oder Digitalkameras – ist in Abb. 2.10 illustriert. Bis heute musste Hoover sich nur wenig mit Technologiefortschritten, Marktentwicklungen und veränderten Marktpräferenzen auseinandersetzen, um seine Position zu behaupten.

In Märkten, in denen ein langsames Technologiewachstum vorherrscht, der Markt sich aber sehr schnell entwickelt („Markt führt die Technologie"), fahren proaktive Unternehmen sowohl kurzfristig als auch langfristig sehr gut mit ihrer Strategie. Investitionen in Technologien sind nicht notwendig (Suarez et al. 2005). Zur Sicherung eines langfristigen Vorteils ist jedoch ein Kapazitätsaufbau im Marketing, in der Distribution und in der Produktion notwendig, um mit der bestehenden Technologie die sich entwickelnden Märkte und neu entstehenden Marktsegmente zu bedienen.

In Märkten mit schnellem Technologiewachstum, gekoppelt mit einem sich langsam entwickelnden Markt („Technologie führt Markt"), haben proaktive Unternehmen häufig Probleme, von ihrer Pionier-Strategie zu profitieren. Denn sie generieren nur sehr geringe

Umsätze, und das oft über Jahre. Gleichzeitig ziehen neue Technologien Folgeunternehmen an, die wiederum dem Pionier die wenigen existierenden Kunden wegnehmen. In diesen Situationen sind sehr viele Ressourcen und ein langer Atem notwendig, um die proaktive Strategie langfristig für das Unternehmen erfolgreich zu machen. Demnach ist die Kombination aus sich rasch verändernder Technologie und eher konstantem Markt für proaktive Unternehmen undankbar.

Den vierten Fall, die Kombination aus sich schnell verändernden Technologien und Märkten, nennen Suarez et al. (2005) „unruhiges Fahrwasser". Wenn sich Technologien schnell ändern, sind die Produktideen der proaktiven Unternehmen oft schnell überholt. Neu eintretende Unternehmen können Weiterentwicklungen der Innovationen oft nutzen, ohne sich dabei selbst zu kannibalisieren, wie es proaktive Unternehmen tun würden. Wenn Märkte sich schnell ändern, beispielsweise in Form neuer Marktsegmente oder neuer Kundenbedürfnisse, so können neu eintretende Unternehmen diese Möglichkeiten meist gut nutzen und dem Pionier die Kunden wegnehmen. Ein Beispiel für einen solchen Fall ist Netscape. 1994 entwickelte Netscape den ersten Internet-Browser, wurde aber in den Folgejahren von anderen Konkurrenten aus dem Markt gedrängt und ist heute nur noch eine kleine Geschäftseinheit von Time Warner. Die Bewertungen der First-Mover-Vorteile sind in Tab. 2.2 zusammengefasst. Beispiel 2.4 führt zudem auf, wie Sony in verschiedenen Situationen richtig agiert und First-Mover-Vorteile für sich generiert hat.

Beispiel 2.4: Sony und die Pionierstrategien

Sony hat in mindestens zwei Fällen Pionierstrategien erfolgreich durchgesetzt (Suarez et al. 2005): Als der Walkman Anfang der 1980er-Jahre auf den Markt gebracht wurde, war dies eine Technologie, die damals vielen Unternehmen, insbesondere Sony, zur Verfügung stand und die zudem über ein Jahrzehnt unverändert blieb. Der Markt hingegen hat sich in den Folgejahren explosionsartig entwickelt. Entsprechend lag das „Markt führt Technologie"-Szenario vor. Sony hatte auch noch zehn Jahre später in den USA einen Marktanteil von 48 %. Sony hatte die notwendigen Design-Fähigkeiten, Marketing-Budgets und -Fähigkeiten sowie eine starke Marke, um von seinem Pionierschritt Anfang der 1980er-Jahre zu profitieren.

Sony hat zudem 1981 die erste Digitalkamera, die Maciva, entwickelt – eine Technologie, die sich seitdem in großen Schritten weiterentwickelt hat. Gleichzeitig hat sich der Markt dafür nur sehr langsam entwickelt – also lag ein „Technologie führt Markt"-Szenario vor. Ohne seine starken finanziellen Ressourcen und technologischen Entwicklungsfähigkeiten wäre Sony in diesem Markt wohl gescheitert. Aber in 2003 war Sony in den USA immer noch Marktführer für Digitalkameras, mit einem Marktanteil von 22 %.

Die Systematisierung von Suarez et al. (2005) liefert Anhaltspunkte, wann sich eine proaktive Strategie im Markt besonders lohnt und welche kritischen Ressourcen in welcher

Tab. 2.2 Erfolgspotenziale einer proaktiven Strategie in Abhängigkeit von Technologie- und Marktdynamik. (Nach Suarez et al. 2005)

Szenario	Beschreibung	Kurzfristiger First-Mover-Vorteil	Dauerhafter First-Mover-Vorteil	Notwendige Ressourcen
Ruhiges Fahrwasser	Geringe Technologiedynamik, geringe Marktdynamik	*Unwahrscheinlich:* Selbst wenn erreichbar, dann ist Vorteil eher gering	*Sehr wahrscheinlich:* Als Erster den Markt zu betreten wird sich fast sicher auszahlen	Markenwahrnehmung
Markt führt Technologie	Geringe Technologiedynamik, hohe Marktdynamik	*Sehr wahrscheinlich:* Selbst wenn das Segment nicht dominiert werden kann, so sollte Beibehaltung des Kundenstammes möglich sein	*Wahrscheinlich:* Sicherstellung, dass man über die notwendigen Ressourcen verfügt	Groß angelegte Marketingmaßnahmen, Aufbau von Distributions- und Produktionskapazitäten
Technologie führt Markt	Hohe Technologiedynamik, geringe Marktdynamik	*Sehr unwahrscheinlich:* Eine sich schnell verändernde Technologie nachteilig bei langsam wachsendem Markt	*Unwahrscheinlich:* Sich schnell ändernde Technologie ermöglicht Folgern, später anzugreifen	Starke Forschung und Entwicklung, ausreichende finanzielle Mittel
Unruhiges Fahrwasser	Hohe Technologiedynamik, hohe Marktdynamik	*Wahrscheinlich:* Eine Pionierstrategie macht Sinn, sofern notwendige Ressourcen vorhanden	*Sehr unwahrscheinlich:* Geringe langfristige Erfolgschancen	Groß angelegte Marketingmaßnahmen, Aufbau von Distributions- und Produktionskapazitäten, starke Forschung und Entwicklung

Situation notwendig sind. Weiterhin stellt sich die Frage, ob eine proaktive Strategie von Vorteil ist oder nicht: Überwiegen generell die Vor- oder die Nachteile? Hungenberg (2012) hat den durchschnittlichen Return on Investment von Pionieren, frühen Verfolgern und späten Verfolgern ausgewertet und kommt zu den in Abb. 2.11 dargestellten Ergebnissen. Pioniere erreichen einen durchschnittlichen Return on Investment von 22,8 %, frühe Verfolger von 21,3 % und späte Verfolger nur von 17,0 %. Die Zahlen deuten darauf hin, dass eine proaktive Strategie tendenziell eine erfolgversprechende Strategie ist.

Abb. 2.11 Durchschnittlicher Return on Investment
für Pioniere, frühe Verfolger
und späte Verfolger. (Nach
Hungenberg 2012)

2.1.3 Risikobereitschaft als Dimension von Corporate Entrepreneurship

Die dritte Dimension von Corporate Entrepreneurship ist die Risikobereitschaft des Unternehmens (Miller 1983), wenn es darum geht, entstehende Gelegenheiten zu nutzen, auch wenn nicht klar ist, ob die Aktivität erfolgreich sein wird. So ist beispielsweise ungewiss, ob eine neu eingesetzte Technologie überhaupt den Erwartungen entsprechend funktioniert oder ob der anvisierte Zielmarkt das Produkt, das mit ausgiebigen Marketingaktivitäten beworben wird, annimmt. Gemeinsam ist risikobehafteten Aktivitäten, dass beträchtliche Ressourcen in ein Vorhaben investiert werden, dessen weiterer Verlauf nicht abschätzbar ist. Risikobereitschaft hängt eng mit der bereits diskutierten Innovationsdimension zusammen: je radikaler die Innovation, desto größer das Risiko (Tellis et al. 2009).

In Start-up-Aktivitäten ist Risiko zumeist inhärent, insbesondere für die Person des Gründers und das Team der Gründer, die oft auf ein sicheres Gehalt aus anderen Jobs verzichten oder sogar mit privaten Mitteln zur Anschubfinanzierung ins Risiko gehen (Kuratko et al. 2011). Entsprechend sehen sich auch etablierte Unternehmen, die in neue Märkte gehen, neue Produkte anbieten oder in neue Technologien investieren wollen, einem gewissen Risiko gegenüber. Ein Beispiel für risikobehaftetes Verhalten liefert Apple mit dem Eintritt in den Einzelhandelsmarkt (Beispiel 2.5).

Beispiel 2.5: Technologieunternehmen im Einzelhandel: Alle gehen raus, Apple geht rein
Eine ganze Reihe der heute größten US-amerikanischen Unternehmen wurde von einzelnen Individuen gegründet und wesentlich beeinflusst, beispielsweise Thomas Edison bei General Electric oder Henry Ford bei Ford. Den USA wird generell nachgesagt,

einzelnen Unternehmern, die etwas wagen und aufbauen, größten Respekt und Bewunderung entgegenzubringen. Oft haben diese Individuen nicht ausschweifend geplant, sondern einfach experimentiert und ausprobiert, ohne das Ergebnis zu kennen. Ein aktuelleres Beispiel für risikobereite Experimentierfreude ist Apples Entscheidung im Mai 2001 das erste eigene Einzelhandelsgeschäft in McLean, Virginia, zu eröffnen. Elf Jahre später gab es weltweit 400 solcher Apple-Stores, die einen Gewinn von US $ 4,7 Mrd. erzielten (Fagenson-Eland et al. 2004).

Dabei sind die Apple-Stores das Ergebnis eines risikobehafteten Experiments. In 2001 war gerade die Technologie-Blase geplatzt, und ähnliche Versuche von Technologieunternehmen wie zum Beispiel Gateway, in das Einzelhandelsgeschäft einzusteigen, waren gescheitert. Zu dieser Zeit sagten Experten voraus, dass stationäre Geschäfte bald völlig vom Internet abgelöst würden. Das Online-Vertriebssystem von Dell Computer wurde als Best Practice angesehen, das es nachzuahmen gelte. Analysten beschrieben Apples Schritt als „Einzelhandels-Abenteuer" und „Wette", um ihre Einschätzung der Erfolgsaussichten auszudrücken. Hätte Apple alle diese Rahmenbedingungen in eine detaillierte Planung einbezogen, hätte es wohl nie einen Apple-Store gegeben. Steve Jobs und Apple aber glaubten an die Apple-Fancommunity und an neugierige „Nicht-Apple-Fans". So entwickelte sich ein Einzelhandelsstar: Apple generierte in seinen Apple-Stores zeitweise den höchsten Umsatz pro Quadratmeter im gesamten US-amerikanischen Einzelhandel.

In der wissenschaftlichen Literatur ist die Erfolgswirkung von risikobehafteten Aktivitäten ebenfalls untersucht, wenn auch in geringerem Ausmaß als im Fall der Innovativität und Proaktivität. Wenig überraschend ist dabei, dass generell der Grad an Risiko selten positiv mit dem Unternehmenserfolg verknüpft ist (Short et al. 2010). Einige Studien zeigen, dass Unternehmen, die risikobehaftete Ansätze verfolgen, eine größere Varianz in ihren Unternehmenserfolgen haben als solche, die eher konservativ handeln (Wales et al. 2013).

Es kommt darauf an, was für ein Risiko ein Unternehmen eingeht und mit welchen anderen Aktivitäten es kombiniert wird. In Abschn. 2.1.1 wurde bereits dargestellt, dass Unternehmen, die neben risikobehafteten Tätigkeiten auch eine ausreichende Anzahl sicherer Aktivitäten verfolgen, am erfolgreichsten sind. Unternehmen, die kaum Risiken in ihren strategischen Aktivitäten eingehen, werden auch kaum vom Erfolgspotenzial eines Corporate Entrepreneurship profitieren. Innovative Ideen proaktiv auf den Markt zu bringen scheint nur erfolgversprechend, wenn das Unternehmen auch bereit ist, entsprechend in vorbereitende und begleitende Themen wie Forschung, Entwicklung und das Marketing zu investieren.

2.2   Erfolgswirkung von Corporate Entrepreneurship

Das Konzept des Corporate Entrepreneurship ist in der praktischen Anwendung nur von Relevanz, wenn es Unternehmen dadurch gelingt, Wettbewerbsvorteile zu erzielen und in Bezug auf relevante Markt- oder Finanzkennzahlen erfolgreicher zu werden. Wie im Abschn. 1.1 dargelegt, argumentieren Verfechter eines Corporate Entrepreneurship, dass es sich bei internen Effizienzgewinnen und externer Marktorientierung mehr um Hygiene-

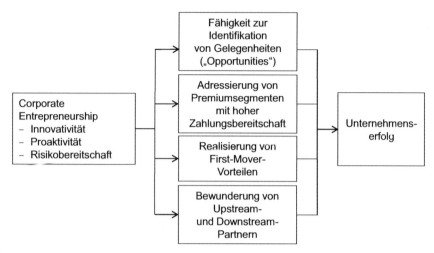

Abb. 2.12 Die Effekte des Corporate Entrepreneurship auf den Unternehmenserfolg. (Eigene Darstellung nach Stam und Elfring 2008)

faktoren handelt als um Möglichkeiten der Differenzierung von Wettbewerb, dass aber das kontinuierliche Suchen nach Gelegenheiten, das Verfolgen von Innovationen und ihre proaktive Vermarktung Möglichkeiten zur Generierung von Wettbewerbsvorteilen darstellen (Kuratko et al. 2011). Fehlt einem Unternehmen jedes unternehmerische Verhalten, kann das in besonders dynamischen Industrien sogar zum Verschwinden dieses Unternehmens führen (Stam und Elfring 2008).

Seit Mitte der 1990er-Jahre ist eine ganze Reihe empirischer Studien durchgeführt worden, die sich mit den Erfolgskonsequenzen eines Corporate Entrepreneurship beschäftigt haben (Chririco et al. 2011). Während einerseits die Verfolgung unternehmerischer Aktivitäten Kosten mit sich bringt, etwa in Form von Opportunitätskosten in Bezug auf die Top-Management-Ressourcen oder auch in Form vieler Fehlversuche, beschreibt die Literatur folgende positive Effekte von Corporate Entrepreneurship – wie auch in Abb. 2.12 dargestellt (Stam und Elfring 2008). Unternehmerische Unternehmen …

- haben eine überlegene Fähigkeit, neue Gelegenheiten („Opportunities") zu identifizieren und zu verfolgen,
- adressieren typischerweise (zumindest zu Beginn) Premiumsegmente mit hoher Zahlungsbereitschaft,
- realisieren First-Mover-Vorteile in Form von zumindest temporären Monopolstellungen und
- werden oft von Upstream- und Downstream-Partnern bevorzugt behandelt.

Diese Effekte eines Corporate Entrepreneurship resultieren aus der Kombination der drei Dimensionen Innovativität, Proaktivität und Risikobereitschaft (Miller 1983). Neue Gelegenheiten im Markt kann man nur identifizieren, wenn man das Risiko einzugehen bereit ist, sich auch mit zunächst weniger transparenten Ideen zu beschäftigen und in die Aufdeckung dieser Gelegenheiten Ressourcen zu investieren, auch wenn der Nutzen zum Zeitpunkt der Entscheidung nicht quantifizierbar ist. Um eine Gelegenheit nach der Identifizierung dann auch zu nutzen, muss das Unternehmen in der Lage sein, innovative Produkte herzustellen, die die neue Gelegenheit zumeist erfordert. Ohne Risikobereitschaft und Proaktivität innovativ zu sein impliziert, dass innovative Produkte, für die möglicherweise Gelegenheiten bestehen, nicht oder zumindest nicht vor dem Wettbewerb auf den Markt gebracht werden und so First-Mover-Vorteile verschenkt werden, wenn ein Konkurrent den Markt mit seiner Marke bereits besetzt und dort möglicherweise sogar einen Standard hergestellt hat. Proaktiv zu sein ohne innovativ zu sein, erscheint auch wenig erfolgversprechend. Neue Gelegenheiten früh, aber mit alten Produktideen zu bearbeiten, mag vereinzelt Käufer anziehen, bringt aber sicherlich kein großes Wachstum. Es fällt schwer zu glauben, dass ein Unternehmen ohne jedes Risiko interessante Gelegenheiten aufspüren kann. Besteht kein Risiko, so sind die Gelegenheiten höchstwahrscheinlich transparent oder werden zumindest von mehreren Konkurrenten ebenfalls wahrgenommen, womit First-Mover-Vorteile kaum zu realisieren sind und erhöhte Zahlungsbereitschaft von Kunden in Premiumsegmente aufgrund des hohen Wettbewerbs kaum generiert werden kann. Letztlich ist es dann unwahrscheinlich, dass Upstream- und Downstream-Partner dem Unternehmen ausreichende Bewunderung entgegenbringen, die für das unternehmerische Unternehmen in Konditionsverhandlungen hilfreich sein kann.

Des Weiteren stellt sich die Frage, unter welchen Umständen ein hoher Grad an Corporate Entrepreneurship in besonderem Maße auf den Unternehmenserfolg wirkt. Wissenschaftliche Studien zeigen, dass praktisch über alle Kontexte (wie Industrien oder Nationen) hinweg Unternehmen, die unternehmerisch im Sinne hoher Innovativität, Proaktivität und Risikobereitschaft agieren, erfolgreicher sind als solche, die niedrige Ausprägungen dieser Dimensionen zeigen (Rauch et al. 2009). Für den deutschen Kontext finden Engelen und Eßer (2014) auf Basis von mehr als 1.800 kleinen und mittleren deutschen Unternehmen verschiedener Industrien heraus, dass die Top 20 % in Bezug auf den Corporate-Entrepreneurship-Grad eine um 13 % höhere Umsatzrendite haben als die 20 % mit dem geringsten Grad an Corporate Entrepreneurship in dieser Datenbasis.

Rauch et al. (2009) untersuchen in ihrer Meta-Analyse über 51 empirische Studien zum Erfolgsbeitrag von Corporate Entrepreneurship, unter welchen Umständen Corporate Entrepreneurship besonders erfolgsfördernd ist. Wie in Abb. 2.13 dargestellt, finden sie heraus, dass …

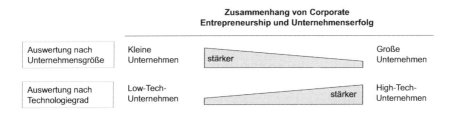

Abb. 2.13 Situationsabhängige Erfolgswirkungen eines Corporate Entrepreneurship. (Eigene Darstellung nach Rauch et al. 2009)

- Corporate Entrepreneurship-Aktivitäten insbesondere in sehr kleinen Unternehmen eine hohe Erfolgswirkung haben. In diesen Unternehmen können Entscheidungen sehr flexibel getroffen und umgesetzt werden.
- Corporate Entrepreneurship vor allem in High-Tech-Industrien eine hohe Erfolgswirkung hat. In diesen Industrien herrscht typischerweise eine ausgeprägte Dynamik. Neue technologische Entwicklungen bringen neue Möglichkeiten, Kunden ändern ihre Präferenzen, neue Märkte entstehen. In solchen Umfeldern gibt es ausreichend Möglichkeiten, innovative Produkte zu entwickeln, Risiken einzugehen, und dann proaktiv der erste am Markt mit einer neuen Idee zu sein.

Etwas konkreter untersuchen Kreiser et al. (2013) auf Basis einer Stichprobe von 1668 kleinen und mittleren Unternehmen aus neun Nationen über 13 Industrien für jede einzelne der drei Dimensionen Innovativität, Proaktivität und Risikobereitschaft die Wirkungen auf den Unternehmenserfolg, während die beiden anderen Dimensionen konstant gehalten werden. Die Autoren zeigen, dass hohe Ausprägungen auch jeder einzelnen der drei Dimensionen den Unternehmenserfolg positiv beeinflussen. Die Abb. 2.14 zeigt allerdings zwei weitere Effekte: Zum einen sind die Erfolgswirkungen der drei Dimensionen nicht für ganz niedrige, sondern für mittlere Werte am geringsten. Die Autoren begründen dies damit, dass die Etablierung von Corporate Entrepreneurship entlang dieser drei Dimensionen Ressourcen beansprucht (wie die Entwicklung neuer Technologien). Kleine und mittlere Unternehmen haben im Normalfall beschränktere Ressourcen als große Unternehmen, weshalb eine Steigerung von einem niedrigeren auf ein mittleres Niveau zunächst „Up-Front-Investments" benötigt, die den Unternehmenserfolg erst einmal reduzieren. Ist ein gewisses Niveau erreicht, beginnen Kunden die neuen Produkte entsprechend zu honorieren, und der Unternehmenserfolg steigt deutlich an. Zum anderen zeigt Abb. 2.14, dass der Erfolgsbeitrag bei einem hohen Grad an Proaktivität allein am höchsten ist, bei hoher Risikobereitschaft allein am niedrigsten. Proaktivität scheint also von besonderer Bedeutung zu sein, weil sie First-Mover-Vorteile generiert, mit allen positiven Effekten wie in Abschn. 2.1.2 beschrieben. Risikobereitschaft allein scheint keinen positiven Wert für das Unternehmen zu haben, wie bereits in Abschn. 2.1.3 beschrieben. Hier scheint der

Abb. 2.14 Der nichtlineare Zusammenhang zwischen den Dimensionen von Corporate Entrepreneurship und Unternehmenserfolg. (Nach Kreiser et al. 2013)

Lebenszyklusphase/ Umsatzentwicklung des bestehenden Kerngeschäfts	Start-Up-Phase	Wachstumsphase	Reifephase
Bedarf für neues/zusätzliches Wachstum	sehr gering	gering	hoch
Verfügbare Ressourcen zur Stimulierung neuen Wachstums	gering	hoch	gering
Meinung des Top-Managements über neue Gelegenheiten	keine Zeit	nicht unbedingt notwendig	hätte zehn Jahre vorher initiiert werden sollen
Innovationsanstrengungen	… sind auf den Wendepunkt fokussiert	… fehlt es an Disziplin und Fokus	… sind sehr ungeduldig

Abb. 2.15 Das Innovationsparadox. (Nach Anthony 2010)

Mehrwert über die Kombination mit den beiden anderen Dimensionen unternehmerischen Verhaltens erzielt zu werden.

Wann nun muss sich ein Unternehmen mit unternehmerischen Aktivitäten beschäftigen? Die Lebenszyklusmodelle könnten suggerieren, dass erst in einer Reife- oder sogar Schrumpfungsphase zielgerichtetes Corporate Entrepreneurship nötig ist. Anthony (2010) beobachtet ein interessantes Paradox, das graphisch in Abb. 2.15 dargestellt wird. Demnach sollten sich Unternehmen bereits in Wachstumsphasen mit Corporate Entrepreneurship beschäftigen und neue Gelegenheiten aufspüren und verfolgen. Sind Unternehmen mit ihren möglicherweise sehr erfolgreichen Kernprodukten in einer Reifephase, die kein weiteres Wachstum erlaubt, ist es bereits zu spät, um in neue Geschäfte zu investieren und zu gehen. Wie bereits im Rahmen der Diffusionsmodelle in Abschn. 2.1.1 herausgestellt, brauchen neue innovative Geschäfte Zeit, um sich zu entwickeln und eine angemessene Marktgröße zu erreichen. Zudem ist nur eine geringe Anzahl an initiierten Wachstumsprojekten wirklich erfolgreich. Der Kern des Modells ist, dass Unternehmen bereits in der Wachstumsphase des Kerngeschäfts in neue Geschäfte investieren müssen. Zu diesem Zeitpunkt hätte das Kerngeschäft – insbesondere mit bestehendem Wissen und Ressourcen – eine gute Basis dargestellt. Die Jahre später existierenden Technologiestandards wären noch in den Kinderschuhen gewesen, so dass man sie hätte mitprägen können. In dieser Phase sind neue Geschäftsbereiche jedoch selten ein Thema für das Management solcher Unternehmen. Gerade dann aber wären unternehmerische Aktivitäten von zentraler Bedeutung. In einer späteren Reifephase besteht dringender Bedarf an Wachstumsideen, die dann vielleicht nicht vorhanden sind. Die Ressourcen sind geringer, und die Entscheidungsträger realisieren, dass man die Initiativen Jahre zuvor hätte angehen müssen.

Beantwortung der zentralen Fragen von Kap. 2

Innovativität bezieht sich auf die Bereitschaft von Unternehmen, neue Produkte auf den Markt zu bringen, neue Technologien zu entwickeln oder administrative Prozesse neuartig zu gestalten. Proaktivität bezeichnet das Verhalten von unternehmerischen Unternehmen, neue Produkte zeitlich vor dem Wettbewerb auf den Markt zu bringen. Risikobereitschaft impliziert, dass sich unternehmerische Unternehmen nicht von Unsicherheit in dynamischen Umfeldern abschrecken lassen und bereit sind, trotz Unsicherheit Ressourcen (wie finanzielle Mittel) in unternehmerische Vorhaben zu investieren.

Unternehmerische Unternehmen sind typischerweise erfolgreicher als konservativ geführte Unternehmen der jeweiligen Industrie, da sie zumindest für eine gewisse Zeit eine monopolähnliche Stellung innehaben, Premiumsegmente bedienen, von First-Mover-Vorteilen profitieren und Bewunderung von Upstream- und Downstream-Partnern erlangen können.

Corporate Entrepreneurship ist insbesondere in dynamischen Umfeldern (wie High-Tech-Industrien) von hoher Bedeutung zur Erzielung von Wettbewerbsvorteilen, da sich hier Wettbewerber, Kunden, Technologien und institutionelle Umfelder besonders schnell ändern. Damit ändern sich bestehende Standards und es entstehen neue Gelegenheiten.

Corporate Entrepreneurship sollte für das Management auch in Wachstumsphasen des bestehenden Kerngeschäfts bereits ein Thema sein. Neue Gelegenheiten in der späten Reifephase zu suchen und zu verfolgen ist möglicherweise zu spät.

Literatur

Anthony, S. (2010). Microsoft and the innovator's paradox. http://blogs.hbr.org/2010/06/microsoft-and-the-innovators-p/. Zugegriffen: 28. Mai 2014.

Brown, B., & Anthony, S. (2011). How P & G tripled its innovation success rate. *Harvard Business Review, 89*(6), 64–72.

Chririco, F., Simron, D., Scioscia S., & Mazzola, P. (2011). Resource orchestration in family firms: Investigating how entrepreneurial orientation, generational involvement, and participative strategy affect performance. *Strategic Entrepreneurship Journal, 5*(4), 307–326.

Christensen, C. M., Gregersen H. B., & Dyer, J. H. (2011). *The innovator's DNA: Mastering the five skills of disruptive innovators* (1. Aufl.). Boston: Harvard Business School Press

Cooper, R. G. (2008). Perspective: The stage-gate® idea-to-launch process—update, what's new, and NexGen Systems. *Journal of Product Innovation Management, 25*(3), 213–232.

Crainer, S. (2002). *Die 75 besten management-Entscheidungen aller Zeiten.* Deutschland: Moderne industrie.

Day, G. (2007). Is it real? Can we win? Is it worth doing? Managing risk and reward in an innovation portfolio. *Harvard Business Review, 85*(12), 110–120.

Desiraju, R., Nair, H., & Chintagunta, P. (2004). Diffusion of new pharmaceutical drugs in developing and developed nations. *International Journal of Research in Marketing, 21*(4), 341–357.

Dess, G. G., & Lumpkin, G. T. (2005). The role of entrepreneurial orientation in stimulating effective corporate entrepreneurship. *Academy of Management Executive, 19*(1), 147–156.

Dewar, R. D., & Dutton J. E. (1986). The adoption of radical and incremental innovations: An empirical analysis. *Management Science, 32*(11), 1422–1433.

Dove, E. (2013). Asia and the EPL: How a continent fell in love with the premier league. http://bleacherreport.com/articles/1731081-asia-and-the-epl-how-a-continent-fell-in-love-with-the-premier-league. Zugegriffen: 5. Mai 2014.

Droge, C., Stanko, M. A., & Pollitte, W. A. (2010). Lead users and early adopters on the web: The role of new technology product blogs. *Journal of Product Innovation Management, 27*(1), 66–82.

Engelen, A., & Eßer, F. (2014). So fördern Sie Entrepreneure. *Harvard Business Manager, 36*(2), 2–3.

Fagenson-Eland, E., Ensher A., & Burke, W. (2004). Organization development and change interventions: A seven-nation comparison. *Journal of Applied Behavioral Science, 40*(4), 432–464.

Fuchs, C., & Schreier, M. (2011). Customer empowerment in new product development. *Journal of Product Innovation Management, 28*(1), 17–32.

Henard, D., & Szymanski, D. (2001). Why some new products are more successful than others. *Journal of Marketing Research, 38*(3), 362–375.

Heuer, S. (2011). Scheitern als Geschäftsmodell. http://www.handelsblatt.com/technologie/it-tk/it-internet/google-scheitern-als-geschaeftsmodell/3916438.html. Zugegriffen: 3. Januar 2014.

Hills, G., & LaForge, R. (1992). Research at the marketing interface to advance entrepreneurship theory. *Entrepreneurship Theory and Practice, 16*(3), 33–59.

Hippel, E. v. (1986). Lead users: A source of novel product concepts. *Management Science, 32*(7), 791–805.

Homburg, C., & Krohmer, H. (2005). *Marketingmanagement. Studienausgabe* (3. Aufl.). Wiesbaden: Gabler.

Hungenberg, H. (2012). *Strategisches Management in Unternehmen: Ziele – Prozesse – Verfahren* (7. Aufl.). Wiesbaden: Gabler.

Kerin, R. A., Varadarajan P. R., & Peterson, R. A. (1992). First-mover advantage: A synthesis, conceptual framework, and research propositions. *Journal of Marketing, 56*(4), 33–52.

Kreiser, P., Marino, L., Kuratko, D., & Weaver, K. M. (2013). Disaggregating entrepreneurial orientation: The non-linear impact of innovativeness, proactiveness and risk-taking on SME performance. *Small Business Economics, 40*(2), 273–291.

Kuratko, D., Morris, M. H., & Covin, J. (2011). *Corporate Entrepreneurship & Innovation* (3. Aufl.). Hampshire: Cengage Learning Emea.

Lieberman, M. B., & Montgomery, D. B. (1998). First-mover (Dis)advantages: Retrospective and link with the resource-based view. *Strategic Management Journal, 19*(12), 1111–1125.

Miller, D. (1983). The correlates of entrepreneurship in three types of firms. *Management Science, 29*(7), 770–791.

Mueller, B., Titus, V., Covin J., & Slevin, D. (2012). Pioneering orientation and firm growth: Knowing when and to what degree pioneering makes sense. *Journal of Management, 38*(5), 1517–1549.

Nagji, B., & Tuff, G. (2012). Managing your innovation portfolio. *Harvard Business Review, 90*(5), 66–74.

Narver, J., Slater, S., & MacLachlan, D. (2004). Responsive and proactive market orientation and new-product success. *The Journal of Product Innovation Management, 21*(5), 334–347.

Peters, T. (2010). *The circle of innovation: You can't shrink your way to greatness* (1. Aufl.). New York: Vintage.

Rauch, A., Wiklund, J., Lumpkin, G. T., & Frese, M. (2009). Entrepreneurial orientation and business performance: An assessment of past research and suggestions for the future. *Entrepreneurship: Theory & Practice, 33*(3), 761–787.

Rogers, E. (2010). *Diffusion of Innovations* (4. Aufl.). New York: The Free Press.

Rubera, G., & Kirca, A. H. (2012). Firm innovativeness and its performance outcomes: A meta-analytic review and theoretical integration. *Journal of Marketing, 76*(3), 130–147.

Short, J., Broberg, J., Cogliser, C., & Brigham, K. (2010). Construct Validation Using Computer-Aided Text Analysis (CATA): An illustration using entrepreneurial orientation. *Organizational Research Methods, 13*(2), 320–347.

Stam, W., & Elfring, T. (2008). Entrepreneurial orientation and new venture performance: The moderating role of intra- and extraindustry social capital *Academy of Management Journal, 51*(1), 97–111.

Steinmann, H., & Schreyögg, G. (2005). *Management: Grundlagen der Unternehmensführung* (6. Aufl.). Wiesbaden: Gabler.

Suarez, F., Lanzolla, G., & Auton, F. (2005). The half-truth of first mover advantage. *Harvard Business Review, 83*(4), 121–127.

Tellis, G. J., Prabhu, J. C., & Chandy, R. K. (2009). Radical innovation across nations: The preeminence of corporate culture. *Journal of Marketing, 73*(1), 3–23.

Vahs, D., & Brem, A. (2013). *Innovationsmanagement: Von der Idee zur erfolgreichen Vermarktung* (4. Aufl.). Stuttgart: Schäffer-Poeschel.

Wales, W. J., Patel, P. C., & Lumpkin, G. T. (2013). In pursuit of greatness: CEO narcissism, entrepreneurial orientation, and firm performance variance. *Journal of Management Studies, 50*(6), 1041–1069.

Management in unternehmerischen Unternehmen

3

Kapitel 3 beschäftigt sich – als zentraler Bestandteil des vorliegenden Buches – mit der Frage, wie das Management eines Unternehmens ausgestaltet werden sollte, damit unternehmerische Aktivität gefördert wird. Dazu wird in einem ersten Schritt in Abschn. 3.1 ein Analyserahmen aufgespannt, der herleitet, was Management überhaupt bedeutet und welches Verständnis von Management zweckdienlich ist, um die Stellhebel eines Corporate Entrepreneurship zu erfassen. Nachfolgend werden die fünf zentralen Managementfunktionen Planung (Abschn. 3.2), Organisation (Abschn. 3.3), Personal (Abschn. 3.4), Führung (Abschn. 3.5) und Kontrolle (Abschn. 3.6) behandelt. Für jede Funktion werden die allgemeinen Inhalte umrissen und anschließend detailliert dargelegt, wie eine unternehmerische Ausgestaltung dieser Funktionen aussehen kann und was hierfür die zentralen Erfolgsfaktoren sind. Dabei werden wissenschaftliche Erkenntnisse aus empirischen Studien als Grundlage genommen und durch praktische Beispiele anschaulich ergänzt.

Zentrale Fragen von Kap. 3
- Was genau ist Management und warum ist es ein zentraler Hebel, um Corporate Entrepreneurship zu fördern?
- Welche Rolle spielen die fünf Managementfunktionen Planung, Organisation, Personal, Führung und Kontrolle?
- Welche konkreten Hebel im Rahmen der fünf Managementfunktionen existieren, um Corporate Entrepreneurship auf Managementebene zu fördern?

© Springer Fachmedien Wiesbaden 2015
A. Engelen et al., *Corporate Entrepreneurship*, DOI 10.1007/978-3-658-00646-4_3

3.1 Management und Corporate Entrepreneurship: Ein Analyserahmen

Covin und Slevin (1991) argumentieren, dass etablierte Unternehmen selten „einfach so" unternehmerisch sind. Mit ansteigender Größe und zunehmender Formalisierung in späteren Lebenszyklusphasen nimmt eine konservative Ausrichtung meistens zu. Demnach stellt sich die Frage, was etablierte unternehmerische Unternehmen anders machen. Was sind Stellhebel, um Corporate Entrepreneurship zu fördern und unternehmerische Initiativen effektiv und effizient umzusetzen, so dass der Unternehmenserfolg gefördert wird? Covin und Slevin (1991) weisen zunächst auf externe Faktoren hin. Je dynamischer beispielsweise das Industrieumfeld ist, desto größer ist auch die Notwendigkeit, unternehmerisch zu handeln. Ebenso spielt die Lebenszyklusphase der ganzen Industrie eine Rolle. Steht sie am Anfang ihrer Entwicklung, so gibt es noch mehr Möglichkeiten, Technologien weiterzuentwickeln, als wenn bereits ein sehr reifer Status erreicht ist, in dem nur noch inkrementelle technologische Verbesserungen überhaupt denkbar sind. Auf ihre Industrie dürften nur sehr wenige Unternehmen einen Einfluss haben, wohl aber auf die Strategie, die interne Organisation und das Führungsteam (Covin und Slevin 1991). Damit hat es das Unternehmen zu einem gewissen Grad selbst in der Hand, Unternehmertum zu fördern. Einen Überblick über externe und interne Faktoren nach Covin und Slevin (1991) gibt Abb. 3.1.

Konkreter nennen Covin und Slevin (1991) im Rahmen der Strategie die Wachstumsambitionen und die Fähigkeit, Markt- und Technologietrends vorherzusehen, als Treiber von Corporate Entrepreneurship. Im Bereich des Top-Managements spielen ebenfalls Wachstumsambitionen sowie der Ehrgeiz, Marktführer in einer Industrie zu werden, eine

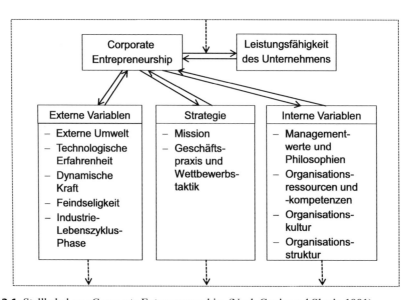

Abb. 3.1 Stellhebel von Corporate Entrepreneurship. (Nach Covin und Slevin 1991)

Abb. 3.2 Treiber von Corporate Entrepreneurship. (Eigene Darstellung nach Hornsby et al. 2002)

Rolle. In Bezug auf die Organisationsstruktur vermuten die Autoren, dass Corporate Entrepreneurship durch dezentrale Strukturen und eine Unternehmenskultur, die Flexibilität und Offenheit repräsentiert, gefördert wird.

Hornsby et al. (2002) erarbeiten eine ähnliche Übersicht über interne Stellhebel, um den Grad an Corporate Entrepreneurship im Unternehmen zu beeinflussen. Wie Abb. 3.2 darstellt, spielen folgende Faktoren eine zentrale Rolle: zeitliche Verfügbarkeit, die Einstellung des Top-Managements, Freiräume in der Arbeitsgestaltung der Mitarbeiter, Belohnungssysteme sowie unterstützende Organisationsstrukturen und -ziele.

Während diese beiden Übersichten einige Stellhebel zur Förderung von Corporate Entrepreneurship aufzeigen, wird im Folgenden ein umfassenderer Blick auf mögliche Stellhebel geworfen. Es wird als Rahmen für Kap. 3 eine Management-Perspektive verfolgt, die annimmt, dass alle Aktivitäten des Managements den Grad an Corporate Entrepreneurship – mit seinen in Abschn. 2.2 beschriebenen positiven Konsequenzen für den Unternehmenserfolg – beeinflussen können.

Der Begriff Management kann dabei aus zwei Perspektiven betrachtet werden (Steinmann und Schreyögg 2005): Zum einen charakterisiert er die Institution „Management", d. h. den Personenkreis, der ein Unternehmen leitet bzw. befugt ist, Anweisungen zu geben (Simsek et al. 2010). Dies kann der Eigentümer sein, der Meister oder auch der Manager einer Führungsebene im Unternehmen. Zum anderen bezeichnet Management unabhängig von bestimmten Personen den Aufgabenbereich der Unternehmensführung, d. h. alle Aktivitäten, die das gesamte Unternehmen steuern. In den folgenden Abschnitten konzentrieren wir uns auf letztere Sichtweise. Sie wirft einen Blick auf konkrete Tätigkeiten, die unabhängig von bestimmten Personen durchgeführt werden und das Verhalten aller Mitarbeiter im Unternehmen beeinflussen können. Eine prominente, umfassende Systematisierung der fünf Managementfunktionen stellt Abb. 3.3 dar (Engelen und Tholen 2014; Koontz und O'Donnell 1955).

Abb. 3.3 Der Managementzyklus aus fünf Managementfunktionen

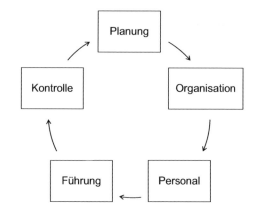

Der Managementprozess beginnt mit der Planungsfunktion, die einen Sollzustand für einen bestimmten Zeitpunkt in der Zukunft ableitet (Koontz und O'Donnell 1955). Basierend auf der Planung wird im nächsten Schritt die Organisationsstruktur festgelegt. Diese soll die reibungslose Umsetzung der zuvor erstellten Planung gewährleisten. Insofern ist es essenziell, Stellen und Abteilungen mitsamt ihren Kompetenzen und Pflichten zu definieren und ein Kommunikationssystem zwischen diesen Abteilungen zu errichten. In einem dritten Prozessschritt werden die in der Organisation geschaffenen Stellen mit Mitarbeitern besetzt und ein System zu deren kontinuierlicher Entwicklung, Beurteilung und Entlohnung geschaffen. Damit einher geht der vierte Prozessschritt. Er thematisiert die Führungsfunktion, d. h. die Eigenschaften des Top-Managements und ihr Verhalten gegenüber Mitarbeitern, um diese zu motivieren. Als fünfter Schritt schließt sich die Kontrolle an. Die erreichten Ergebnisse werden dokumentiert und mit den Zielen der Planung abgeglichen, um bei Abweichungen frühzeitig reagieren und korrigierende Maßnahmen veranlassen zu können. Zugleich dient die Kontrolle als Basis für die Planung des nächsten Zyklus, so dass der Kreis der Managementfunktionen erneut durchlaufen wird (Becker und Homburg 1999).

Diese Managementsicht entlang der fünf Funktionen wird aus drei zentralen Gründen gewählt. Erstens ermöglichen diese fünf Funktionen eine umfassende Betrachtung aller möglichen Stellhebel zur Beeinflussung des Grades an Corporate Entrepreneurship im Unternehmen. Alle internen Stellhebel, die Covin und Slevin (1991) und Hornsby et al. (2013) nennen, lassen sich diesen fünf Managementfunktionen zuordnen: Belohnungssysteme und die Freiheit der Arbeitsgestaltung der Personalfunktion, Unternehmenskultur und Organisationsstruktur der Organisationsfunktion etc. Gleichzeitig decken die fünf Managementfunktionen auch die Aktivitäten Planung und Kontrolle ab, die weder bei (Covin und Slevin 1991) noch bei Hornsby et al. (2013) genannt werden.

Zweitens herrscht in der Literatur und Praxis Einigkeit darüber, dass Corporate Entrepreneurship nicht durch einmalige Aktionen (wie Ideenwettbewerbe) im Unternehmen verankert werden kann, sondern eine kontinuierliche Ausrichtung des gesamten Unternehmens sein muss (Anthony 2012). Neue Gelegenheiten können sich ständig ergeben, auf die punktuelle Aktivitäten aber nur zufällig stoßen. Die Betrachtung des Themas Corporate Entrepreneurship über diese fünf Managementfunktionen stellt sicher, dass Corporate Entrepreneurship kontinuierlich in allen Managementaktivitäten repräsentiert wird.

Drittens nehmen diese fünf Managementfunktionen Einfluss auf das Verhalten der Mitarbeiter im Unternehmen. So bestimmt die Planungsfunktion Arbeitsinhalte und Ziele der Mitarbeiter, die Organisationsfunktion gestaltet die Kommunikationswege zwischen Mitarbeitern, die Personalfunktion legt Freiheiten von Mitarbeitern und Anreizsysteme zur Verhaltenssteuerung fest. Aber kann man bei einzelnen Individuen mit bestimmten, mitgebrachten Charaktereigenschaften durch veränderte Rahmenbedingungen überhaupt Veränderungen im Verhalten erwirken? Das Vorhaben, bei einem einzelnen bestimmten Individuum unternehmerisches Verhalten zu fördern, ist unvorhersehbar und unkontrollierbar. Aber auf der Ebene eines ganzen Unternehmens als Kollektiv einer großen Anzahl von Individuen mit verschiedensten Charakteren und Präferenzen, so Brown und Anthony (2011), kann Corporate Entrepreneurship – alleine durch die Vielzahl und Heterogenität von Adressaten der Management-Aktivitäten – gefördert werden.

Die Literatur erkennt dabei an, das sowohl das Top-Management und das mittlere Management als auch die unterstellten Mitarbeiter eine Rolle spielen (Wales et al. 2011). Das Top-Management prägt zunächst die Managementfunktionen Planung, Organisation, Personal, Führung und Kontrolle und beeinflusst damit das Verhalten aller Individuen im Unternehmen. Wie später im Abschn. 3.5 zur Führungsfunktion genauer ausgeführt wird, bestimmen die Persönlichkeiten des Top-Managements und ihr Verhalten gegenüber den Mitarbeitern ganz wesentlich den Grad an Corporate Entrepreneurship.

Die Literatur weist auch dem mittleren Management eine zentrale Rolle zu (Hornsby et al. 2002). Es kann eigene Bereiche selbst gestalten, so dass hier ein Hebel besteht, Corporate Entrepreneurship zu fördern, selbst wenn auf Top-Management-Ebene Defizite bestehen. Des Weiteren ist das mittlere Management oft näher an operativen Problemen (beispielsweise in der Forschung und Entwicklung oder der Produktion) als das Top-Management, das oft mit repräsentativen Aufgaben überlastet ist. Zudem entscheidet das mittlere Management darüber, welche Informationen, die es von unterstellten Mitarbeitern bekommt, an das Top-Management weitergegeben werden sollen. Dieser Filter hat einen wesentlichen Einfluss darauf, wie das Top-Management das aktuelle Geschehen im Unternehmen wahrnimmt.

Schließlich spielen die dem mittleren Management unterstellten Mitarbeiter eine wichtige Rolle. Jeder dieser Mitarbeiter ist eine potenzielle Quelle neuer unternehmerischer Ideen und Impulse. Zwar zeigen einige Studien, dass Mitarbeiter auf unteren Ebenen tendenziell weniger unternehmerisch denken als hierarchisch höhergestellte (Monsen und Boss 2009). Bei fast allen Unternehmen aber machen die unterstellten Mitarbeiter die klare Mehrheit aller Mitarbeiter aus, so dass alleine über diesen Größeneffekt ein beträchtliches Potenzial besteht. Fehlt unternehmerisches Handeln auf diesen unteren Ebenen, kann das durchaus an zu engen Aufgabenfeldern liegen, so dass hier in manchen Unternehmen großes Potenzial besteht. Govindarajan und Desai (2013) argumentieren, dass ein Unternehmen mit etwa 5000 Mitarbeitern mindestens 250 „Natural Innovators" auf dieser Ebene beschäftigt, die nur darauf warten, ihr innovatives und unternehmerisches Potenzial auszuleben. Auch weiß man, dass etwa 70 % der Ideen von Start-up-Gründern aus ihrem früheren Arbeitsleben kommen. Diese Zahlen weisen deutlich auf das Ideen-Potenzial in unteren Ebenen hin.

In den folgenden Abschn. 3.2 bis 3.6 wird für die fünf Managementfunktionen Planung, Organisation, Personal, Führung und Kontrolle dargelegt, wie eine unternehmerische Ausgestaltung aussehen kann, so dass der Grad an Corporate Entrepreneurship auf Unternehmensebene erhöht werden kann.

3.2 Planung

Gegenstand von Abschn. 3.2 ist die Managementfunktion der Planung, die den Startpunkt des im Abschn. 3.1 beschriebenen Managementzyklus darstellt. Im Rahmen der Planung wird ein Soll-Zustand definiert, der zu einem festgesetzten Zeitpunkt erreicht werden soll. Auf strategischer Ebene bedeutet dies, festzulegen, wo ein Unternehmen in einem bestimmten Markt mit bestimmten Produkten zu einem bestimmten Zeitpunkt stehen und wie es sich zu diesem Zeitpunkt von der Konkurrenz absetzen will. Um eine strategische Planung zu konkretisieren und handhabbar zu machen, wird sie – beispielsweise im Rahmen von Budgets – in eine operative Planung übersetzt. Abschnitt 3.2.1 erläutert zunächst den Begriff Planung und legt zentrale Inhalte der Planungsfunktion dar. Es wird auch darauf eingegangen, ob Planung überhaupt notwendig ist, welche Ziele und Leitbilder man im Rahmen der Planung festlegen kann, wie die Inhalte strategischer und operativer Planung aussehen können und welche Möglichkeiten zur Ausgestaltung des Planungsprozesses im Unternehmen es gibt. Abschnitt 3.2.2 untersucht, wie unternehmerische Unternehmen planen. In einem Exkurs stellt Abschn. 3.2.3 das sogenannte Tornado-Phänomen von Moore (1996) vor, welches beschreibt, wie einige Technologie-Unternehmen (wie Cisco oder Microsoft) durch strategische unternehmerische Entscheidungen innerhalb weniger Jahre ein schier unvorstellbares Wachstum erzielt haben. Eine Zusammenfassung der Erkenntnisse zur unternehmerischen Ausgestaltung der Planungsfunktion liefert Abschn. 3.2.4.

3.2.1 Zentrale Fragestellungen im Rahmen der Planungsfunktion

Die Managementfunktion der Planung definiert die Ziele eines Unternehmens (Miller 1991). Es wird festgelegt, in welche Richtung sich ein Unternehmen innerhalb eines gewissen Zeithorizontes entwickeln soll. Mit der Definition strategischer Ziele ist eine Vielzahl von Fragestellungen verbunden, die Kunden, Produkte, Märkte, Wettbewerber, Organisationsstrukturen und Prozesse betreffen (Shuman et al. 1985). Diese Fragen müssen vor dem Hintergrund einer komplexen internen und externen Unternehmensumwelt und einer Vielzahl von Unsicherheitsfaktoren beantwortet werden. Planung hilft dabei, Komplexität zu reduzieren und die Existenz des Unternehmens zu sichern. Im Planungsprozess werden Informationen über die unternehmensinterne und -externe Umwelt generiert, interpretiert und als Entscheidungsbasis genutzt. Dies verringert Unsicherheiten, denn Risiken werden erkennbar und möglicherweise sogar beherrschbar (Henderson et al. 2006). Planung darf deshalb nicht als einmaliger Vorgang verstanden werden. Da sich die Umweltbedingungen ändern, müssen auch Planungsprozesse kontinuierlich auf verschiedenen Unternehmensebenen ablaufen. In der strategischen Planung werden Ziele definiert und Entscheidungen getroffen, die die Marschrichtung des ganzen Unternehmens häufig langfristig vorzeichnen. In der operativen Planung werden diese übergeordneten Entscheidungen in kurz- und mittelfristige Einzelmaßnahmen heruntergebrochen und für Unternehmensbereiche wie Marketing oder Produktion konkretisiert.

Im Managementzyklus ist Planung die erste Managementfunktion, da sie maßgeblichen Einfluss auf die nachfolgenden Funktionen ausübt (Koontz und O'Donnell 1955). Hier werden die Weichen für die Organisations-, Personal- und Führungsfunktion gelegt. Eine besondere Beziehung besteht zur letzten Managementfunktion der Kontrolle, da keine Planung ohne Kontrolle auskommt. Nur durch Kontrolle kann gewährleistet werden, dass die definierten Ziele auch erreicht bzw. modifiziert werden. Außerdem sind die Ergebnisse der Kontrolle eine wesentliche Eingangsgröße, um den Planungsprozess neu anzustoßen (Steinmann und Schreyögg 2005).

Um das Konzept der Planung greifbar zu machen, stellen wir im Folgenden eine Reihe grundsätzlicher Themen der Planungsfunktion kurz vor, wie in Abb. 3.4 dargestellt.

- Ist Planung immer etwas Positives oder sollten Unternehmen in bestimmten Situationen ohne konkreten Plan handeln? (Wert der Planung, Abschn. 3.2.1.1)
- Was gibt den grundsätzlichen Rahmen der Planung vor? Was ist der Input bzw. der Rahmen für Planungsprozesse und -inhalte? (Leitbilder und Zicle, Abschn. 3.2.1.2)
- Welche verschiedenen inhaltlichen Themen können im Rahmen der Planungsfunktion auf strategischer und operativer Ebene behandelt werden? (Inhalte strategischer und operativer Planung, Abschn. 3.2.1.3)
- Wie sollte ein Planungsprozess konkret ausgestaltet sein? (Ausgestaltung der Planung, Abschn. 3.2.1.4)

Abb. 3.4 Einordnung der Planungsfunktion und Themen im Rahmen der Planung

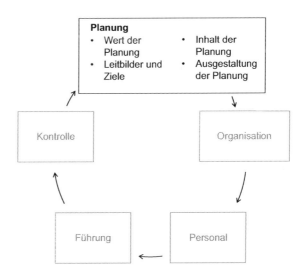

Planung
- Wert der Planung
- Leitbilder und Ziele
- Inhalt der Planung
- Ausgestaltung der Planung

Kontrolle

Organisation

Führung

Personal

3.2.1.1 Generelle Bedeutung der Planung

Zunächst sollen einige Grundgedanken zum Wert der Planung formuliert werden. In der wissenschaftlichen Literatur wird durchaus leidenschaftlich darüber gestritten, ob Planungsprozesse für Unternehmen überhaupt einen Mehrwert liefern. Die Positionen lassen sich dabei zwei Lehrmeinungen zuordnen: der Planungsschule und der Lernschule.

Die Planungsschule geht davon aus, dass Planung zu besseren Unternehmensleistungen führt (Anderson 1982). Die Idee ist, dass formale, schriftliche Planungsprozesse helfen, in einer unsicheren Umwelt Ereignisse besser vorhersagen zu können. Die wesentlichen Planungselemente sind die Definition strategischer Ziele, die Formulierung von Alternativen zur Zielerreichung, die Bewertung dieser Alternativen, schließlich die Entscheidung für eine Alternative sowie deren Umsetzung. Um Alternativen entwickeln und bewerten zu können, werden vom Unternehmen Kunden-, Markt-, und Wettbewerbsinformationen gesammelt und analysiert. Auf Basis dieser Informationen wird Verhalten von Kunden, Märkten und Wettbewerbern in Modellen prognostiziert (Pearce und Robinson 2011). Damit werden Vorhersagen möglich, die Licht in das Dunkel zukünftiger Entwicklung bringen können. Dies gilt insbesondere, wenn das Umfeld dynamisch und instabil ist. In der Konsequenz können durch die Planung …

- Entscheidungen schneller getroffen werden, da relevante Informationen bereits vorliegen und nicht erst beschafft werden müssen,
- Annahmen in Modellen simuliert werden, ohne dass tatsächlich Ressourcen aufgewendet werden müssen (z. B. Effekte von Preissenkungsmaßnahmen auf Mengenabsatz ohne tatsächliche Preissenkungen),
- Ressourcen plangenau und effizient kombiniert und damit Engpässe z. B. in der Produktion vermieden werden,
- Pläne genau kontrolliert und Abweichungen erkannt werden und
- Ziele leichter innerhalb (z. B. Mitarbeiter) oder außerhalb (z. B. Banken) kommuniziert werden.

Demgegenüber weist die Lernschule auf die Gefahren hin, die sich aus Planungsprozessen ergeben (Brews und Hunt 1999). Ein besonders prominenter Vertreter, Henry Mintzberg, bemängelt beispielsweise, dass in vielen Firmen strategische Planung mit strategischem Denken verwechselt wird. Strategisches Denken bedeutet:

> capturing what the manager learns from all sources (both the soft insights from his or her personal experiences and the experiences of others throughout the organization and the hard data from market research and the like) and then synthesizing that learning into a vision of the direction that the business should pursue. (Mintzberg 1994, S. 107)

Strategisches Denken basiert in großen Teilen auf Intuition und Kreativität. Indem Manager die Strategieentwicklung an spezialisierte Planungsstäbe übertragen und deren Ergebnisse mit wenigen Korrekturen in ritualisierten Verfahren (z. B. jährliches Strategiemeeting) absegnen, kommen sie ihrer wesentlichen Aufgabe nicht mehr nach. Ein rigider, formalisierter Planungsprozess verhindert deshalb sogar, dass strategisch gedacht wird. Konkret identifiziert Mintzberg (1994) folgende wesentliche Schwächen formalisierter Planung:

- Glaube an die Vorhersagbarkeit von Zukunft: Es herrscht die Annahme, dass zukünftige Entwicklungen vorausgesagt werden können und die Umwelt im Planungszeitraum stillsteht. Vor allem in dynamischen Märkten ist davon nicht auszugehen.
- Glaube an die Macht „harter Fakten", insbesondere von Zahlen: Quantifizierung gibt das Gefühl von Sicherheit. Häufig sind die vermeintlichen harten Fakten aus der Markt- und Meinungsforschung aber weicher als angenommen.
- Fehlen qualitativer Informationen: Gute Manager nutzen viele Quellen, um ihre Vision zu entwickeln, darunter auch Hörensagen, Klatsch und Bauchgefühl. Diese sind in formalisierten Verfahren nicht vorgesehen.
- Glaube an einen Top-Down-Ansatz der Strategieentwicklung: Initiativen können von allen Ebenen des Unternehmens aus die Richtung des Unternehmens ändern (z. B. der Vertriebsmann, der für sein Produkt andere Anwender findet, öffnet plötzlich die Tür zu ganz anderen Märkten).
- Überformalisierung: Formalisierte Systeme können möglicherweise viele Informationen produzieren, aber sie können sie nicht verstehen und interpretieren. Formalisierte Planungsverfahren sind sequenziell angeordnet: Analyse, Entscheidung, Umsetzung. Innovationen und resultierende Strategieänderungen können aber genauso gut umgekehrt vorkommen. Unternehmen können experimentieren, ausprobieren und dann überlegen, was funktioniert.

Angesichts dieser Differenzen stellt sich die Frage, welche Antwort man nun auf die Frage geben soll, ob Planung sinnvoll ist oder nicht. Einerseits zeigt die Meta-Analyse von Brinckmann et al. (2010), dass Planung für kleine, mittlere und junge Unternehmen zu mehr Erfolg führt, so dass Planungsprozesse zu rechtfertigen sind. Andererseits sind Autoren wie Mintzberg (1994) der Ansicht, dass Planung vor allem negative Folgen hat. Zur Lösung dieser widersprüchlichen Positionen werden wir an späterer Stelle in Abschn. 3.2.1.4 und 3.2.2.4 darlegen, dass es verschiedene Ausprägungen von Planungsprozessen gibt. Der Erfolg hängt letztlich von der konkreten Ausgestaltung ab, und Elemente der Lernschule sind integrierbar.

3.2.1.2 Leitbilder und Ziele
Teilt man die Annahme, dass Planung nützlich ist, muss man im nächsten Schritt festlegen, welchen Rahmen ein Planungsprozess haben sollte. Ausgangspunkt ist häufig die Definition eines Leitbildes. In Leitbildern beschreiben Unternehmen ihr Selbstverständnis und legen dar, welche Richtung das Unternehmen einschlagen soll (Pearce und Robinson 2011). Für die Mitarbeiter eines Unternehmens ist ein Leitbild hilfreich, da hier langfristige Richtungen definiert werden, aus denen sich Entscheidungen für unterschiedliche Unternehmensebenen ableiten. Auch soll ein Leitbild zur Identifikation und Motivation

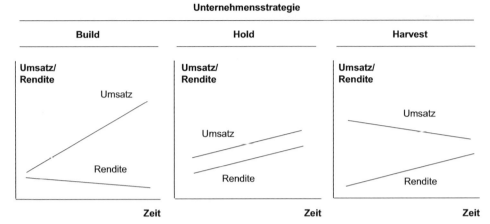

Abb. 3.5 Übergreifende Unternehmensziele: Umsatz vs. Rendite. (Eigene Darstellung nach Gupta und Govindarajan 1984)

der Mitarbeiter beitragen. Für Außenstehende wird aus dem Leitbild ersichtlich, was Sinn und Zweck des Unternehmens ist (Hungenberg 2012). Dieser Sinn und Zweck wird meist in knappen, allgemeinen Worten beschrieben. Ein ebenso visionäres wie allgemeines Leitbild war das von Apple: „We want to change the world by making the best computers in the world." Leitbilder können sich auf unterschiedliche Themen beziehen. So kann beispielsweise als Ziel definiert werden, eine bestimmte Finanzkennzahl zu optimieren (z. B. den Unternehmenswert), bestimmte Produkte oder Leistungen anzubieten, den Kunden in besonderem Maße zu dienen oder einen gesellschaftlichen Nutzen zu stiften (Pearce und Robinson 2011).

Neben einer allgemeineren Formulierung in Leitbildern müssen die Unternehmensziele im Laufe der strategischen Planung konkreter gefasst werden. Hier kommen grundsätzlich alle monetären und nichtmonetären Ziele in Frage. Zur Systematisierung dient der Ansatz von Gupta und Govindarajan (1984), wie in Abb. 3.5 dargestellt. Sie nehmen vor allem das Verhältnis von Wachstum und Rendite als Zielsetzung in den Blick. Unternehmen können danach eine Build-, Hold- oder Harvest-Strategie verfolgen:

- In einer Build-Strategie ist das Ziel eines Unternehmens, Marktanteile zu gewinnen, ggf. auch auf Kosten der Rendite.
- In einer Hold-Strategie soll ein bestehender Marktanteil gehalten und eine angemessene Rendite erwirtschaftet werden.
- In einer Harvest-Strategie ist eine kurzfristige Renditemaximierung das Ziel, auch auf Kosten von Marktanteilen. Effiziente Strukturen und Prozesse sind hier relevanter als ausgeprägte Fähigkeiten der Markt- und Wettbewerbsbeobachtung.

3.2.1.3 Inhalte strategischer und operativer Planung

Leitbilder sind in der Regel sehr allgemein gefasst und bedürfen der Konkretisierung (Miller und Cardinal 1994). Sie sind der Ausgangspunkt für eine konkrete strategische

Planung, bei der die Wettbewerbssituation, Umweltentwicklungen und Fähigkeiten eines Unternehmens berücksichtigt werden. Konkret müssen folgende Fragen beantwortet werden (Hungenberg 2012):

- In welchen Industrien soll das Unternehmen aktiv sein?
- Wie ist das Unternehmen gegenüber dem Wettbewerb in einzelnen Geschäftsbereichen aufgestellt?
- Was ist die angestrebte Wettbewerbsposition und mit welchen Fähigkeiten soll diese erreicht werden?

Im strategischen Planungsprozess werden derzeitige und zukünftige Chancen und Risiken, Stärken und Schwächen eines Unternehmens analysiert und Ziele und Maßnahmen definiert. Diese Planungselemente zeigen, wie ein Unternehmen unter Nutzung seiner Fähigkeiten Chancen ergreift und Risiken minimiert (Lant et al. 1992). Maßgebliche Merkmale von Strategien sind damit ihre Zukunftsgerichtetheit und ihre unsicherheitsminimierende Wirkung. Steinmann und Schreyögg (2005) beschreiben, wie in Abb. 3.6 dargestellt, die vier Schritte des strategischen Planungsprozesses.

1. Analyse des Unternehmens und der Unternehmensumwelt
In der Analyse des Unternehmens und der Unternehmensumwelt werden sowohl Chancen und Risiken der Umwelt als auch Stärken und Schwächen des Unternehmens analysiert (Dess et al. 2008). Die interne Bewertung macht explizite und implizite Fähigkeiten und Ressourcen sichtbar, wie z. B. ein bestimmtes Know-how. Im Vergleich mit Wettbewerbern wird analysiert, welche Ressourcen dem Unternehmen besonders von Nutzen sind und wo Schwächen vorliegen. Das weitere Unternehmensumfeld wird daraufhin untersucht, welche Marktentwicklungen sich abzeichnen und welche Chancen und Risiken sich für das Unternehmen daraus ergeben.

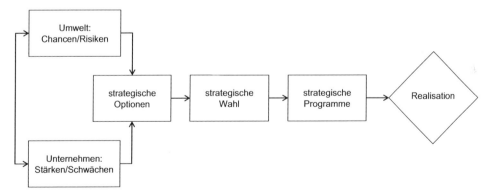

Abb. 3.6 Strategischer Planungsprozess. (Nach Steinmann und Schreyögg 2005)

2. Erarbeitung strategischer Optionen
Strategische Optionen werden auf Basis der Unternehmens- und Unternehmensumwelt-
analysen entwickelt. Hier wird definiert, welche Industrien und Märkte ein Unternehmen
bearbeiten soll und welche Wettbewerbsposition erreicht werden soll und kann. Die er-
arbeiteten Optionen werden dann hinsichtlich ihrer Chancen und Risiken bewertet.

3. Wahl einer Strategiealternative
Auf Basis der Bewertung der Strategiealternativen wird eine Option bestimmt, die mehrere Kriterien erfüllen muss. Zum einen sollte sie zum maximalen Erfolg führen, zum
anderen sollte sie den Werten des Unternehmens und seinem Leitbild verpflichtet sein.

4. Strategische Programme
Im Rahmen strategischer Programme wird die gewählte strategische Option konkretisiert.
Ziele werden für einzelne Unternehmensbereiche heruntergebrochen und operationalisiert.

Jedes Unternehmen, ob unternehmerisch oder nicht, trifft bewusst oder unbewusst strategische Entscheidungen. Im Folgenden stellen wir deshalb klassische Typologien strategischer Alternativen dar, um dann in Abschn. 3.2.2.3 zu diskutieren, welche davon am
ehesten zu einem unternehmerischen Unternehmen passen.

Eine der ersten und klassischen, aber immer noch relevanten Einteilungen sind die
Strategietypen von Miles und Snow (1978). Ihr Ausgangspunkt sind drei Probleme, die
jedes Unternehmen lösen muss:

- Das unternehmerische Problem: Das Management muss kontinuierlich die Frage beantworten, welches Produkt in welchem Markt angeboten werden soll.
- Das Ingenieursproblem: Das Management muss eine adäquate Technologie entwickeln
  bzw. auswählen, um die Produkte herzustellen, für die man sich entschieden hat.
- Das administrative Problem: Hier geht es darum, organisatorische Strukturen und Prozesse zu schaffen, die es ermöglichen, Produkte effizient herzustellen und gleichzeitig
  so flexibel zu bleiben, dass Innovationen gefördert werden.

Nach Miles und Snow (1978) gibt es vier unterschiedliche strategische Optionen, wie mit
diesen Problemen umgegangen werden kann, die Tab. 3.1 veranschaulicht:

- Verteidiger: Verteidiger versuchen, einen definierten Teil des Marktes zu besetzen und
  aggressiv zu verteidigen. Sie setzen deshalb auf eine Nischenstrategie, in der sie vor
  allem über den Preis wettbewerbsfähig sind. Technisch entwickeln sie effiziente Lösungen, administrativ streben sie nach weitgehender Kontrolle und effizienten Strukturen und Prozessen. Sie verzichten auf eine ausgefeilte Markt- und Wettbewerbsbeobachtung. Diese würde Ressourcen verbrauchen. Die Planung ist darauf ausgerichtet,
  Kosten zu optimieren. Der Fokus liegt auf Effizienz, neue Gelegenheiten werden nicht
  in Betracht gezogen. Solange die Welt sich nicht ändert, ist der Verteidiger in seiner

Tab. 3.1 Strategietypen nach Miles und Snow (1978)

	Verteidiger	Prospektor	Analytiker	Reaktive
Wahrnehmung der Umwelt	Stabil	Dynamisch	Moderat	Keine
Strategischer Schwerpunkt	• Halten von Marktanteilen • Beschützen der aktuellen Position	Kontinuierliche und aggressive Suche nach neuen Gelegenheiten	Verteidigen der Position und selektives Verfolgen von Innovationen	Keine kohärente Strategie
Zugrunde liegende Werte	Effizienz	Flexibilität	Effizienz und Flexibilität	Keine
Operativer Fokus/ Organisation	• Kostenkontrolle • Mechanistische Organisationsstruktur	• Innovation • Expansion • Organische Organisationsstruktur	• Kostenkontrolle • Innovation	Abhängig von aktuellen Umständen

Nische wettbewerbsfähig. Für dramatische Umwälzungen in der Umwelt ist er aber schlecht gerüstet.

- Prospektor: Der Prospektor setzt darauf, mit immer neuen Produkten in neuen Märkten Erfolg zu haben. Dadurch ist er Motor des Wandels in seinen eigenen und auch in fremden Industrien. Produktentwicklung ist ihm im Zweifel wichtiger als eine hohe kurzfristige Profitabilität. Um Möglichkeiten in der Unternehmensumwelt rechtzeitig wahrzunehmen, investiert er umfangreich in die Markt- und Wettbewerbsbeobachtung. Das technologische und administrative System muss flexibel gestaltet sein, um den fortlaufenden Änderungen der unternehmerischen Ausrichtung entsprechen zu können. Prospektoren vermeiden es deshalb, sich langfristig an bestimmte technische Abläufe zu binden. Administrativ geht es nicht um Kontrolle, sondern um Flexibilität, d. h. Ressourcen schnell dort bereitzustellen, wo sie gebraucht werden. Die Planung ist weit ausgelegt und an Ergebnissen orientiert, nicht an Prozesseffizienz. Der Nachteil des Prospektors ist daher, dass er nicht die Effizienz eines Verteidigers erreicht.
- Analytiker: Er versucht, die Vorteile von Prospektoren und Verteidigern zu vereinigen, d. h. Effizienz und Innovation zu kombinieren. Einerseits will er vorhandene Produktlinien für bestehende Märkte effizient produzieren, andererseits bemüht er sich, auch Gelegenheiten wahrzunehmen, die sich aus neuen Produkten und Märkten ergeben. Dabei setzt er eher auf Imitation als auf Innovation, da er im Sinne der Risikominimierung sicherstellen will, dass neue Produkte auch nachgefragt werden. Er hat dadurch zwei Wachstumsmöglichkeiten: durch Marktpenetration und durch Marktentwicklung. Er muss die bestehenden Abläufe beherrschen und gleichzeitig beim Aufbau neuer Abläufe flexibel sein. Administrativ muss der Analytiker ebenfalls sowohl zur Effizienz als auch zur Flexibilität fähig sein. Der Nachteil dieses Ansatzes kann darin bestehen, dass die Doppelung höhere Kosten verursacht und er sich letztlich nicht für eine Richtung entscheidet.

- Reaktive: Sie leiden darunter, dass sie keine eindeutige Strategie verfolgen. Alle anderen Ansätze ermöglichen proaktives Handeln. Reaktive sind dazu verurteilt zu reagieren. Da die Strategie fehlt, können weder das technologische System noch das administrative System optimal aufgestellt werden. In der Konsequenz ist das Unternehmen ineffektiv und ineffizient.

Eine weitere klassische Typologie, die Tab. 3.2 aufzeigt, hat Porter (2000) entwickelt. Er unterscheidet die drei grundsätzlichen Strategiealternativen Kostenführerschaft, Differenzierung und Fokus:

- Kostenführerschaft: Ziel ist es, Produkte zu niedrigen Kosten zu produzieren (Engelen und Brettel 2012). Dies gelingt durch intensive Kostenkontrolle im Produktionsprozess und vor allem durch Kostenminimierung in allen anderen Bereichen wie Forschung und Entwicklung, Vertrieb und Marketing. Voraussetzung ist, dass das Unternehmen die Produktionstechnologie bzw. die Prozesse zur Herstellung von Produkten beherrscht. Wenn vertretbar, werden auch Abstriche bei Qualität und Service hingenommen. Basis dieser Strategie sind vor allem kontinuierliche Verbesserungen durch Lernen im Produktionsprozess und Skaleneffekte. Skaleneffekte werden erzielt, weil bei steigenden Mengen vor allem Fixkosten auf mehr Einheiten eines produzierten Gutes verteilt werden können. Die Produktionsmengen steigen, da durch niedrige Kosten niedrige Preise angeboten werden können, was zu einem Anstieg der Absatzmenge führt. Außerdem steigt dadurch der Marktanteil. Der Vorteil dieser Strategie besteht vor allem darin, dass in einem intensiven Wettbewerbsumfeld ein Unternehmen auch dann noch profitabel

Tab. 3.2 Strategietypen nach Porter (2000)

	Kostenführerschaft	**Differenzierung**
Fokus	• Kosteneffizienz • Herstellung ähnlicher Produkte	• Unterscheidung durch innovative Produkte, Technologie, Marke, Service
Voraussetzungen	• Hohe Investition in Anlagevermögen • Niedrige Kosten bei Forschung und Entwicklung sowie Marketing • Erzielung von Skaleneffekten	• Technologie- und Qualitätsführerschaft • Ausgeprägte Fähigkeiten und Investitionen in Forschung und Entwicklung, Marketing und Service
Organisation	• Mechanistische Organisationsstrukturen • Effiziente Strukturen und Prozesse • Objektive, quantitative Anreizsysteme	• Organische Organisationsstrukturen • Flexible Strukturen und Prozesse • Subjektive, qualitative Anreizsysteme
Risiko	• Rapide technologische Veränderungen • Verpassen von Produkt- oder Marktänderungen	• Verlust von Differenzierungsmerkmalen • Angebot von Imitationsprodukten durch den Wettbewerb

ist, wenn die Gewinne der Wettbewerber schon durch Preiskämpfe aufgezehrt wurden. Allerdings bringt dieser Ansatz auch Gefahren mit sich. Kommt es zu einem wesentlichen technologischen Wandel, müssen neue Produktionstechnologien erlernt werden. Zum einen sind vermutlich erhebliche Neuinvestitionen fällig, zum anderen müssen Lernvorteile erst über die Zeit wiederaufgebaut werden. Auch stellen Wettbewerber, die ebenfalls über Kosten konkurrieren, eine erhebliche Gefahrenquelle dar. Die größte Gefahr besteht aber darin, dass wesentliche Änderungen in Produktanforderungen bzw. Marktveränderungen verpasst werden, da der Fokus auf den Kosten liegt und nicht auf der Wahrnehmung von Umweltveränderungen.

- Differenzierung: Ziel dieses Ansatzes ist, sich aus Kundensicht vom Wettbewerb abzuheben (Engelen 2011). Es gibt vielfältige Möglichkeiten, wie dies gelingen kann, z. B. durch Marke und Image, überlegene Technologie, besondere Leistungen im Service und Vertrieb oder besondere Produkteigenschaften. Im optimalen Fall gelingt es einem Unternehmen, sich in mehreren Kategorien wesentlich vom Wettbewerb abzugrenzen. Kosten dürfen in diesem Ansatz zwar nicht ignoriert werden, stehen aber nicht im Mittelpunkt. Vorteile dieser Strategie bestehen darin, dass Kunden aufgrund der genannten Eigenschaften genau die Produkte dieses Anbieters nachfragen und auch bereit sind, einen höheren Preis dafür zu bezahlen. Damit steigt auch die Möglichkeit, höhere Margen zu realisieren. Basis dieses Ansatzes sind intensive Forschung und Entwicklung, Fokus auf Design, Qualität und Service. Durch höhere Preise sinkt in der Regel der Marktanteil. Auch diese Strategie birgt einige Gefahren. Die wesentlichste Gefahr ist, dass Kunden nicht oder nicht mehr Wert auf bestimmte differenzierende Produkteigenschaften legen und sich eher für ein preisgünstigeres Nachahmerprodukt entscheiden.
- Fokus: Bei der Fokusstrategie konzentriert sich ein Unternehmen nicht mehr auf den Gesamtmarkt, sondern auf Teilmärkte, also bestimmte Käufer, Teile von Produktlinien oder geographische Märkte. In dieser Marktnische können sowohl Kostenführerschafts- als auch Differenzierungsstrategien erfolgreich sein. Anbieter können durch Fokussierung bestimmte Marktsegmente besonders gut bedienen, da sie sich nur auf diese konzentrieren und nicht abgelenkt werden.

Nach der Auswahl einer Strategiealternative muss das Ergebnis einer strategischen Planung (wie zum Beispiel Eintritt in den aufkommenden Markt für 3D-Drucker mit einer Differenzierungsstrategie über bestimmte Produkteigenschaften) in eine operative Planung überführt werden. Die Planung wird heruntergebrochen, für jede Unternehmensfunktion werden Teilziele definiert. Häufig werden bei diesem Vorgang den einzelnen Funktionen Budgets zugeordnet, so dass genügend Ressourcen vorhanden sind, um die entsprechenden Ziele zu erreichen. Dies können je nach Funktion Umsatzbudgets oder Teilbudgets sein, z. B. Beschaffungs-, Produktions-, Marketing- oder Forschungs- und Entwicklungsbudgets.

3.2.1.4 Ausgestaltung der Planung

Planung kann sehr unterschiedlich ausgestaltet werden. Planungsprozesse können danach unterschieden werden, wie intensiv die Umwelt beobachtet wird, wie flexibel die Planung ausgestaltet ist, welcher Planungshorizont verfolgt wird und wer im Unternehmen am Planungsprozess beteiligt ist.

Jeder Planungsprozess benötigt Input über die Umwelt. Trotzdem unterscheiden sie sich in ihrem Grad der Umweltbeobachtung. Informationen aus der Umwelt können sich auf den Markt und seine potenziellen Kunden beziehen, aber auch auf bestimmte, für das Unternehmen relevante Technologien und ihre Entwicklung (Smeltzer et al. 1988). In Bezug auf letzteres können beispielsweise Forschungseinrichtungen an Universitäten beobachtet und Erkenntnisse über die dort entwickelten Technologien in die Planung integriert werden. Wird die Umwelt nicht intensiv beobachtet, so leitet das Unternehmen die Planung mehr aus eigenen internen Erkenntnissen her.

Planungsprozesse können unterschiedlich flexibel sein. Wird ein einmal beschlossener Planungsinhalt als final angesehen, auch wenn sich Rahmenbedingungen ändern? Bei flexibler Planung handelt ein Unternehmen zwar nach dem initial hergeleiteten Planungsinhalt, hält sich aber offen, bei Veränderungen der Rahmenbedingungen und neuen Informationen die Planung anzupassen und beispielsweise mit einer bestimmten Technologie doch einen anderen Markt anzuvisieren oder die Positionierung gegenüber dem Wettbewerb anzupassen.

Unterschiede in Bezug auf Planungsprozesse können auch beim Planungshorizont bestehen. Für wie lange werden Planungen angestellt? Erstellt man heute bereits die Planung für die nächsten Jahre? Wann werden Entwicklungen bewertet? So kann es starre Regeln geben, dass Planungsergebnisse immer nach einer bestimmten Zeitperiode (beispielsweise nach einem Jahr) bewertet werden. Oder man nimmt eine längerfristige Sicht ein und bewertet Zwischenergebnisse erst nach mehreren Jahren.

Schließlich sind Planungsprozesse in Bezug auf die Beteiligung von Mitarbeitern zu beschreiben. Trifft vor allem das Top-Management die wesentlichen Entscheidungen, bezeichnet man diesen Prozess als Top-Down-Planung. Das Top-Management macht dann klare Vorgaben, die von den unteren Hierarchieebenen nur noch umzusetzen sind. Spielräume auf unteren Ebenen sind stark eingeschränkt. Der Vorteil eines solchen Verfahrens ist, dass eine einheitliche Planung mit großer Geschwindigkeit vorgenommen werden kann (Barringer und Bluedorn 1999). Bei einer Bottom-Up-Planung spielt eine inhaltliche Ausgestaltung durch untere Hierarchieebenen eine wesentlich größere Rolle. Erfahrungen aus dem operativen Geschäft, Ideen und Vorschläge aus dem gesamten Unternehmen fließen in den Prozess ein und werden gebündelt, um strategische Entscheidungen treffen zu können. Entscheidungen werden auf unterschiedlicher Ebene im Unternehmen getroffen. Der Vorteil dieses Verfahrens ist, dass viel mehr Erfahrungen und Informationen in die Planung einbezogen werden können und Entscheidungen von einer breiteren Basis getragen werden.

3.2.2 Die Planungsfunktion im unternehmerischen Unternehmen

Im Folgenden werden die Themen der Planungsfunktion, wie sie im vorhergehenden Abschn. 3.2.1 allgemein dargelegt wurden, dahingehend untersucht, inwiefern eine konkrete Ausgestaltung unternehmerisches Verhalten steuern kann, so dass vielversprechende Gelegenheiten erkannt und proaktiv, innovativ und mit einem gewissen Risiko genutzt werden können. Der Planungsfunktion kann dabei intuitiv eine große Rolle zukommen, sind doch – wie in Abschn. 1.3 dargelegt – fehlende Budgets eine Hürde bei der Implementierung unternehmerischer Vorhaben (Forbes 2011). Auch macht, wie im Eingangskapitel dargestellt (Abschn. 1.3), eine ausgeprägte Orientierung auf kurzfristige Rendite die Verfolgung unternehmerischer Ideen in etablierten Kontexten schwierig. Motiviert durch diese Gedanken wird im Folgenden auf Basis von theoretischen Konzepten, empirischen Studien und Beispielen untersucht, inwiefern Planung überhaupt Corporate Entrepreneurship fördern kann (Abschn. 3.2.2.1), welche Leitbilder und Ziele im Einklang mit Corporate Entrepreneurship stehen (Abschn. 3.2.2.2), wie strategische und operative Planung ausgestaltet werden können, damit sie Corporate Entrepreneurship fördern (Abschn. 3.2.2.3) und abschließend, wie Planungsprozesse organisatorisch ausgestaltet werden sollten (Abschn. 3.2.2.4), damit unternehmerisches Potenzial genutzt wird.

3.2.2.1 Generelle Bedeutung der Planung im unternehmerischen Unternehmen

Wie in Abschn. 3.2.1.1 dargestellt, diskutiert die Managementliteratur intensiv darüber, ob Planung für Unternehmen überhaupt einen Wert hat, d. h. ob Nutzen oder Kosten überwiegen. Der in Abschn. 3.1 dargestellte Managementzyklus geht davon aus, dass Planung einen hohen Nutzen hat, anders wären die auf Planung aufbauenden Managementfunktionen kaum zielgerichtet zu gestalten. Trotzdem stellt sich die Frage, wie unternehmerische Unternehmen von Planung profitieren. Einerseits spielen sicherlich einige Vorteile der Planung im unternehmerischen Kontext eine Rolle, wie der Abbau von Unsicherheiten durch Informationsgewinnung. Andererseits könnte Planung auch Flexibilität nehmen, die gerade in unsicheren Umfeldern, in denen sich unternehmerische Aktivitäten zumeist bewegen, von hoher Bedeutung ist (Atuahene-Gima 2005).

Wie später in Abschn. 3.2.2.4 dargestellt, zeigt die empirische Forschung, dass es ganz wesentlich auf die Ausgestaltung der Planung ankommt, ob Corporate Entrepreneurship im etablierten Unternehmen gefördert oder eher gehemmt wird. Grundsätzlich liefern Planungsprozesse aber einen unerlässlichen Input für Corporate Entrepreneurship in Form von Informationen über das Unternehmen und die Umwelt. Die Entrepreneurship-Literatur ist sich einig, dass im Start-up-Kontext Ideen zumeist aus der Wahrnehmung von Bestehendem und möglichen Verbesserungen entstehen (Delmar und Shane 2003). Spontane geniale Ideen waren in den seltensten Fällen Grundlage großer Erfolgsgeschichten von Unternehmensgründungen. Aus diesem Grund gilt das Verfassen eines Businessplans bei der Gründung von Unternehmen als zentraler Erfolgsfaktor (Baker et al. 1993). Werden Vorhaben explizit niedergeschrieben, statt sich nur in den Köpfen der Gründer zu befinden, wird das Vorhaben transparenter und übersichtlicher. Es kann leichter hinterfragt werden, Widersprüche werden auf dem Papier offensichtlicher. Ganz zentral zwingt ein Businessplan Gründer, ihre Annahmen zu hinterfragen und mit Zahlen zu hinterlegen (Timmons 1999). Genau diese notwendige Informationssammlung hilft möglicherweise sogar, weitere Gelegenheiten zu erkennen und auszuformulieren.

Auf den Kontext etablierter Unternehmen übertragen bedeutet dies, dass Planungsaktivitäten zentral sind, um Gelegenheiten, die sich im Marktumfeld oder in Forschungslaboren befinden, überhaupt erst aufzuspüren. Der spontane geniale Einfall bildet selten die Grundlage einer komplett neuen Geschäftsidee. In etablierten Unternehmen kommt hinzu, dass einzelne Manager oder Mitarbeiter, die eine Gelegenheit aufgespürt haben, die das Unternehmen möglicherweise unternehmerisch besetzen könnte, intern einen Rechtfertigungsdruck haben werden (Miller und Wedell-Wedellsborg 2013). Eine stichhaltige Planung kann bei der internen Rechtfertigung und der Bewerbung um Ressourcen zur Umsetzung des Vorhabens erheblich unterstützen. In ihrer Metaanalyse können Brinckmann et al. (2010) empirisch zeigen, dass sich Planung positiv auf den Unternehmenserfolg von bereits am Markt etablierten Unternehmen auswirkt – und zwar sogar stärker als bei jungen Start-up-Unternehmen. Die Autoren begründen dies mit den in etablierten Unternehmen vorhandenen Erfahrungen und Erkenntnissen aus vorhergehenden Planungsprozessen, die die Effektivität aktueller Planung erhöhen und die in Start-ups typischerweise nicht vorliegen.

In der Umsetzung einer identifizierten Gelegenheit (wie dem Eintritt in einen neuen Markt mit einem bislang nicht angebotenen Produkt oder der Anwendung einer bekannten Technologie in einen neuen Markt) spielt die Planung intern eine große Rolle. Vor allem die Mitarbeiter auf mittleren und unteren Hierarchiestufen sind oft risikoavers und wehren sich gegen eine Umsetzung von Ideen in unbekannten und unsicheren Umfeldern (Wales et al. 2011). Eine Planung – beispielsweise wie die Verantwortlichkeiten verteilt sind und Informationen über neue Kontexte bereitgestellt werden – kann diese Unsicherheit zumindest reduzieren, das Verhalten der Mitarbeiter in die richtige Richtung lenken und so zur zeitnahen Umsetzung beitragen, die erforderlich ist, um Proaktivität im Markt zu erreichen.

3.2.2.2 Leitbilder und Ziele in unternehmerischen Unternehmen

Ist der grundsätzliche Wert einer Planung verstanden, muss sich das Unternehmen zunächst – auf sehr abstrakter Ebene – mit einem Leitbild beschäftigen, welches den groben Rahmen für weitere strategische und operative Planung vorgibt. Aber wie sehen Leitbilder in unternehmerischen Unternehmen aus?

Innovation, Proaktivität und Risikobereitschaft sind Kerndimensionen von Corporate Entrepreneurship. Wenn ein Unternehmensleitbild für Management, Mitarbeiter und die Unternehmensumwelt sinnstiftend und handlungsleitend sein soll, um in der Konsequenz eine solche Ausrichtung auch zum Leben zu erwecken, dann sollten diese Elemente direkt oder indirekt im Leitbild zum Tragen kommen. Im Beispiel 3.1 wird eine Reihe von Leitbildern präsentiert, in die unternehmerische Facetten integriert sind.

LinkedIn spricht explizit von „Opportunities", die genutzt werden sollen, und von dem Bestreben, ein „Pioneer" zu sein. Auch Salesforce.com nutzt den Begriff „Pioneer" und macht sehr deutlich, dass es den gesamten Softwaremarkt verändern will. IBM stellt heraus, dass das Erahnen zukünftiger Möglichkeiten zentral ist, und Bosch verwendet explizit das Wort „entrepreneurial". In Bezug auf die konkrete Einbindung unternehmerischer Gedanken in das Leitbild besteht großer Handlungsspielraum. Unwahrscheinlich ist höchstens, dass Unternehmen, die gänzlich auf solche Aussagen in ihren Leitbildern verzichten, Mitarbeiter zu unternehmerischem Verhalten motivieren können. Umgekehrt können sich unternehmerische Mitarbeiter im Konfliktfall auf das Leitbild berufen, wenn ihnen bei der Verfolgung unternehmerischer Initiativen Steine in den Weg gelegt werden.

Beispiel 3.1: Leitbilder mit unternehmerischen Aspekten

LinkedIn: „Our mission is to connect the world's professionals to make them more productive and successful. Our members come first. We believe that prioritizing the needs of our members is the most effective, and ultimately most profitable, way to accomplish our mission and create long-term value for all our stakeholders. We will continue to concentrate on opportunities we believe are in the best interests of our members. Our long-term approach enables us to invest, innovate and pioneer in unexplored segments of our industry to increase the value proposition of our proprietary platform and extensive data." (Quelle: http://www.linkedin.com/about-us)

Salesforce.com: „Salesforce.com ist der Pionier für Cloud Computing im Bereich Geschäftsanwendungen. Was das heißt? Wir stellen Unternehmenslösungen, z. B. für Kundenbeziehungsmanagement (CRM), online bereit. Das macht unsere Anwendungen zu den besseren Werkzeugen für Unternehmen jeder Größe. Denn mit uns reduzieren Sie die Kosten für Hard- und Software, IT-Management und Wartung. Gleichzeitig erhöhen Sie Ihre Flexibilität und Effizienz. Kurz: Salesforce.com ist „das Ende von Software", so wie man sie kennt. Denn alles, „was Sie für Geschäftsanwendungen ab sofort brauchen, ist ein Browser." (Quelle: http://www.salesforce.com/de/company/)

IBM: „On a smarter planet, we want to change the paradigm from react to anticipate." (Quelle: http://www.ibm.com/smarterplanet/us/en/overview/ideas/index.html?re=sph)

Bosch: „In order to ensure dynamic development of our company and to guarantee long-term corporate success, we participate in shaping the changes in markets and technologies. (…) We act on our own initiative, with an entrepreneurial but accountable spirit, and demonstrate determination in pursuing our goals." (Quelle: http://www.bosch.com/en/com/sustainability/corporatemanagement/global_culture/values/values.php)

Die wissenschaftliche Forschung zeigt, dass Leitbilder einen wesentlichen, wenn auch groben Handlungsrahmen für Mitarbeiter abstecken, insbesondere in unsicheren Umfeldern (Pearce und Robinson 2011). Mitarbeitern wird ein Sinn ihrer Tätigkeit vermittelt, was motivierend wirken kann. Zudem dient ihnen das Leitbild als grobe Handlungsrichtlinie. Insbesondere in unsicheren Umfeldern unternehmerischer Unternehmen sind Manager und Mitarbeiter häufig mit neuen Situationen konfrontiert, für die keine Handlungsanweisungen existieren und die Vorgesetzten aufgrund des Zeitdrucks, dem unternehmerische Unternehmen typischerweise ausgesetzt sind, nicht für Fragen zur Verfügung stehen. In solchen Fällen bieten Leitbilder den Mitarbeitern eine Handlungsrichtlinie, um Entscheidungen zügig alleine zu treffen.

Um die Ausrichtung des Unternehmens zu bestimmen, gibt die Planung neben unternehmerischen Leitbildern auch konkrete Ziele in quantifizierter Form wieder (Gibson und Cassar 2002). Grundsätzlich müssen alle Unternehmen zumindest mittelfristig Gewinne erwirtschaften, um überleben zu können. Etablierte und reife Produkte und Geschäftsfelder lassen sich über diese finanziellen Messgrößen erfassen. Aber sind dies auch die richtigen Kennzahlen, um unternehmerische Initiativen zu bewerten?

Es gibt Studien, die die Logik von Gupta und Govindarajan (1984) in Bezug auf unternehmerische Unternehmen empirisch untersuchen. Für unternehmerische Unternehmen ist es vor allem sinnvoll, sich Wachstum zum Ziel zu setzen, d. h. eine Build-Strategie zu wählen. Dies belegen Covin et al. (1994) in einer empirischen Studie bei 122 US-amerikanischen Technologieunternehmen. Die Studie zeigt, dass der positive Zusammenhang zwischen Corporate Entrepreneurship und Unternehmenserfolg sich verstärkt, wenn das Unternehmen eine Build-Strategie verfolgt. Inhaltlich lässt sich das dadurch begründen, dass Unternehmen, die vor allem auf Innovationen und Risiko setzen, kontinuierlich neue oder veränderte Produkte auf den Markt bringen und deshalb immer in der Situation sind, dass sie einen Markt erst entwickeln und Marktanteile ausbauen müssen. Dabei wird auch auf Kosten der kurzfristigen Rendite in Wachstum investiert.

Finanzielle Ziele sind natürlich auch für unternehmerische Unternehmen von Bedeutung und gehören selbstverständlich in die Planung. Allerdings zeigen die Forschung und auch die Praxis erfolgreicher unternehmerischer Unternehmen, dass finanzielle Ziele um weitere Ziele ergänzt werden sollten, die sich langfristig auf die finanziellen Ziele auswirken, aber näher an unternehmerischem Verhalten sind. Tushman et al. (2011) sprechen hier von einer notwendigen Inkonsistenz in Zielvorgaben und Bewertungsgrößen von etablierten Geschäftsfeldern und unternehmerischen Initiativen.

Beispielhaft seien hier einige Kennzahlen genannt und in Tab. 3.3 aufgeführt (Kuczmarski 2000), die die Innovationsfähigkeit und den Corporate-Entrepreneurship-Grad eines Unternehmens messen (Kuratko et al. 2011).

Formuliert das Management ein anspruchsvolles Ziel hinsichtlich des Innovation-Umsatz-Ratios – wie im Beispiel 3.2 für 3M und DELO beschrieben –, so setzt es darauf, dass sich insbesondere das Umsatzwachstum aus neuen Produkten speisen soll. Dafür wird das Umsatzwachstum aus neuen Produkten mit bestehenden Produktlinien in Relation gesetzt. So besteht letztlich auch schon in Situationen ökonomischen Erfolgs (wie vorhandenem Wachstum) die Notwendigkeit, stets zu hinterfragen, ob auch in den nächsten Jahren entsprechend noch ausreichend Potenzial durch gerade eingeführte Produkte vorhanden ist. Auf diese Weise wirkt man dem Innovationsparadox von Anthony (2010), wie in Abschn. 2.2 dargelegt, entgegen.

Werden Anforderungen bezüglich der Forschungs- und Entwicklungsintensität definiert (FuE-Betonungs-Ratio), so bedeutet dies, dass erhebliche Teile der Forschungs- und Entwicklungsausgaben in die Entwicklung neuer Produkte fließen sollen. Auch damit kann das Management zeigen, dass es durch Innovationen und unternehmerische Impulse erfolgreich sein will (Kuczmarski 2000). Aussagekräftig werden alle diese Zahlen aber nur im Vergleich zu Planzahlen, zur Vergangenheit und zum Wettbewerb.

Beispiel 3.2: 30 % des Umsatzes stets aus neuen Produkten …

Bei 3M und DELO gibt es die 30%-Regel: Jedes Jahr müssen mindestens 30% des aktuellen Umsatzes mit Produkten gemacht werden, die noch nicht länger als drei Jahre auf dem Markt sind (Bergmann 2009; Hippel et al. 1999). So bauen 3M und DELO den Druck auf, kontinuierlich – auch in „guten" Jahren – an neuen Produkten für neues Wachstum zu arbeiten und so die Grundlage für zukünftige Entwicklungen zu legen.

Die in Tab. 3.3 dargestellten Messgrößen beziehen sich zumeist auf das gesamte Unternehmen und setzen voraus, dass es für die neuen Produkte bereits einen Umsatz gibt. In früheren Stadien der Verfolgung einzelner unternehmerischer Ideen muss das nicht der Fall sein. Dann bietet es sich an, auf noch weiter vorgelagerte Größen zurückzugreifen. Laurie und Harreld (2013) empfehlen hier – je nach Ausgestaltung der Aktivität –, Größen

Tab. 3.3 Erfolgsgrößen zur Messung innovativen und unternehmerischen Verhaltens. (Nach Kuczmarski 2000 und Kuratko et al. 2011)

Kennzahl	Definition
(3-Jahre-)Überlebensrate	Anzahl gestarteter/kommerzialisierter Produkte, die noch auf dem Markt sind/Gesamtzahl gestarteter/kommerzialisierter Produkte
(3-Jahre-)Erfolgsrate	Anzahl gestarteter/kommerzialisierter Produkte, die ihre Umsatzerwartungen übertroffen haben/Gesamtzahl gestarteter/kommerzialisierter Produkte
FuE-Betonungs-Ratio	Kumulierte FuE-Ausgaben, die auf völlig neue Gelegenheiten allokiert wurden/kumulierte Gesamt-FuE-Ausgaben
Innovation-Umsatz-Ratio	Kumulierter Umsatzbeitrag aus neuen Produkten/Gesamtumsatz
Innovations-Portfolio-Mix	Anteil neuer Produkte entlang der folgenden Kategorien: – „New-to-the-world/country" – Linien-Erweiterung – Repositionierung – „New-to-the-company" – Produktverbesserungen
Innovationspipeline	Anteil der unternehmerischen Projekte in den einzelnen Stufen des Produktentwicklungsprozesses bei Neuprodukten
Innovationsumsatz pro Mitarbeiter	Umsatz mit kommerzialisierten Neuprodukten/Vollzeitmitarbeiter für Innovationsinitiativen

wie die Anzahl der Interaktionen zwischen dem jeweiligen Team und potenziellen Kunden, die Dauer bis zur Erstellung des ersten Prototyps oder die Ergebnisse von ersten Tests mit potenziellen Kunden im Vergleich zu den Erwartungen zu verwenden.

3.2.2.3 Inhalte strategischer und operativer Planung in unternehmerischen Unternehmen

Aus dem generischen Leitbild leitet sich die strategische Planung ab. Verschiedene Strategietypen wurden allgemein in Abschn. 3.2.1.3 erläutert. In der wissenschaftlichen Literatur haben einige Autoren untersucht, welche dieser Strategietypen von unternehmerischen Unternehmen verfolgt werden bzw. welche Strategie im Wettbewerb den maximalen Erfolg aus unternehmerischem Verhalten generiert. So können Tang und Tang (2012) im chinesischen Kontext durch eine Befragung von 155 Firmen empirisch zeigen, dass sowohl die Strategie des Prospektors als auch die des Analytikers aus dem Ansatz von Miles und Snow (1978) den positiven Zusammenhang zwischen Corporate Entrepreneurship und Erfolg verstärken. Beide Strategien erlauben es Firmen, fortwährend zu experimentieren und Chancen zu nutzen, indem neue Produkte getestet und im Markt eingeführt werden. Im Vergleich zum Wettbewerb sind Prospektoren und Analytiker schneller am Markt und beim Kunden. Gleichzeitig verlassen sie systematisch Märkte, die sich in reifen oder sinkenden Phasen befinden. Dieses strategische Verhalten steht in Einklang mit unternehmerischem Verhalten (Tang und Tang 2012).

Interessant ist, dass unternehmerische Unternehmen auch strategisch von den Ansätzen des Analytikers profitieren. Denn erfolgreiche unternehmerische Unternehmen sind nicht nur damit beschäftigt, möglichst viele neue Geschäfte zu identifizieren und in neue Märkte und Produkte zu gehen, wie es Prospektoren tun. Sie entwickeln auch bestehende Produkte in bestehenden Geschäften inkrementell weiter und setzen hier durchaus auf Effizienz. Das bedeutet, dass erfolgreiche unternehmerische Unternehmen einen dualen Ansatz fahren, der alleine aus Gründen der Diversifikation und Risikominimierung Sinn macht (Kuratko et al. 2011): Einerseits bestehendes Geschäft stärken und Effizienzziele verfolgen, andererseits neue Geschäfte identifizieren und „mit längerem Atem" entwickeln. Das steht in Einklang mit der in Abschn. 2.1.1 dargestellten Portfoliosicht auf Innovationen: Unternehmen, die ein ausgewogenes Portfolio verschiedener Innovationsgrade aufweisen, sind erfolgreicher als solche, die nur auf das bestehende Geschäft oder Imitationsinnovationen setzen oder das bestehende Kerngeschäft zugunsten von Hoffnungen in neuen und unsicheren Geschäften aufgeben.

Wang (2008) untersucht den Zusammenhang zwischen Corporate Entrepreneurship, Lernbereitschaft und Leistung und der gewählten Strategie. Nach der Befragung von 231 britischen Unternehmen kommt er zu dem Ergebnis, dass Corporate Entrepreneurship zu einer größeren Lernbereitschaft von Unternehmen und damit zu einer besseren Unternehmungsleistung führt. Dieser positive Zusammenhang ist in Unternehmen, die einer Prospektor-Strategie folgen, stärker ausgeprägt. Das hat damit zu tun, dass Prospektoren erheblich in Forschung und Entwicklung investieren, aufgrund ihrer strategischen Ausrichtung grundsätzlich neugierig und offen für Neues sind und Markt und Wettbewerb intensiv beobachten. All dies hilft Unternehmen zu lernen (Wang 2008). Demnach unterstreicht diese Studie die Bedeutung eines strategischen Prospektor-Ansatzes, der das unternehmerische Verhalten – und die daraus identifizierten Gelegenheiten – entsprechend im Wettbewerb im Markt umsetzt.

Dies zeigen auch Shortell und Zajac (1990) in einer Studie, die 574 Vorstandsvorsitzende im US-amerikanischen Krankenhaussektor befragte. Die Autoren untersuchen, ob die Typologie von Miles und Snow (1978) empirisch validiert werden kann. Sie kommen zu dem Schluss, dass Prospektoren deutlich unternehmerischer sind als die anderen Strategietypen und im Vergleich öfter als andere …

* Service- und Marktentwicklungsstrategien entwickeln, die Innovationen fördern,
* diversifizierte Dienstleistungen anbieten, die nicht zum Kerngeschäft gehören,
* neue diversifizierte Dienstleistungen planen,
* Dienstleistungen vor allem in Wachstumsbereichen anbieten,
* Wert auf Service- und Marktentwicklungsstrategien im Kerngeschäft legen,
* in Marktforschung investieren und
* Hoch-Technologie-Dienstleistungen anbieten.

In Bezug auf die generischen Strategien von Porter legen Dess et al. (1997) auf Basis einer Befragung von 98 Top-Managern in 34 US-amerikanischen Unternehmen dar, dass unternehmerische Unternehmen erfolgreicher sind, die in einem dynamischen Umfeld auf eine Differenzierungsstrategie setzen. Die Logik lautet: Unternehmen, die unternehmerisch sein wollen, müssen innovative Produkte entwickeln. Diese sind häufig einzigartig oder zumindest in wesentlichen Bereichen anders als die des Wettbewerbs, z. B. in Qualität, Design, Image etc. Damit unterscheiden sich solche Unternehmen vom Wettbewerb und sollten dies in ihrer strategischen Ausrichtung in Form der Differenzierungsstrategie auch darlegen. Um Produkte zu entwickeln, die sich unterscheiden, müssen Unternehmen außerdem in stärkerem Maße in Forschung und Entwicklung und in Wettbewerbsbeobachtung investieren. Es entstehen Kosten, die die Kostenführerschaft als Alternative häufig ausschließen (Dess et al. 1997).

Auf Basis einer Studie von 233 spanischen Firmen können Entrialgo et al. (2001) ebenfalls zeigen, dass Unternehmen, die auf eine Differenzierungsstrategie setzen, eher unternehmerisch sind. Um erfolgreich zu sein, setzen Unternehmen mit einer Differenzierungsstrategie auf Neuproduktentwicklung, Marketingfähigkeiten, Ingenieursfähigkeiten und effektive Koordination zwischen den Bereichen. Dies entspricht unternehmerischem Handeln viel eher als ein Ansatz der Kostenführerschaft.

Während damit die Inhalte strategischer Planung in erfolgreichen unternehmerischen Unternehmen durchaus gut untersucht sind, existieren deutlich weniger Erkenntnisse zu Inhalten operativer Planung. Im Rahmen operativer Planung werden Budgets festgelegt, also beispielsweise, welche Ressourcen welchen Abteilungen zur Verfügung gestellt werden. Aus unternehmerischer Sicht betrifft das vor allem diejenigen Ressourcen, die in die Entwicklung neuer Geschäfte investiert werden sollen. Im Rahmen einer internen Kostenrechnung spielt insbesondere das Budget für die Forschung und Entwicklung eine zentrale Rolle. Während die wissenschaftliche Literatur hier keine empirisch gesicherten Erkenntnisse liefert, zeigt Beispiel 3.3, dass Unternehmen, die allgemein als sehr unternehmerisch gelten – wie der Technologiegigant Hewlett-Packard oder die beiden mittelständischen Unternehmen DELO und Gore –, feste Vorgaben haben, welche Ressourcen in die Entwicklung neuer Produkte investiert werden. Bei den genannten drei Unternehmen sind es 8 bis 15 % des Umsatzes, die jährlich in die Aktivitäten der Forschung und Entwicklung allokiert werden. Durch solche Ressourcenzuweisungen im Unternehmen fließen den Aktivitäten nicht nur tatsächliche Ressourcen zu, sondern es wird auch ein klares Zeichen gesetzt, was die Wichtigkeit dieser Aktivitäten betrifft.

Beispiel 3.3: Wie hoch sollte das Forschungs- und Entwicklungsbudget ausfallen?

Das deutsche Unternehmen DELO stellt industrielle Klebstoffe her, die in der Mikroelektronik, der Metallverarbeitung sowie der Glas- und Kunststoffverarbeitung eingesetzt werden. In jedem zweiten Smartphone in Europa befindet sich heute DELO-Klebstoff. DELO investiert jedes Jahr 15 % des Umsatzes in Forschung und Entwicklung. Dieses Budget liegt deutlich über dem Branchendurchschnitt.

Bei Gore werden immerhin 8 bis 10 % des jährlichen Umsatzes wieder in Forschung und Entwicklung investiert (Bergmann 2009).

David Packard, einer der beiden Gründer von Hewlett-Packard, beschreibt in seinem Buch über den „HP-way", dass sie unabhängig von der aktuellen finanziellen Situation immer darauf geachtet haben, zwischen 8 und 10 %, teilweise auch über 10 % des Umsatzes wieder in Forschung und Entwicklung fließen zu lassen. Nur so war in einem extrem dynamischen Umfeld, in dem sich Hewlett-Packard bewegte und bewegt, langfristiger Erfolg und Überleben möglich (Packard 1995).

Des Weiteren ist davon auszugehen, dass mehr Freiraum für unternehmerisches Handeln geschaffen werden kann, wenn die operativ tätigen Mitarbeiter konkret bestimmen können, wie Budgets verwendet werden, und nicht im Rahmen von Budgets Verwendungen vorgegeben werden. Können Empfänger von Budgets diese frei einsetzen und damit experimentieren, so zeigt sich, dass mehr Ideen auch tatsächlich umgesetzt werden, wie wir an späterer Stelle im Rahmen der Kontrolle von Budgets in Abschn. 3.6.2 ausführlich darlegen werden (Hornsby et al. 2002).

3.2.2.4 Ausgestaltung der Planung in unternehmerischen Unternehmen

Wie unternehmerische Unternehmen Planungsprozesse ausgestalten, ist Gegenstand der folgenden Abschnitte. Dabei werden vier Facetten der Planungsausgestaltung genauer beleuchtet:

- Intensität der Umweltbeobachtung (Abschn. 3.2.2.4.1)
- Planungsflexibilität (Abschn. 3.2.2.4.2)

- Planungshorizonte (Abschn. 3.2.2.4.3)
- Beteiligung am Planungsverfahren (Abschn. 3.2.2.4.4)

3.2.2.4.1 Intensität der Umweltbeobachtung in unternehmerischen Unternehmen

Wie schon in den vorherigen Abschnitten ausgeführt, hilft die Beobachtung der Umwelt, Chancen zu erkennen und Unsicherheit zu minimieren. Wenn ein Unternehmen beispielsweise Kundenbedürfnisse schneller als der Wettbewerb antizipieren kann oder einfach nur die besseren Schlüsse zieht, hilft das, die Entwicklung in die richtige Richtung zu lenken. Gleichzeitig minimiert das Unternehmen das Risiko einer Fehlentwicklung und ermöglicht proaktives Handeln. Um diese Vorteile im Sinne von Corporate Entrepreneurship ausnutzen zu können, müssen Informationen über die Umwelt gesammelt werden. Sowohl die Planungs- als auch die Lernschule unterstützen die Umweltbeobachtung: die Planschule insbesondere zu Beginn, wenn Planungen aufgesetzt werden, die Lernschule insbesondere im Prozess, wenn flexibel auf neue Entwicklungen reagiert werden soll (Brews und Hunt 1999).

So kommen Barringer und Bluedorn (1999) nach einer Befragung von 169 US-amerikanischen Produktionsbetrieben zu dem Ergebnis, dass zwischen der Intensität der Umweltbeobachtung und der Intensität von Corporate Entrepreneurship ein positiver Zusammenhang besteht. Bestätigt wird dieser Befund durch eine Befragung von 116 Hotelmanagern in China von Lan et al. (2006). Auf die Wichtigkeit analytischer Fähigkeiten weisen in diesem Zusammenhang Morgan und Strong (2003) hin: Über ausreichende Informationen zu verfügen reiche alleine nicht aus, man müsse auch fähig sein, die richtigen Schlüsse zu ziehen. Das drücke sich unter anderem in der Fähigkeit aus, verschiedene Alternativen zu entwickeln. So zeigen die Autoren in einer Befragung von 149 Managern in kleinen und mittleren US-amerikanischen Hochtechnologiefirmen, dass es einen positiven Zusammenhang zwischen analytischen Fähigkeiten und Unternehmenserfolg gibt (Morgan und Strong 2003). Sie widerlegen die mögliche Annahme, dass unternehmerischen Aktivitäten immer eine „geniale Idee" zugrunde liegt, die „irgendwann" kommt und nicht gefördert werden kann. Vielmehr handelt es sich bei der Beobachtung der Umwelt und der Generierung und Interpretation relevanter Informationen um einen steuerbaren Prozess, in den Unternehmen Ressourcen investieren können. An dieser Stelle können etablierte Unternehmen durch ihre ausgeprägtere Ressourcenbasis (z. B. in Bezug auf Niederlassungen, Mitarbeiter, Partnernetzwerke) sogar einen Vorteil über Start-up-Unternehmen haben.

Wenn man grundsätzlich davon ausgeht, dass eine höhere Intensität der Umweltbeobachtung positiv ist, so stellt sich die Frage, welche Informationen genau benötigt werden. Dabei können Informationen über Forschung und Entwicklung und über den Markt generiert werden.

Um sich technisch auf dem neuesten Stand zu halten und sich inspirieren zu lassen, beobachtet die Forschungs- und Entwicklungsabteilung zum einen die wissenschaftliche Grundlagen- und Anwendungsforschung, zum anderen technisch versierte (nicht unbedingt wirtschaftlich erfolgreiche) Wettbewerber, z. B. durch den Besuch von wissenschaftlichen Vorträgen, Tagungen, Messen etc. Ein Ansatz, der auf Forschung und Entwicklung setzt und entsprechende Informationsbedürfnisse befriedigt, kann sehr erfolgreich sein, wenn so bahnbrechende neue Produkte entwickelt werden (Jaworski et al. 2000). Dieser Ansatz ist aber auch mit Gefahren verbunden. Häufig werden Kunden- und Marktbedürfnisse in dieser Sichtweise ausgeklammert. Die Forschungs- und Entwicklungsabteilung konzentriert sich zu sehr auf die technische Lösung, was ein Hauptgrund für das Scheitern technologieorientierter Start-ups ist und somit auch bei unternehmerischen Prozessen in etablierten Unternehmen von Bedeutung sein kann (Bjerke und Hultman 2002). Voller Begeisterung über die technischen Problemlösungen wird ein „perfektes" Produkt mit allen möglichen Raffinessen entwickelt, die aber vom Konsumenten häufig gar nicht nachgefragt werden. Häufig treibt die Perfektion Entwicklungs- und Produktionskosten nach oben und macht die mit Anwendungen überfrachtete Erfindung teuer und komplex in der Bedienung. Der Kunde ist unzufrieden, wenn er den Preis für Anwendungsmöglichkeiten zahlen soll, die ihn gar nicht interessieren. Tritt dann ein Wettbewerber auf, der das Produkt kostengünstiger anbietet und Funktionen bereitstellt, die der Kunde als nützlich empfindet, so wird dieser Wettbewerber das Produkt eher erfolgreich am Markt platzieren, obwohl es technisch vermeintlich unterlegen ist (Kuratko et al. 2011).

Beispiel 3.4: „Hört nicht auf den Kunden, er hat keine Ahnung"

Steve Jobs machte kurz vor seinem Tod gegenüber seinem Biographen deutlich, was ein zentrales Erfolgsgeheimnis von Apples Entwicklung seit 2000 war (Isaacson 2011): Sie haben etwas entwickelt, wonach der Kunde nicht gefragt hat und wovon man auch nichts zu hören bekommen hätte, wenn man den Kunden nach seinen aktuellen Bedürfnissen gefragt hätte. Der potenzielle Kunde konnte sich das neue Produkt gar nicht vorstellen, hatte also „gar keine Ahnung davon", wie Jobs sagt, und hätte entsprechend auch kein Bedürfnis nach diesem Produkt artikulieren können. Daher schlussfolgert Jobs, dass sich wirklich große Unternehmen eher darüber Gedanken machen sollten, was für latente, unbewusste Bedürfnisse potenzielle Kunden haben. Nur dann sind wirklich große unternehmerische Revolutionen möglich, so Jobs.

Unternehmen beobachten zudem in der Umwelt Märkte, deren Kunden und Wettbewerber. Die Verantwortlichen sind in der Regel Mitarbeiter aus Marketing und Vertrieb. Sie versuchen herauszufinden, welche neuen oder veränderten Produkte Kundenbedürfnisse befriedigen können (Jaworski und Kohli 1993). Sie beobachten und befragen Kunden, verfolgen allgemeine Trends und analysieren den Erfolg der wirschaftlich erfolgreichen Produkte von Wettbewerbern. Auf den ersten Blick scheint dies eine sinnvolle Variante der Innovationsentwicklung, da man auf diejenigen hört, die am Ende das Produkt auch bezahlen sollen: die Kunden (Kirca et al. 2005). Aber auch dieser Ansatz hat seine Grenzen, denn häufig wissen Kunden gar nicht, was sie wollen, oder sind Neuerungen gegenüber sogar kritisch eingestellt, was Steve Jobs' Aussage in Beispiel 3.4 untermauert. Rückmeldungen von Kunden beziehen sich meist auf Produkte, die schon auf dem Markt vorhanden sind und eine Erweiterung oder Verbesserung erfahren sollen. Wirklich bahnbrechende Neuerungen, die ggf. einen ganz neuen Markt schaffen, sind aus Kundenbefragungen häufig nicht abzuleiten, vor allem dann nicht, wenn man Kunden nur befragt, beispielsweise in einfachen und standardisierten Umfragen (Kuratko et al. 2011). Daher haben in letzter Zeit einige Unternehmen recht kreative und auch aufwendige Ideen entwickelt, um ihre potenziellen und bereits bestehenden Kunden als Quelle für visionäre Ideen zu nutzen. Einfaches Nachfragen reicht nicht aus, um das volle Potenzial zu nutzen, wie Cisco (Beispiel 3.5) und Xerox (Beispiel 3.6) zeigen. Es müssen vielmehr Mechanismen und Anreize entwickelt werden, um den Kunden aktiv einzubinden und ihn bei der Entwicklung von Ideen zu leiten und zu unterstützen. Oft „kämpft" ein Unternehmen nicht gegen Wettbewerber, die den Kunden bereits bedienen, sondern gegen den aktuellen Nicht-Konsum beim Kunden. Die potenziellen Kunden können gar nicht erahnen, welche Produkte möglich sind. Unternehmen wie eBay und Southwest Airlines haben in der Vergangenheit Produktgruppen geschaffen, die einzelne Kundengruppen zuvor gar nicht nachgefragt hatten (Kumar et al. 2000). Als diese Produkte dann aber für den Kunden interessant und zugänglich wurden, haben sie ihm einen Nutzen versprochen, den der Kunde vorab gar nicht umreißen konnte.

Beispiel 3.5: Ciscos Suche nach der ganz großen neuen Gelegenheit

Im Herbst 2007 ging Cisco ganz neue Wege, um neue Gelegenheiten im Umfeld zu erkennen, die ein neues Milliarden-Dollar-Geschäft begründen könnten: Das Unternehmen schrieb den sogenannten „I-Prize" aus (Jouret 2009). Jegliche Individuen außerhalb Ciscos konnten teilnehmen, indem sie eine Idee für ein neues Geschäft skizzierten und einreichten, die einen strategischen Fit zum Kerngeschäft von Cisco zeigte und Ciscos Innovationsführerschaft im Bereich Internet unterstrich. 2500 Individuen aus 104 Ländern reichten etwa 1200 verschiedene Ideen ein. Der Gewinner erhielt ein Preisgeld von US\$ 250.000. Auf diese Weise konnte Cisco eine große Anzahl neuer Ideen generieren, die auf den ersten Blick „kostengünstig" erschienen. Intern aber verursachte dieser Wettbewerb einigen Aufwand: Rechtliche Themen mussten geklärt werden (Wem gehört die innovative Idee wirklich?), alle 1200 Ideen mussten gesichtet und bewertet werden, oft mussten weitere Zahlen generiert werden, um das tatsächliche Marktpotenzial einer Idee abschätzen zu können. Die besten Ideen wurden mit den Urhebern der Ideen verfeinert und weiterentwickelt. Insgesamt arbeiteten sechs Mitarbeiter Ciscos drei Monate Vollzeit an diesem Projekt. Letztlich gewann ein Team aus drei Teilnehmern im Bereich des „Smart Grid", das Cisco dann in ein Multi-Milliarden-Dollar-Geschäft zu entwickeln anstrebte.

Was war der Mehrwert für Cisco? Der Hauptmehrwert besteht sicherlich in der Generierung der Idee zum „Smart Grid". Das Team um Guido Jouret – Vorstand für „Emerging Technologies" bei Cisco – führt aus, dass Cisco noch viel mehr gelernt hat. Das weltweite Teilnehmerfeld ließ beispielsweise erkennen, wie sich die Ideen der Teilnehmer und damit auch indirekt die Kundenwünsche in den Nationen unterscheiden. Jouret schlussfolgert, dass der immense und zunächst unterschätzte Aufwand gerechtfertigt war. Cisco hatte viel gelernt!

Die Schlussfolgerung liegt nahe, dass erfolgreiche unternehmerische Unternehmen beide Arten von Informationen generieren und dementsprechend ihre Umweltbeobachtung breit aufstellen. Diese Beobachtung steht in Einklang mit dem in Abschn. 2.1.1 dargestellten Zusammenhang zwischen der Anzahl verfügbarer Informationen und den sich daraus ergebenden Kombinationsmöglichkeiten von Informationen, die – nach dem Motto „je mehr, desto besser" – quadratisch ansteigen. Jede Kombination stellt dann eine mögliche Quelle für unternehmerische Gelegenheiten dar. Dass dies nicht immer gelingt, hängt zum einen davon ab, dass Unternehmen häufig in einer kulturellen Richtung geprägt sind, d. h. eher forschungsaffin oder eher marketingaffin aufgestellt sind (Verhoef und Leeflang 2009; Engelen und Brettel 2012). Zum anderen spielt die Ressourcenverfügbarkeit eine Rolle.

Beispiel 3.6: Schüler als Quelle von neuen Technologieideen

Xerox' legendäres Palo Alto Research Center (PARC), wo sich Bill Gates und Steve Jobs in den 1970er-Jahren die Inspiration für ihre graphischen Oberflächen holten, führte kürzlich eine mehrwöchige Brainstorming-Session mit technikaffinen High-School-Schülern durch (Peters 2010). Xerox war dabei bewusst, dass in der heutigen schnelllebigen Technologiewelt Schüler die Experten sind. Sie wachsen selbstverständlich mit iPod und Co. auf, bedienen die Geräte intuitiv und sehen zukünftige Entwicklungsmöglichkeiten möglicherweise realistischer.

Anthony (2014) führt recht praktisch und konkret aus, welche „Warnsignale" Hinweise auf grundlegende Veränderungen in der markt- und technologiebezogenen Umwelt geben können. Solche Veränderungen könnten sich ankündigen, wenn …

- Schüler und Studenten beginnen, scheinbar unterlegene Produkte als Ersatz für die eigenen angebotenen Produkte zu nutzen,
- Schüler und Studenten ihre Verhaltensweisen anpassen (wie beispielsweise in der Art der Kommunikation über soziale Netzwerke),
- Lieferanten oder Vertriebsunternehmen in neue Geschäfte eindringen, die das eigene tangieren,
- Unternehmen aus anderen Industrien plötzlich Produkte anbieten, die im Wettbewerb zum eigenen stehen,
- neue Wettbewerber in den Markt eintreten und Konkurrenten werden, obwohl das Geschäftsmodell von außen gänzlich unprofitabel wirkt und
- neue Wettbewerber in den Markt eintreten und keiner im eigenen Unternehmen die zugrunde liegende Technologie oder Produktidee überhaupt versteht.

Um die Suche nach neuen Gelegenheiten zu strukturieren und sich auftuende Gelegenheiten zu identifizieren, haben einige erfolgreiche unternehmerische Unternehmen einen Weg bestritten, der graphisch in Abb. 3.7 abgebildet ist und anhand von Beispiel 3.7 bei Gore

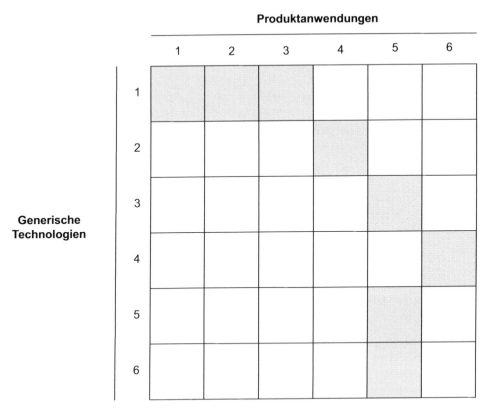

Abb. 3.7 Die Anwendung generischer Technologien in verschiedenen Produkten. (Nach Fusfeld 1978)

veranschaulicht wird (Fusfeld 1978). Ausgangspunkt ist, dass ein Unternehmen zu einem Zeitpunkt eine gewisse Anzahl an generischen Technologien beherrscht. Abbildung 3.7 zeigt sechs generische Technologien, die auf verschiedene Produkte angewendet werden, wie im Beispiel die generische Technologie 1 im Produkt 1. So kann ein Unternehmen mittels dieser Logik untersuchen, ob sich für bestehende generische Technologien in den bestehenden Märkten, die mit dieser Technologie noch nicht bedient werden, Gelegenheiten ergeben könnten. In diesem Fall ist der Markt durch ein anderes Produkt bekannt, und die Technologie, als Ausgangspunkt bei der Suche nach Gelegenheiten, wird ebenfalls beherrscht. Die Matrix könnte auch in Bezug auf die Produktanwendungen nach rechts erweitert werden, indem man untersucht, ob bestimmte generische Technologien, ggf. mit geringen Anpassungen, in bislang vom Unternehmen noch gar nicht bearbeiteten Produktgruppen Gelegenheiten schaffen können, die neue Geschäftsfelder ermöglichen. Hier sei amazon.com als Beispiel genannt, das seine internen IT-Fähigkeiten genutzt hat, um einen beträchtlichen Cloud-Computing-Service mit dem Namen „Amazon Web Services" aufzubauen. Etablierte Unternehmen können hier einen Vorteil gegenüber Start-ups wahrnehmen: Sie haben bereits etablierte Fähigkeiten (wie Technologien), die als Grundlage für unternehmerische Aktivitäten dienen können (Laurie und Harreld 2013).

Beispiel 3.7: Wo ein Material überall neue Produkte geschaffen hat ...

Bill Gore, Gründer von Gore, fand – noch bei DuPont arbeitend – heraus, dass durch schnelles Dehnen des Materials PTFE ein sehr kräftiges, mikroporöses Material geschaffen werden kann, sogenanntes expandiertes PTFE. Heute ist Gore weltweit Marktführer in Bezug auf Know-how und Verarbeitung von expandiertem PTFE und hat diese Technologie in einer sehr großen Anzahl von Produkten integriert, wie ...

- atmungsaktive Jacken und verschiedene Garne in der Textilindustrie
- Implantate in der Medizin
- Dichtungsprodukte in verschiedensten Industrien
- Membrane insbesondere in der Chemieindustrie
- nicht leitende Werkstoffe in der Elektronik

Damit ist Gore ein Beispiel für ein Unternehmen, das eine Technologie schrittweise in verschiedene Industrien getragen und so kontinuierlich ein neues Geschäft generiert hat (Bergmann 2009).

3.2.2.4.2 Planungsflexibilität in unternehmerischen Unternehmen

Neben der Umweltbeobachtung ist ein weiterer wesentlicher Aspekt in der Planung unternehmerischer Unternehmen die Fähigkeit, flexibel auf sich ändernde Umweltbedingungen zu reagieren. Zuvor haben wir auf die Gefahr starrer Planung hingewiesen: Die Welt steht nicht still, nur weil das Management einen Plan gefasst hat! Es gilt, Facetten der „Learning School" zu integrieren: Ein einmal festgelegter Plan bedeutet nicht, dass man diesen nicht anpassen kann (Hurley und Hult 1998). Planungsflexibilität zu erreichen ist aber alles andere als trivial, vor allem, da eine fixe Planung durchaus ihre Vorteile hat. Vergegenwärtigt man sich beispielsweise, dass Innovationsprojekte – und hier vor allem bahnbrechende Innovationsprojekte mit hohem Risiko-/Ertragsprofilen – am meisten Zeit brauchen, wird klar, dass Planungssicherheit vor allem im Hinblick auf Finanzierungszusagen ein hohes Gut darstellt. Außerdem ist der psychologische Aspekt nicht zu unterschätzen. Planung gibt Sicherheit und Struktur (Ibrahim et al. 2004). Weicht man vom Plan ab, bedeutet das wieder, sich auf unsicheres Terrain vorzuwagen. Schließlich spielen auch ganz eigennützige Aspekte eine Rolle. Ein Manager, der seinen Vorgesetzten die Erfüllung eines Plans verspricht, an dem ggf. seine Bonuszahlung hängt, wird sehr motiviert sein, diesen Plan zu erfüllen, auch unabhängig von Umweltveränderungen. Zudem haben Planabweichungen auch ganz konkrete und ggf. kostenträchtige Folgen, z. B. in der Produktion und Logistik, wenn Maschinen umgerüstet werden müssen oder Bestellmengen sich ändern.

Gleichzeitig nützt die beste Planung nichts, wenn der Wettbewerber ein ähnliches Produkt schneller auf den Markt bringt oder ein Kunde anders als geplant auf das erstellte Produkt oder seinen Prototyp reagiert. Deshalb ist eine flexible Planung essenziell. Sie erlaubt es, schnell auf Umweltveränderungen zu reagieren bzw. selbst zu agieren, z. B. wenn man das Potenzial für ein Produkt entdeckt hat. In einer qualitativen Studie in der Microcomputerindustrie, einem extrem dynamischen Umfeld, erläutert Eisenhardt (1989) Voraussetzungen für schnelle strategische Entscheidungen, wobei damit ein Zeithorizont von bis zu vier Monaten gemeint ist. Schnelle Entscheider setzen in diesem Umfeld auf eine Vielzahl an Echtzeitinformationen.

Echtzeitinformationen werden dadurch gewonnen, dass jeder Bereich seine relevanten, aktuellen Informationen verfügbar hat, beispielsweise aktuelle Daten der Markt- und Wettbewerbsbeobachtung. In einem von Eisenhardt (1989) untersuchten Fallbeispiel diskutiert das Management mehrfach in der Woche diese Daten. Dadurch steigt die Geschwindigkeit der Informationsverarbeitung und damit die Aktions- und Reaktionsfähigkeit dramatisch an. Der Informationsvorsprung erlaubt es im Gegensatz zu langsameren Entscheidern zudem, mehr Alternativen parallel zu diskutieren und so nochmals an Geschwindigkeit zu gewinnen (Eisenhardt 1989). Daraus kann man ableiten, dass eine umfassende Markt- und Wettbewerbsbeobachtung nicht nur Chancen in der Umwelt aufdeckt, sondern auch noch die Flexibilität des Entscheidungsprozesses erhöht.

Eine Art, Planungen flexibel zu leben und Fehlentwicklungen aufzudecken, besteht in der Nutzung von Dashboards (Mullins und Komisar 2010). Ein Beispiel für ein Dashboard ist in Tab. 3.4 dargestellt. In einem solchen Dashboard werden Hypothesen festgehalten, die der Realisierung der Strategie und der Zielerreichung zugrunde gelegt werden. Hypothesen sind hier notwendig, da es bei der Verfolgung von unsicheren Gelegenheiten mit hoher Innovativität und Proaktivität zumeist keine belastbare Datenbasis zu vergangenen ähnlichen Aktivitäten gibt, die Planung also auf Annahmen basieren muss. In Tab. 3.4 ist

Tab. 3.4 Dashboard zur Überprüfung von Hypothesen. (Nach Mullins und Komisar 2010)

Hypothese	Erfolgskriterium	Tatsächliche Zahlen Montag	Tatsächliche Zahlen Dienstag	Tatsächliche Zahlen Mittwoch	Gewonnene Erkenntnisse; Anpassungen
Hypothese 1: Pendler werden anhalten und ein Erfrischungsgetränk kaufen					
Mindestens 10 Kunden pro Tag	Anzahl der Kunden	Zwei Kunden	Wenn es regnet, hält niemand an	Sechs Kunden	Hohe Preise schrecken Kunden ab, sie schauen, kaufen aber nichts
					Kein Grund aufzubauen, wenn es regnet
					Nachfrage geringer als erwartet
Hypothese 2: Kunden werden den Premiumpreis bezahlen					
1,50 € pro Glas ist ein akzeptabler Preis	Gesamtabsatz, gezahlter Preis	Bei Preis von 1,50 € pro Glas: 3,00 € Umsatz		Bei Preis von 1,00 € pro Glas: 6,00 € Umsatz	Umsätze am Montag zeigen: 1,50 € zu teuer
					Deshalb Preisreduktion und Experimentieren mit unterschiedlichen Preisschwellen
					1,00 € scheint angemessener Preis zu sein

diese Annahme des Entscheidungsträgers beispielsweise, dass der Pendler am Laden, der aufgebaut werden soll, anhalten und ein Erfrischungsgetränk kaufen wird. Die Hypothese, die der Planung zugrunde liegt, besagt, dass mindestens zehn Pendler pro Tag anhalten. In den folgenden Spalten wird nun zunächst die Messgröße festgelegt (hier: Kundenanzahl) und die tatsächlichen Kundenbesuche festgehalten. Bereits nach dem dritten Tag erkennt man, dass die anvisierte Zahl nicht erreicht wird, schon gar nicht wenn es regnet. Schließlich können im Dashboard die gewonnenen Erkenntnisse festgehalten und mögliche Gegenmaßnahmen aufgezeigt werden. Auf diese Weise wird eine für die konkrete Situation noch nicht vorliegende Datenbasis schrittweise geschaffen und zeitnah interpretiert. Im Rahmen der zweiten Beispielhypothese wird eine Variable im Laufe der drei Tage geändert (hier: der Preis pro Erfrischungsgetränk) und so schnell die Erkenntnis abgeleitet, was wohl der angemessene Preis ist.

Der Wert solcher Dashboards im Rahmen der Planung besteht in folgenden Faktoren (Mullins und Komisar 2010):

- Dashboards zwingen Entscheidungsträger, über die kritischen Faktoren des Vorhabens nachzudenken und zeitnah die alles entscheidende Frage zu beantworten: „Warum funktioniert unser Vorhaben nicht wie in der Planung fixiert?"
- Dashboards ermöglichen es in den meisten Fällen, Grundannahmen quantitativ zu überprüfen. Zahlen sind überzeugender als naive Hoffnungen, die mit unternehmerischen Tätigkeiten bisweilen einhergehen können. Insbesondere werden im Rahmen von Dashboards Zahlen über neue Ideen überhaupt erst generiert. Bestehende Zahlenbasen oder Marktberichte können bei der Bewertung von Marktgrößen und Kundenreaktionen nicht helfen, weil unternehmerische Aktivitäten ja gerade auf die Nutzung völlig neuer Gelegenheiten und Geschäfte aus sind.
- Dashboards zeigen auf, wenn eine kritische Zahl an Grundannahmen über ein Vorhaben in den ersten Zeitperioden nicht erfüllt ist und ermöglichen daher frühzeitig, einen Plan B zu wählen.
- Dashboards können hilfreich sein, um andere Entscheidungsträger davon zu überzeugen, einen alternativen Weg einzuschlagen.

Dashboards sind also flexible Werkzeuge, um unsichere, annahmegetriebene Vorhaben frühzeitig quantitativ zu überprüfen, zügig Lerneffekte zu erzielen und daraufhin die Planung anzupassen. In der wissenschaftlichen Literatur zeigen Covin et al. (2006) in einer Befragung von Top-Managern in 110 US-amerikanischen Firmen, dass unternehmerische Unternehmen, die strategisch sehr flexibel sind, erfolgreicher sind als solche, die ihre ursprüngliche Positionierung im Wettbewerb um jeden Preis durchsetzen und beibehalten wollen. Flexibilität im Strategieprozess ermöglicht es jederzeit, Ressourcen von Aktivitäten wegzunehmen, die in den ersten Schritten der Umsetzung nicht das erhoffte Erfolgspotenzial aufzeigen, und es in solche Aktivitäten zu allokieren, die im Prozess ein größeres Potenzial versprechen. Zudem zeigen Covin et al. (2006), dass erfolgreiche unternehmerische Unternehmen aus Misserfolgen lernen. Misserfolge sind im unternehmerischen

Kontext unausweichlich und treffen alle Unternehmen, die neue Gelegenheiten suchen und nutzen wollen. Entscheidend ist jedoch, dass das aus diesen Fehlversuchen Gelernte in neuen Initiativen umgesetzt wird. Dies ist empirisch ein zentraler Erfolgsfaktor unternehmerischer Unternehmen, wie Covin et al. (2006) zeigen. Beispiele aus der Praxis – wie PayPal (Beispiel 3.8) und Twitter (Beispiel 3.9) – zeigen, dass auch heutige Vorzeigeunternehmen in Bezug auf Corporate Entrepreneurship mit anderen Ideen gestartet sind, im Zeitverlauf dann aber gelernt haben, dass andere, möglicherweise verwandte Betätigungsfelder viel erfolgversprechender sind. Die Fehlversuche waren aber notwendig und extrem wertvoll, um das erfolgversprechendste Betätigungsfeld überhaupt zu finden.

Beispiel 3.8: Max Levchins und PayPals Reise zum Bezahlsystem

Die Gründung des Online-Bezahlsystems PayPal war in dieser Form nicht beabsichtigt, sondern kann als eine Verkettung von Erfolgen und Niederlagen aufgefasst werden (Livingston 2008). Noch während Max Levchin, der Mitbegründer von PayPal, aufs College geht, gründet der Informatiker drei verschiedene Unternehmen, die jedoch alle scheitern. Levchin war dabei an Sicherheit und Kryptographie interessiert, nicht an Bezahlsystemen.

Nach seinem College-Abschluss 1997 gründet Levchin weitere Software-Unternehmen und zieht ins Silicon Valley mit der Absicht, dort noch ein Unternehmen ins Leben zu rufen, bei dem er seine selbstentwickelten kryptographischen Codes anwenden kann. 1998 besucht er eine Vorlesung von Peter Thiel in Stanford und stellt sich gleich nach der Veranstaltung vor. Peter Thiel ist von Levchin beeindruckt und trifft sich wenig später mit ihm zum Frühstück, bei dem Levchin ihm von seinem Vorhaben berichtet. Thiel entschließt sich, das Vorhaben zu finanzieren und wird Vorstandsvorsitzender, während Levchin den Posten des Technikvorstands übernimmt. Das Unternehmen Fieldlink startet als eine Verschlüsselungs- und Bezahl-Software für Palm-Minicomputer. Im Dezember 1998 ändern Levchin und Thiel den Namen zu Confinity. Zu dieser Zeit besteht das Hauptgeschäft bereits daraus, Geldtransfers über PDAs abzuwickeln. Ehe das Unternehmen im Jahr 2000 mit X.com fusioniert und schließlich 2001 seinen Namen zu PayPal ändert, entwickelt ein Ingenieur bei Confinity eine Online-Demo, die es ermöglicht, Zahlungsgänge per E-Mail abzuwickeln. Das Handelsportal eBay erkennt den hohen Synergiegehalt, den PayPal haben könnte, und kauft das Unternehmen im Oktober 2002 für $ 1,5 Mrd. Max Levchin reicht dieser Erfolg nicht aus. In den Folgejahren gründet er noch weitere Unternehmen wie Yelp oder Slide und ist außerdem noch bei Yahoo, Google und anderen Unternehmen aktiv.

Daraus lässt sich folgern, dass ein unternehmerische Unternehmen nicht auf Planung verzichten, sondern sie flexibel gestalten sollte, z. B. indem es nicht das ganze Budget für Forschung und Entwicklung für die nächsten fünf Jahre festlegt, sondern kontinuierlich Finanzierungsmöglichkeiten für neue Projektideen lässt. Ein unternehmerisches Unternehmen meißelt auch nicht einmal im Jahr in einer Strategieklausur seine Strategie in

Stein, sondern beschäftigt sich kontinuierlich mit strategischen Fragestellungen. In ihrer Studie können Barringer und Bluedorn (1999) auch zeigen, dass unternehmerische Unternehmen in der Tat über flexible Planungsprozesse verfügen, beispielsweise in Bezug auf anvisierte Märkte. Zu der gleichen Erkenntnis kommen Lan et al. (2006) bei chinesischen Unternehmen.

Beispiel 3.9: Twitter – ein „Plan B"-Unternehmen

241 Mio. Menschen nutzen Twitter jeden Monat, täglich werden 500 Mio. Tweets versendet, und das seit 2013 börsennotierte Unternehmen beschäftigt zurzeit 2700 Mitarbeiter weltweit. Doch die ursprüngliche Nutzungsidee hinter Twitter war eine ganze andere (Mullins und Komisar 2010).

2006 arbeiten mehrere Kleingruppen an der Verbesserung des Podcasting-Unternehmens Odeo in San Francisco. Wegen der großen Konkurrenz zu Apple und anderen Unternehmen sollen vielversprechende Wettbewerbsmaßnahmen entwickelt werden. Der Austausch zwischen den einzelnen Teams verläuft sehr chaotisch, weshalb Jack Dorsey in einem der ersten Brainstorming-Meetings vorschlägt, einen SMS-Service zu nutzen, der es ermöglicht, sich mit den anderen Teilnehmern der Gruppen schnell und effizient auszutauschen. Twitter war also zunächst ausschließlich als interner Service für Odeo-Mitarbeiter gedacht. Der erste Prototyp konnte schon zwei Wochen später genutzt werden.

Die Gruppenmitglieder untereinander nutzen den Service regelmäßig, und später auch die Familienmitglieder und engen Freunde. So merkt die Gruppe bald, dass die Idee der Kurznachrichten viel erfolgversprechender ist als die ursprüngliche Podcasting-Idee. Endgültig davon überzeugt sind die Erfinder, als Twitter im März 2007 den SXSW Web Award der Digital Confab gewinnt. Der Kurznachrichtendienst wird kurzerhand aus dem Unternehmen ausgegliedert und im April 2007 wird Twitter Inc. gegründet.

Auch wenn Ausprobieren im Strategiefindungsprozess in unsicheren Umfeldern notwendig ist und unternehmerische Unternehmen, die diese Haltung einnehmen, erfolgreicher sind als solche, die an ihrem ursprünglichen Strategieplan festhalten, stellt sich natürlich die Frage, was Ausprobieren „kostet". Eine genaue Studie darüber existiert im Kontext etablierter Unternehmen nicht. Allerdings sind die Daten interessant, die Mangelsdorf (1992) vor etwa zwanzig Jahren erhoben hat. 1992 untersuchte das Inc. Magazine die damals am schnellsten wachsenden 500 US-amerikanischen Unternehmen und fragte unter anderem ab, mit wie viel Anfangskapital diese Unternehmen zum Laufen gebracht worden waren, so dass eine Abschätzung des Erfolgspotenzials möglich war. Wie Abb. 3.8 zu entnehmen ist, brauchten 1992 etwa ein Drittel der Unternehmen weniger als US$ 10.000, etwa drei Viertel weniger als US$ 100.000 und nur ein wirklich kleiner Anteil von etwa 7 % mehr als US$ 500.000. Obwohl diese Zahlen ein gewisses Alter haben und sich nicht unbedingt aus dem Start-up-Kontext in den Corporate-Kontext übertragen lassen, ver-

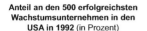

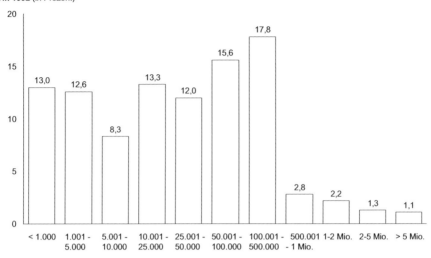

Abb. 3.8 Notwendiges Startkapital zum Aufsetzen erster Tätigkeiten bei US-amerikanischen Wachstumsunternehmen. (Eigene Darstellung nach Mangelsdorf 1992)

deutlichen sie doch, dass „Ausprobieren" (im Sinne von: Verstehen, ob das grundlegende Konzept funktionieren kann) nicht exorbitant viele Ressourcen benötigen muss.

3.2.2.4.3 Planungshorizont in unternehmerischen Unternehmen

Eng verbunden mit dem Aspekt der Planungsflexibilität ist das Thema des Planungshorizontes. Was ist ein guter zeitlicher Planungshorizont für ein Unternehmen mit unternehmerischem Anspruch? Wann sollten unternehmerische Ideen final bewertet werden? Die Frage stellt sich, weil unternehmerische Unternehmen einerseits flexibel auf Umweltveränderungen reagieren sollten, andererseits aber auch eine gewisse Stabilität benötigen. Hinzu kommt, dass viele unternehmerische Ideen eine recht lange Zeit benötigen, bis das volle Potenzial bewertet werden kann. Der Sachverhalt ist umso komplexer, als Planungshorizonte grundsätzlich eng mit der Industrie verwoben sind. So ist klar, dass im Bergbau vom geologischen Gutachten bis zur profitablen Ausschöpfung einer Mine Jahrzehnte vergehen, Produktinnovationszyklen im Mobilfunkbereich sich im Zeitraum von sechs Monaten abspielen und man in der Mode von quartalsweisen Änderungen der Kollektionen ausgehen kann. Empirisch gibt es unterschiedliche Ergebnisse.

Es scheint sinnvoll zu sein, mit mehreren unterschiedlichen Zeithorizonten zu arbeiten: Eine Vision, die darüber Auskunft gibt, was der Sinn und Zweck des Unternehmens ist, hat im Zweifel Jahrzehnte Bestand. Entscheidungen für Investitionen in Forschung und Entwicklung können jahrelang gelten, während Fragen nach einer konkreten Produktentwicklung und Markteinführung in wesentlich kürzeren Zeitabständen beantwortet werden müssen. Aktivitäten können also durchaus kurzfristig angepasst werden. Bei der

Beurteilung des Erfolgs unternehmerischer Aktivitäten ist aber Geduld gefragt. Bereits bei der Darlegung der typischen Zielgrößen unternehmerischer Unternehmen wurde darauf hingewiesen, dass andere Zielgrößen notwendig sind als finanzielle Kennzahlen, um den Erfolg unternehmerischer Aktivitäten in frühen Phasen zu bewerten. Unternehmerische Aktivitäten, wie ein Eintritt in neue Umfelder, erfordert initial eine Lern- und Investitionsphase, in der finanzielle Profitabilitätskennzahlen meistens negativ ausfallen oder noch gar nicht existieren. Hier gilt es, Geduld zu haben und für das jeweilige Projekt ausreichend lange Horizonte zur Bewertung der unternehmerischen Initiative festzulegen. Es gibt eine Reihe von Anekdoten über zu kurze Bewertungszeiträume, insbesondere wenn große Unternehmen in gerade erst entstehenden und nur langsam wachsenden Märkten aktiv sind. Wie Beispiel 3.10 darlegt, hat Microsoft den Markt für Paid Search wegen des langsam wachsenden Umsatzes in den Entstehungsjahren wieder verlassen.

Beispiel 3.10: Microsofts Ungeduld im Paid Search-Geschäft

Noch bevor Google 2002 Google AdWords – also das Schalten bezahlter Werbeanzeigen rechts neben den eigentlichen Suchergebnissen zu einer Anfrage – hochfuhr, hatte Microsoft 2000 für seine MSN-Website bereits ein ähnliches Modell entwickelt (Guth 2009). Werbetreibende konnten für einen bestimmten Betrag Werbeplätze auf der Seite kaufen, und derjenige, der am meisten für einen bestimmten Suchbegriff geboten hatte, wurde angezeigt. Microsofts Anstrengungen brachten erste positive Erfolge und waren profitabel, brachten aber lediglich einen Umsatz von etwa einer Million US-Dollar. Zu wenig für Microsoft. Bedenkt man die Größe des Paid Search-Markts heute, den Umsatz, den Google in den letzten Jahren in diesem Geschäft gemacht hat, und wie ganz allgemein dieses „Produkt" den ganzen Werbemarkt revolutioniert hat, dann hatte Microsoft eine ganz große Gelegenheit in seinen Händen – und ließ sie fallen. Microsoft hatte nicht verstanden, dass es einige Zeit dauert, bis sich ein solches Geschäft entwickelt, und machte den Fehler, das Geschäft bereits zu einem ganz frühen Zeitpunkt am Umsatz zu messen. Steve Ballmer, damals Vorstandsvorsitzender von Microsoft, fasste die Situation wie folgt zusammen: „The biggest mistakes I claim I've been involved with is where I was impatient – because we didn't have a business yet in something, we should have stayed patient."

3.2.2.4.4   Beteiligung am Planungsverfahren in unternehmerischen Unternehmen

Im klassischen Planungsprozess liefern unterschiedliche Abteilungen die ihnen verfügbaren Informationen an die zentrale Stabsabteilung für Planung im Unternehmen: Das Marketing liefert Kunden- und Marktdaten, der Vertrieb liefert Wettbewerbsdaten etc. Diese Informationen werden vom zentralen Planungsstab verdichtet und vorstandstauglich aufbereitet (Hungenberg 2012). Der Vorstand zieht sich einmal im Jahr mit seinen Top-Führungskräften zur jährlichen Strategieklausur zurück, um auf Basis dieser Informationen seinen strategischen Plan zu erarbeiten. Durch dieses Top-Down-Vorgehen unterteilt man das Unternehmen in Informationslieferanten und einen kleinen Kreis von Entscheidern. Die Anzahl der Beteiligten am Planungsverfahren ist klar limitiert. Das hat Vorteile. Da weniger Teilnehmer involviert sind, können Entscheidungen schnell getroffen werden. Das ist vor allem dann relevant, wenn es nur kleine Entscheidungsfenster gibt, in denen schnell entschieden werden muss, um einen Wettbewerbsvorteil zu realisieren. Wenn nur eine oder nur wenige Personen entscheiden, sind außerdem radikalere Entscheidungen eher möglich, vor allem wenn sie zu Lasten bestimmter Interessengruppen gehen. Entscheidungen, bei denen viele Akteure involviert sind, tendieren dazu, Konsensentscheidungen zu werden. Konsens wird häufig aber nur über Minimalziele erreicht. Damit vergibt ein Unternehmen unter Umständen die Möglichkeit, einen großen Wurf zu landen. Entsprechend haben Covin et al. (2006) in einer Befragung von 170 Mitgliedern der Geschäftsführung in 170 US-amerikanischen Unternehmen auch konstatiert, dass Corporate Entrepreneurship eher zu Umsatzwachstum führt, wenn der Kreis der Entscheider klein bleibt.

Beispiel 3.11: Drei Ideen von den Top-100-Mitarbeitern

Unter Steve Jobs fand bei Apple jedes Jahr ein Offsite mit den Top-100-Mitarbeitern statt (Isaacson 2011). Diese wurden von Jobs definiert als die 100 Mitarbeiter, die man mitnehmen würde, wenn man ein neues Unternehmen gründen würde und dieses zunächst einmal genau 100 Mitarbeiter haben sollte. 100 Mitarbeiter scheinen ein guter Kompromiss zu sein zwischen der kleinen Gruppe des Top-Managements und der großen Zahl der Gesamtbelegschaft. Am letzten Tag des Offsite durften die mitangereisten Mitarbeiter Ideen zur Weiterentwicklung des Geschäfts von Apple äußern. Vom Top-Management wurden dann die besten zehn Ideen ausgewählt und allen anwesenden Mitarbeitern vorgestellt, die sie dann bewerten durften. In einem letzten Schritt strich Jobs die Ideen vier bis zehn durch und teilte mit, dass man eh nur drei Ideen in einem Jahr wirklich gut umsetzen konnte. Jedes Jahr auf ein Neues war es bei Apple ein Wettbewerb unter den Mitarbeitern, seine Ideen unter den Top 10 bzw. Top 3 zu platzieren.

Ein Unternehmen, das so vorgeht, versagt sich jedoch auch klare Vorteile, wie sie aus einer breiteren Mitarbeiterbeteiligung herrühren. Je mehr Mitarbeiter in den Planungsprozess involviert sind, desto mehr Sichtweisen werden integriert, desto mehr Ideen werden gehört und entwickelt, wie im Beispiel 3.11 für Apple dargelegt. Apple integriert in diesem Beispiel immerhin die Ideen von 100 herausragenden Mitarbeitern in den Planungsprozess. Neuere Methoden, wie die in Beispiel 3.12 erläuterten Prognosemärkte, können auf intelligente Weise die Meinungen einer großen Anzahl an Mitarbeitern verschiedenster Hierarchien aggregieren. Eine breite Mitarbeiterbeteiligung hat auch ein Element der Motivation. Manager auf unteren Hierarchieebenen, die gemeinsam mit ihren Mitarbeitern häufig für die Umsetzung verantwortlich sind, sind deutlich motivierter, wenn auch sie gehört werden und ihre eigenen Ideen umsetzen dürfen – und eine Entscheidung ist immer nur so gut wie ihre Umsetzung. Entsprechend kommen Barringer und Bluedorn (1999), im Gegensatz zu Covin et al. (2006), in einer Studie zu dem Ergebnis, dass eine breite Beteiligung eher einem unternehmerischem Ansatz entspricht.

Beispiel 3.12: Interne Aktienmärkte bei Google und Yahoo! zur Ableitung von Prognosen in unsicheren Umfeldern

Eine Möglichkeit, die Mitarbeiter bei Planungsprozessen und insbesondere bei der Abschätzung der Effekte unternehmerischer Handlungen einzubinden, sind sogenannte Prognosemärkte („Prediction Markets") (Ho und Chen 2007). Es wird berichtet, dass Google teilweise mehr als 300 solcher Prediction Markets gleichzeitig laufen hatte. Auch bei Yahoo! kommt dieser Ansatz zur Abschätzung von Marktvolumen zum Einsatz. Bei der Anwendung solcher Prognosemärkte erhalten die Teilnehmer (typischerweise Mitarbeiter) einen bestimmten Betrag an „Spielgeld", das sie auf bestimmte Ereignisse setzen dürfen. Beispielsweise lautet die Frage: „Wie hoch wird der Umsatz unseres neuen innovativen Produkts XY in drei Jahren sein?" Dazu wird dann eine Art virtueller Kapitalmarkt simuliert, auf dem Aktien mit verschiedenen Szenarien gehandelt werden. Ho und Chen (2007) empfehlen, zehn Szenarien mit Umsatzreichweiten zu definieren. Sind Mitarbeiter davon überzeugt, dass der Umsatz hoch sein wird, dann werden sie ihr „Spielgeld" auf Aktien mit höherem Umsatz setzen, weil sie ja von höherem Umsatz überzeugt sind, und sie werden umso mehr setzen, je größer der Glaube an den steigenden Umsatz wirklich ist. Über die Zeitperiode der Prognosemärkte-Anwendung können die Teilnehmer – mindestens 50 aus verschiedenen Unternehmensbereichen und -funktionen – ihre Einsätze anpassen, wenn neue Informationen sie dazu veranlassen. Positiv ist zudem, dass sich Teilnehmer, die sich zur Fragestellung mangels Informationen kein geeignetes Bild machen können, aus dem Spiel zurückhalten können, so dass wirklich nur informierte Spieler teilnehmen (King 2006).

An den „Spielgeld-Gewinn" werden dann wirkliche monetäre Gewinne (wie Geldpreise) oder auch nichtmonetäre (wie Urlaubsreisen oder andere Annehmlichkeiten) gekoppelt. Damit hat jedes Individuum den Anreiz, auf den Umsatz (oder ein ähnliches „Event") zu setzen, den es wirklich für realistisch hält. Die Belastung einer einzelnen Person oder eines begrenzten Teams, das Potenzial eines neuen Produkts vorherzusagen, wird so auf die Schultern vieler Mitarbeiter verteilt.

Hewlett-Packard hat in den 1990ern einige solcher Prognosemärkte zur Vorhersage von Computerverkäufen durchgeführt. Eine Führungskraft fasste zusammen, dass diese Prognosemärkte auf Basis von Mitarbeitermeinungen in sechs von acht Fällen genauer waren als alle anderen internen Vorhersagen, wie beispielsweise die des Top-Management-Teams. Einen der prominentesten Prognosemärkte führte 1988 die University of Iowa zur US-amerikanischen Präsidentschaftswahl durch. Er brachte sehr genaue Ergebnisse hervor; die Abweichungen lagen nur bei etwa 0,4 % zu den wirklichen Wahlergebnissen.

Prognosemärkte sind besonders in dynamischen Umfeldern, in denen sich unternehmerische Unternehmen typischerweise bewegen, von hoher Bedeutung, da hier kaum Vergangenheitsdaten bereitstehen, auf deren Basis man zukünftige Entwicklungen zuverlässig ableiten kann.

Empirisch können wir die Frage nach dem Umfang der Mitarbeiterbeteiligung in Planungsprozessen nicht lösen. Wir können aber überlegen, wie sich die beiden Positionen sinnvoll vereinbaren lassen. Wenn ein Unternehmen unternehmerisch agieren möchte, ist es darauf angewiesen, dass alle Mitarbeiter im eigenen Bereich und darüber hinaus im Sinne des Unternehmens innovativ, proaktiv und risikobereit denken und handeln. Dazu gehören eine Portion Entscheidungsfreiheit und die Möglichkeit, Ideen umzusetzen. Daraus können sich dann Strategiealternativen entwickeln, die relevant für das gesamte Unternehmen werden. An dieser Stelle kommen sicherlich die zentralen Entscheidungsträger wie Geschäftsführer oder Vorstände ins Spiel. Entscheidungen mit großem Risiko für das Unternehmen lassen sich vermutlich kaum im Konsens fällen, sondern müssen an zentraler Stelle und mit klarer Verantwortlichkeit getroffen werden. Sicherlich muss ein Vorstand auch die Möglichkeit haben, schnell zu entscheiden, wenn eine gute Möglichkeit am Horizont erscheint. Die meisten anderen Entscheidungen aber können vor allem von denen getroffen und verantwortet werden, die auch vor Ort sind: beim Kunden, in der Werkshalle, im Labor – und das sind die Mitarbeiter in den unteren Hierarchieebenen.

Diese Überlegungen lassen sich gut mit den Theorien von Burgelman (1983) zum Thema Ordnung und Vielfalt verbinden. Die Grundannahme im theoretischen Modell von Burgelman (1983) lautet, dass große Unternehmen sowohl Ordnung als auch Vielfalt brauchen, um zu überleben. Ordnung ist notwendig, um effiziente und stabile Prozesse zu gewährleisten. Vielfalt ist notwendig, um neue Produktideen zu generieren oder auch bestehende Prozesse in Frage zu stellen. Um beides sicherzustellen, ist der Strategieentwicklungsprozess sowohl durch induziertes als auch durch autonomes strategisches Verhalten gekennzeichnet. Induzierte Strategieentwicklung setzt auf einen geordneten, geplanten Prozess, der vor allem vom Top-Management getrieben wird. Autonome Strategieentwicklung passiert demgegenüber durch Mitarbeiter bzw. untere oder mittlere Managementebenen, die innovative Ideen vorantreiben. Ab einem gewissen Zeitpunkt muss das Top-Management diese Ideen legitimieren, damit sie umgesetzt werden können. Das verlangt vom Top-Management nicht nur, zuzulassen, dass untere Ebenen die eigene Strategie kritisch hinterfragen, sondern selbst aktives Handeln. So ist eine wesentliche Rolle der obersten Führungskräfte, Fallstricke für unternehmerisches Handeln aus dem Weg zu räumen und den möglichen Level an unternehmerischer Aktivität zu definieren. Dabei geht es darum, die Balance zwischen Veränderung und Konstanz im Unternehmen zu wahren, beispielsweise indem Investitionsvolumina definiert werden, die in radikale oder neue inkrementelle Produktinnovationen fließen sollen (Burgelman 1983).

3.2.3 Exkurs: Das Tornado-Phänomen zur Strategiefindung in dynamischen, technologieorientierten Märkten

Die zentrale Aussage des Abschn. 3.2.2 war, dass Unternehmen, die in geeigneter Weise eine Balance zwischen Planung und Anpassung finden, unternehmerischer sind bzw. das Potenzial unternehmerischen Verhaltens besonders ausnutzen. Jedoch gibt es auch einige Fälle, in denen unternehmerische Unternehmen es geschafft haben, in kürzester Zeit und aus dem Nichts zu weltweiten Marktführern ganzer Industrien zu werden: zum Beispiel Hewlett-Packard im Druckermarkt, Cisco im Markt für Netzwerkteile oder Microsoft im

Markt für Office-Software. Ohne Zweifel handelt es sich bei diesen Unternehmen, zumindest in ihren Anfangs- und Wachstumsphasen, um unternehmerische Unternehmen, die neue Gelegenheiten für innovative Produkte vor der Konkurrenz erkannt und diese Produkte proaktiv auf den Markt gebracht haben. Bei diesen Unternehmen mit ihrem unermesslichen Wachstum innerhalb kürzester Zeit stellt sich aber die Frage, ob die in Abschn. 3.2.2 gewonnenen Erkenntnisse zur Erklärung dieses Erfolgs alleine ausreichen.

Geoffrey Moore hat sich diese Unternehmen und ihre Erfolgsgeschichten genauer angesehen und auf Basis seiner Beobachtungen das sogenannte Tornado-Phänomen hergeleitet, das zu erklären hilft, wie diese Unternehmen in wenigen Jahren zu weltweiten Marktführern geworden sind und dabei unermesslichen Reichtum für das Unternehmen und ihre Anteilseigner generiert haben (Moore 1996).

Moore stellt heraus, dass sich diese Unternehmen alle grundsätzlich den bereits in Abschn. 1.1 vorgestellten disruptiven Innovationen gegenübersahen – und damit Innovationen, die einen fundamental neuen, zuvor kaum absehbaren Kundennutzen generiert haben, wie beispielsweise das Microsoft Office System, das manuelles Schreiben und die Schreibmaschine abgelöst hat, oder die Digitalfotographie, die Nutzern ganz neue Möglichkeiten gebracht hat (Christensen 2011).

Moore bezieht sich nun auf den bereits in Abschn. 2.1.1 dargelegten Diffusionsansatz von Rogers, der besagt, dass im Lauf der Zeit unterschiedliche Käufertypen die Innovation erwerben werden. In Anlehnung an Rogers spricht Moore – in chronologischer Reihenfolge ihres Auftretens – von Innovatoren, Visionären, Pragmatikern, Konservativen und Nachzüglern. Diese Gruppen haben verschiedene Präferenzen und erwerben das innovative Produkt aus unterschiedlichen Gründen. Innovatoren sind Technik-Freaks, die gerne Neues ausprobieren, aber nur eine geringe Kaufkraft besitzen. Sie sind Neuem gegenüber offen, sehen in Innovationen potenzielle Quellen für eigene Wettbewerbsvorteile und sind auch bereit, beim Erwerb der neuen Produkte ein gewisses Risiko einzugehen. Den Innovatoren folgen die Pragmatiker, die Innovationen nur erwerben, wenn sie tatsächlich einen Nutzen aus der Innovation erfahren haben. Pragmatiker sind interessiert an Effizienzgewinnen und bevorzugen den Marktführer. Schließlich treten Konservative auf den Plan, die einen hohen Anspruch haben, gefolgt von Nachzüglern, die Neuem generell sehr abgeneigt gegenüberstehen. Wie Abb. 3.9 zeigt, ist das Umsatzvolumen bei den Pragmatikern und Konservativen am größten, handelt es sich hierbei doch um die größten Gruppen mit hoher Kaufkraft.

Moore stellt nun heraus, dass die genannten erfolgreichen Unternehmen, die mit ihren Produkten Gelegenheiten im Rahmen disruptiver Innovationen ergriffen haben, ihre Strategie je nach Kundengruppe angepasst haben. Zunächst werden Innovatoren bedient, aber weniger, um Geld zu verdienen – dafür ist die Gruppe zu klein und hat zu wenig Kaufkraft –, sondern vielmehr, um das Produkt zu testen und mit Hilfe des Feedbacks der Innovatoren weiterzuentwickeln, im Sinne der im vorhergehenden Abschnitt dargestellten Planungsflexibilität unternehmerischer Unternehmen. Ähnlich verhält es sich anschließend mit den Visionären, die bereit sind, gewisse Preise für das Produkt zu zahlen und auch damit leben können, wenn dieses noch nicht 100 %ig ausgereift ist, da diese Gruppe mehr zukünftige Möglichkeiten als Risiken sieht (Abb. 3.10).

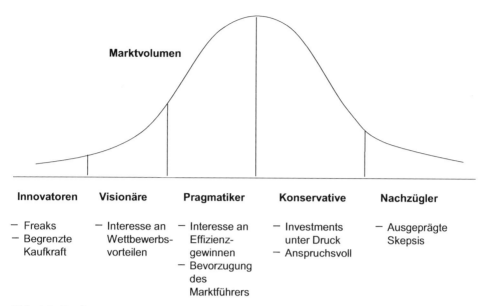

Abb. 3.9 Käufertypen entlang der Diffusionsstufen. (Nach Moore 1996)

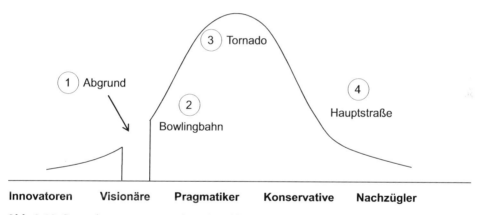

Abb. 3.10 Strategieanpassungen entlang der Diffusionsphasen. (Nach Moore 1996)

Der Übergang von den Visionären zu den Pragmatikern ist der erste wichtige strategische Punkt. Diese beiden Gruppen kommunizieren kaum miteinander und haben unterschiedliche Präferenzen: Visionäre sind mit einer 80%-Lösung zufrieden, Pragmatiker wollen 100%-Lösungen. Visionäre sehen zukünftige Chancen, Pragmatiker heutige Probleme. Visionäre sind intuitiv, Pragmatiker eher analytisch. Moore stellt heraus, dass viele Unternehmen, die in Umfeldern disruptiver Innovationen tätig sind, den Übergang von den Visionären zu den Pragmatikern nicht schaffen und hier – bildlich gesprochen – in einen Abgrund fallen und vom Markt verschwinden. Moore beobachtet, dass Unternehmen diesen Abgrund überwinden konnten, wenn sie sich frühzeitig – schon beim Bedienen der Visionäre – in der Entwicklung des Produkts an einem abgegrenzten Segment der

Pragmatiker orientiert und das innovative Produkt für diese Gruppe möglichst „perfekt" gemacht haben. Dieser Ansatz führt dazu, dass die Gruppe der Pragmatiker früher von dem innovativen Produkt überzeugt ist. Das minimiert den zeitlichen Abstand zwischen den Visionären und den Pragmatikern (zumindest für dieses Segment) und folglich den Abgrund und sichert dem Unternehmen einen recht kontinuierlichen Zufluss an Verkäufen. Microsoft hat auf diese Weise in den 1980er-Jahren sein Programm Microsoft Excel entwickelt, das zunächst für Banken, einem Segment der Pragmatiker, möglichst genau angepasst und entwickelt wurde, so dass dieses Segment recht früh vom Nutzen dieses damals innovativen Produkts überzeugt war.

Ist der „Proof of Concept" mit dem innovativen Produkt in einem Segment gelungen, so gelingt es den erfolgreichen Unternehmen, unter den Pragmatikern weitere Segmente zu gewinnen, einerseits durch Mundpropaganda in andere Industrien und Segmente, andererseits durch die Weiterentwicklung des Produkts im bestehenden Segment. Moore nutzt dafür das Bild der Bowlingbahn: Das erste adressierte Segment ist der erste Pin, und wenn es gelingt, weitere zu gewinnen, wird irgendwann der ganze relevante Markt durch das Unternehmen bedient. Dann sind, um bei dem Bild der Bowlingbahn zu bleiben, alle Pins gefallen.

Während mehr und mehr Pins fallen, also Segmente durch das neue innovative Produkt erobert werden, tauschen sich Einkäufer in Unternehmen aus und merken, dass eine neue Technologie (wie das Office-System von Microsoft) Fuß fasst, dass ein sogenannter Paradigmenwechsel ansteht. Moore beobachtet, dass IT-Einkäufer in solchen Situation wie folgt handeln: Grundsätzlich sind sie risikoavers, bedeutet doch eine neue Technologie auch ein erhöhtes Risiko für Ausfälle oder generell Umstellungsschwierigkeiten. Entsprechend handeln sie entlang von zwei Prinzipien: Erstens: „Lasst es uns schnell hinter uns bringen", und zweitens: „Lasst uns alle den gleichen Dienstleister wählen". Dann sind Service und Support langfristig gesichert, es gibt genug Experten zu diesem Produkt, Protokolle oder ähnliches zum Datenaustausch sind einheitlich. Das schnelle gleichzeitige „Losrennen" führt zum sogenannten Tornado, wie Moore das Phänomen nennt. Eine sehr große Masse an Nachfragern will praktisch über Nacht das Produkt erwerben. Im Tornado, so beobachtet Moore, geben erfolgreiche Unternehmen ihre Fokussierung auf ein oder wenige Segmente mit den entsprechenden Produktanpassungen auf und bieten das Produkt statt dessen massenmarktfähig in einer Standardversion an, um jegliche entstehende Nachfrage abgreifen zu können. Handelt es sich um ein Technologieunternehmen, dann bildet sich aufgrund der Präferenz von ITlern für einen marktführenden Anbieter ein Unternehmen heraus, das in sehr kurzer Zeit enormes Wachstum erzielt, so wie es die eingangs genannten Unternehmen wie Hewlett-Packard im Druckerbereich, Google im Suchmaschinenmarkt oder Microsoft im Markt für Office-Software geschafft haben. Diese Unternehmen haben zum richtigen Zeitpunkt ihre Strategien angepasst und so eine unglaubliche Größe erreicht.

Diese Logik von Moore erlaubt es, zu erklären, warum einige Unternehmen in den letzten zwei bis drei Jahrzehnten unternehmerisch in einen neuen Markt gegangen sind, der zu diesen Zeitpunkten disruptive Innovationen hervorgebracht hat, und warum diese

Unternehmen unglaubliches Wachstum erzielt haben. Wenngleich disruptive Innovationen nicht allzu häufig vorkommen und das Tornado-Phänomen damit auch nur bedingt als Handlungsmaxime für unternehmerische Unternehmen herhalten kann, so lernt man doch, dass sehr erfolgreiche Unternehmen ihre Strategien im Kampf um den Kunden im Wettbewerb über die Zeit anpassen. Strategie bei unternehmerischen Unternehmen ist damit kein statisches Konzept, sondern dynamisch zu betrachten.

Des Weiteren finden sich im Tornado-Phänomen einige Erkenntnisse aus Abschn. 3.2.2 zur unternehmerischen Planung wieder. Erstens wählen erfolgreiche Unternehmen im Tornado an einigen Stellen eine Differenzierungsstrategie, wie etwa beim Fokus auf einen ersten Bowling-Pin, um für ein einzelnes Segment einen völlig neuen Nutzen zu schaffen und das Produkt zu perfektionieren. Zweitens passen sich erfolgreiche Unternehmen strategisch mit der Zeit an, sie lernen also im Sinne der Lernschule. Im kleinen Rahmen geschieht dies auch zu Beginn der Diffusion, wenn Unternehmen ihre neue Technologie mit Technik-Freaks testen. Drittens nehmen erfolgreiche Unternehmen im Tornado eine Build-Strategie ein. Es geht an diesem Punkt nicht mehr um die strikte Profitabilität eines jeden Auftrags, sondern einfach darum, zu wachsen und Marktanteile zu sichern.

3.2.4 Zusammenfassende Überlegungen zur Planungsfunktion im unternehmerischen Unternehmen

Der Gegenstand von Abschn. 3.2 bestand in der Darlegung der Planungsfunktion und ihren Besonderheiten in unternehmerischen Unternehmen. Wie ist die Planung strategisch und operativ anzugehen, so dass Corporate Entrepreneurship im etablierten Unternehmen gefördert wird? Wie schaffen es zudem unternehmerische Unternehmen, so zu planen, dass sie ihren Unternehmenserfolg sichern?

In allen identifizierten Themengebieten der Planungsfunktion ergeben sich Anknüpfungspunkte zur Förderung von Corporate Entrepreneurship. Abschnitt 3.2.2.1 zum Wert der Planung hat gezeigt, dass Planung generell einen Wert hat. Aus der Gründungsliteratur weiß man, dass Start-ups erfolgreicher sind, wenn sie vor der Gründung ausreichend in Planung investiert haben. Im Corporate Entrepreneurship hilft die Planung ebenfalls, vorab mögliche Gelegenheiten zu bewerten und zu verstehen. In großen Unternehmen kommt sicherlich hinzu, dass Mitarbeiter, die unternehmerische Gelegenheiten verfolgen wollen, intern einen gewissen Rechtfertigungsdruck haben, der durch eine ausführliche Planung adressiert werden kann.

Im Rahmen der Thematik „Leitbilder und Ziele" integrieren unternehmerische Unternehmen Themen wie „Pionier-Verhalten" und „Veränderung" in ihre Visionen und geben somit Mitarbeitern und auch Externen ein klares Signal, wohin sich das Unternehmen entwickeln will. In Bezug auf Ziele müssen natürlich auch unternehmerische Unternehmen mittel- und langfristig Gewinne generieren, um überleben zu können. Allerdings ziehen unternehmerische Unternehmen zumindest zeitweise Wachstumsziele Profitabilitätszielen vor, zumal Profitabilität den Erfolg unternehmerischer Initiativen nur indirekt misst. Aus

diesem Grund bedienen sich unternehmerische Unternehmen auch der Profitabilität vor-
gelagerten Messgrößen, die explizit auf neue Produkte oder Innovationen abzielen.

Bei der strategischen Planung positionieren sich unternehmerische Unternehmen zumeist als Differenzierer (in der Logik von Porter) oder als Prospektor und Analytiker (in
der Logik von Miles und Snow). Erfolgreiche unternehmerische Unternehmen betrachten
dabei ihre Innovationsaktivitäten als ein Portfolio verschiedener Typen von unternehmerischen Aktivitäten. In der operativen Planung nutzen unternehmerische Unternehmen explizit zugewiesene Budgets für die Entwicklung neuer Initiativen. Darüber hinaus geben
unternehmerische Unternehmen den Empfängern dieser Budgets Freiraum bei der Ver-
wendung.

Schließlich gibt es Besonderheiten bei der Ausgestaltung des Planungsprozesses unternehmerischer Unternehmen. Die Umwelt wird höchst intensiv beobachtet, um neue
Entwicklungen und Gelegenheiten immer aufspüren zu können. Neue Gelegenheiten (wie
in der Technologieentwicklung) sind die Ursprünge neuer unternehmerischer Initiativen.
Unternehmerische Unternehmen beobachten dabei verschiedenste Stakeholder (wie Kunden, Universitäten oder Mitarbeiter). Darüber hinaus wird Planung in unternehmerischen
Unternehmen als flexibel angesehen – Planung zu Beginn eines Prozesses ist notwendig,
um Transparenz über mögliche Entwicklungen zu erhalten und Ideen zu verfeinern oder
auch zu verwerfen. Im Prozess – beispielsweise der Einführung eines neuen Produkts – ist
es notwendig, sehr engmaschig initial aufgestellte Hypothesen zu testen (beispielsweise
mittels Dashboards) und unmittelbar zu reagieren. Erfolgreiche unternehmerische Unternehmen sind solche, die auf erste Fehlentwicklungen flexibel reagiert und daraus gelernt
haben. Dieses Trial-and-Error-Verhalten ist ein Haupterfolgsfaktor unternehmerischer
Unternehmen.

In Bezug auf den Planungshorizont gilt, dass erfolgreiche unternehmerische Unternehmen bei der Bewertung unternehmerischer Initiativen einen „langen Atem" haben, da
es zumeist eine gewisse Zeit dauert, bis die unternehmerische Initiative (beispielsweise in
Bezug auf die Marktgröße) mit den etablierten Geschäftsfeldern mithalten kann. Schließlich gilt es, die Beteiligung am Planungsprozess zu optimieren. Während einerseits viele
Argumente für die Einbindung sehr vieler Mitarbeiter in den Planungsprozess sprechen,
gibt es genauso gute Gründe, dass das Top-Management oder sogar der Top-Manager
in einzelnen Situationen der Schnelligkeit wegen alleine entscheidet. Im ersten Fall ist
sichergestellt, dass alle relevanten Informationen betrachtet werden, im zweiten Fall ist
eine schnelle Entscheidungsfindung zur Sicherstellung der Proaktivität im Markt gewährleistet. Erfolgreiche unternehmerische Unternehmen halten eine Balance zwischen diesen gegenläufigen Kräften. Die Erfolgsfaktoren einer unternehmerischen Gestaltung der
Planungsfunktion in unternehmerischen Unternehmen werden in Abb. 3.11 zusammengefasst.

Durch eine solche Gestaltung der Planungsfunktion werden zwei wesentliche Barrieren
des Corporate Entrepreneurship, wie sie in Abschn. 1.3 auf Basis der Studie von Forbes
(2011) beschrieben wurden, adressiert. In der operativen Planung stellen unternehmerische Unternehmen sicher, dass ausreichend Budgets bereitstehen, um vielversprechende

Themen	Erfolgsfaktoren unternehmerischer Unternehmen in der Planungsfunktion
Genereller Wert der Planung	– Etablierung von Planung als Informationsgewinnungsprozess zur Entdeckung von Gelegenheiten und als Ansatz zur konsistenten Umsetzung unternehmerischer Aktivitäten in unsicheren Umfeldern
Leitbilder und Ziele	– Integration unternehmerischer Facetten in das Leitbild des Unternehmens – Definition von Zielen mit unmittelbarer Konsequenz auf unternehmerische Aktivitäten (wie Innovationspipeline oder Umsatzbeitrag neuer Produkte)
Inhalte strategischer und operativer Planung	Strategisch: – Integration von Elementen der Prospector- und Analyser-Strategie – Vermeidung ausschließlicher Positionierung über unternehmerische Aktivität und Verwendung einer Portfoliosicht Operativ: – Etablierung von Budgets zur Förderung unternehmerischer Aktivität
Ausgestaltung der Planung	– Hohe Bedeutung umfassender Scanning-Aktivitäten, insbesondere in Bezug auf Markt und Technologie – Flexible Ausgestaltung der Planung mit frühen Kontrollpunkten zur Anpassung der Planung, beispielsweise über Dashboards – Vermeidung von zu kurzfristigen Bewertungszeitpunkten der unternehmerischen Ideen – Schaffung einer Balance zwischen schnellen Top-Management-Entscheidungen und Einbindung von Mitarbeitern

Abb. 3.11 Erfolgsfaktoren einer unternehmerischen Gestaltung der Planungsfunktion

unternehmerische Initiativen zu verfolgen. Unternehmerische Unternehmen wissen zudem um die zeitlichen Horizonte, die bei unternehmerischen Aktivitäten vorherrschen.

Während allgemein die Meinung vorherrscht, dass mittlere und große etablierte Unternehmen es schwer haben, wieder unternehmerisch zu sein, lässt sich für die Planungsfunktion ableiten, dass etablierte Unternehmen bei der Implementierung von Corporate Entrepreneurship sogar einige Vorteile gegenüber Start-ups haben. Etablierte Unternehmen dürften in vielen Fällen mehr Ressourcen haben, um Budgets für unternehmerische Initiativen bereitzustellen, als Start-up-Unternehmen, die noch in der Gründung oder kurz nach der Gründung sind. Typischerweise verfügen etablierte Unternehmen über weitere Geschäftsfelder, die Gewinne erwirtschaften, mit denen das Verfolgen neuer Gelegenheiten finanziert werden kann. Das ermöglicht erst die Portfolio-Sicht auf unternehmerische Aktivitäten zur Diversifizierung von Risiko. Aus der Portfolio-Sicht kann es sich ein etabliertes Unternehmen auch leisten, so lange in eine unternehmerische Aktivität zu investieren, bis entsprechende Rückflüsse generiert werden können, während ein Start-up von vornherein auf zügige Rückflüsse angewiesen ist.

Darüber hinaus ist es wahrscheinlich, dass etablierte Unternehmen mehr Erfahrung in der Umweltbeobachtung haben, die es ermöglicht, neue Trends aufzuspüren. Auch haben etablierte Unternehmen fast immer eine existierende Kundenbasis oder Beziehungen zu anderen Stakeholdern (wie Universitäten), so dass diese zur Generierung neuer Informationen genutzt werden können. Demnach müssten etablierte Unternehmen durch diese existierenden Stakeholder-Beziehungen an eine größere Menge an Informationen über neue Gelegenheiten kommen als kleine Start-ups ohne entsprechende etablierte und gewachsene Beziehungen.

Schließlich haben etablierte Unternehmen in der Vergangenheit bereits Kernkompeten-
zen aufgebaut, beispielsweise interne Produktions- oder Entwicklungsfähigkeiten. Start-
up-Unternehmen haben in den meisten Fällen solche über Jahre gewachsenen Fähigkeiten
nicht. Etablierte Unternehmen aber können diese Fähigkeiten nutzen, um mit ihnen neue
Gelegenheiten zu erschließen, beispielsweise indem sie mit bestehender Technologie neue
Produkte auf den Markt bringen und diese an bislang noch nicht anvisierte Kundengruppen vermarkten.

3.3 Organisation

Im in Abschn. 3.1 dargestellten Managementzyklus folgt die Managementfunktion der
Organisation an zweiter Stelle nach der Planungsfunktion. Organisationsstrukturen legen fest, wo welche Aufgaben verortet, gebündelt und koordiniert werden und wer über
welche Entscheidungsbefugnisse im Unternehmen verfügt. Um zu verstehen, wie Organisationsstrukturen beschaffen sein müssen, damit sie Corporate Entrepreneurship bestmöglich unterstützen, werden wir uns grundlegend mit dem Phänomen der Organisation
auseinandersetzen. Dazu geben wir in Abschn. 3.3.1 erst einen kurzen Überblick über
wesentliche Ergebnisse der Organisationsforschung, bevor wir uns den zentralen Organi-
sationsmerkmalen Differenzierung und Integration zuwenden. Hinsichtlich des Merkmals
Integration betrachten wir außerdem ausführlicher das Thema Unternehmenskultur und
diskutieren in Abschn. 3.3.2, welche Formen der Differenzierung und Integration unternehmerisches Denken und Handeln fördern. Abschnitt 3.3.3 präsentiert einen Exkurs zum
Thema strukturelle und kontextuale Ambidextrie als eine Möglichkeit der Gestaltung von
Organisationsstrukturen in etablierten Unternehmen. Im letzten Abschn. 3.3.4 fassen wir
unsere Erkenntnisse zu den Erfolgsfaktoren einer unternehmerischen Gestaltung der Organisationsfunktion zusammen.

3.3.1 Zentrale Fragestellungen im Rahmen der Organisationsfunktion

Bei jedem komplexeren Produkt ist schnell ersichtlich, dass eine Vielzahl von Aufgaben zu
bewältigen ist. Man denke nur an die Entwicklung und Vermarktung eines Smartphones.
Es gilt, Kundenwünsche in Erfahrung zu bringen, technische Neuerungen zu entwickeln,
eine effiziente Produktion sicherzustellen, das Produkt zu bewerben und natürlich auch
den Kunden zur Verfügung zu stellen – und das Ganze im globalen Rahmen. Dabei sind
die genannten nur einige von vielen Aufgaben, die abgearbeitet werden müssen. Um diese Komplexität zu bewältigen, werden sie in viele kleine Teilaufgaben zerlegt. Je nach
Organisationsform werden dann zusammenhängende Aufgaben gebündelt und einzelnen
Stellen zugeteilt, die Stellen dann Gruppen zugeordnet, die Gruppen Abteilungen, die Abteilungen Bereichen und die Bereiche Geschäftsbereichen, je nach Größe eines Unternehmens. So entstehen Organisationseinheiten auf unterschiedlichen Ebenen eines Unternehmens, die, oft auch räumlich getrennt, bestimmte Aufgaben erledigen. Diese wiederum

müssen koordiniert werden, um ein angestrebtes Gesamtergebnis zu erzielen. Der Aufbau von Organisationseinheiten und die Organisation von Abläufen in und zwischen Organisationseinheiten ist deshalb das zentrale Thema der Organisationsfunktion (Steinmann und Schreyögg 2005).

Nach der Zuordnung von Aufgaben zu einer Organisationseinheit, z. B. einer Abteilung, spezialisieren sich deren Mitglieder auf die Aufgaben, die in dieser Abteilung gebündelt werden. Spezialisierung und Arbeitsteilung ermöglichen Effizienzsteigerung. Durch die Konzentration auf einige wenige Aufgaben kann eine Organisationseinheit sich diesen Aufgaben intensiv widmen, durch Erfahrung und Ausbildung Expertise aufbauen und in ihren Tätigkeiten durch Routine schneller werden. So hat beispielsweise auf Abteilungsebene die Marketingabteilung die Fähigkeit, Produkte zu bewerben, und die Produktion hat die Fähigkeit, Produkte effizient herzustellen. Beide Abteilungen verfügen über unterschiedliche Kenntnisse, Fähigkeiten und Erfahrungen. Einer Abteilung allein würde es deshalb schwerfallen, beide Aufgaben wahrzunehmen, allein schon aus zeitlichen Gründen. Spezialisierung ist damit ein zentrales Element effizienter Organisationen (Zaltman et al. 1973).

Allerdings hat die Spezialisierung nicht nur Vorteile. In der Regel müssen Aufgaben übergreifend koordiniert werden, d. h. es ist notwendig, dass Stellen, Gruppen, Abteilungen und Bereiche miteinander interagieren, um ein Produkt zu erzeugen. Das verursacht Koordinationsaufwand. Die einzelnen Arbeitsschritte müssen integriert werden, beispielsweise muss das Marketing der Forschung und Entwicklung Kundenwünsche mitteilen, so dass diese in der Produktentwicklung berücksichtigt werden können. Der Vertrieb muss der Produktion mitteilen, wie viele Produkte benötigt werden, so dass die Produktion weiß, wann sie wie viele Stücke eines Produktes produzieren muss. Um diese Integration zu gewährleisten, existieren mehrere Mechanismen. Ein wesentlicher ist eine Unternehmenskultur.

Aus diesen unterschiedlichen Organisationsaspekten, wie in Abb. 3.12 dargestellt, ergeben sich folgende Fragen, die in den folgenden Abschnitten thematisiert werden:

Abb. 3.12 Einordnung der Organisationsfunktion und Themen im Rahmen der Organisation

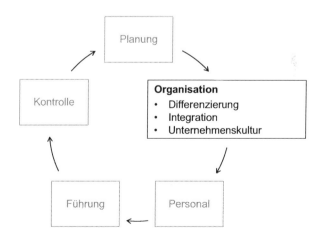

- Welche Formen der Strukturierung von Organisationen gibt es? (Organisatorische Differenzierung, Abschn. 3.3.1.1)
- Wie sorgen Unternehmen für die Koordination von Aufgaben, die verschiedene Organisationseinheiten betreffen? (Organisatorische Integration, Abschn. 3.3.1.2)
- Wie kann die Unternehmenskultur dazu beitragen, die Integration zwischen Organisationseinheiten zu vereinfachen? (Unternehmenskulturen, Abschn. 3.3.1.3)

3.3.1.1 Organisatorische Differenzierung

In Unternehmen lassen sich vor allem zwei Formen von Differenzierung unterscheiden: die horizontale und die vertikale Differenzierung (Jones 2012).

- Verfügt ein Unternehmen über ein breites Aufgabenspektrum, dann ist in der Regel die horizontale Differenzierung stark ausgeprägt, d. h. es gibt eine große Zahl an Stellen, denen jeweils unterschiedliche Aufgaben zugeordnet sind. Gibt es nur wenige Stellen und unterscheiden sich diese Stellen nur unwesentlich in ihren Inhalten, ist ein Unternehmen organisatorisch nur schwach differenziert.
- Verfügt ein Unternehmen über viele Hierarchieebenen, spricht man von einer ausgeprägten vertikalen Differenzierung.

Liegt ein hoher Grad an horizontaler und/oder vertikaler Differenzierung vor, spricht man auch von einem hohen Grad an Komplexität in der Organisation. Bezogen auf die horizontale Differenzierung lassen sich im Wesentlichen zwei Organisationsformen identifizieren: eine funktionale und eine objektbezogene Organisationsstruktur (Pearce und Robinson 2011).

Bei der funktionalen Organisationsstruktur orientiert sich eine Organisation an bestimmten Funktionen, die erfüllt werden müssen, um Produkte zu erstellen. Ähnliche oder gleiche Tätigkeiten werden in Organisationseinheiten gebündelt, häufig auf der Ebene von Abteilungen. Gängige Abteilungen sind Forschung und Entwicklung, Einkauf, Produktion, Logistik, Marketing und Vertrieb. Je nach Anforderungen eines Unternehmens kann es aber auch weitere funktionale Einheiten auf unterschiedlichen Ebenen geben.

Vorteil eines funktionalen Organisationsaufbaus ist die schon beschriebene Spezialisierung, die durch die Bündelung gleicher oder ähnlicher Aufgaben eher erzielt werden kann. Zusätzlich lässt sich beobachten, dass funktionale Organisationseinheiten in ihrer Zusammensetzung häufig sehr homogen sind, d. h. Mitarbeiter verfügen über eine ähnliche Ausbildung, haben ein ähnliches Verständnis der zugrunde liegenden Aufgaben und häufig auch ähnliche Vorstellungen über professionelles Handeln. Das kann die Führung sehr erleichtern. Außerdem lassen sich Synergieeffekte leichter realisieren. Wird beispielsweise die Einkaufsfunktion in einer Abteilung gebündelt, so kann eher gewährleistet werden, dass Synergien bei der Beschaffung über Produktgruppen hinweg entstehen.

Ein Nachteil ist, dass logisch zusammengehörende Arbeitsschritte getrennt werden. Auch kann es in funktionalen Abteilungen zu einem Silodenken kommen (Steinmann und Schreyögg 2005). Die Entwicklung, Herstellung und Vermarktung eines Produktes folgt einem logischen Ablauf. Wird dieser durch einen funktionalen Aufbau zerrissen, entsteht ein erhöhter Abstimmungsbedarf zwischen Organisationseinheiten. Wenn eine Organisation nicht den Gesamtprozess von der Beschaffung bis zur Vermarktung im Blick hat, kann es leicht zu Abstimmungsschwierigkeiten kommen, die zu Ineffizienzen führen. Häufig haben einzelne Organisationseinheiten nur ihre individuellen Ziele vor Augen und versuchen, sich diesen Zielen entsprechend optimal aufzustellen. Ziele von Organisationseinheiten können aber schnell in Widerspruch zueinander geraten (Homburg und Jensen 2007). Beispielsweise kann die Entwicklungsabteilung das Ziel haben, möglichst viele Kundenwünsche zu realisieren, und entwickelt deshalb ein Produkt in vielen Varianten. Das aber treibt die Kosten in der Produktion in die Höhe, die unter Umständen ihre Maschinen häufig umrüsten oder sogar neue Maschinen anschaffen muss, um die Variantenvielfalt abzubilden. Will die Produktion besonders kostengünstig und effizient, das Marketing dagegen besonders variantenreich produzieren, dann stehen die Ziele der beiden Abteilungen im Widerspruch. Das führt zu Konflikten, Reibungsverlusten und steigenden Kosten (Steinmann und Schreyögg 2005). Gewählt wird diese Organisationsform deshalb vor allem von Unternehmen, die über ein einheitliches Produktportfolio verfügen bzw. in einem einheitlichen Markt tätig sind, da hier das Konfliktpotenzial geringer ist.

Eine Alternative zur funktionalen Organisation ist die objektorientierte Organisationsstruktur (Harald Hungenberg 2012; Jones 2012). Organisationseinheiten werden hier an Produkten oder Märkten ausgerichtet, und Funktionen, die zur Entwicklung und Erstellung eines Produkts oder einer Dienstleistung notwendig sind, werden in einer Organisationseinheit gebündelt (Pearce und Robinson 2010). Dies bietet sich vor allem dann an, wenn Unternehmen ein sehr heterogenes Produktportfolio haben.

Der große Vorteil einer objektorientierten Organisationsstruktur liegt vor allem darin, dass Steuerung und Kontrolle leichter fallen und Silodenken durch die enge Kooperation unterschiedlicher fachlicher Richtungen innerhalb der Einheit unwahrscheinlicher wird. Außerdem steigt die Reaktionsgeschwindigkeit (Homburg et al. 1999). Eine Organisationseinheit, die für ein Produkt oder ein Marktsegment zuständig ist, kann schnell und unmittelbar auf Marktanforderungen reagieren, ohne auf andere Organisationseinheiten Rücksicht nehmen zu müssen. Umsätze, Gewinne und natürlich Verluste können unmittelbar pro Produkt kontrolliert werden. Damit lassen sich Verantwortlichkeiten leichter zuordnen.

Der größte Nachteil einer objektorientierten Organisationsstruktur besteht in Doppelstrukturen. Jede Organisationseinheit verfügt in einem solchen Organisationssystem über alle wesentlichen Funktionen, z. B. ein eigenes Controlling, eine eigene Entwicklung etc. Mögliche Synergien werden ggf. verschenkt, was vor allem die Personalkosten erhöhen kann (Harald Hungenberg 2012). Außerdem verliert man unter Umständen Spezialisierungsvorteile. Bei einer objektorientierten Organisation, in der sich beispielsweise eine Organisationseinheit vollumfänglich auf die Entwicklung, die Produktion und den Vertrieb eines einzelnen Produktes konzentriert, wird man nicht beliebig viele Marketingfachleute beschäftigen können. Der jeweilige Stelleninhaber wird sich also mit dem ganzen Spektrum an Marketingaufgaben beschäftigen müssen. Eine andere Situation kann sich im

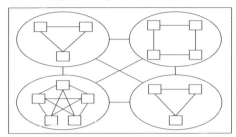

Mechanistische Organisationsstrukturen

- Hoher Grad an horizontaler Differenzierung
- Hoher Grad an Formalisierung
- Zentralisierte Entscheidungsprozesse

Organische Organisationsstrukturen

- Geringer Grad an horizontaler Differenzierung
- Geringer Grad an Formalisierung
- Dezentrale Entscheidungsprozesse

Abb. 3.13 Mechanistische und organische Organisationsstrukturen im Vergleich. (Nach Thomas 2003)

Rahmen einer funktionalen Organisationsstruktur ergeben, wo sich ggf. eine übergreifende Marketingabteilung mit dem Marketing unterschiedlicher Produkte beschäftigt. Hier ist vermutlich die Anzahl an Stellen größer. Einzelne Stelleninhaber können sich dann weiter spezialisieren, z. B. der eine Stelleninhaber auf Markt- und Meinungsforschung, der andere auf Werbung.

Hinsichtlich der Ausprägung von Differenzierung lassen sich in der Organisationslehre nun zwei Typen von Organisationsstrukturen unterscheiden, die jeweils Extrempunkte auf einem Kontinuum darstellen. Wie in Abb. 3.13 dargestellt wird, handelt es sich zum einem um die mechanistische, zum anderen um die organische Organisationsstruktur (Burns und Stalker 1961). Sowohl die horizontale als auch die vertikale Differenzierung ist in mechanistischen Organisationen stark ausgebildet. Aufgaben werden in eine Vielzahl von kleinen Schritten zerlegt und einer Vielzahl an Stellen zugeordnet. Dadurch wird ein hoher Grad an Spezialisierung möglich. Das kann so weit gehen, dass Aufgaben in der Produktion beispielsweise auf einzelne Handgriffe reduziert werden (Daft et al. 2010). Weitere Wesensmerkmale einer mechanistischen Organisation sind ein hoher Grad an Formalität, d. h. es gibt eine hohe Anzahl an schriftlich fixierten Regeln. Gleichzeitig werden Entscheidungen in der Regel zentralistisch getroffen, d. h. vor allem an der Spitze der Organisation. Alle unteren Hierarchieebenen und Mitarbeiter befolgen die Anweisungen, die vom Top-Management kommen, oder halten sich an formalisierte Regeln. Hierarchieebenen haben deshalb eine hohe Bedeutung. Kommunikation findet von oben nach unten statt. Wissen wird an der Spitze der Organisation verwaltet.

Organische Organisationen zeichnen sich demgegenüber durch eine geringe horizontale und vertikale Differenzierung aus. Formale Strukturen spielen eine geringere Rolle. Mitarbeiter werden nicht darauf reduziert, nur einige wenige hochspezialisierte Aufgaben zu übernehmen. Alle leisten einen Beitrag zu übergreifenden Problemlösungen. Entscheidungen werden im Rahmen gewisser Grenzen vor allem dezentral, d. h. auf unteren Ebenen der Organisation, getroffen. Stelleninhaber haben deshalb weitgehende Entscheidungsspielräume, wie sie eine Aufgabe erledigen wollen. Oftmals wird in Teams zusammengearbeitet. Wissen findet sich auf allen Hierarchieebenen und ist kein Privileg des Top-Managements. Mitarbeiter kommunizieren miteinander auch zwischen Organisationseinheiten, insbesondere zwischen Teams, Abteilungen und über Hierarchieebenen hinweg. Unterschiedliche Individuen und Teams zu integrieren ist maßgeblich für organische Organisationsstrukturen (Jones 2012).

3.3.1.2 Organisatorische Integration

Die zweite zentrale Frage zur Organisationsfunktion betrifft die Integration von verschiedenen Personen, Teams oder Abteilungen im Unternehmen. Jedes Unternehmen, das mehr als eine Person umfasst, wird in der Regel arbeitsteilig arbeiten. Würden alle Mitarbeiter die gleichen Aufgaben übernehmen, wäre der Verlust an Effizienz einfach zu groß. Arbeitsteilung findet sich deshalb unabhängig davon, ob ein Unternehmen entscheidet, sich eine mechanistische oder organische Struktur zu geben, und auch unabhängig davon, ob die Organisation funktional oder objektorientiert aufgebaut ist. Eine irgendwie geartete Form horizontaler und vertikaler Differenzierung wird stattfinden, wenn auch in unterschiedlichem Ausmaß. Das ist das zweite wesentliche Problem von Organisationen: Wie lösen Organisationen das Problem der Integration? Durch welche Maßnahmen können die einzelnen Arbeitsschritte koordiniert werden (Troy et al. 2008)?

Grundsätzlich lassen sich drei Maßnahmen für die Integration unterscheiden: Hierarchien, Routinen und Kooperationen (Schreyögg 2003):

- Hierarchien legen fest, wer wem Anweisungen erteilen darf und wer diese zu befolgen hat (Song et al. 2010). In der Regel hat jeder Mitarbeiter einen direkten Vorgesetzten mit Weisungsbefugnis, an den er berichtet. Ein Vorgesetzter kann seinerseits mehrere Mitarbeiter führen. Je nachdem, wie viele Hierarchieebenen sich ein Unternehmen gibt, unterscheidet man zwischen tiefen Hierarchien, d. h. es existieren viele Ebenen, und flachen Hierarchien, d. h. im Extremfall existiert nur eine Hierarchieebene. Die Koordination durch Hierarchie erfolgt, indem beispielsweise der Vorgesetzte einer Abteilung Arbeitsaufgaben mit seinen Mitarbeitern oder für seine Mitarbeiter definiert und die Erfüllung dieser Aufgaben kontrolliert. Es ist seine Aufgabe, die Gesamtheit aller Aufgaben seiner Mitarbeiter im Blick zu haben und so zu koordinieren, dass das Gesamtergebnis der Abteilung den Anforderungen entspricht.
- Routinen und Regeln sind sowohl formelle als auch informelle Vorgaben, die allgemeingültig festlegen, wie innerhalb von Organisationseinheiten, aber auch zwischen Organisationseinheiten zusammengearbeitet wird. Sie können für das ganze Unternehmen gelten oder nur für einzelne Einheiten. In gewissem Umfang sorgen sie für effiziente Arbeitsabläufe, da die Art und Weise, wie bestimmte Aufgaben zu bewältigen sind und wer welche Verantwortung trägt, klar geregelt ist und nicht immer neu entwickelt bzw. ausgehandelt werden muss (Walsh und Dewar 1987). Das entlastet einen Vorgesetzten, der dieselben Sachverhalte nicht immer aufs Neue entscheiden muss, und minimiert Abstimmungsprobleme zwischen Organisationseinheiten. Gibt es jedoch eine überbordende Anzahl an Regeln und Routinen, können diese sich negativ auswirken. Zum einen ist es zeitlich sehr aufwendig, alle Regeln in Erfahrung zu bringen und zu

beachten, zum anderen reduzieren Regeln die Flexibilität, so dass Prozesse langsamer werden.

- Kooperationen zwischen verschiedenen Organisationseinheiten bedeuten, dass sich die jeweiligen Vorgesetzten oder Mitglieder der Organisationseinheiten untereinander abstimmen, ohne dass die nächsthöhere hierarchische Instanz hinzugezogen wird (Kahn 1996). Kooperationen können institutionalisiert stattfinden, z. B. in regelmäßigen Treffen oder spontan (Brettel et al. 2011). Inwieweit dieses Instrument der Integration genutzt wird, hängt von den Organisationsstrukturen ab. Organisationen, die auf eine sehr zentralistische Entscheidungsfindung bedacht sind, werden dieses Instrument eher selten nutzen, da die meisten Abstimmungsprobleme von der obersten Unternehmensführung gelöst werden. Hier dürfte beispielsweise ein Abteilungsleiter nicht direkt auf den Abteilungsleiter einer anderen Abteilung zugehen. Er müsste sich an seinen eigenen Vorgesetzten wenden und dieser sich an seinen bis hin zur Unternehmensspitze. Dort wird dann entschieden.

Neben diesen drei Ansätzen zur Integration ist in den letzten Jahren das Thema Wissensmanagement in den Fokus der Organisationsforschung gerückt, da Wissen als besondere Ressource von Unternehmen erkannt wurde (Hansen et al. 1999). Wissen ist typischerweise über verschiedene Personen, Teams und Abteilungen im Unternehmen verteilt. Es ist eine zentrale Aufgabe des Wissensmanagements, Informationen dort zugänglich zu machen, wo sie gerade benötigt werden. Zwei wesentliche Ansätze lassen sich unterscheiden. Hansen et al. (1999) beschreibt zum einen den Ansatz der Personalisierung, zum anderen den Ansatz der Kodifizierung, wie in Tab. 3.5 dargestellt.

- Im Personalisierungsansatz sollen Wissensträger im Unternehmen miteinander vernetzt werden. Über den Austausch personalisierten Wissens soll Wissen dahin gelangen, wo es Mehrwert stiften kann. Voraussetzungen für einen Austausch können auf unterschiedliche Weise geschaffen werden. So können Know-how-Träger beispielsweise in andere Organisationseinheiten transferiert werden. Häufig bemühen sich Unternehmen auch um Möglichkeiten des informellen Austauschs, z. B. durch Unternehmensveranstaltungen oder Trainings. Teilweise werden auch technische Hilfsmittel eingesetzt.

Tab. 3.5 Kodifizierung und Personalisierung im Wissensmanagement. (Nach Hansen et al. 1999)

	Kodifizierung	Personalisierung
Strategie	„People-to-documents": Entwicklung eines elektronischen Dokumenten-Austauschsystems mit Vorgaben zur Kodifizierung des Wissens	„People-to-people": Entwicklung von Verbindungen und Netzwerken zwischen Mitarbeitern, so dass diese persönlich Wissen austauschen
IT	Große Investitionen zur Abspeicherung, Kategorisierung und Verteilung von Wissen	Moderate Investitionen, um persönlichen Austausch zu erleichtern
Anwendbarkeit	Dominanz immer wiederkehrender, ähnlicher Aufgaben	Dominanz immer neuer, komplexer Aufgaben

So gibt es beispielsweise in manchen Unternehmen Wissensplattformen, wo zusätzlich zu den Kontaktdaten der Mitarbeiter Steckbriefe mit deren besonderen Fähigkeiten und Arbeitsgebieten hinterlegt werden, so dass Akteure schneller identifiziert werden können, die über relevantes Wissen verfügen. Dieser Ansatz ist vor allem dann nutzbringend, wenn auf die Expertise der Mitarbeiter zurückgegriffen werden soll bzw. auf Erfahrungen, die nützlich sein können, um neuartige Probleme zu lösen. Hier helfen dann der Austausch und die Diskussion zwischen den Mitgliedern eines Unternehmens.

- Im Kodifizierungsansatz versucht man relevantes Wissen schriftlich festzuhalten und in Wissensmanagementsystemen abzuspeichern, so dass andere Mitglieder der Organisation dazu Zugang haben. Häufig gelten recht strikte Regeln, welches Wissen in welcher Form aufbereitet wird. Die Etablierung eines solchen Systems ist oft mit hohen Kosten verbunden, da erhebliche Investitionen in die IT-Infrastruktur notwendig werden. Dieser Ansatz ist dann besonders sinnvoll, wenn bestimmte Probleme immer wieder auftauchen, für die es die gleichen Lösungen gibt.

3.3.1.3 Unternehmenskulturen

Eine weitere Möglichkeit, Organisationseinheiten zu integrieren, ist die Unternehmenskultur. Sie beschreibt die Normen und Werte, die das Denken und Handeln von Mitgliedern einer Organisation beeinflussen (Deshpandé und Webster 1989). Häufig sind diese Werte und Normen nicht schriftlich fixiert, sondern stellen ein implizites Wissen in einem Unternehmen dar, weshalb Unternehmenskulturen auch als informelle Organisationsstrukturen bezeichnet werden. Beeinflusst eine Unternehmenskultur in hohem Maße das Denken und Handeln der Mitarbeiter, spricht man von einer starken Unternehmenskultur. Gleiche Normen und Werte werden dann von einem Großteil der Mitarbeiter geteilt. Dies führt zu ähnlichen Denk- und Verhaltensmustern, auch unabhängig davon, wo jeweils ein Mitarbeiter verortet ist, also in welcher Gruppe oder Abteilung er welche Stelle innehat. Besondere Aufmerksamkeit hat das Thema insbesondere durch Praktikerpublikationen von Peters und Waterman (1982) und Deal und Kennedy (1982) erfahren. Die Autoren erkannten, dass Erfolgsunterschiede in Unternehmen nicht mehr durch die Analyse gängiger „harter" Faktoren wie der formalen Organisationsstruktur oder Kostenstrukturen erklärbar waren. Vielmehr machte eine geteilte Werte- und Normenbasis den Unterschied zwischen erfolgreichen und weniger erfolgreichen Unternehmen aus.

Mittlerweile kann die Forschung auf mehr als 30 Jahre intensiver Auseinandersetzung mit dem Thema Unternehmenskulturen zurückblicken. Eine wesentliche Feststellung ist, dass der Gründerperson eine besonders kulturprägende Rolle zukommt (Schein 1983). Über Steve Jobs wird beispielsweise gesagt, er habe Apple hinsichtlich einer innovationsorientierten, perfektionistischen Unternehmenskultur, die nach wie vor existiert, maßgeblich geprägt. Die Albrecht-Brüder, Gründer des Discounters Aldi, stehen in dem Ruf, extrem sparsam zu sein und das Unternehmen hinsichtlich dieses Wertes nachhaltig beeinflusst zu haben.

Eine weitere wesentliche Erkenntnis der Literatur ist, dass Kulturen sich auf unterschiedlichen, voneinander abhängigen Ebenen manifestieren, wie in Abb. 3.14 dargestellt

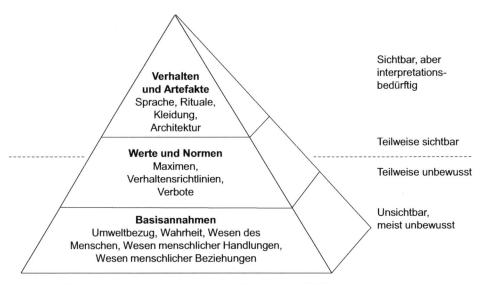

Abb. 3.14 Ebenen von Unternehmenskulturen. (Nach Schein 1983)

wird. Die Basis sind Werte, die von außen nicht beobachtbar sind. Werte bestimmen, was Individuen in bestimmten Situationen als richtig bzw. falsch erachten. Werte prägen aber auch sichtbare Aspekte einer Organisation in Form von Verhalten und Artefakten. Das können Rituale wie Unternehmensfeiern zu besonderen Anlässen sein, aber auch eine besondere Architektur der Unternehmensgebäude.

Eine Vielzahl von Forschern hat sich damit beschäftigt, welche Formen von Unternehmenskulturen es gibt. Hier soll die Typologie von Deshpandé und Farley (2004) dargestellt werden, die auf Arbeiten von Quinn und Cameron (1983) aufbaut. Deshpandé und Farley (2004) unterscheiden zwischen vier Typen von Unternehmenskulturen, die detailliert in Tab. 3.6 dargestellt werden:

- Konsens-Kultur: Loyalität, Tradition und Zugehörigkeit haben hier eine besondere Relevanz.
- Flexible Kultur: Innovationen, Kreativität, Risikobereitschaft und Flexibilität sind besonders wichtige Werte in diesem Typus.
- Hierarchie-Kultur: Regeln, formale Strukturen und Stabilität erfahren besondere Aufmerksamkeit in der Hierarchie-Kultur.
- Markt-Kultur: Wettbewerbsvorteile, Marktüberlegenheit und das Erreichen von Zielen spielen eine herausragende Rolle in dieser Unternehmenskultur.

3.3.2 Die Organisationsfunktion in unternehmerischen Unternehmen

Auf Basis dieser allgemeinen Darstellungen zur Organisationsfunktion soll im Folgenden untersucht werden, wie unternehmerische Unternehmen die einzelnen Hebel der Organisationsfunktion gestalten. Organisationsstrukturen bestimmen den Rahmen, wie Individu-

Tab. 3.6 Typen von Unternehmenskulturen. (Nach Deshpandé und Farley 2004)

	Konsens-Kultur	Flexible Kultur	Hierarchie-Kultur	Markt-Kultur
Dominante Werte	Zusammen-gehörigkeit, Beteiligung, Familienbe-wusstsein	Entrepreneur-ship, Kreativität, Anpassungsfä-higkeit	Ordnung, Regeln und Regulationen, Einheitlichkeit	Wettbewerb, Zielerreichung
Management-Rollen	Mentor, Vermittler	Entrepreneur, Innovator, Risikoträger	Koordinator, Administrator	Forderer
Verbundenheit durch ...	Loyalität, Tradition, Zusammenarbeit	Entrepreneur-ship, Flexibilität, Risiko	Regeln, Taktieren	Zielorientierung, Bestehen im Wettbewerb
Strategischer Schwerpunkt	Entwicklung von personellen Ressourcen, Moral	Innovationen, Wachstum, Aufbau neuer Ressourcen	Stabilität, Vorher-sehbarkeit, rei-bungslose Abläufe	Wettbewerbs-vor-teile, Marktüber-legenheit

en im Unternehmen zusammenarbeiten und welche Freiheiten sie dabei haben (Dust et al. 2014). Entsprechend kann davon ausgegangen werden, dass eine geeignete Gestaltung der Organisationsfunktion Unternehmertum fördern kann. Das wird unterstrichen durch die in Abschn. 1.3 vorgestellte Studie von Forbes (2011), die darlegt, dass mangelnde Kooperation im Unternehmen eine Barriere für die erfolgreiche Implementierung unternehmerischer und innovativer Initiativen darstellt. In Abschn. 3.3.2.1 wird dargelegt, welche Erkenntnisse die Literatur zur Gestaltung der Differenzierung, d. h. der Schaffung von Stellen in unternehmerischen Unternehmen, bietet. Die Integration in unternehmerischen Unternehmen beleuchtet Abschn. 3.3.2.2, insbesondere die Möglichkeiten, die das Wissensmanagement bietet. In Abschn. 3.3.2.3 werden unternehmerische Unternehmenskulturen betrachtet.

3.3.2.1 Organisatorische Differenzierung in unternehmerischen Unternehmen

Wie im Abschn. 3.1 dargelegt, führen Covin und Slevin (1991) in ihrer Übersicht von Einflussfaktoren unternehmerischen Verhaltens in Unternehmen eine Reihe interner Variablen auf, die auch die organisationale Struktur und Kultur umfasst. Grundlegend erscheint die Rolle der Organisationsstruktur für Corporate Entrepreneurship nachvollziehbar, legt doch eine Organisationsstruktur Stellenbeschreibungen und Kommunikationswege zwischen verschiedenen Individuen und Abteilungen fest. Bedenkt man, dass Corporate Entrepreneurship stets das ganze Unternehmen betrifft, so folgt, dass eine „falsche" Organisationsstruktur – die beispielsweise notwendige Kommunikation verhindert – schädlich für unternehmerische Initiativen sein kann.

Konzeptionell und ohne empirische Validierung stellen die Autoren die Hypothese auf, dass ein hoher Grad an Formalisierung im Unternehmen unternehmerische Aktivität verhindert. Zudem erwarten sie, dass ein hoher Grad an Zentralisierung einen ähnlichen Effekt hat, genau wie eine hohe Komplexität in der Organisationsstruktur. Sie beziehen sich zudem auf die Einteilung in organische und mechanistische Organisationsstrukturen und vermuten, dass Unternehmertum mit organischen Organisationsstrukturen einhergeht, während mechanistische Organisationsstrukturen unternehmerisches Verhalten verhindern. Diese Ausführungen, die bereits konzeptionell darlegen, dass ein breiter Einfluss verschiedenster Variablen der Organisationsstruktur existiert, wurden in späteren empirischen Studien aufgegriffen und empirisch untersucht.

Die in Abschn. 1.1 dargestellten Lebenszyklusmodelle haben gezeigt, dass die Unternehmensgröße eine der Variablen darstellt, die sich im Lauf der Zeit ändert. Es stellt sich die sehr grundlegende Frage, ob es eine optimale Größe einer Organisation oder Organisationseinheit gibt, bei der der Grad unternehmerischen Verhaltens optimiert wird. In der Tat finden Luo et al. (2005) bei einer Befragung von 218 chinesischen Managern einen solchen Zusammenhang: Je größer das Unternehmen, desto geringer die unternehmerische Aktivität. Diese Beziehung kann recht gut erklärt werden. Größe geht einher mit notwendiger Formalisierung und Standardisierung. Es besteht die Notwendigkeit, Verantwortlichkeiten genau festzulegen und Hierarchieebenen einzuführen, weil eben nicht mehr alles in einem überschaubaren Team geregelt werden kann. Das bedeutet auch, dass kaum eine Person Entscheidungen flexibel treffen kann, womit die Wahrscheinlichkeit, dass unternehmerische Gelegenheiten verpasst werden, steigt, wie Entrialgo et al. (2001) in einer empirischen Studie mit 233 spanischen kleinen und mittleren Unternehmen zeigen können. Größe bedeutet außerdem, dass der Austausch zwischen den Mitarbeitern leidet, insbesondere wenn Abteilungen irgendwann räumlich getrennt werden müssen, in unterschiedliche Etagen oder sogar unterschiedliche Gebäude, so dass ein Austausch über Ideen aus verschiedenen Perspektiven oder kurze Dienstwege bei der Implementierung von unternehmerischen Ideen leiden. Schließlich beeinflusst Größe jeden einzelnen Mitarbeiter selbst: Je größer das Unternehmen ist, desto differenzierter werden Aufgaben aufgeteilt, und jeder einzelne Mitarbeiter ist nur noch auf eine begrenzte Tätigkeit spezialisiert. Diese enge Aufgabe verhindert unternehmerische Impulse durch die jeweilige Person, da dieser der Blick für das große Ganze – und damit auch für Gelegenheiten im Umfeld oder im Unternehmen – verloren geht.

Allerdings hat Größe für unternehmerische Unternehmen auch Vorteile. So haben größere Unternehmen unter Umständen einen größeren Schatz an Erfahrungen, Fähigkeiten und Ressourcen, z. B. höhere Investitionsvolumina, Fähigkeiten in der Forschung und Vermarktung oder Produktentwicklungserfahrung, deren Kombination die Schaffung von Innovationen erleichtert. Ein Mehr an Ressourcen ermöglicht es Unternehmen, ein höheres Maß an Risiken einzugehen, so dass ein solches Unternehmen auch auf riskantere Projekte mit einem höheren Risiko-Rendite-Profil setzen kann, ohne dass das Unternehmen in seiner Existenz gefährdet wäre. Entsprechend kommen Balabanis und Katsikea (2003) auf Basis einer Befragung von 82 Direktoren britischer Exportunternehmen zu dem Ergebnis, dass die Unternehmensgröße einen positiven Effekt auf unternehmerisches Handeln haben kann.

Also gibt es Gründe, klein zu bleiben, aber auch Gründe, größere Einheiten zu bilden. Aber was ist dann eine optimale Größe einer Organisation oder Organisationseinheit? Packard (1995) führt aus, dass sie bei Hewlett-Packard immer dann, wenn eine Einheit dabei war, 1500 Mitarbeiter zu erreichen, diese Einheit irgendwie geteilt haben. Nach Packard (1995) ist ab dieser Größe kaum noch effiziente Kommunikation gewährleistet, da dann zu viel Bürokratie, Regeln und Hierarchien notwendig sind. Zudem identifizieren sich die Mitarbeiter bei dieser Größe oft nicht mehr mit der Einheit. Einheiten mit mehr als 1500 Mitarbeitern können also schon zu groß sein.

In der praxisnahen Literatur und in der Praxis taucht auffällig oft die Zahl 200 auf. 200 Mitarbeiter scheinen eine Größe, bei der man genügend Diversität hat, um verschiedene Perspektiven auf eine Gelegenheit zu entwickeln. Gleichzeitig sind 200 Mitarbeiter aber auch eine Größe, bei der man sich noch kennt, miteinander kommuniziert und auch oft noch in einem Gebäude sitzt, so dass schnelle Abstimmungen auch persönlich möglich sind. Gore, ein prominentes unternehmerisches Unternehmen, lebt diese Zahl: Eine einzelne Niederlassung sollte nicht mehr als 200, maximal 250 Mitarbeiter haben. Kuratko et al. (2011) führen noch an, dass ein Unternehmen bzw. eine solche Organisationseinheit immer noch in einem Gebäude mit maximal drei Etagen unterzubringen sein sollte. Demnach sind Organisationseinheiten optimaler Größe größer als junge Start-ups, aber auch kleiner als übergroße Organisationseinheiten großer Unternehmen.

Im Rahmen der organisatorischen Differenzierung gilt es zu bestimmen, wie viele Hierarchieebenen ein Unternehmen haben sollte, um Corporate Entrepreneurship zu fördern. Covin und Slevin (1991) erwarten bereits einen negativen Zusammenhang zwischen Zentralisierung und Corporate- Entrepreneurship-Aktivitäten. Je mehr Freiraum Individuen auf unterer Ebene haben, desto größer ist die Wahrscheinlichkeit, dass sie flexibel reagieren, wenn sich neue Gelegenheiten auftun, wie im Rahmen der Innovationsdemokratie bei Gore (Beispiel 3.13) oder bei den Filialen der deutschen Drogeriemarktkette dm (Beispiel 3.14). Besteht ein hoher Grad an Zentralisierung, dann sind dem Individuum auf unterer Ebene alle zentralen Entscheidungen bereits abgenommen und es handelt letztlich mechanistisch auf Anweisungen und Vorgaben höherer Hierarchieebenen. Damit ist ein Unternehmen auf die unternehmerischen Impulse höherer Hierarchieebenen beschränkt. Gerade Mitarbeiter auf mittleren und unteren Hierarchieebenen sind aber eine Quelle für unternehmerische Ideen. Im Gegensatz zum Top-Management sind diese Mitarbeiter oft kontinuierlich mit dem Produkt und dem Kunden in Kontakt, kennen die Alltagsprobleme der Kunden und die Schwächen des Produkts. Diese Mitarbeiter haben auch andere Netzwerke zu externen Stakeholdern als das Top-Management, d. h. sie sind weiteren Informationsquellen ausgesetzt, wobei jede neue Information wiederum eine Quelle für eine neue unternehmerische Idee sein kann. Diese Quellen können aber nur erschlossen werden, wenn das Individuum einen gewissen Freiraum hat, zu entscheiden, wie es seine Arbeit gestaltet, Zeit und Ressourcen aufteilt.

Beispiel 3.13: Unternehmertum bei Gore: „Waterline"-Regel und Innovationsdemokratie

Der Kunststoffhersteller Gore, eins der bekanntesten unternehmerischen Unternehmen, verzichtet auf formelle Hierarchien, da diese – so die Überzeugung – neue Ideen im Keim ersticken können (Bergmann 2009). Es gibt jedoch die „Waterline"-Regel: Sind Entscheidungen zu fällen, die das Unternehmen wirklich gefährden können wie ein Torpedo ein Schiff, dann ist unbedingt Absprache sowohl mit Kollegen als auch dem Management erforderlich. Die nicht existente Hierarchie äußert sich auch im vollständigen Verzicht auf Positionen und Titel („no ranks, no titles"). Der Management-Guru Gary Hamel hat den Begriff der Innovationsdemokratie für das Unternehmen Gore geprägt: Gore als eine Gemeinschaft von Problemlösern, der es gelingt, sich selbst zu organisieren.

Wenig überraschend finden daher Caruana et al. (1998) bei 48 Produktionsunternehmen aus Malta sowie Caruana et al. (2002) bei australischen Institutionen des öffentlichen Sektors einen negativen Zusammenhang zwischen Zentralisierung und Corporate Entrepreneurship. Jennings und Lumpkin (1989) wiederum finden in einer Befragung von 49 Vorstandsvorsitzenden von US-amerikanischen Banken, dass in unternehmerischen Unternehmen die Entscheidungsfindung eher partizipativ abläuft als in konservativen Unternehmen. Mit anderen Worten: An mittleren und unteren Hierarchieebenen Entscheidungsspielraum zu gewähren führt auf Ebene des Gesamtunternehmens zu einem höheren Grad an Corporate-Entrepreneurship-Aktivitäten.

Beispiel 3.14: Alle Macht den Filialen – Dezentralisierung bei der dm-Drogeriemarkt-Kette

1973 gründete Götz Werner die dm-Drogeriemarkt-Kette mit einer ersten Filiale in Karlsruhe. Sein Prinzip eines Drogeriemarktes funktionierte, und so gründete er weitere Filialen nach dem gleichen Prinzip (Scheytt 2004). Ende der 1980er-Jahre merkte man bei dm, dass das Unternehmen an Dynamik verlor. Die Umsätze stiegen nicht mehr, es mussten mehr Filialen geschlossen werden als noch geöffnet wurden. Der Gründer fasst die Situation so zusammen, dass oben gedacht und unten gemacht wurde, und je mehr oben gedacht wurde, desto weniger wurde unten überhaupt gemacht. Ende der 1980er-Jahre ergriff dm einige drastische Maßnahmen. Einzelne Filialen erhielten mehr Spielraum, wurden aber auch mehr in die Pflicht genommen. Eine ganze Hierarchieebene wurde gestrichen, die Filialleiter wurden aufgewertet. Einzelne Filialen konnten fortan die Warenordnung selbst bestimmen, Preise durften auf Ebene einzelner Filialen angepasst werden, wenn der Wettbewerb es in der lokalen Situation erforderte. Auch die Lieferzeitpunkte und -häufigkeiten neuer Waren durften nun selbst bestimmt werden.

Gleichzeitig erhielten die Filialen auch mehr Informationen, beispielsweise über die Umsätze und Erträge einzelner Artikel, so dass die Produktivität im Regal gesteuert werden konnte (Scheytt 2004), oder über die Erfolgsgrößen anderer Filialen, so dass sich jede Filiale einordnen konnte. Die Informationen zeigten zum Beispiel, ob und ggf. auch warum eine andere Filiale bei Babytextilien besser abschnitt. Gegenmaßnahmen zu finden lag in der Hand der Filiale. Durch diese Maßnahmen konnte dm zum Wachstum zurückkehren, hat beispielsweise zwischen 2007 und 2013 die Anzahl der Filialen von 1000 auf 1400 erhöht und eine ganze Reihe von Innovationspreisen eingeheimst.

Covin und Slevin (1988) untersuchen und belegen empirisch, dass eine organisatorische Struktur von der gewünschten strategischen Ausrichtung abhängt, in die sich das Unternehmen bewegt. Die grundlegende Aussage ist, dass ein Unternehmen nur dann durch Corporate Entrepreneurship erfolgreicher wird, wenn es auch eine entsprechende organisatorische Struktur aufbaut. Die Autoren sehen sich nicht wie die zuvor beschriebenen Studien einzelne Aspekte einer Organisationsstruktur (wie den Grad der Zentralisierung) an, sondern unterscheiden zwischen organischen und mechanistischen Gesamtstrukturen, wobei insbesondere erstere mit Innovationen und flexiblem Verhalten – als Grundpfeiler eines Corporate Entrepreneurship – in Verbindung gebracht werden. Organische Strukturen weisen auch, wie bereits in Abschn. 3.3.1.1 dargestellt, bessere Möglichkeiten zum Informationsaustausch zwischen Mitgliedern des Unternehmens auf, der in mechanistischen Strukturen durch Abteilungsdenken und ausgeprägte Hierarchiestufen gestört sein kann. Gerade der Austausch von Informationen ist aber eine Quelle für neue Gelegenheiten in Unternehmen. Mechanistische Strukturen schreiben den Mitarbeitern ihre funktionalen Aufgaben genau vor, was unternehmerische Initiativen früh im Kein ersticken kann.

Ausgehend von diesen Gedanken zeigen Covin und Slevin (1988) empirisch, dass unternehmerisch ausgerichtete Unternehmen erfolgreicher sind, wenn die Organisationsstruktur organische Züge trägt, wie die von dem Online-Einzelhändler Zappos (Beispiel 3.15). Konservativ ausgerichtete Unternehmen sind erfolgreicher, wenn sie eine mechanistische Organisationsstruktur haben. Organische Strukturen bieten die notwendige Flexibilität, unternehmerische Ideen umzusetzen, mechanistische Strukturen hingegen die Effizienz, etablierte und reife Produkte und Services standardisiert zu erstellen und zu vertreiben (Covin und Slevin 1988).

Beispiel 3.15: Zappos Holocracy: Teams statt Hierarchien

Der in Las Vegas ansässige Online-Einzelhändler Zappos sorgt Anfang 2014 für eine aufsehenerregende Erneuerung seiner Unternehmensstruktur: Sämtliche Hierarchien werden abgeschafft (McGregor 2014). Ein traditionelles Management gibt es nicht mehr. Klassische Titel oder Befehlsketten gehören der Vergangenheit an.

Mit dieser revolutionären Form von Organisation, genannt „Holocracy", werden die bis dahin typischen, automatisierten Dienstwege hinfällig und durch selbstständiges Handeln eigenverantwortlicher Teams ersetzt. Zunächst werden etwa 10 % der Mitarbeiter in das neue System überführt, am Ende des Jahres wird dann der Rest des Unternehmens in die neue Struktur eingegliedert.

Das Konzept soll Mitarbeitern mehr Raum für innovative Ideen zur Führung des Unternehmens geben und es davon abhalten, zu bürokratisch und unflexibel zu werden, während es weiter wächst.

Das von Brian Robertson entworfene Konzept wird bereits von anderen kleineren Unternehmen genutzt. Zappos ist mit 1500 Mitarbeitern das bisher größte Unternehmen, das sämtliche Hierarchien abschafft, um dadurch unternehmerisch zu bleiben.

Die Holocracy-Struktur ist darauf fokussiert, wie Aufgaben effizient erledigt werden können, und rückt von einer persönlichkeitszentrierten Sicht ab. So sind Mitarbeiter gleichzeitig Mitglieder in mehreren Teams, die unterschiedliche Aufgabenbereiche übernehmen. Die einzelnen Teams sind selbst für die Verteilung und Ausführung von Aufgaben verantwortlich, niemand hat das Recht bzw. die Position, anderen Anweisungen zu erteilen. Ob die komplexe Organisationsstruktur Erfolg haben wird, bleibt noch abzuwarten. Das Unternehmen rechnet mit einer Einführungsphase von etwa eineinhalb Jahren, in der die Mitarbeiter Zeit haben, sich an das neue System zu gewöhnen und es aktiv mitzugestalten.

Aus den Überlegungen zu mechanistischen vs. organischen Organisationsstrukturen leiten Covin und Slevin (1988) und Slevin und Covin (1990) vier Typen von Unternehmen ab, die graphisch in Abb. 3.15 dargestellt sind:

• Effektive unternehmerische Unternehmen: Diese Unternehmen sind unternehmerisch geprägt und haben eine organische Organisationsstruktur, die Kommunikation fördert und bürokratische Hürden für unternehmerisches Verhalten minimiert. Organische

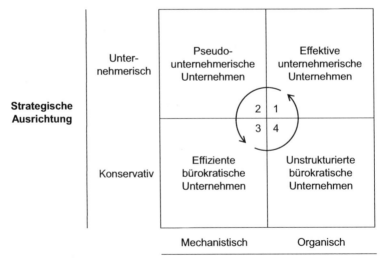

Abb. 3.15 Strategische Ausrichtung, Organisationsstruktur und das Konzept des „Cycling". (Nach Kuratko et al. 2011)

Strukturen ermöglichen es zudem, schnell auf neue Gelegenheiten zu reagieren. Das hilft, das Potenzial einer unternehmerischen Ausrichtung zu realisieren.

- Pseudo-unternehmerische Unternehmen: Diese Unternehmen verfolgen Corporate Entrepreneurship und haben eine mechanistische Organisationsstruktur. In diesen Unternehmen wird das Potenzial einer unternehmerischen Ausrichtung nicht vollends ausgeschöpft, da die mechanistische Struktur notwendige flexible Entscheidungen und Reaktionen auf Gelegenheiten verhindert.
- Effiziente bürokratische Unternehmen: Diese Unternehmen haben eine konservative strategische Ausrichtung und mechanistische Organisationsstrukturen. Sie erreichen eine hohe Effizienz und sind überlegen darin, vorhersehbare Routineaufgaben abzuarbeiten.
- Unstrukturierte bürokratische Unternehmen: Diese Unternehmen haben eine konservative Ausrichtung und organische Organisationsstrukturen. Diese Unternehmen können schnell und flexibel auf veränderte Gegebenheiten reagieren, lassen aber beim Erledigen von Routineaufgaben die Effizienz vermissen, die bei einer konservativen strategischen Ausrichtung nötig wäre.

Effektive unternehmerische und effiziente bürokratische Unternehmen weisen eine Kongruenz zwischen der strategischen Ausrichtung und der Organisationsstruktur auf und sind demnach erfolgreicher als pseudo-unternehmerische und unstrukturierte bürokratische Unternehmen, was Covin und Slevin (1988) mittels einer Befragung von 80 US-amerikanischen Unternehmen aus verschiedensten Industrien mit mindestens US$ 10 Mio. Jahresumsatz zeigen können. Pseudo-unternehmerische und unstrukturierte bürokratische Unternehmen verhindern die Realisation des vollen Potenzials der strategischen Ausrichtung, entweder durch die Eindämmung flexiblen Verhaltens oder durch eine zu geringe Struktur in internen Prozessen.

Die Grundgedanken zur Verbindung zwischen unternehmerischer Haltung, Organisationsstruktur und Entwicklungsphase des Unternehmens entwickeln Kuratko et al. (2011) weiter in einem sogenannten „Cycling"-Konzept. Dieses wird in Abb. 3.15 dargestellt. Erfolgreiche Unternehmen bewegen sich demnach im Zeitablauf zwischen den Zellen 1 (effektive unternehmerische Unternehmen) und 3 (effiziente bürokratische Unternehmen). Oft starten Unternehmen zunächst unternehmerisch mit einer innovativen Idee und benötigen organische Strukturen, die durch mechanistische abgelöst werden sollten, wenn das zugrunde liegende Produkt eine gewisse Reife und Standardisierung erreicht hat. Wichtig ist dann aber zu erkennen, dass ausgeprägte Effizienzorientierung die Identifikation und Implementierung neuer Ideen verhindert, dann also möglicherweise wieder ein Sprung in Zelle 1 zum effektiven unternehmerischen Unternehmen notwendig ist. Kuratko et al. (2011) weisen auch darauf hin, dass im Verlauf dieser Prozesse viele Unternehmen in den Zellen 2 und 4 stecken bleiben, weil es ihnen nicht gelingt, die notwendigen Anpassungen der Organisationsstruktur durchzusetzen.

Verlockend klingt dabei die Idee, parallele Strukturen in einem Unternehmen aufzubauen: in Bereichen mit höherer Unsicherheit und höherem Innovationspotenzial organische Strukturen mit einer unternehmerischen Ausrichtung, in standardisierten, etablierten Umfeldern mechanistische Strukturen, gekoppelt an eine konservative strategische Ausrichtung. Diese Idee wird in der Literatur und in der Praxis unter dem Konzept der ambidexteren Organisation untersucht.

3.3.2.2 Organisatorische Integration in unternehmerischen Unternehmen

Während im Rahmen der organisatorischen Differenzierung die Organisation in Aufgaben, Abteilungen und Stellen unterteilt wird, beschäftigt man sich im Rahmen der Integration mit der Verknüpfung von Individuen und Gruppen in verschiedenen Abteilungen. Eine Differenzierung ist notwendig, um Aufgaben effizient und effektiv erledigen zu können, verzichtet aber darauf, dass alle Individuen (ohnehin kaum möglichen) individuellen Kontakt miteinander haben. Gleichzeitig sollten aber zumindest einige Individuen oder Gruppen aus verschiedenen Stellen und Abteilungen miteinander kommunizieren und interagieren (Brettel et al. 2011). Dies gilt insbesondere für unternehmerische Unternehmen, und zwar an verschiedenen Stellen: Zum einen ergeben sich neue Ideen aus Gelegenheiten oft durch die Kombination von Informationen aus verschiedenen Perspektiven, wie funktionalen Organisationseinheiten. Wie bereits in Abschn. 2.1.1 dargelegt, erhöht die Anzahl von Ideen und neuen Informationen die mögliche Anzahl von Kombinationen dieser Ideen und Informationen, welche wiederum die Wahrscheinlichkeit völlig neuer Ideen und unternehmerischer Impulse erhöht. Handelt es sich um ein sehr großes internationales Unternehmen mit einer breiten Produktpalette, so können Informationen aus einer geographischen Einheit oder einer Produktdivision durchaus für andere relevant sein. Zum anderen müssen unternehmerische Initiativen im Markt umgesetzt werden, was dann zumeist die Zusammenarbeit und Integration verschiedener Funktionen im Unternehmen erfordert.

In der Literatur existiert eine ganze Reihe von Studien, die aufzeigen, dass eine funktionsübergreifende Zusammenarbeit den Erfolg von Neuprodukteinführungen tatsächlich steigern kann (Troy et al. 2008). Der Grundgedanke besteht darin, dass durch die Integration und Zusammenarbeit zwischen verschiedenen Funktionen wie der Marketing-, der Forschungs- und Entwicklungs- und der Controlling-Funktion relevante Informationen ausgetauscht werden, die Unsicherheiten im Neuproduktentwicklungsprozess reduzieren und den Erfolg eines neuen Produkts sichern können. Solch eine Zusammenarbeit kann institutionalisiert begründet sein oder sich spontan auf Initiative der beteiligten Funktionen ergeben. Typische ausgetauschte Informationen zwischen diesen drei Funktionen in frühen und späten Phasen einer Produktentwicklung fasst Abb. 3.16 zusammen.

Insbesondere die Interaktion zwischen einer Marketing- und einer Forschungs- und Entwicklungsabteilung in Bezug auf den Neuprodukterfolg ist in der wissenschaftlichen Literatur empirisch sehr gut belegt (Brettel et al. 2011; Olson et al. 2001). In frühen Entstehungsphasen einer innovativen Idee in der Forschungs- und Entwicklungsabteilung kann das Marketing möglicherweise bereits erste Abschätzungen zum Marktumfeld und zur potenziellen Reaktion des Marktes auf dieses neue Produkt liefern. Gleichzeitig können vom Marketing auch Impulse für die Entwicklung neuer Produkte in der Forschungs-

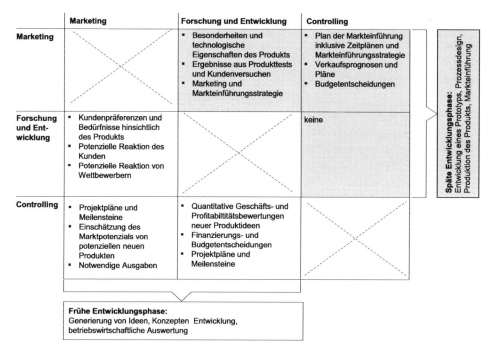

Abb. 3.16 Typischer Informationsaustausch zwischen Marketing, Forschung und Entwicklung und Controlling in frühen und späten Entwicklungsphasen. (Nach Hempelmann und Engelen 2014)

und Entwicklungsabteilung kommen (Verhoef und Leeflang 2009). In späteren Phasen der Vermarktung ist eine enge Abstimmung zwischen den beiden Abteilungen sinnvoll, um die Marketing-Mitarbeiter zu den Anwendungsmöglichkeiten des neuen Produkts zu schulen, so dass sie dieses entsprechend verkaufen können. Erhält das Marketing dann eine Rückmeldung zum Produkt, kann es diese Rückmeldung schnell an die Forschungs- und Entwicklungsabteilung weitergeben, so dass diese mit weiteren Produktversionen reagieren kann. Hempelmann und Engelen (2014) zeigen zudem, dass eine Zusammenarbeit der Controlling-Funktion mit der Forschungs- und Entwicklungsabteilung in frühen Entwicklungsphasen und eine Zusammenarbeit der Controlling-Funktion mit der Marketing-Funktion in späten Phasen den Neuprodukterfolg positiv beeinflussen kann. Das Controlling hilft, früh Marktgrößen und Profitabilitäten abzuschätzen.

Es fällt jedoch auf, dass diese Studien empirisch zu Neuproduktentwicklungsprozessen durchgeführt wurden und damit sicherlich die Innovativitätskomponente eines unternehmerischen Handelns abdecken. Eine Schwäche von funktionsübergreifender Integration kann aber die notwendige zeitintensive Abstimmung zwischen den Funktionen sein, die möglicherweise dazu führt, dass Unternehmen die Zeitfenster für proaktive Markteintritte verpassen (Luo et al. 2006). Zudem ist es möglich, dass die Integration zu einer Abänderung von Ideen führt und so die ursprüngliche „geniale" Idee verwässert wird, weil Zwischenziele in strukturierten Neuproduktentwicklungsprozessen – wie in Abschn. 2.1.1 bereits beschrieben – nicht eingehalten werden oder weil andere Abteilungen diese Idee einfach nicht verstehen.

Aber wie kann dann der notwendige Austausch zur Förderung und Implementierung unternehmerischer Ideen gefördert werden? Im Kontext von unternehmerischen Unternehmen untersuchen De Clercq et al. (2010) bei 232 kanadischen Unternehmen aus verschiedensten Industrien, inwiefern Vertrauen in Austauschprozessen zwischen verschiedenen Einheiten das Potenzial unternehmerischer Initiativen fördern kann. Vertrauen bezeichnet dabei einen Zustand, in dem verschiedene Individuen und Gruppen in einem Unternehmen an die gute Absicht der anderen Individuen und Gruppen in diesem Unternehmen glauben. Vertraut man anderen Individuen oder Gruppen im Unternehmen, ist man bereit, Informationen preiszugeben, auch wenn man sich dadurch ggf. angreifbar macht. Vertrauen führt dazu, dass Individuen im Unternehmen anderen Individuen im Unternehmen Informationen offen zugänglich machen und sie zügig bereitstellen. Individuen sind dabei intrinsisch motiviert, Informationen zu liefern, die für die Entwicklung neuer unternehmerischer Ideen von Bedeutung sein können. Insbesondere werden auch möglicherweise vertrauliche Informationen ausgetauscht. Dabei wird nicht taktisch gedacht, da man davon ausgeht, dass die andere Partei diese Informationen nicht zum Nachteil der kommunizierenden Partei ausnutzen wird. Vertrauen führt auch dazu, dass Individuen sogar Informationen bereitstellen, die ein Scheitern dieser Individuen aufzeigen. Unternehmerische Ideen können oft besser bewertet werden, wenn man nicht nur über vergangene Erfolgsgeschichten Bescheid weiß, sondern auch über bereits erfolgte Misserfolge von anderen Individuen oder Gruppen im Unternehmen. Nur wenn Vertrauen besteht, sind Individuen oder Gruppen bereit, auch über ihre bisherigen Misserfolge zu sprechen.

Aber wie kann Vertrauen zwischen Mitgliedern eines Unternehmens gefördert werden? Letztlich bedarf es eines Verständnisses darüber, unter welchen Umständen Individuen anderen Individuen vertrauen. Ein Modell, um die mentalen Überlegungen und die Entscheidung für oder gegen Vertrauen in eine andere Person zu verstehen, bietet Hurley (2006). Dieses Modell, das in Abb. 3.17 dargestellt wird, unterscheidet zwischen Einflussgrößen, die den Entscheidungsträger betreffen (also die Person, die Vertrauen gegenüber einer anderen Partei aufbringen soll), und situationsbezogenen Einflussgrößen.

Entscheidungsträger, die sich in einer bestimmten Situation für oder gegen Vertrauen in eine Person oder Personengruppe entscheiden müssen, unterscheiden sich in ihrer Risikotoleranz. Risikobereite Personen fragen sich nicht unbedingt in jeder Situation, was als Folge von Vertrauen in eine Person oder eine Gruppe schiefgehen kann. Diese Entscheidungsträger neigen eher dazu, zu vertrauen, ebenso wie Personen, die sich leicht an neue Situationen anpassen können. Anpassungsfähige Individuen sind generell zufrieden mit ihrer Situation und sehen die Welt als weniger schlecht an. Auch die relative Macht des Entscheidungsträgers hat Einfluss darauf, ob dieser Entscheidungsträger anderen vertraut oder nicht. Hat er viel Macht (beispielsweise durch eine Autoritätsbeziehung im Unternehmen), dann wird er eher vertrauen, da er im Fall einer Enttäuschung Sanktionen aussprechen kann.

Darüber hinaus gibt es eine Reihe von situativen Einflussfaktoren. Wie sicher ist die Situation? Steht für beide Parteien extrem viel auf dem Spiel? Wenn ja, dann reduzieren Individuen deutlich ihr Vertrauen in andere Personen. Ähnlichkeiten zwischen Individuen

Faktoren beim Entscheider

- Wie tolerant ist die vertrauende Partei gegenüber Risiko?
- Wie stark ist die vertrauende Partei angepasst?
- Wie viel relative Macht hat die Partei inne?

Situationsbezogene Faktoren

- Wie sicher fühlen sich die beteiligten Parteien?
- Wie viele Gemeinsamkeiten bestehen zwischen den beteiligten Parteien?
- Wie gut sind die Interessen der beteiligten Parteien aufeinander abgestimmt?
- Zeigt die Partei, der vertraut werden soll, wohlwollendes Interesse?
- Ist die Partei, der vertraut werden soll, kompetent?
- Hat die Partei, der vertraut werden soll, Berechenbarkeit und Integrität gezeigt?
- Führen die beteiligten Parteien eine gute Kommunikation?

Auswahl | **Misstrauen** | **Vertrauen**

Abb. 3.17 Determinanten von Vertrauen. (Nach Hurley 2006)

oder Gruppen erhöhen das Vertrauen. Ähnlichkeit kann sich dabei auf eine gemeinsame regionale Herkunft, geteilte Werte oder Zugehörigkeit zur gleichen Unternehmensabteilung beziehen. Neben Sicherheit der Situation und Ähnlichkeit spielt auch Interessengleichheit eine große Rolle. Hurley (2006) sieht in der Beziehung zwischen Arzt und Patient eine ausgeprägte Interessengleichheit, da beide das Interesse haben, dass z. B. eine geplante Operation zum Erfolg führt.

Wohlwollendes Interesse desjenigen, dem vertraut werden soll, an der Person, die vertrauen soll, spielt ebenfalls eine Rolle. Setzt sich ein Vorgesetzter beispielsweise nie für die Interessen seiner Mitarbeiter ein, so werden diese Mitarbeiter kaum Vertrauen in diesen Vorgesetzten aufbauen können. Auch die Fähigkeiten der zu vertrauenden Person oder Gruppe spielen eine wichtige Rolle. Weiß der Entscheidungsträger, der über Vertrauen oder Misstrauen zu entscheiden hat, dass eine Partei in einer relevanten Sache sehr fähig ist, wird er eher vertrauen. Patienten trauen beispielsweise Ärzten mit vielen Auszeichnungen, akademischen Titeln, Erfahrung und positiven Empfehlungen deutlich mehr als unerfahrenen Ärzten mit möglicherweise sogar negativen Empfehlungen. Vorhersehbarkeit ist ebenfalls ein Treiber von Vertrauen. Wie wahrscheinlich ist es, dass eine Person sich auch so verhält, wie sie angekündigt hat? Aktionäre misstrauen einem Vorstand, der bereits mehrmals gute Zahlen versprochen hat, sie aber nie geliefert hat. Schließlich nennt

Hurley (2006) die Intensität und Ehrlichkeit der Kommunikation zwischen den beteiligten Individuen und Gruppen als Einflussfaktor von Vertrauen. Haben die Parteien in der Vergangenheit nicht ehrlich miteinander kommuniziert und wurde das später deutlich, so ist das Vertrauen nicht sehr hoch. Wurden Informationen ehrlich und regelmäßig ausgetauscht, so gibt es gute Gründe, Vertrauen in die jeweils andere Person oder Gruppe zu haben.

Wie kann dieses Modell genutzt werden, um Vertrauen im Unternehmen und damit die Implementierung von Corporate Entrepreneurship zu fördern? Tabelle 3.7 listet für alle Einflussfaktoren konkrete Ansatzpunkte auf. Beispielsweise könnte die Partei, die Vertrauen haben will, Interessengleichheit transparent machen, indem sie aufzeigt, wie sich das gemeinsame Unternehmen entwickeln könnte, wenn man völlig auf unternehmerische Gelegenheiten verzichtet. Ebenso könnte die Partei, die Vertrauen braucht, transparent machen (beispielsweise im Intranet), dass es bereits vergangene Gelegenheiten erfolgreich unternehmerisch genutzt und so dem gesamten Unternehmen gedient hat. Dadurch stellt die Partei ihre unternehmerische Kompetenz heraus. Damit steigt die Wahrscheinlichkeit, dass andere Parteien (wie andere Abteilungen) Vertrauen in die Corporate Entrepreneurship praktizierende Partei aufbauen und beispielsweise Informationen zur Verfügung stellen. Als weiteres Beispiel sei eine ausgeprägte Kommunikation genannt. Parteien, die Corporate Entrepreneurship vorantreiben wollen und wissen, dass dazu das Vertrauen anderer Parteien hilfreich ist, sollten regelmäßig über ihre Projekte kommunizieren: Was sind die Risiken? Welche Fortschritte haben wir gemacht? Solche Kommunikation erhöht das Vertrauen anderer Parteien mit allen Vorteilen für unternehmerische Initiativen. Diese Ansatzpunkte können zudem explizit vom Top-Management für das gesamte Unternehmen gesteuert werden, um generell den Grad an Vertrauen zwischen Mitarbeitern des Unternehmens zu erhöhen. So könnte das Top-Management die Kommunikation generell durch Newsletter oder gemeinsame Meetings steigern. Auch könnte es regelmäßig Erfolge einzelner Parteien herausstellen (wie eine erfolgreiche Einführung eines Produkts durch das Marketing), um so das Vertrauen anderer in diese Partei zu steigern (Tab. 3.7).

Wie im vorhergehenden Abschn. 3.3.1.2 dargestellt, ist das Wissensmanagement im Unternehmen ein wesentlicher Hebel zur Integration. Insgesamt gibt es drei Studien in der Literatur zum Corporate Entrepreneurship, die die Bedeutung eines zielgerichteten Wissensmanagements aufzeigen. So zeigen Engelen et al. (2014a) auf Basis einer Stichprobe von 219 kleinen und mittleren deutschen Unternehmen, dass unternehmerische Initiativen besser genutzt werden können, wenn ein Unternehmen einen Wissensmanagement-Prozess der Informationsgenerierung, -verteilung, und -anwendung implementiert. Insbesondere die Verteilung von Informationen in einem Unternehmen kann von hoher Bedeutung sein. Misserfolge, aus denen wichtige Lehren gezogen wurden, sind möglicherweise schon gemacht worden. Andere Mitarbeiter, oft geographisch von der aktuellen unternehmerischen Initiative weit entfernt, haben möglicherweise Informationen, die zur Weiterentwicklung der aktuellen Initiative von großer Bedeutung sind. Je größer ein Unternehmen ist, desto größer ist die Wahrscheinlichkeit, dass relevante Informationen zur Bewertung oder Weiterentwicklung einer unternehmerischen Initiative bereits exis-

Tab. 3.7 Wie kann ich Vertrauen bei anderen in meine unternehmerische Idee und mich schaffen?

Bei niedriger Ausprägung von …	Ansatzpunkte zur Förderung von Vertrauen von anderen Parteien im Unternehmen in eigene unternehmerische Ideen
Risikobereitschaft der potenziell vertrauenden Partei	– Verbringe viel Zeit damit, deine unternehmerischen Initiativen genau zu erklären – Erkenne die Leistungen anderer an, auch wenn eine unternehmerische Initiative scheitert – Mache den „Worst Case" einer unternehmerischen Initiative transparent
Anpassungsfähigkeit der potenziellen vertrauenden Partei	– Habe Geduld, da einige Individuen einfach mehr Zeit benötigen, sich an eine unternehmerische Initiative zu gewöhnen
Relative Macht der potenziell vertrauenden Partei	– Biete verschiedene Optionen an, eine unternehmerische Initiative zu verfolgen – Mache deutlich, dass unternehmerische Initiativen im Sinne des ganzen Unternehmens verfolgt werden und nicht nur im Sinne einzelner Individuen wie Top-Managern
Sicherheit in der konkreten Situation	– Finde Wege, um Risiken in unternehmerischen Initiativen zu reduzieren
Gemeinsamkeiten zwischen den beteiligten Parteien	– Kommuniziere in der Wir-Form, nicht in der Ich-Form bei der Vorstellung unternehmerischer Initiativen – Hebe hervor, was du mit anderen Individuen im Unternehmen gemeinsam hast
Interessengleichheit zwischen den beteiligten Parteien	– Konzentriere dich auf die übergreifende Vision des Unternehmens bei der Vorstellung von unternehmerischen Initiativen – Unterstütze eine Unternehmenskultur, die auf gemeinsamen Werten basiert
Wohlwollendes Interesse der potenziell zu vertrauenden Partei	– Ergreife Maßnahmen, die ernsthaftes Interesse am (auch privaten) Wohlergehen anderer Individuen im Unternehmen zeigen – Verfolge faire Prozesse (beispielsweise bei der Verteilung von Lob bei erfolgreichen unternehmerischen Initiativen) – Stelle ab und an dein eigenes Interesse hinten an, um für andere da zu sein (beispielsweise wenn andere eine unternehmerische Initiative verfolgen wollen)
Fähigkeiten der potenziell zu vertrauenden Partei	– Stelle deine Fähigkeiten und Erfahrungen heraus, die bei der Verfolgung der unternehmerischen Initiative hilfreich sind – Stelle deine Erfolgsgeschichten bei der Verfolgung unternehmerischer Initiativen in der Vergangenheit heraus – Erkenne an, wenn dir bestimmte Fähigkeiten fehlen und delegiere diese Aufgaben an fähigere Mitarbeiter
Vorhersehbarkeit des Verhaltens der potenziell zu vertrauenden Partei	– Versprich weniger, als mit der unternehmerischen Initiative zu erwarten ist, und liefere mehr, als zu erwarten war – Wenn klar wird, dass die unternehmerische Initiative nicht zum Erfolg führt, erkläre offen und ehrlich die Gründe
Kommunikation zwischen den beteiligten Parteien	– Erhöhe die Kommunikation mit anderen Mitarbeitern, beispielsweise über Fortschritte bei der unternehmerischen Initiative – Baue Beziehungen im Unternehmen über die konkrete Aufgabe hinaus auf (wie gemeinsames Abendessen)

tieren. Hier hat Entrepreneurship in großen und älteren Unternehmen Vorteile gegenüber Start-up-Entrepreneurship, wo historische Informationen fehlen. Demnach gilt es, ein Wissensmanagement-System aufzusetzen, das relevante Informationen und Erfahrungen speichert und den Mitarbeitern eines Unternehmens strukturiert zugänglich macht. Wichtig ist hier, dass Informationen leicht und zügig auffindbar sind, so dass unternehmerische Initiativen nicht aufgehalten werden. Beispiele aus der Praxis – wie im Beispiel 3.16 für 3M dargestellt – deuten darauf hin, dass personalisierte Wissensmanagement-Systeme für unternehmerische Initiativen besonders geeignet sind. Bei unternehmerischen Initiativen handelt es sich per Definition um etwas, was so in dieser Form noch nicht da gewesen ist. Entsprechend hilft daher in den meisten Fällen kodifiziertes Wissen nicht weiter, sondern der Austausch mit anderen Experten ist notwendig. Im persönlichen Austausch können dann gemeinsame Ideen entwickelt und Erfahrungen aus der Vergangenheit auf den neuen Kontext angewendet werden.

Beispiel 3.16: Wie finde ich Kollegen, die mir helfen können? Wissensmanagement bei 3M

Hannemann (2011) berichtet über einen Entwickler bei 3M, das als eines der unternehmerischsten und innovativsten Unternehmen gilt. Wenn ein Entwickler seine neuen Ideen im eigenen Haus mitteilt, muss er kein opportunistisches Verhalten von Kollegen erwarten. Es gibt Datenbanken, denen er entnehmen kann, welche seiner Kollegen gerade an ähnlichen Fragestellungen arbeiten oder gearbeitet haben. 3M hat sogar eine eigene Abteilung, die ihm hilft zu recherchieren, welche Kollegen relevante Ansprechpartner sein können. Ein Kollegen-Gremium tauscht sich zudem regelmäßig zu Ideen aus. Hannemann (2011) stellt heraus, dass die Größe von 3M – mit etwa 80.000 Mitarbeitern weltweit – ein Vorzug ist, da man zumeist kompetente Partner findet, mit denen man die Idee intern vorantreiben, entwickeln und ggf. umsetzen kann.

Einen weiteren empirischen Beleg für den Zusammenhang zwischen Wissensmanagement und Corporate Entrepreneurship können Lee und Sukoco (2007) in einer Befragung von 152 Managern taiwanesischer Unternehmen in unterschiedlichen Industrien erbringen. Sie zeigen, dass es einen positiven Zusammenhang zwischen Corporate Entrepreneurship gibt und

- der Fähigkeit zum Wissensmanagement,
- einer Verbesserung von Kompetenzen,
- der Effektivität von Organisationen und
- der tatsächlichen Innovationsfähigkeit.

Verfolgen Unternehmen Corporate Entrepreneurship, dann haben sie ein Interesse daran und sorgen auch dafür, dass Wissen als notwendige Ressource, um innovativ zu denken und zu handeln, in der Organisation geteilt wird. In der Folge wachsen die Kompetenzen der Organisation als Ganzes. Unter Kompetenzen verstehen die Autoren die Fähigkeit, neue, riskantere Möglichkeiten zu identifizieren und zu nutzen sowie bestehende Prozesse effizienter zu gestalten. Die Innovationsfähigkeit des Unternehmens steigt insgesamt, und damit die Effektivität. Das heißt, Produkte werden häufiger erfolgreich auf den Markt gebracht, Marktveränderungen werden häufiger frühzeitig vorausgesehen, Marktanteile steigen, Umsätze wachsen etc.

Als dritte Studie zum Wissensmanagement können Yuan et al. (2009) in einer Befragung von 607 Top-Managern chinesischer Produktionsunternehmen ebenfalls zeigen, dass das Teilen von Wissen innerhalb eines Unternehmens Innovationen positiv beeinflusst. Allerdings weisen sie darauf hin, dass es nicht ausreichend ist, Wissen nur zu teilen. Es muss auch angewendet werden, um Innovationen zu produzieren. Wenn Wissen geteilt wird, wächst die Wahrscheinlichkeit, dass es auch angewendet wird und Innovationen daraus resultieren. Dies ist im Interesse unternehmerischer Unternehmen, die die Anwendung von Wissen fördern. Deshalb verstärkt eine unternehmerische Haltung den positiven Zusammenhang zwischen dem Teilen von Wissen und der Anwendung von Wissen.

Damit kann festgehalten werden, dass Vertrauen innerhalb einer Organisation und ein strukturiertes Wissensmanagementsystem den Austausch von Informationen im Rahmen der Integration zuvor differenzierter Aufgaben in der Organisationsfunktion fördern. Darüber hinaus wird in der Literatur und auch im praktischen Beispiel oft herausgestellt, dass einzelne Mitarbeiter im Unternehmen die Rolle eines „Informationsverteilers" übernehmen können. Dies müssen Personen sein, die einen sehr guten Überblick über das ganze Unternehmen haben, möglicherweise bei großen Unternehmen auch bereits in verschiedenen Hierarchiestufen, Funktionen oder Bereichen gearbeitet haben. Oft ist es das Top-Management, das einen solchen Überblick hat. Mit einem solchen Überblick, gepaart mit der Motivation, das ganze Unternehmen und nicht einzelne Bereiche nach vorne bringen zu wollen, können dann Informationen, Prozesse oder Erfahrungen einzelner Bereiche in andere übertragen werden. So können Informationen über Prozesse, Vorgehensweisen und Produktideen aus einer Industrie wichtigen Input für unternehmerische Initiativen in anderen Industrien – die in einer anderen Produktdivision bearbeitet werden – liefern. Im Rahmen des Abschn. 3.5.2.1 zu Eigenschaften von Führungspersonen im Top-Management werden wir darlegen, dass sich das Top-Management in unternehmerischen Unternehmen oft dadurch auszeichnet, dass es genau diese Aufgaben wahrnimmt, indem es Informationen und Beobachtungen aus verschiedenen Unternehmensbereichen zusammenbringt.

Eine andere Manifestation individueller Initiative im Informationsaustausch können in großen multinationalen Unternehmen sogenannte „Global Bridgers" sein, d. h. Mitarbeiter, die global tätig sind und Informationsaustausch zwischen Niederlassungen betreiben. Multinationale Unternehmen haben potenziell besondere Möglichkeiten, Ideen über Grenzen hinweg auszutauschen (Washburn und Hunsaker 2011). Ging man bisher davon aus, dass insbesondere von der Zentrale – typischerweise in entwickelten Nationen – innovative Ideen in die einzelnen Niederlassungen geflossen sind, so beobachtet man in den letzten Jahren vermehrt den Trend, dass Ideen auch in umgekehrter Richtung fließen können, also aus sich entwickelnden Nationen in die entwickelten Länder, in denen das Unternehmen vertreten ist, zurückfließen. In sich entwickelnden Nationen gehen

Individuen aufgrund des geringeren Entwicklungsstands und anderer Umstände anders mit Produkten um, oder Produkte müssen entsprechend angepasst werden. Diese anderen Verwendungen oder Produktanpassungen könnten auch wieder für die Zentrale und die entwickelten Nationen relevant sein. Noch sind solche Ideenbewegungen selten, aber Coca-Cola sagt bereits heute, dass die Mehrzahl neuer Ideen aus weniger entwickelten Nationen kommt. Den Tata Nano beispielsweise, das günstigste Auto der Welt, entwickelte der indische Automobilhersteller Tata Motors nach genauer Beobachtung der unteren indischen Mittelschicht. Washburn und Hunsaker (2011) beobachten allerdings, dass ein solcher Ideentransfer nur stattfindet, wenn „Global Bridgers" auch den tatsächlichen Informationsaustausch fördern. Sie stellen die Vernetzungen zwischen den verschiedenen Niederlassungen her und unterstützen so die Kombination von Beobachtungen, die dann zu innovativen Ideen führen kann.

3.3.2.3 Unternehmenskulturen in unternehmerischen Unternehmen

Des Weiteren bestimmt die Unternehmenskultur die Organisationsfunktion. Da eine Unternehmenskultur mit ihren sichtbaren und nicht sichtbaren Elementen das Verhalten von Individuen in Unternehmen beeinflusst, liegt die Schlussfolgerung nahe, dass verschiedene Unternehmenskulturen und zugrunde liegende Werte unterschiedlich stark unternehmerisches Verhalten im Unternehmen fördern.

Engelen et al. (2011) setzen die im vorhergehenden Abschn. 3.3.2.3 allgemein beschriebenen Typen von Unternehmenskulturen nach Deshpandé und Farley (2004) mit dem Grad an Corporate Entrepreneurship in einem Unternehmen in Verbindung. Die Autoren zeigen, dass eine flexible Unternehmenskultur den Grad an Corporate Entrepreneurship im Unternehmen stärkt. Risiko wird als etwas Positives gesehen, Innovationen gelten als das Rückgrat des gesamten Unternehmens, es herrschen Experimentierfreude und eine positive Einstellung zu Neuem vor. So eine Unternehmenskultur äußert sich z. B. im offenen Umgang mit Ressourcen, wie bei Hewlett-Packard (Beispiel 3.17), oder in der Kommunikation, wie bei Google (Beispiel 3.18), und kann zur Identifikation und zur zügigen Umsetzung von Gelegenheiten führen.

Eine Hierarchie-Unternehmenskultur reduziert den Grad an Corporate Entrepreneurship. Formelle Regeln werden als positiv und wünschenswert angesehen, ebenso Strukturen und Vorgaben von hierarchisch übergeordneten Mitarbeitern. Eigeninitiative von Individuen ist aber erwünscht. Dieser Typ von Unternehmenskultur geht davon aus, dass Vorgesetzte, insbesondere das Top-Management, am besten in der Lage sind, strategische Entscheidungen zu treffen.

Auch eine Markt-Unternehmenskultur, die auf Werten wie Wettbewerb, Durchsetzungsvermögen und Zielerreichung basiert, wirkt sich negativ auf den Grad an Corporate Entrepreneurship aus. Eine Markt-Unternehmenskultur schafft Rivalität im Unternehmen, die den Informationsaustauch eindämmt. Zudem liegt der Fokus auf kurzfristigen Zielen, vor allem in punkto Profitabilität. Ein solches Verhalten führt zu einer kurzfristigen Optimierung. Es fördert beispielsweise inkrementelle Verbesserungen existierender Produkte, nicht aber unternehmerische Initiativen, die oft erst nach Monaten oder Jahren positiv auf solche Erfolgsgrößen einzahlen.

> **Beispiel 3.17: Hauptsache, Ingenieure probieren viel aus ...**
>
> Hewlett-Packard lagert in seiner Niederlassung in Santa Rosa eine Vielzahl von Bauteilen mechanistischer und elektrischer Art. Dieses Lager dürfen die Ingenieure von Hewlett-Packard frei nutzen und sich auch für private Zwecke bedienen, ohne dies rechtfertigen zu müssen. Warum macht Hewlett-Packard das? Zum einen kann es gut sein, dass Ingenieure dann auch in ihrer Freizeit tüfteln und möglicherweise Ideen generieren, von denen auch Hewlett-Packard etwas hat. Zum anderen zeigt eine solche Vorgehensweise Vertrauen in die Mitarbeiter. Bei Hewlett-Packard erzählt man sich folgende Geschichte über den Gründer Bill Hewlett: An einem Wochenende kam er kurz in das Unternehmen und sah, dass das Materiallager verschlossen war (Steinmann und Schreyögg 2005). Er öffnete das Schloss persönlich mit einem Bolzenschneider und hing einen Zettel an die Tür: „Dieses Materiallager bitte nie wieder abschließen. Viele Grüße, Bill".

Während die Studie von Engelen et al. (2011) vier verschiedene Typen von Unternehmenskulturen untersucht, betrachten Morris et al. (1993) zwei Ausprägungen eines ganz konkreten Wertes. Sie gehen theoretisch und empirisch der Fragestellung nach, ob individualistische oder kollektivistische Werte in Unternehmen Unternehmertum fördern. Sie übertragen die Konzepte des Individualismus und Kollektivismus aus der Literatur zur nationalen Kultur (siehe dazu auch die Darlegungen in Kap. 5 dieses Buchs) auf die Organisationsebene. Individualistische Werte sind Werte, die die einzelne Person und ihre Freiheit herausstellen, wie individuelles Leistungsstreben, individuelles Wohlergehen, individuelle Selbstverwirklichung. Kollektivistische Werte hingegen umfassen beispielsweise Teamwork, gemeinsames Arbeiten an Problemen, Wohlergehen und Weiterentwicklung der Gruppe. Die Autoren argumentieren nun, dass einerseits vor allem einzelne Individuen unternehmerisch aktiv sind und daher möglicherweise individualistische Werte in einem Unternehmen Unternehmertum fördern. Andererseits führt der Austausch von Informationen und Ideen zwischen verschiedenen Mitgliedern eines Unternehmens zu neuen Ideen, welche wiederum Grundlage für unternehmerische Gelegenheiten sein können. Spätestens bei der Implementierung einer unternehmerischen Initiative bedarf es dann der Zusammenarbeit zwischen verschiedenen Funktionen im Unternehmen.

> **Beispiel 3.18: Google: Wir sagen nicht „nein"!**
>
> Als Nikesh Arora, Vorstandsmitglied bei Google, gefragt wurde, was Googles Unternehmenskultur so einzigartig macht, sagte er, dass man bei Google in Meetings nie „nein" sagt. Wenn ein Mitarbeiter einen Vorschlag für ein neues Produkt macht, dann sucht man bei Google immer Argumente dafür, warum die Idee gut ist und funktionie-

Tab. 3.8 Positive Aspekte individualistischer und kollektivistischer Werte. (Nach Kuratko et al. 2011)

Positive Aspekte individualistischer Werte	Positive Aspekte kollektivistischer Werte
– Mitarbeiter entwickeln mehr Selbstbewusstsein – Wettbewerb untereinander erhöht die Anzahl von neuen Konzepten, Ideen und bahnbrechenden Innovationen – Mitarbeiter übernehmen mehr persönliche Verantwortung für erzielte Leistungsergebnisse – Erhöhtes Gefühl von Gerechtigkeit durch Verbindung zwischen persönlicher Leistung und Belohnungen	– Größere Synergien durch kombinierten Einsatz von Mitarbeitern mit unterschiedlichen Fähigkeiten – Diverse Perspektiven können einfließen und zu einer ganzheitlichen Sicht führen – Individuen werden als Gleichgestellte behandelt – Zwischenmenschliche Beziehungen sind eher persönlich, harmonisch und aufeinander abgestimmt – Stärkeres Bemühen um das Wohlergehen anderer, vorhandenes Netzwerk an sozialer Unterstützung – Verantwortung für Fehler und Erfolge wird gleich untereinander aufgeteilt – Stetige, inkrementelle Fortschritte von Projekten durch Teamwork

ren könnte. Man geht davon aus, dass die Bereitschaft von Mitarbeitern, neue Ideen einzubringen, über kurz oder lang deutlich sinken würde, wenn als Reaktion auf Vorschläge nach Ablehnungsgründen (d. h. nach Gründen für ein klares „Nein") gesucht würde. Damit ist hier die Sprache und die Art der Argumentation ein sichtbares Artefakt einer innovationsorientierten und flexiblen Unternehmenskultur bei Google.

Sowohl individualistische als auch kollektivistische Werte haben Vorteile (Tab. 3.8) und Nachteile (Tab. 3.9). In individualistisch orientierten Unternehmen sind Individuen selbstbewusster und ehrgeiziger und wissen zudem, dass sie auch eine entsprechende individuelle Belohnung für ihr Verhalten bekommen werden. Durch Wettbewerb zwischen Individuen kann positive Reibung und positiver Konflikt entstehen, was zu einer größeren Anzahl an neuen Ideen, insbesondere radikal neuen Ideen, führen kann. Während diese Aspekte Unternehmen fördern können, gibt es auch einige Aspekte individualistischer Werte, die Hürden sein können. Handeln Individuen egoistisch, halten sie möglicherweise Informationen zurück, die anderen Mitarbeitern bei der Entwicklung neuer Ideen hilfreich sein könnten. Dies wiegt schwer, da ein ausgeprägter Informationsaustausch ein wesentlicher Erfolgsfaktor für unternehmerische Ausrichtungen ist. Es gibt zudem eine ausgeprägtere Tendenz zu unethischem Verhalten wie der Weitergabe falscher Informationen. Darüber hinaus lastet das ganze Risiko des Scheiterns, inhärent in allen unternehmerischen Aktivitäten, auf dem einen Individuum.

Auch kollektivistische Werte haben Vor- und Nachteile. Synergien durch unterschiedliche Perspektiven und Erfahrungen fördern die Entwicklung neuer Ideen. Diese können zudem durch Teamwork und das Hinarbeiten auf ein gemeinsames Ziel schneller imple-

Tab. 3.9 Negative Aspekte individualistischer und kollektivistischer Werte. (Nach Kuratko et al. 2011)

Negative Aspekte individualistischer Werte	Negative Aspekte kollektivistischer Werte
– Betonung liegt auf persönlichem Gewinn auf Kosten anderer, Selbstsucht, Materialismus – Individuen sind weniger loyal und leichter käuflich – Betonung der Unterschiede zwischen Individuen – Ermutigung zu interpersonellen Konflikten – Größeres Stresslevel für eine Person, Druck durch Einzelleistung – Unsicherheit kann aus einer zu großen Alleinverantwortung resultieren – Größeres Gefühl von Einsamkeit, Entfremdung und Anomie – Stärkerer Anreiz für unethisches Verhalten und Berechnung – Verantwortung für Fehler liegt allein beim Individuum	– Verlust des persönlichen und professionellen Selbst zugunsten des Kollektivs – Stärkere emotionale Abhängigkeit der Individuen von der Gruppe oder Organisation – Geringere persönliche Verantwortung für Ergebnisse – Individuen können für die Leistungen anderer belohnt werden, ohne dabei selbst beteiligt gewesen zu sein – Ergebnisse können Kompromisse verschiedenster Perspektiven ausdrücken; dies reflektiert den Harmoniebedarf der Gruppe, aber nicht den Bedarf, optimale Leistungen zu erbringen – Ein Kollektiv kann mehr Zeit in Anspruch nehmen, um zu einem Konsens zu gelangen, und dabei Gelegenheiten verpassen

mentiert werden. Schließlich liegt die Verantwortung für ein mögliches Scheitern nicht bei einem Mitarbeiter, sondern bei der gesamten Gruppe, wenn nicht dem gesamten Unternehmen. Aber auch bei kollektivistisch orientierten Werten gibt es Facetten, die Barrieren für Unternehmertum bilden können. Ergebnisse einer Gruppenarbeit können durch eine Reihe von Kompromissen die eigentliche Grundidee verwässern und das innovative Potenzial reduzieren, insbesondere wenn andere Funktionen oder Individuen im Unternehmen den „genialen" Kern einer Idee nicht erkennen. Zudem kann eine ausgeprägte emotionale Bindung einzelner an die Gruppe oder das ganze Unternehmen verhindern, dass notwendige, aber unpopuläre Entscheidungen zur Implementierung unternehmerischer Ideen getroffen werden. Schließlich benötigt Abstimmung im Rahmen einer kollektivistischen Denke Zeit. Es gibt keinen Raum für Alleingänge. Abstimmungen kosten Zeit, was dazu führen kann, dass das Zeitfenster für unternehmerische Gelegenheiten sich wieder schließt, bevor ein Konsens erzielt wurde.

Morris et al. (1993) wägen diese Argumente ab und kommen zu dem Schluss, dass weder ein ausgeprägter Individualismus noch ein ausgeprägter Kollektivismus in einer Unternehmenskultur ideal ist, um unternehmerisches Verhalten zu fördern. Zu deutlich sind die jeweiligen Nachteile. Aus diesem Grund nehmen die Autoren an, dass ein mittlerer Grad optimal ist, und weisen diese Annahme auf Basis von 252 Antworten aus 84 US-amcrikanischen Unternehmen empirisch nach, wie in Abb. 3.18 veranschaulicht. Dieser mittlere optimale Grad erlaubt es, ein Stück wcit von den positiven Effekten beider Werteausrichtungen zu profitieren, ohne dass die jeweiligen deutlich negativen Effekte zu stark zum Tragen kommen. Das bedeutet, dass eine Unternehmenskultur zwar kollektivistische Werte beinhalten soll, insbesondere wenn es darum geht, gemeinsam neue Ideen zu

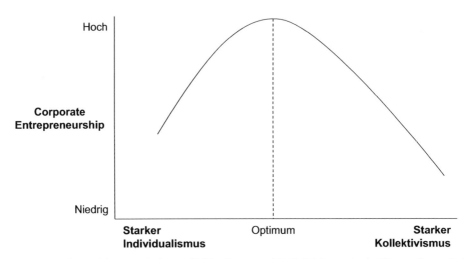

Abb. 3.18 Die Beziehung zwischen Individualismus und Kollektivismus in der Unternehmenskultur und Corporate Entrepreneurship. (Nach Morris et al. 1993)

generieren und zu implementieren. Eine Unternehmenskultur sollte aber auch einzelnen Individuen genug Freiraum geben, sich zu verwirklichen und eigene Ideen zu voranzutreiben, unabhängig von Meinungen anderer Mitglieder des Unternehmens.

3.3.3 Exkurs: Strukturelle und kontextuale Ambidextrie

Wie in den vorhergehenden Abschnitten dargestellt, unterscheidet man grundsätzlich zwei verschiedene Organisationsstrukturen: organische und mechanistische. Organische Organisationsstrukturen sind tendenziell eher geeignet für unsichere Umfelder mit vielen neuen Gelegenheiten, die unternehmerisch genutzt und erkundet werden können. Mechanistische Strukturen hingegen erlauben das effiziente Abarbeiten von Aufgaben, die Standard und Routine geworden sind. Bei mechanistischen Strukturen wird demnach Bestehendes möglichst optimal genutzt. Covin und Slevin (1988) bringen diese beiden Organisationsformen in einen chronologischen „Cycling"-Zusammenhang, wie bereits in Abb. 3.15 dargestellt: Wenn unternehmerische Initiativen generiert und umgesetzt werden sollen, sind organische Strukturen vorteilhaft. Entwickeln die daraus generierten Produkte irgendwann Commodity-Charakter und kommt es eher auf effiziente Produktion an, um im Wettbewerb bestehen zu können, dann sind mechanistische Strukturen vorteilhaft.

Während diese Argumente plausibel klingen und empirisch in der Literatur belegt wurden, stellt sich die Frage, welche Organisationsstruktur zu wählen ist, wenn Unternehmen parallel beides wollen: einerseits unternehmerische Initiativen fördern und implementieren, andererseits Produkte im Portfolio haben, die nicht mehr neu und innovativ sind, sondern die als Commodities im Markt angeboten werden und für das Unternehmen profitabel sind. Diese zeitgleiche Existenz beider Geschäfte kann ja gerade ein Vorteil

von Corporate Entrepreneurship gegenüber Start-up-Entrepreneurship sein, da aus den
etablierten Geschäften finanzielle Mittel generiert werden, die es erlauben, unternehmerische Initiativen zu suchen und zu implementieren, ohne dass ein Scheitern einer dieser
Initiativen unmittelbar das Ende des ganzen Unternehmens darstellt.

> **Beispiel 3.19: Organische Strukturen über alles bei Ericsson**
> Das schwedische Unternehmen Ericsson war einer der technologischen Treiber der Mo-
> biltelefonindustrie, führte darüber hinaus die Entwicklung globaler Systeme für mobile
> Kommunikation an und war ein früher Pionier in der Taschenradioindustrie und vielen
> weiteren Industrien. So hatte Ericsson jahrelang ein beeindruckendes Umsatzwachs-
> tum erzielt, welches aber eine aufgeblähte Organisationsstruktur mit hohen Kosten ka-
> schierte. Zu Spitzenzeiten arbeiteten 30.000 Mitarbeiter alleine in der Forschungs- und
> Entwicklungsabteilung, verteilt auf 100 Technologiezentren mit einer Menge Duplika-
> tion von Anstrengungen und Verwaltungsaufgaben (Birkinshaw und Gibson 2004). Or-
> ganische Strukturen wurden mechanistischen streng vorgezogen, was dazu führte, dass
> Ericsson in einer der ersten großen Krisen der mobilen Telekommunikationsindustrie
> um 2000 rund 60.000 Mitarbeiter entlassen musste – mehr als alle Konkurrenten. Nur
> so konnte die Profitabilität einiger Geschäftsfelder wieder hergestellt werden.

Idealerweise sind also große Unternehmen beides, mechanistisch und organisch organisiert, nutzen Bestehendes aus (Exploitation) und erkunden Neues (Exploration). Diesen
Sachverhalt untersucht die Literatur zur so genannten organisationalen Ambidextrie (Birkinshaw und Gibson 2004). Der Begriff der Ambidextrie leitet sich aus dem Lateinischen
ab und bedeutet in etwa Beidhändigkeit. Im Wachstum immer neue Gelegenheiten zu
identifizieren und zu verfolgen und dabei eine organische Struktur beizubehalten kann
dazu führen, dass es im Lauf der Zeit zu einer erheblichen Dopplung von Tätigkeiten
kommt, was – wenn Wettbewerb und Preisdruck stärker werden – erhebliche Wettbe-
werbsprobleme mit sich bringen kann, wie Beispiel 3.19 für Ericsson beschreibt. Hier
wären dann mechanistische Züge in der Organisationsstruktur notwendig gewesen, insbesondere die Koordination einzelner Aktivitäten. Birkinshaw und Gibson (2004) sagen
nun, dass es in der Tat Möglichkeiten gibt, beide Organisationsstrukturen – mit ihren Vor-
und Nachteilen – in etablierten Unternehmen zu kombinieren. Dabei unterscheiden die
Autoren zwischen einer strukturellen und einer kontextualen Ambidextrie, die in Tab. 3.10
vergleichend gegenübergestellt werden.

Strukturelle Ambidextrie impliziert, dass verschiedene Organisationseinheiten unterschiedliche Organisationsstrukturen aufweisen, wie im Beispiel 3.20 für IBM beschrieben. Diese Organisationseinheiten existieren getrennt voneinander und werden durch das
Top-Management geführt und zusammengehalten (O'Reilly und Tushman 2004). In einer
objektorientierten Struktur könnte es also sein, dass eine Organisationseinheit, die für ein
innovatives Produkt A in einer dynamischen Industrie mit vielen neuen Gelegenheiten
eher organisch strukturiert ist, während eine Einheit für ein Commodity-Produkt B strikt

Tab. 3.10 Strukturelle und kontextuale Ambidextrie im Vergleich. (Nach Birkinshaw und Gibson 2004)

	Strukturelle Ambidextrie	Kontextuale Ambidextrie
Wie wird Ambidextrie erreicht?	Aktivitäten zur Ausnutzung von Bestehendem (Exploitation) und Aktivitäten zur Erkundung von Neuem (Exploration) werden in separaten Abteilungen oder Teams absolviert	Einzelne Mitarbeiter teilen ihre Zeit zwischen Exploitation und Exploration auf
Wo werden Entscheidungen über die Aufteilung zwischen Ausrichtung und Anpassungen getroffen?	An der Spitze des Unternehmens	An „vorderster Front" bei Verkaufsmitarbeitern, Betriebsmeistern, Büroangestellten
Rolle des Top-Managements	Definition der Struktur, um Exploitation und Exploration gegeneinander abzuwägen	Entwicklung des organisatorischen Rahmens, in dem Individuen handeln
Art der Aufgaben	Relativ klar definiert	Relativ flexibel
Fähigkeiten von Mitarbeitern	Mitarbeiter sind eher Spezialisten	Mitarbeiter sind eher Generalisten

mechanistisch organisiert ist. Erwartet ein Unternehmen eine technologische Revolution im Umfeld einiger aktuell angebotener Produkte, so kann es eine eigene Einheit dafür gründen und diese entsprechend organisch gestalten. Bei einer funktionalen Struktur liegen mechanistische Strukturen beispielsweise in der Produktion, der Beschaffung und der Verwaltung vor, während Einheiten wie die Forschungs- und Entwicklungsabteilung, die von ihrem Aufgabenspektrum her eher neue Ideen identifizieren und verwirklichen soll, organisch strukturiert sind. Oft werden solche Organisationseinheiten räumlich getrennt, um jegliche Kommunikation zu vermeiden. Eine organische Einheit sollte dann möglichst wenig von den koordinierten Prozessen einer mechanistischen Struktur mitbekommen und sich von deren Rationalisierungsprozessen und Effizienzgedanken nicht ablenken lassen. Der große Nachteil einer solchen strukturellen Ambidextrie ist, dass einzelne Einheiten (wenn auch bewusst so vorgesehen) isoliert sind. Letztlich werden aber im Lauf der Zeit Schnittstellen kommen, beispielsweise wenn eine Produktionsabteilung eine unternehmerische Initiative einer ausgelagerten Organisationseinheit umsetzen soll.

> **Beispiel 3.20: Als das World Wide Web aufkam: strukturelle Ambidextrie bei IBM**
> 1998 war IBMs Software-Division in Aufruhr und zwei verschiedenen Kräften ausgesetzt (O'Reilly und Tushman 2011). Einerseits bestand Bedarf an Software für klassische Großrechneranlagen auf Basis existierender Programmiersprachen. Andererseits wuchs der Bedarf an Produkten für das damals aufkommende World Wide Web mit neuen Programmiersprachen und anderen Kunden. Die Kundenbedürfnisse unterschieden sich grundlegend, ebenso der Neuigkeitsgrad der zu erstellenden Lösungen. Die Unsicherheit über zukünftige Entwicklungen differierte ebenfalls deutlich. IBM schaffte zwei

unabhängige Abteilungen, die auf Top-Management-Ebene integriert waren. Die beiden Divisionen wurden mit völlig unterschiedlichen Zeithorizonten und Zielen geführt.

Birkinshaw und Gibson (2004) führen als zweiten Typ einer Ambidextrie die kontextuale Ambidextrie ein, die sich darauf bezieht, dass Individuen selbst in ihrer täglichen Arbeit Entscheidungsfreiheit darüber haben, ob sie ihre Energie eher in die Pflege des aktuellen Geschäfts oder in die Entwicklung neuer Ideen investieren wollen. Die Autoren decken vier ambidextere Verhaltensweisen solcher Individuen in Organisationen auf:

- Sie verfolgen eigene Initiativen zur Entdeckung neuer Gelegenheiten über ihre klassische Aufgabe zur Pflege des aktuellen Geschäfts hinaus.
- Sie sind kooperativ und verfolgen Gelegenheiten in Kooperation mit anderen Mitarbeitern.
- Sie sind Netzwerker, indem sie permanent Individuen aus dem Unternehmen kontaktieren und diese zu einzelnen Themen zusammenbringen.
- Sie sind multitaskingfähig und fühlen sich wohl damit, für verschiedene Themen verantwortlich zu sein.

Birkinshaw und Gibson (2004) führen aus, dass Unternehmen komplexe Gebilde sind, aber sich sehr gut entlang von zwei Dimensionen beschreiben lassen: Zum einen durch eine Leistungsorientierung, wobei eine hohe Leistungsorientierung bedeutet, dass das Unternehmen Individuen dazu stimuliert (beispielsweise durch Entlohnungsmechanismen), Top-Leistungen zu erbringen, und sie auch für ihre Leistung verantwortlich macht, zum anderen durch soziale Unterstützung. Eine ausgeprägte soziale Unterstützung bedeutet, dass die Individuen Sicherheit und Unterstützung im Job verspüren.

Aus den beiden Dimensionen Leistungsorientierung und soziale Unterstützung lassen sich, wie in Abb. 3.19 dargestellt, vier Typen bilden. Sind beide Dimensionen hoch, liegt ein „Hoch-Leistungs-Kontext" vor, in dem kontextuale Ambidextrie besonders ausgeprägt

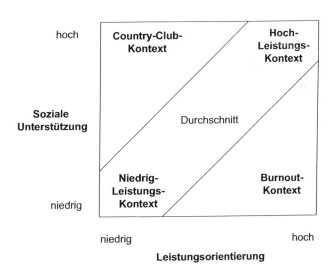

Abb. 3.19 Leistungsorientierung, soziale Unterstützung und kontextuale Ambidextrie. (Nach Birkinshaw und Gibson 2004)

hoch

Country-Club-Kontext

Hoch-Leistungs-Kontext

Soziale Unterstützung

Durchschnitt

Niedrig-Leistungs-Kontext

Burnout-Kontext

niedrig

niedrig   hoch

Leistungsorientierung

ist. Die Leistungsorientierung bewirkt, dass Individuen ihr volles Potenzial ausreizen und die Extra-Meile gehen, insbesondere in Bezug auf bestehende Produkte, aber dabei auch Zeit freischaufeln für neue Ideen, die noch nicht ausgereift sind. Zugleich bietet die soziale Unterstützung Sicherheit, da selbst im Falle eines (nicht unwahrscheinlichen) Scheiterns einer neuen Idee keine negativen Konsequenzen drohen, sondern auch der Versuch an sich geschätzt wird. Sind beide Dimensionen niedrig, liegt ein „Niedrig-Leistungs-Kontext" vor. Ist die Leistungsorientierung hoch und die soziale Unterstützung niedrig, spricht man von einem Burnout-Kontext. Kurzfristig leisten hier Mitarbeiter Großes, sowohl für bestehende Produkte als auch in Bezug auf zukünftige Gelegenheiten, langfristig führt jedoch die individualistische und unpersönliche Atmosphäre zu einer hohen Mitarbeiter-unzufriedenheit und -fluktuation, so dass kaum Ambidextrie entstehen kann. Birkinshaw und Gibson (2004) vergleichen diese Art der Organisationsstruktur mit einem „engine of a Ferrari, which revs at very high rpm but can burn out at any minute" (S. 52). Mitarbeiter sollen und wollen hier sowohl das bestehende Geschäft fördern als auch neue Ideen voran-bringen, allerdings fehlt ihnen die Unterstützung, um ihre Anstrengungen in vernünftige Bahnen zu lenken und die Angst vor dem Versagen abzubauen. Ist die Leistungsorientie-rung niedrig und die soziale Unterstützung hoch, liegt ein Country-Club-Kontext vor, in dem sich Mitarbeiter wohlfühlen, aber kaum ihr ganzes Potenzial ausschöpfen, das für anspruchsvolles ambidexteres Verhalten jedoch notwendig ist.

Wie erreichen Unternehmen einen Hoch-Leistungs-Kontext? Einen Diagnosefragebo-gen, mit dem sich die Unternehmen selbst bewerten können, zeigt Tab. 3.11. Für beide Dimensionen kann ein Durchschnittswert berechnet werden, mittels dessen sich Unter-nehmen in der Matrix in Abb. 3.19 einordnen können. Diese Selbstdiagnose gibt dann Auskunft darüber, ob Schwächen eher bei der Leistungsorientierung und/oder der sozialen Unterstützung liegen. Sind die Schwachstellen erkannt, so führen Birkinshaw und Gibson (2004) aus, sollten sich Unternehmen auf einige wenige Hebel konzentrieren, diese aber konsistent anwenden. Beispielsweise könnte bei der Leistungsorientierung das Bewer-tungssystem angepasst und an die Entlohnung gekoppelt werden, so dass ambidextere Zie-le verfolgt werden. In Bezug auf die soziale Unterstützung könnten Weiterbildungskurse oder Wissenstransfer gefördert werden. Die Autoren fordern zudem, solche Maßnahmen auch auf unteren Hierarchieebenen anzuwenden, da sich Mitarbeiter auf diesen Ebenen in Bezug auf ambidexteres Verhalten typischerweise sehr niedrig bewerten, gleichzeitig aber eine wichtige Quelle von neuen Ideen sind. Zudem sind diese Mitarbeiter der Kern zur Vermarktung und Pflege bestehender Produkte.

Wie dargelegt profitieren Unternehmen sowohl von struktureller als auch von kon-textualer Ambidextrie. Deren Einführung ist aber alles andere als trivial. Eine Organisa-tion, die wagemutige und kostenintensive Forschungs- und Entwicklungsvorhaben nicht nur erlaubt, sondern sogar fordert, und dafür ihre Strukturen anpasst, stößt auf vielfältige Widerstände. Manager etablierter Produktlinien, die unter Kosten- und Erfolgsdruck ste-hen, sind nicht begeistert, wenn knappes Budget auf ungewisse Vorhaben allokiert wird. Im besten Fall begegnen sie solchen Initiativen mit Teilnahmslosigkeit, was aber auch schon ein Problem darstellt, da vorhandene Kenntnisse so nicht in den Innovationsprozess einfließen. Im schlimmsten Fall versuchen sie, solche Initiativen aktiv zu behindern und

Tab. 3.11 Evaluieren Sie die Leistungsorientierung und soziale Unterstützung in Ihrem Unternehmen

Führungskräfte in meinem Unternehmen...	Überhaupt nicht			Neutral			In sehr hohem Maße
(1) setzen herausfordernde/aggressive Ziele	1	2	3	4	5	6	7
(2) erteilen den Mitarbeitern kreative Herausforderungen anstelle von eng definierten Aufgaben	1	2	3	4	5	6	7
(3) legen Wert darauf, die Fähigkeiten ihrer Mitarbeiter auszudehnen	1	2	3	4	5	6	7
(4) nutzen Unternehmensziele und Leistungsbewertungen, um das Unternehmen zu führen	1	2	3	4	5	6	7
(5) nehmen Mitarbeiter für ihre Leistung in die Verantwortung	1	2	3	4	5	6	7
(6) ermutigen und belohnen harte Arbeit durch Anreizsysteme	1	2	3	4	5	6	7
Durchschnittswert von Leistungsorientierung (1 bis 6)				—			
(7) investieren viel Mühe in die Entwicklung von Mitarbeitern	1	2	3	4	5	6	7
(8) geben Entscheidungsgewalt, soweit es geht, an untere Hierarchieebenen ab	1	2	3	4	5	6	7
(9) haben Zugang zu Informationen, die sie brauchen, um gute Entscheidungen zu treffen	1	2	3	4	5	6	7
(10) replizieren erfolgreiche Praktiken schnell über organisationale Grenzen hinweg	1	2	3	4	5	6	7
(11) behandeln einen Fehler als Möglichkeit, etwas zu lernen, nicht als etwas, wofür man sich schämen muss	1	2	3	4	5	6	7
(12) haben den Willen und sind in der Lage, kalkulierte Risiken einzugehen	1	2	3	4	5	6	7
Durchschnittswert von sozialer Unterstützung (7 bis 12)				—			

vorhandene Ressourcen für eigene Projekte abzuzweigen. Um das Konzept der Ambidextrie erfolgreich einzuführen und umzusetzen, müssen also bestimmte Voraussetzungen gegeben sein. Auf Basis von strukturierten Interviews in 15 großen Unternehmen leiten O'Reilly und Tushman (2011) folgende fünf Erfolgsfaktoren ab:

- Eine ansprechende strategische Absicht, die die Notwendigkeit aufzeigt, bestehendes Geschäft effizient zu betreiben und gleichzeitig in innovative Geschäfte zu investieren, wie im Beispiel 3.21 für Misys aufgezeigt.
- Eine gemeinsame Vision und gemeinsame Werte, die identitätsstiftend sowohl für bestehendes als auch für innovatives Geschäft wirken.

- Ein erfahrenes Managementteam, das sich der strategischen Absicht und der gemeinsamen Vision verpflichtet fühlt und durch ein Leistungsbewertungssystem Anreize erhält, beide Geschäftsfelder zu unterstützen und die Strategie unermüdlich zu kommunizieren.
- Getrennte Organisationsstrukturen für bestehendes und innovatives Geschäft, die aber entlang gemeinsamer Leitlinien ausgerichtet werden.
- Fähigkeit der Führung, Konflikte, die sich durch die unterschiedlichen Felder ergeben, zu managen.

Beispiel 3.21: Open-Source-Software um jeden Preis: Ambidextrie bei Misys

Misys ist ein Softwareunternehmen mit einer Milliarde US-Dollar Umsatz, das seine Produkte im Banken- und Gesundheitsbereich vertreibt. Der Vorstandsvorsitzende, Mike Lawrie, erkannte das Potenzial für Open-Source-Software. Seine Manager betrachteten diese Entwicklung als Bedrohung ihres bestehenden Geschäftsfeldes, das unter Kosten-, Wachstums- und Ergebnisdruck stand. Die Vorstellung, $ 300 Mio. in die Erforschung dieses Geschäftsfeldes zu stecken, schien vielen von ihnen eine überflüssige Ablenkung zu sein. Die Frage war, warum sollte ein ohnehin knappes Budget auf eine Technologie allokiert werden, die im Erfolgsfall das bestehende Geschäftsmodell untergräbt? In einer Strategieklausur führte Lawrie seinem Top-Management grundsätzlich vor Augen, dass es für das langfristige Fortbestehen des Unternehmens zwingend notwendig sei, neben einem Kosten- und Qualitätsfokus in bestehenden Bereichen unbedingt auch auf Innovationen zu setzen. Weiterhin konnte Lawrie zeigen, dass Open-Source-Software eine lukrative Option darstellen könnte, die es wert sei, verfolgt zu werden. Damit erfüllte er eine der wesentlichen Bedingungen einer erfolgreichen Umsetzung ambidexterer Organisationen: die Schaffung einer gemeinsamen Strategie und einer gemeinsamen Vision. Lawrie schaffte aber noch weitere Voraussetzungen. So wurden einige Mitglieder des Managementteams ausgetauscht, die die Vision einer innovativen Organisation nicht teilten. Ohne diese Maßnahme wäre die Gefahr groß geworden, dass innovative Ansätze von Gegnern konterkariert worden wären. Um ein Umfeld zu schaffen, das Innovationen unterstützt, wurde die neue Einheit Open-Source-Software auch als separate Einheit aufgesetzt, die direkt an den Vorstandsvorsitzenden berichtete. Schließlich war Lawrie auch persönlich als Führungsfigur dazu bereit, Wettbewerb zwischen der neuen und bestehenden Einheiten auszuhalten und zu managen und kurzfristige Umsätze der Option zu opfern, langfristig eine radikale Innovation auf den Markt bringen zu können. Seine Bemühungen wurden belohnt. Im Jahr 2009 wuchsen die Umsätze der Gesundheitssparte dank der neuen Technologie um mehr als 30 %.

Themen	Erfolgsfaktoren unternehmerischer Unternehmen in der Organisationsfunktion
Differenzierung	– Dezentralisierung von Entscheidungsmacht auf mittlere und untere Hierarchieebenen – Etablierung organischer Strukturen zur Förderung von Informationsaustausch – Etablierung horizontaler Kommunikation anstatt nur vertikaler Kommunikation
Integration	– Förderung von funktionsübergreifender Zusammenarbeit und Vertrauen in den verschiedensten Phasen innovativer und unternehmerischer Projekte – Aufbau eines personalisierten Wissensmanagements zur Förderung von Austausch zwischen Mitarbeitern an verschiedenen Stellen im Unternehmen – Förderung von Informationsüberbrückern wie Global Bridgers, besonders in international tätigen Unternehmen
Unternehmenskultur	– Aufbau flexibler Unternehmenskultur und Vermeidung von Hierarchie- und Markt-Unternehmenskulturen – Schaffung einer Balance zwischen individualistischen und kollektivistischen Werten in der Unternehmenskultur – Etablierung von geeigneten symbolischen Artefakten wie einer bestimmten Sprache oder Ritualen

Abb. 3.20 Erfolgsfaktoren einer unternehmerischen Gestaltung der Organisationsfunktion

3.3.4 Zusammenfassende Überlegungen zur Organisationsfunktion in unternehmerischen Unternehmen

Gegenstand von Abschn. 3.3 war, die Organisationsfunktion – als zweite Funktion im Managementzyklus – auf ihre unternehmerische Ausrichtung hin zu untersuchen. In allen drei untersuchten Teilbereichen der Organisation – Differenzierung, Integration und Unternehmenskultur – ergeben sich Besonderheiten bei unternehmerischen Unternehmen. Demnach haben Unternehmen im Rahmen der Organisationsfunktion verschiedene Stellhebel zur Förderung von Corporate Entrepreneurship. Das ist naheliegend, da die Organisationsstruktur festlegt, wie Individuen in einem Unternehmen miteinander agieren. Mangelnde Kooperation im Unternehmen wurde im einführenden Abschn. 1.3 auf Basis der Studie von Forbes (2011) bereits als eine Hauptbarriere für die Implementierung innovativer und unternehmerischer Initiativen identifiziert. Erfolgsfaktoren einer unternehmerischen Gestaltung der Organisationsfunktion sind in Abb. 3.20 zusammengefasst.

Im Rahmen der Differenzierung von Stellen haben unternehmerische Unternehmen typischerweise organische Organisationsstrukturen mit dem zentralen Merkmal einer ausgeprägten Dezentralisierung. Dezentralisierung legt Entscheidungsgewalt in die Hände auch hierarchisch untergeordneter Mitarbeiter, die somit den Freiraum haben, Entscheidungen flexibel selbst zu treffen. Je größer der Freiraum, desto höher ist die Wahrscheinlichkeit, dass einzelne Individuen auch auf unteren Hierarchieebenen unternehmerische Gelegenheiten erkennen und Initiativen ergreifen. Die organische Struktur steht zudem für Teamarbeit und für regelmäßigen Austausch von Ideen. Wie bereits an früheren Stellen dargelegt, birgt der Austausch von Ideen immer die Chance, dass neue Kombinationen von Informationen und Ideen zu neuen unternehmerischen Gelegenheiten führen, die man ansonsten nicht erkannt hätte.

Für die Integration gilt, dass sie in organischen Organisationsstrukturen besonders wichtig ist. Daher spielt das Thema funktionsübergreifende Integration zur Förderung von Innovationen eine große Rolle. Darüber hinaus ist Vertrauen ein wichtiger Wert: Vertrauen zwischen verschiedenen Unternehmensmitgliedern oder -gruppen führt dazu, dass Individuen und Gruppen Informationen frei austauschen und nicht bewusst zurückhalten, um ihre Position zu stärken. Darüber hinaus nutzen unternehmerische Unternehmen personalisiertes Wissensmanagement, so dass Mitarbeiter schnell erkennen können, wenn Kollegen bereits an ähnlichen Projekten arbeiten oder gearbeitet haben. Schließlich sind Individuen, die Informationen im Unternehmen verteilen, von zentraler Bedeutung. Denn sie haben einen guten Überblick über das Unternehmen und sind in der Lage, andere Individuen oder ganze Gruppen für einzelne Themenstellungen zusammenzubringen.

Schließlich gibt es Unternehmenskulturen, die Corporate Entrepreneurship fördern. Flexible Kulturen sind von zentraler Bedeutung. In Bezug auf konkrete Werte sind Unternehmen, die sowohl individualistische als auch kollektivistische Aspekte in ihrer Unternehmenskultur vereinen, unternehmerischer als Unternehmen, die nur individualistisch oder kollektivistisch geprägt sind. Des Weiteren nutzen unternehmerische Unternehmen bewusst Artefakte (wie Sprache) zur Förderung und Symbolisierung der Unternehmenskultur.

Organisationsstrukturen sind Elemente von Unternehmen, die sich im Laufe des Lebenszyklus bei alternden und wachsenden Unternehmen besonders verändern. Informelle Start-up-Organisationsstrukturen sind nicht mehr haltbar, wenn eine größere Anzahl von Einstellungen stattgefunden hat. Entsprechend besteht die Schwierigkeit, in einem Unternehmen mit einer gewissen Anzahl an Mitarbeitern wieder eine Organisationsstruktur zu etablieren, die Unternehmertum fördert. Damit ist die Größe von etablierten Unternehmen – im Vergleich zu eher kleinen Start-up-Unternehmen – ein gewisser Nachteil bei der Etablierung von Corporate Entrepreneurship.

Vor allem in Bezug auf das Wissensmanagement sind mittlere und große etablierte Unternehmen aber im Vorteil. Wissensmanagement – sofern richtig aufgesetzt – funktioniert nur, wenn auch ein gewisser Bestand an Erfahrungen, Datenpunkten und Individuen, die Wissen aufgebaut haben, vorhanden ist. Start-ups können „nur" auf den Erfahrungen und dem Wissen ihrer Gründer aufbauen. Etablierte Unternehmen haben hier deutlich mehr Potenzial. Ähnliches gilt für die Unternehmenskultur. Sie hat nur eine Wirkung, wenn sie etabliert ist, und der Aufbau einer Kultur dauert mehrere Monate bis Jahre. Demnach könnten hier große Unternehmen einen Vorteil haben, vorausgesetzt, es besteht bereits eine flexible Kultur. Wenn nicht, kann man allerdings davon ausgehen, dass die Veränderung einer bestehenden Unternehmenskultur, die Unternehmertum nicht fördert, sehr zeitaufwendig sein dürfte.

3.4 Personalfunktion

Als dritte der fünf Funktionen im Managementzyklus soll nach den Funktionen Planung und Organisation in Abschn. 3.4 die Personalfunktion diskutiert werden. Aus der Organisationsfuntion wurde abgeleitet, welche Organisationsstruktur für ein Unternehmen geeignet ist. Diese Organisationsstruktur bestimmt die Stellen, die im Unternehmen entstehen und im Rahmen der Personalfunktion mit Mitarbeitern besetzt werden müssen. Schon im Prozess der Stellendefinition kommt der Personalfunktion eine besondere Bedeutung zu.

Sie bestimmt maßgeblich mit, welche Rolle Mitarbeiter im Unternehmen spielen, und hat damit einen wesentlichen Einfluss auf deren unternehmerisches Verhalten. Wie in den vorangegangenen Abschnitten beginnen wir zunächst in Abschn. 3.4.1 mit einer Einführung in die grundsätzlichen Themen der Personalfunktion. Wie die Personalfunktion dazu beiträgt, unternehmerisches Denken und Handeln im Unternehmen zu verankern, diskutieren wir in Abschn. 3.4.2. Ein Exkurs zum Thema der sogenannten Innovations-Champions – Mitarbeiter die sich in besonderem Maße durch das Vorantreiben von neuen Gelegenheiten auszeichnen – folgt in Abschn. 3.4.3. Schließlich fassen wir in Abschn. 3.4.4 die wesentlichen Erfolgsfaktoren für die Gestaltung einer unternehmerischen Personalfunktion noch einmal zusammen.

3.4.1 Zentrale Fragestellungen im Rahmen der Personalfunktion

Die Personalfunktion als dritte Managementfunktion nimmt grundsätzlich einen besonderen Stellenwert in der Betriebswirtschaftslehre ein. Sie beeinflusst maßgeblich das Verhältnis zwischen Mitarbeitern und Unternehmen, denn sie gibt Antwort auf die Frage, welche Bedeutung Mitarbeitern zukommt. Werden sie einfach nur als beliebig nutz- und austauschbare Ressource gesehen? Als Kostenfaktor, den es zu minimieren gilt? Oder sind sie die Treiber des Unternehmenserfolges, weil sie ihre Kenntnisse und Fähigkeiten, ihr Engagement und ihre Leistungsbereitschaft, ihre Kreativität und Innovativität im Unternehmen einbringen? Die Antworten auf diese Fragen ergeben sich aus den grundsätzlichen Aufgaben der Personalfunktion. Diese Aufgaben sind sowohl strategischer als auch operativer Natur, d. h. es gilt zum einen, die langfristige Personalstrategie eines Unternehmens zu planen, zum anderen, diese Planung mittel- und kurzfristig durch entsprechende Maßnahmen umzusetzen (Stock-Homburg 2008). Wie Abb. 3.21 zeigt, lassen sich insgesamt

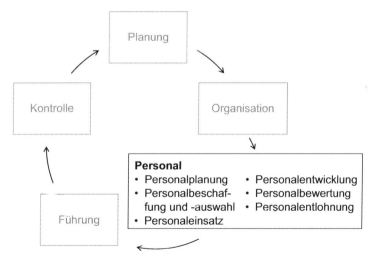

Abb. 3.21 Einordnung der Personalfunktion und Themen im Rahmen des Personals

sechs Aufgaben identifizieren, die den Kern der Personalfunktion ausmachen. Folgende Fragen werden in den nächsten Abschnitten adressiert:

- Wie lässt sich der Bedarf an Mitarbeitern grundsätzlich bestimmen? (Personalplanung, Abschn. 3.4.1.1)
- Wie können geschaffene Stellen konkret mit internen oder externen Individuen besetzt werden und nach welchen Kriterien erfolgt die Auswahl? (Personalbeschaffung und -auswahl, Abschn. 3.4.1.2)
- Wie können Mitarbeiter konkret eingesetzt werden (beispielsweise in Teams oder in Einzelarbeit)? (Personaleinsatz, Abschn. 3.4.1.3)
- Wie können Mitarbeiter geschult und weiterentwickelt werden, um neuen Herausforderungen gewachsen zu sein? (Personalentwicklung, Abschn. 3.4.1.4)
- Wie kann die Leistung von Mitarbeitern bewertet werden? (Personalbewertung, Abschn. 3.4.1.5)
- Welche Möglichkeiten der Entlohnung monetärer und nichtmonetärer Art sind vorhanden? (Personalentlohnung, Abschn. 3.4.1.6)

3.4.1.1 Personalplanung

Das Ziel der Personalplanung ist es, zu bestimmen, wie viele Mitarbeiter mit welcher Qualifikation wann und wo gebraucht werden, um die Unternehmensziele zu verwirklichen (Scholz 2000). Wie in Abbildung 3.22 dargestellt, lassen sich vier Dimensionen der Personalbedarfsplanung identifizieren: quantitativ, qualitativ, zeitlich, räumlich. Der

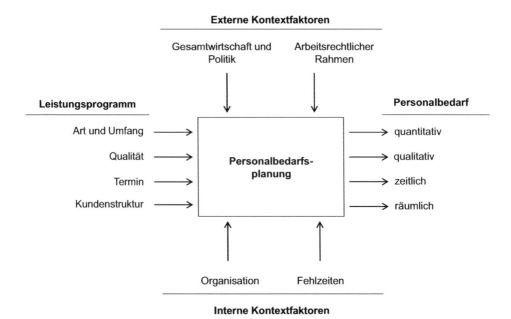

Abb. 3.22 Einflussfaktoren der Personalbedarfsplanung. (Nach Scholz 2000)

konkrete Personalbedarf hängt von externen Kontextfaktoren, wie etwa der gesamtwirt-
schaftlichen Situation, und internen Kontextfaktoren, wie z. B. Fehlzeiten und dem Leis-
tungsprogramm (also den zu erbringenden Leistungen), ab.

Um den Personalbedarf eines Unternehmens zu planen, stehen verschiedene Methoden
zur Verfügung. Der quantitative Bedarf wird häufig über komplexe statistische Modelle
bestimmt, in denen historische Daten und Annahmen über zukünftige Bedarfe einfließen,
die auf qualitativen Expertenschätzungen beruhen. Der qualitative Personalbedarf wird
meist durch die Stellenbeschreibungen und die damit verbundenen Anforderungsprofile
definiert (Berthel und Becker 2010; Stock-Homburg 2008).

Voraussetzung für die Personalplanung ist die quantitative und qualitative Personalbe-
standsanalyse (Scholz 2000). Um den aktuellen Personalbestand quantitativ zu erfassen,
muss erhoben werden, welche Stellen derzeit in welchem Umfang besetzt sind. Dies ist in
der Regel über eine moderne IT-Infrastruktur leicht durchzuführen. Den aktuellen Personalbestand qualitativ zu erfassen ist demgegenüber anspruchsvoller, da hier die Erfahrungen der Mitarbeiter, ihre Fachkenntnisse, Leistungsfähigkeit und Aufstiegserwartungen
bewertet werden müssen (Treier 2009). Soll der zukünftige quantitative Personalbestand
für die Personalplanung abgeschätzt werden, müssen neben der geplanten organisatorischen Stellenentwicklung – also der Planung, wo wie viele Stellen mit welchem Anforderungsprofil zukünftig benötigt werden – Pensionierungen, Beurlaubungen, Kündigungen
und freiwillige Stellenwechsel berechnet werden. Dies ist oftmals eine große Herausforderung, da vor allem Fluktuationsraten sich nur schwer schätzen lassen. Sollen Anforderungen an den zukünftigen qualitativen Personalbestand abgeschätzt werden, gilt es,
genau wie bei der Erfassung der aktuellen Situation, Leistungsfähigkeit und -willen sowie
Karriereambitionen der Mitarbeiter in Erfahrung zu bringen (Berthel und Becker 2010).

Personalveränderungen werden notwendig, wenn sich aus dem Vergleich von Personalplanung und Bestandsanalyse ein Delta ergibt. Damit ist die Beschaffung, Entwicklung
und Freisetzung von Mitarbeitern gemeint. Es lassen sich sieben Szenarien unterscheiden,
die eine Personalveränderung notwendig machen, wie Tab. 3.12 zeigt.

Tab. 3.12 Szenarien quantitativer und qualitativer Personalbedarfsplanung. (Nach Scholz 2000)

Quantitativ	Qualitativ		
	Bestand < Bedarf	Bestand = Bedarf	Bestand > Bedarf
Bestand < Bedarf	(1) Beschaffung und Entwicklung	(2) Beschaffung und evtl. Entwicklung	
Bestand = Bedarf	(3) Entwicklung und/ oder Beschaffung und Freisetzung	(4) Evtl. Entwicklung	(5) Evtl. Freisetzung und Beschaffung
Bestand > Bedarf	(6) Freisetzung und Beschaffung und/ oder Entwicklung	(7) Evtl. Freisetzung	

1. Ist der quantitative und qualitative Bedarf nicht gedeckt, bedeutet dies, dass dem Unternehmen Mitarbeiter fehlen und die vorhandenen Mitarbeiter nicht ausreichend qualifiziert sind. Entsprechend müssen zusätzliche Mitarbeiter eingestellt und bestehende Mitarbeiter weitergebildet werden.

2. Ist der qualitative Bedarf gedeckt, jedoch nicht der quantitative, so ist es in der Regel ausreichend, zusätzliche Mitarbeiter zu beschaffen. Weiterbildungsmaßnahmen sind nur in Ausnahmefällen notwendig.

3. Gilt es, lediglich einen qualitativen Bedarf zu decken, gibt es zwei Optionen. Zum einen können bereits vorhandene Mitarbeiter weiterentwickelt werden, bis sie über die notwendige Qualifikation verfügen, die mit einer Stelle verbunden ist, bis sich also qualitativer Bedarf und Bestand decken. Ist das nicht möglich, können Mitarbeiter entlassen und durch neue ersetzt werden, deren Qualifikationsprofil den Bedarfen entspricht.

4. Quantitativer und qualitativer Bedarf sind gedeckt. Es besteht keine Handlungsnotwendigkeit.

5. Liegt der qualitative Bestand über dem Bedarf, sind Mitarbeiter also für ihre Stellen überqualifiziert, dann kann entweder die Situation so beibehalten werden, oder aber überqualifiziertes Personal wird durch Mitarbeiter ersetzt, deren Qualifikation den Stellenanforderungen entspricht.

6. Entsteht eine Situation der quantitativen Überdeckung und der qualitativen Unterdeckung, bieten sich folgende Optionen an. Um den Überhang an Mitarbeitern an den quantitativen Bedarf anzupassen, können Mitarbeiter entlassen werden. Um den qualitativen Bedarf zu decken, können Mitarbeiter entwickelt werden, bis ein adäquates Qualifikations- bzw. Leistungsniveau erreicht wird. Alternativ können Mitarbeiter mit einem unpassenden Qualifikations- und Leistungsniveau gegen solche mit passendem Qualifikations- und Leistungsniveau ersetzt werden.

7. Wird ein quantitativer Überhang festgestellt, kann das Management über Freisetzungen nachdenken.

3.4.1.2 Personalbeschaffung und -auswahl

Im Rahmen der Personalbeschaffung werden sowohl unternehmensintern als auch -extern Personen für die Stellenbesetzung gesucht. Die interne Beschaffung bedient sich Maßnahmen wie Versetzungen und Weiterbildung von Mitarbeitern, der Übernahme von Auszubildenden, aber auch der Verwandlung von Teilzeit- in Vollzeitstellen. Außerdem können Überstunden, zusätzliche Schichten und Urlaubssperren zumindest kurzfristig den Personalbestand erhöhen. Die externe Personalbeschaffung konzentriert sich vor allem auf die Anwerbung und Einstellung neuer Mitarbeiter. Eine andere Maßnahme kann sein, auf befristete Beschäftigung zurückzugreifen. Um auf dem externen Arbeitsmarkt Mitarbeiter zu beschaffen, ist ein ausgefeiltes Personalmarketing vonnöten, das den Arbeitgeber in einem guten Licht erscheinen lässt. Nachdem für Stellen Qualifikationsprofile (beispielsweise in Bezug auf Persönlichkeit, Ausbildung oder Erfahrung) festgelegt wurden, werden mögliche Bewerber auf Grund ihrer Bewerbungsunterlagen zu Vorstellungsgesprächen, Assessment Centern und/oder Leistungstests eingeladen. Auf dieser Grundlage werden dann geeignete Kandidaten ausgewählt und eingestellt (Berthel und Becker 2010; Scholz 2000; Treier 2009).

3.4.1.3 Personaleinsatz

Ist der Personalbedarf in quantitativer und qualitativer Hinsicht gedeckt, gilt es, die Mitarbeiter im nächsten Schritt sinnvoll im Unternehmen einzusetzen (Scholz 2000) und ihnen organisatorisch Stellen zuzuordnen. Hier gibt es zwei Varianten: In der ersten Variante existiert eine Stelle, der mehrere Aufgaben zugeordnet sind, und der Personaleinsatz versucht, denjenigen Mitarbeiter dieser Stelle zuzuteilen, der mit seinem Qualifikations- und Leistungsprofil am ehesten dem Anforderungsprofil entspricht, die Aufgaben also am besten bewältigen kann. In einer zweiten Variante wird eine Stelle geschaffen, um das Potenzial fähiger Mitarbeiter zu nutzen. Des Weiteren ist es Aufgabe des Personaleinsatzes, zu definieren, welche Arbeitsformen gewählt werden sollen, wie die Arbeitsumgebung zu gestalten ist und welche Arbeitsmittel eingesetzt werden sollen. Beispielsweise ist zu entscheiden, ob Mitarbeiter alleine oder in Teams zusammenarbeiten sollen.

3.4.1.4 Personalentwicklung

In der Personalentwicklung sollen möglichst die individuellen Entwicklungsziele von Mitarbeitern mit denen des Unternehmens in Einklang gebracht werden. Während individuelle Ziele sehr unterschiedlich ausfallen können, hat ein Unternehmen in der Regel ein grundsätzliches Interesse daran, die Leistungsfähigkeit seiner Mitarbeiter aufgabenbezogen zu steigern, den Bestand an Mitarbeitern zu sichern und Bildungsbedarfe zu erfüllen. Personalentwicklung kann in sehr unterschiedlichen Formen erfolgen und wird in der Regel unternehmensindividuell angepasst. Sie kann der Aus- und Weiterbildung dienen, sich an Funktionen orientieren oder übergreifend gestaltet sein, sie kann kurzfristig oder dauerhaft stattfinden, sich auf Einzelne oder Teams beziehen, intern oder extern durchgeführt werden (Berthel und Becker 2010; Stock-Homburg 2008).

3.4.1.5 Personalbewertung

Die Mitarbeiterbewertung ist eine weitere Aufgabe der Personalfunktion. Drei Formen lassen sich beobachten. Merkmalsorientierte Verfahren bewerten die Mitarbeiter hinsichtlich bestimmter Eigenschaften wie Leistungsbereitschaft oder Selbstständigkeit, tätigkeitsorientierte Verfahren beobachten und bewerten das Verhalten der Mitarbeiter. Bei ergebnisorientierten Verfahren wird gemessen, ob vorab definierte Ziele erreicht wurden. Alle Verfahren sind aus unterschiedlichen Gründen problematisch, es sei denn, es liegen sehr klare Ursache-Wirkungsbeziehungen vor. Bei merkmalsorientierten Verfahren stellt sich die Frage, ob das gemessene Merkmal überhaupt in Zusammenhang mit einer gewünschten Leistung steht. Ein Mitarbeiter in der Produktion mag beispielsweise über hervorragende analytische Fähigkeiten verfügen. Wenn diese aber in seiner täglichen Arbeit am Fließband keine Rolle spielen, leistet diese Fähigkeit auch keinen Beitrag zum Unternehmenserfolg.

Tätigkeitsorientierte Verfahren sind schwierig anzuwenden, da schwer messbare Verhaltensabläufe vorab genau definiert und dann auch beobachtet werden müssen. Außerdem ist es fraglich, ob ein bestimmtes Verhalten zwangsläufig zum gewünschten Ergebnis führt. Bei ergebnisorientierten Verfahren schließlich ist zu hinterfragen, wie stark der Zusammenhang zwischen individueller Leistung und Ergebnis überhaupt ausgeprägt ist. So können Umweltbedingungen bestimmte Ergebnisse begünstigen oder erschweren, ohne dass ein Mitarbeiter überhaupt durch seine Leistung Einfluss nehmen kann. Steigende Aktienkurse können beispielsweise auf eine positive gesamtwirtschaftliche Lage zurückzuführen sein und müssen nicht zwingend mit der besonderen Leistung eines Vorstandsvorsitzenden zusammenhängen.

3.4.1.6 Personalentlohnung

Mit der Entlohnung von Personal sind „alle Kosten, die für die Bereitstellung und den Einsatz der menschlichen Arbeitskraft im Unternehmen anfallen" (Scholz 2000, S. 690) verbunden.

In diesen Kosten sind neben dem Arbeitslohn alle Nebenkosten enthalten, die aufgrund von gesetzlichen Regelungen oder freiwilligen Leistungen entstehen. Höhe und Form der Entlohnung stehen im Fokus der Analyse der Personalentlohnung. Löhne müssen wettbewerbsfähig sein, die erbrachte Leistung widerspiegeln und innerhalb des Unternehmens als gerecht empfunden werden. Das heißt beispielsweise, dass die gleiche Tätigkeit nicht unterschiedlich entlohnt werden darf. Alle drei Faktoren tragen maßgeblich zur Zufriedenheit und Motivation der Mitarbeiter bei. Wenn Mitarbeiter das Gefühl haben, im Vergleich zu Kollegen oder ähnlichen Tätigkeiten in anderen Unternehmen und hinsichtlich ihrer Leistung angemessen entlohnt worden zu sein, sind sie eher zufrieden. Wie der Lohn festgelegt wird, kann von unterschiedlichen Faktoren abhängen: Anforderungen, Leistung, Erfolg, Qualifikation und Status. Die Entlohnung kann materiell und immateriell erfolgen, so können beispielsweise Fortbildungsmöglichkeiten oder eine flexible Arbeitszeitgestaltung immaterielle Formen der Entlohnung sein. Jenseits des Arbeitsentgeltes, das sich aus einem fixen und einem variablen Anteil zusammensetzen kann, machen ggf. zusätzliche Sach- oder Versicherungsleistungen einen Teil der materiellen Anreize aus.

3.4.2 Die Personalfunktion im unternehmerischen Unternehmen

Im Folgenden wird untersucht, wie die in Abschn. 3.4.1 identifizierten Themen der Personalfunktion ausgestaltet sein müssen, damit Corporate Entrepreneurship im Unternehmen gefördert wird. Intuitiv ist dabei einleuchtend, dass – wenn Corporate Entrepreneurship vom Verhalten einzelner Individuen abhängt, wie in Abschn. 1.3 dargelegt – die Auswahl dieser Individuen, ihr konkreter Einsatz, ihre Weiterentwicklung, Bewertung und Entlohnung eine Rolle spielen. Ein gesamtes Unternehmen kann kaum unternehmerisch handeln, wenn nicht zumindest ein Teil der Mitarbeiter unternehmerische Tendenzen im Verhalten zeigt. Auch scheint nachvollziehbar, dass eine „gewöhnliche" Ausgestaltung der Personalfunktion kaum ausreichend sein kann, wenn Individuen, die typischerweise in einer Festanstellung mit entsprechend traditionellen Motivations- und Entlohnungsmechanismen arbeiten, unternehmerisch handeln sollen, ohne aber tatsächlich eigenständiger Unternehmer – und damit meist Eigentümer des Unternehmens – mit allen Chancen und Risiken zu sein.

Eine empirische Bestätigung, dass unternehmerische Unternehmen, um erfolgreich zu sein, bei der Personalfunktion besondere Hebel betätigen müssen, zeigt die aktuelle Studie von Messersmith und Wales (2013). Die Forscher untersuchen in ihrer Studie den Einfluss eines Hochleistungsarbeitssystems auf die Beziehung zwischen Corporate Entrepreneurship und Umsatzwachstum in 119 jungen US-amerikanischen Unternehmen. Ein Hochleistungsarbeitssystem zeichnet sich durch verschiedene Faktoren aus:

- Mitarbeiter werden sehr sorgfältig ausgewählt. Einerseits sichern Unternehmen sich damit herausragende Mitarbeiter, andererseits senden sie ein Zeichen an die Umwelt, insbesondere an relevante Interessengruppen wie z. B. potenzielle Geldgeber, dass sie über eine herausragende Mitarbeiterschaft verfügen.
- Es werden substanziell Ressourcen für Trainings- und Entwicklungsmöglichkeiten ausgegeben, um Wissen und Fähigkeiten aktuell zu halten und im unternehmerischen Prozess zu nutzen.
- Belohnungssysteme belohnen Leistung. Sie orientieren sich an organisatorischen Zielen, individueller Verantwortung, Ergebnissen und Feedback.
- Wissensaustausch unter den Mitarbeitern wird gefördert.

Die Autoren können empirisch zeigen, dass ein solches Arbeitssystem – gemessen über einen Index, der die genannten Personalpraktiken abdeckt – tatsächlich dazu beiträgt, dass in unternehmerischen Unternehmen Umsätze stärker steigen als in Unternehmen, in denen ein solches System nicht etabliert ist.

Um einen detaillierten Einblick in die Ausgestaltung der Personalfunktion in unternehmerischen Unternehmen zu erhalten, diskutieren wir im Folgenden deren Kernthemen.

3.4.2.1 Personalplanung in unternehmerischen Unternehmen

Die Methoden zur Planung des Personalbestandes unterscheiden sich nicht wesentlich in Unternehmen mit höherer oder niedrigerer Neigung, unternehmerisch zu handeln. Erhebliche Unterschiede zeigen sich aber in der Geschwindigkeit, mit der der Personalbestand angepasst wird. In der Regel gibt es vor allem beim Schaffen neuer Stellen ein etabliertes Genehmigungsverfahren, in dem die Notwendigkeit einer Stelle begründet und mit einer Kostenschätzung hinterlegt wird. In diesem Prozess der Stellenplanung zeichnen sich unternehmerische Unternehmen durch ein besonders hohes Maß an Flexibilität aus. Das bedeutet, es wird über Bedarfe schnell entschieden und Stellen werden schnell etabliert, wo sie gebraucht werden. Bedarfe dürften sich, der Logik aus Tab. 3.12 folgend, insbesondere bei der Anpassung des Leistungsprogramms im Rahmen unternehmerischer Initiativen (wie der Vermarktung eines angepassten Produkts in einem neuen, bislang nicht bearbeiteten Markt) ändern.

Wesentliche Unterschiede zeigen sich jedoch in der Stellengestaltung. In nahezu jedem Unternehmen sind die einzelnen Aufgaben verschiedenen Stellen zugeordnet. Dies ist der große Vorteil funktionaler Differenzierung: Jeder kann sich auf seine Aufgaben konzentrieren, statt sich um alles kümmern zu müssen. Das gilt auch für das unternehmerische Unternehmen. Der wesentliche Unterschied ist hier jedoch, dass der Prozess der Stellengestaltung nicht überbürokratisiert wird. Bei starker Bürokratisierung werden Stellen sehr detailliert geplant, d. h. es wird möglichst exakt definiert, was genau wie zu tun ist. Bei einem hohen Standardisierungsgrad kann das sehr effizient sein. Ein gutes Beispiel ist die Sequenz in Charly Chaplins Film „Moderne Zeiten", in dem er die Arbeit am Fließband in den 1930er-Jahren skizziert. Der einzelne Arbeitnehmer steht am Fließband und wird auf einen einzigen Handgriff reduziert. Dieses Verfahren ermöglicht eine hohe Produktivität, verhindert aber Flexibilität, Kreativität und Eigeninitiative. Deshalb werden in unternehmerischen Unternehmen Stelleninhalte wesentlich weniger stark vorgeschrieben. Stattdessen werden übergreifende Ziele formuliert und diese Ziele mit den Stellen verknüpft. Es liegt dann in der Verantwortung des einzelnen Mitarbeiters, wie diese Ziele erreicht werden. Damit erweitern sich die Aufgabenspektren, denn die Aufgaben können vielfältig sein, um ein Ziel zu erreichen. Damit verbunden sind weitgehende Entscheidungsspielräume. Wenn Ziele im Zeitverlauf angepasst werden, dann ändern sich auch die Stelleninhalte. Auf Vorschriften, vor allem was die genaue Einhaltung der Prozesse und Abläufe angeht, wird weniger starkes Gewicht gelegt (Morris und Jones 1993).

In Bezug auf die Personalplanung ergibt sich eine weitere Besonderheit unternehmerischer Unternehmen. Diese verfahren nicht immer nach dem Prinzip, dass für eine Stelle eine Person gefunden werden muss, sondern sind auch bereit, eine Stelle für eine fähige Person erst zu schaffen, um diese für das Unternehmen zu gewinnen. Hier gilt die Logik, dass weniger die Stellen und mehr die verfügbaren fähigen Mitarbeiter den Engpass darstellen, den es zu adressieren gilt.

Die Personalplanung ist wesentlich beeinflusst von der zu erwartenden Fluktuationsrate. Ist diese hoch, müssen Unternehmen Stellen regelmäßig neu besetzen – mit allen Kosten und Aufwänden, die dabei entstehen. Zu einem interessanten empirischen Ergebnis kommen Hornsby et al. (1999). Die Autoren weisen in einer Studie neuseeländischer Firmen auf den Zusammenhang zwischen unternehmerischem Denken und Handeln und der Fluktuationsrate hin. Sie argumentieren, dass in unternehmerischen Unternehmen Mitarbeiter mit herausfordernden und spannenden Aufgaben konfrontiert werden und sich gleichzeitig in einer vertrauensvollen Umgebung bewegen. Dies motiviert Mitarbeiter dazu, länger in einem Unternehmen zu bleiben. Das zeigt, dass unternehmerische Unternehmen hier einen Vorteil haben, weil Mitarbeiter dieses Umfeld zu schätzen wissen.

3.4.2.2 Personalbeschaffung und -auswahl in unternehmerischen Unternehmen

Im Rahmen der Personalbeschaffung gilt es zu klären, wer überhaupt als zukünftiger Mitarbeiter in Frage kommt. Dies gilt umso mehr bei unternehmerischen Unternehmen, die von ihren Mitarbeitern ganz bestimmte Verhaltensweisen fordern. Die Forschung zum Start-up- und Gründungsmanagement ist sich darin einig, dass nicht jedes Individuum dazu geeignet ist, ein Unternehmen zu gründen, sondern dass vielmehr bestimmte demographische Bedingungen oder Charaktereigenschaften Voraussetzung sind (Bhide 1994). Entsprechend können wir vermuten, dass dies auch für angestellte Mitarbeiter in unternehmerischen Unternehmen gilt. Ohne eine gewisse innovative Grundtendenz wird ein Mitarbeiter auch nach seiner Einstellung und Einarbeitung kaum überdurchschnittlich viele unternehmerische Initiativen verfolgen oder bei der Umsetzung unterstützen. Daher wundert es nicht, dass unternehmerische Unternehmen bereits vor der Einstellung das Potenzial zu innovativem und unternehmerischem Verhalten abklopfen, wie auch Beispiel 3.22 zu Jeff Bezos zeigt.

Beispiel 3.22: „Haben Sie schon mal etwas erfunden?"

Jeff Bezos, Gründer von amazon.com, legt Wert darauf, in seinem Unternehmen eine große Anzahl an erfindungsfreudigen Mitarbeitern zu haben (Christensen et al. 2011). So wird berichtet, dass er alle Bewerber in Interviews fragt, ob sie schon mal etwas erfunden hätten. Dabei erwartet er als Antwort keine Weltneuheit, es reicht auch eine Kleinigkeit wie eine kleine Prozessverbesserung, vielleicht sogar nur eine neue Idee, wie man eine Spülmaschine besser einräumt. Er stellt nur heraus, irgendwas will er hören …

Im Rahmen der jährlichen Global-Entrepreneurship-Studie 2011 in 52 Nationen in der allgemeinen volljährigen Bevölkerung wurden zusätzlich zu Gründungsaktivitäten auch die unternehmerischen Aktivitäten von angestellten Mitarbeitern erhoben. Diese Aktivitäten wurden als Entrepreneurial Employee Activity (abgekürzt: EEA) bezeichnet. EEA ist definiert als „employees developing new activities for their main employer, such as developing or launching new goods or services, or setting up a new business unit, a new establishment or subsidiary" (Eine ausführlichere Darstellung der Unterschiede zwischen Nationen liefert Abschn. 5.2.1, Definition und Messung werden in Abschn. 6.2.1 detailliert behandelt). Die Befragungen gingen dabei auch auf demographische Eigenschaften ein (Bosma et al. 2013). In Bezug auf das Geschlecht finden Bosma et al. (2013), dass männliche Mitarbeiter im Schnitt doppelt so hohe Werte auf dem verwendeten Maß für unternehmerisches Verhalten im Unternehmen zeigen. Das mag zum Teil geschlechterpsychologische Gründe haben, vielleicht spielen aber auch andere Umstände – wie Auszeiten für das Gebären und Aufziehen von Kindern – eine Rolle, so dass es weiblichen Mitarbeitern möglicherweise schwerer fällt, unternehmerisch aktiv zu werden.

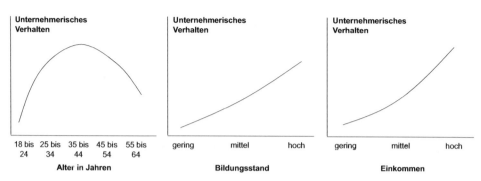

Abb. 3.23 Demographische Faktoren und individuelles unternehmerisches Verhalten von Individuen in Unternehmen. (Eigene Darstellung nach Bosma et al. 2013)

Abbildung 3.23 zeigt weitere Ergebnisse aus dieser Studie. Für das Alter der Mitarbeiter gilt, dass zwischen Alter und unternehmerischem Verhalten eine umgekehrt U-förmige Beziehung besteht. Im mittleren Alter ist das unternehmerische Verhalten am stärksten ausgeprägt. Dann hat der Mitarbeiter Erfahrungen gesammelt, sich eine gewisse Position im Unternehmen erarbeitet und ist möglicherweise auf höhere Hierarchiestufen aufgestiegen. Diese Situation erlaubt es ihm, gewisse Risiken einzugehen oder diese durch Erfahrungen besser zu bewerten. Im hohen Alter nimmt dann die Energie, neue Dinge voranzutreiben, wieder ab. Darüber hinaus gilt, dass unternehmerisches Verhalten mit der Ausbildung und dem Einkommen steigt, wobei diese beiden Faktoren sicherlich zusammenhängen. Mitarbeiter mit höherer Ausbildung sind häufig ehrgeiziger, was für unternehmerisches Verhalten förderlich sein kann. Ein höheres Einkommen geht in der Regel mit einer höheren hierarchischen Position einher. Je höher diese Position, desto mehr Ehrgeiz und auch mehr Freiraum hat der Mitarbeiter. Darüber hinaus haben Mitarbeiter in höheren hierarchischen Positionen einen besseren Überblick über das ganze Unternehmen und nicht nur eine kleine, eng umgrenzte Aufgabe, wie es auf unteren Hierarchieebenen der Fall ist. Je mehr Überblick über das gesamte Unternehmen ein Mitarbeiter hat, desto eher wird er Kombinationen von Ideen aus verschiedenen Bereichen des Unternehmens oder der Umwelt erkennen, die Grundlage für unternehmerische Initiativen sein können.

Neben diesen demographischen Eigenschaften spielt auch die Persönlichkeit eine Rolle. Manche Mitarbeiter sind eher in der Lage als andere, unternehmerisch zu handeln, d. h. beispielsweise Gelegenheiten zu erkennen, darauf aufmerksam zu machen und diese im Unternehmen zu verfolgen. Axtell et al. (2000) finden empirisch heraus, dass es gerade individuelle Charaktereigenschaften wie z. B. Kreativität sind, die dazu führen, dass Individuen Vorschläge für innovative Ideen machen. Individuelle Charaktereigenschaften sind dieser Studie zufolge wichtiger als Gruppeneigenschaften oder die Organisationsstruktur. Demnach überrascht es auch nicht, dass Schmelter et al. (2010) in ihrer Studie von 214 deutschen kleinen und mittleren Unternehmen empirisch zeigen können, dass bei der Auswahl von Bewerbern mit unternehmerischen Charaktereigenschaften Corporate Entrepreneurship im Unternehmen tatsächlich steigt (Schmelter et al. 2010). Charaktereigenschaften werden kaum nach dem Eintritt in das Unternehmen geformt, sondern vorab, so dass die Personalauswahl entscheidend dazu beitragen kann, unternehmerisches Potenzial in der Mitarbeiterschaft zu haben.

Doch welche Persönlichkeitseigenschaften sollten Mitarbeiter, um Corporate Entrepreneurship zu fördern, nun haben? Forbes (2011) führt eine Studie zum Thema Charaktereigenschaften durch. Die Studie geht davon aus, dass sich unternehmerische Persönlichkeiten vor allem durch drei Eigenschaften auszeichnen:

- Unternehmerische Einstellung: Unternehmerische Manager und Mitarbeiter sind intrinsisch motiviert und sehen in Risiko und Unsicherheit die Chance auf unternehmerische Möglichkeiten und Profit.
- Problemlöser: Unternehmerische Manager und Mitarbeiter scheuen weder Kosten noch Mühen, um von ihnen identifizierte Probleme zu lösen und das Unternehmen auch gegen Widerstände in die entsprechende Richtung zu manövrieren.
- Netzwerkmittelpunkt: Um Innovationen zu entwickeln und vor allem zu implementieren, sind Ressourcen innerhalb und außerhalb des Unternehmens notwendig. Unternehmerische Manager und Mitarbeiter besitzen ein umfangreiches Netzwerk, das diese Ressourcen bereitstellt, wobei das Netzwerk selbst eine wesentliche Ressource darstellt.

Die Studie unterscheidet fünf Typen, die aber jeweils nur Teile dieser Persönlichkeitseigenschaften von unternehmerischen Managern und Mitarbeitern in sich vereinen können, wie auch in Abb. 3.24 dargestellt wird.

- Macher („Movers and Shakers"): Diese Mitarbeiter sind handlungsorientierte, starke Führungspersönlichkeiten und verfügen über eine hohe Eigenmotivation. Ziele und Belohnungen stellen für sie starke Antriebskräfte dar. Gleichzeitig sind sie von einem ausgeprägten Willen zur Größe getrieben, wollen andere beeinflussen und ein Erbe hinterlassen. Sie können teilweise arrogant wirken und sich dem Team gegenüber ungeduldig zeigen. 22 % der befragten Führungskräfte fällt in diese Kategorie.

	Definition	Charakteristika
Macher ("Mover and Shaker")	Handlungsorientierte, starke Führungspersönlichkeiten, getrieben von hoher Eigenmotivation	– Ziele und Belohnungen sind starke Anreize – Wollen Großes erreichen und ein Erbe hinterlassen – Wirken teilweise arrogant auf andere
Kontrolleure ("Controller")	Risikoaverse, wenig visionäre Führungskräfte	– Treffen ungern Entscheidungen unter Unsicherheit – Bevorzugen klare Ziele, kontrollierbare Strukturen und Prozesse – Sind schwache Teamplayer und Netzwerker
Tüftler ("Experimenters")	Extrem begeisterungsfähige, neugierige und risikofreudige Führungskräfte	– Sind offen für alles Neue – Arbeiten intensiv, sind hartnäckig und stellen sich Widerständen – Sind sehr wertvoll in der Phase der Entwicklung und Umsetzung von Ideen – Ernten gerne den Ruhm erfolgreicher Projekte, sind aber auch bereit, diesen zu teilen
Klassenbeste ("Star Pupils")	Führungskräfte, die in allen Dimensionen brillieren	– Verfügen über einen hervorragenden Ruf, finden die richtigen Mentoren, entwickeln die Talente von Kollegen und Mitarbeitern – Machen schnell Karriere, auch wenn die Unternehmenskultur ihnen Steine in den Weg legt
Mahner und Warner ("Hangers-on")	Bedenkenträger unter den Führungskräften	– Zeigen Risiken von Innovationen auf – Mögen keine unstrukturierten Entscheidungssituationen – Bevorzugen klare Ziele, Strukturen und etablierte Verfahren

Abb. 3.24 Die fünf Persönlichkeitstypen. (Eigene Darstellung nach Forbes 2011)

- Kontrolleure („Controllers"): Sie gehen ungern Risiken ein und fühlen sich unwohl mit Entscheidungen unter Unsicherheit. Sie bevorzugen klare, kontrollierbare Strukturen und Prozesse und fokussieren sich gerne auf klare Ziele. Sie sind schwache Teamplayer und Netzwerker. Sie sind wenig visionär und eher ausführende Organe. 15 % aller Führungskräfte sind dieser Gruppe zuzuordnen.
- Tüftler („Experimenters"): Sie sind offen für alles Neue, gehen gerne Risiken ein und sind extrem begeisterungsfähig. Wenn sie sich in eine Idee verbissen haben, lassen sie nicht locker. Sie arbeiten intensiv und sind bereit, sich jedem Widerstand zu stellen. Für den Innovationsprozess sind sie sowohl in der Phase der Ideenentwicklung, aber auch und vor allem in der Phase der Umsetzung extrem wertvoll. Sie können sich an erfolgreichen Projekten und vor allem an der Anerkennung erfreuen, sind aber auch bereit, mit Kollegen zu teilen. 16 % aller Führungskräfte zeigen diese Charaktereigenschaften.
- Klassenbeste („Star Pupils"): Sie sind Überflieger in allen Dimensionen. Sie schaffen es, sich einen hervorragenden Ruf zu erarbeiten, die richtigen Mentoren zu finden, die Talente von Kollegen zu entwickeln und in kürzester Zeit Karriere zu machen, selbst wenn ihnen die Unternehmenskultur Steine in den Weg legt. 24 % der befragten Führungskräfte sind Klassenbeste. Sie stellen besonders viele Vorstände.
- Mahner und Warner („Hangers-On"): Mahner und Warner zeigen die Risiken von Innovationen auf und weisen auf die Konsequenzen des Scheiterns hin. Ähnlich den Kontrolleuren schätzen sie keine unstrukturierten Entscheidungssituationen, sondern mögen etablierte Prozesse und Verfahren. 23 % aller Teilnehmer sind dieser Kategorie zuzuordnen.

Macher und Tüftler kommen sicherlich dem Idealbild des unternehmerischen Managers oder Mitarbeiters am nächsten. Sie entwickeln Ideen, scheuen keine Risiken und sind bereit, ihre Ideen auch gegen Widerstände durchzusetzen. Klassenbeste können unternehmerische Ideen tatsächlich im Unternehmen verankern, während Kontrolleure darauf achten, dass der Prozess nicht völlig unstrukturiert abläuft, und Mahner und Warner dafür sorgen, dass das Risikopotenzial unternehmerischer Aktivitäten nicht aus den Augen verloren wird (Forbes 2011). Entsprechend sollten Unternehmen, die einen gewissen Grad an Corporate Entrepreneurship erreichen wollen, nicht nur Tüftler und Macher einstellen, sondern eine ausgewogene Balance erreichen. Die Studie stellt diese Balance als wichtig heraus, gibt aber keine Empfehlung, wie eine optimale Verteilung zwischen diesen Persönlichkeitstypen aussehen könnte.

Eine solche Heterogenität der Mitarbeiterschaft gilt nicht nur für Persönlichkeitseigenschaften und fachliche Fähigkeiten, sondern sogar für die ethnische Zugehörigkeit. Insbesondere Unternehmen, die auf internationalen Märkten operieren, sind darauf angewiesen, kulturelle Unterschiede zu verstehen. Man braucht nur an kulturell bedingte Unterschiede im Verbraucherverhalten zu denken (Engelen und Brettel 2011). Entsprechend konnten Richard et al. (2004) zeigen, dass Firmen mit Mitarbeitern mit besonders vielen ethnischen Hintergründen besonders unternehmerisch agieren (Richard et al. 2004).

Außerdem fördert das Unternehmen durch eine heterogene Mitarbeiterschaft kritische Reflexion eigener Normen und Wertvorstellung. Das hilft dabei, kreative Reibung zu erzeugen. Häufig wird bei der Einstellung neuer Mitarbeiter darauf geachtet, dass der neue Kollege ins Team passt, mit anderen Worten, sich an bestehende Normen und Werte hält und sozial verträglich erscheint. Allzu oft schließt das ein, Bestehendes nicht in Frage zu stellen. Damit vergibt man sich jedoch die Chance zum produktiven Streit. Unterschiedliche Ansichten können eine große Energiequelle sein. Die Forderung nach produktivem Streit bzw. kreativer Reibung führt zu der Paradoxie, gleichzeitig Gegensätzliches zu wollen: Einerseits wird Teamwork, Kollegialität und Gemeinsamkeit gefordert, anderseits Debatten, Kritik und Auseinandersetzung. Der Schlüssel zur Auflösung dieser Paradoxie besteht darin, dass ein produktiver Umgang mit Konflikten gelernt wird. Es müssen Formen gefunden werden, wo einerseits leidenschaftliches Streiten für die eigenen Ideen möglich ist, anderseits aber ein respektvoller Umgang miteinander gewahrt bleibt.

Zuvor muss aber nicht selten erst einmal überhaupt eine Debatte losgetreten werden. Dafür gibt es mehrere methodische Ansätze (Hirshberg 1998):

- Mitarbeiter einstellen, die andere Charaktereigenschaften haben als Mitarbeiter, die bereits im Team oder in der Abteilung arbeiten,
- funktionsübergreifende Teams etablieren, in denen einzelne Teammitglieder unterschiedliche Hintergründe (z. B. Herkunft aus unterschiedlichen Abteilungen) und Vorstellungen haben,
- Teams mit widersprüchlichen Anforderungen herausfordern,
- gängige Positionen und Vorstellungen in Frage stellen und
- kurzfristig Externe für einen begrenzten Zeitraum einstellen (z. B. Unternehmensberater, Wissenschaftler, Coaches etc.).

Als nächstes stellt sich die Frage, wie konkret aus verschiedenen Bewerbern ausgewählt werden soll. Die Methoden für die Personalauswahl unterscheiden sich im unternehmerischen Unternehmen nicht maßgeblich von denen in anderen Unternehmen. Der Baukasten der Personalauswahl mit Interviews, Gruppeninterview, Assessment-Center, Fallstudien der psychologischen Begutachtung, enthält im Wesentlichen die gleichen Werkzeuge. Der große Unterschied besteht in der inhaltlichen Ausgestaltung, da es hier darum geht, unternehmerische Charaktereigenschaften bzw. das Potenzial für unternehmerisches Denken und Handeln bei Kandidaten zu identifizieren und eine entsprechende Auswahl vorzunehmen. Auffällig ist bei unternehmerischen Unternehmen, wie im Beispiel 3.23 für Google dargelegt, dass zur Auswahl von neuen Mitarbeitern normalerweise erhebliche Ressourcen aufgebracht werden, wissend, dass Corporate Entrepreneurship nur funktionieren kann, wenn dieses Thema ausreichend in der Mitarbeiterschaft verankert ist.

Beispiel 3.23: 8000 aus 3 Mio. Bewerbern: Googles aufwendige Recruiting-Maschine

Google, oft als „bester Arbeitgeber der Welt" betitelt (Vella 2012), erhält rund 3 Mio. Bewerbungen pro Jahr – und stellt etwa 6000–8000 Bewerber ein. Den genauen Einstellungsprozess versucht das Unternehmen geheim zu halten.

Manches ist aber bekannt. Heutzutage muss ein Bewerber mit etwa fünf Bewerbungsgesprächen rechnen. Die Länge der Bewerbungsprozedur wurde von sechs Monaten auf ein bis zwei Monate verkürzt. Das Unternehmen nimmt nur online eingereichte Bewerbungen an. Wenn ein Lebenslauf überzeugt, wird der betreffende Bewerber zu einem ersten Gespräch mit einem Recruiter eingeladen, es folgt ein Telefoninterview, dann ein Interview an einem der Standorte von Google mit für gewöhnlich vier bis fünf „Googlern". Diese sind zum Teil aus dem Team, für das man sich bewirbt, teilweise aber auch aus ganz anderen Bereichen. Damit soll dem Gedanken Rechnung getragen werden, dass man als Mitarbeiter von Google regelmäßig mit verschiedensten Teams und Projekten weltweit betraut wird.

Es wird betont, dass nicht nur eingegrenztes Fachwissen, sondern vor allem auch übergreifendes Wissen gefragt ist. Neben typischen Fragen zu Führungseigenschaften oder Problemlösungsfähigkeiten soll auch der Grad an „Googleyness" eines Bewerbers herausgefunden werden. Nach den Bewerbungsgesprächen fällen Mitarbeiter aus unterschiedlichen Bereichen von Google die Entscheidung zusammen. Zudem gibt es ein unabhängiges Recruitment Commitee, welches darauf achtet, ob der Bewerbungsprozess fair abgelaufen ist und die geltenden Google-Standards eingehalten wurden.

Bis 2005 wurden zumeist Bewerber mit sehr guten Hochschulabschlüssen eingestellt. Um Querdenker zu identifizieren und das Unternehmen somit kreativer zu machen, wird mittlerweile weniger Wert auf Noten, dafür aber auf Denkweisen gelegt. Der Anteil an Mitarbeitern, die über keinen Hochschulabschluss verfügen, beträgt etwa 14 %. Um Einblicke in den Denkprozess von Bewerbern zu bekommen, müssen Kandidaten auf ungewöhnliche Aufgaben, wie „Entwickeln Sie einen Evakuierungsplan für San Francisco", gefasst sein.

Das Budget, welches Google für sein Recruiting ausgibt, wird im Vergleich zu anderen Unternehmen als immens hoch eingestuft (Sullivan 2007). Auch die Recruitment-Abteilung ist mit etwa 300 Recruitern allein in den USA groß aufgestellt. Des Weiteren gibt es ein intern entwickeltes Kandidaten-Identifikations-Programm, das aus verschiedenen Bewerberportalen potenzielle Kandidaten ausfindig machen soll.

Eine besondere Herausforderung für die Personalabteilung ist die Auswahl von Mitarbeitern für funktionsübergreifende Projektteams, also die Personalauswahl für temporäre Zusammenarbeit einzelner Mitarbeiter. Studien im Bereich der Neuproduktentwicklung weisen darauf hin, dass funktionsübergreifende Teams sowohl bei der Schaffung als auch bei der Implementierung von Innovationen einen besonderen Mehrwert liefern. Die Idee ist, dass Vertreter aller wesentlichen Bereiche eines Unternehmens (vor allem Forschung und Entwicklung, Marketing und Vertrieb, Produktion und Logistik) in einem Projektteam zur Entwicklung von Innovationen zusammenarbeiten (Brettel et al. 2011). Dadurch können Wissen und Fähigkeiten aus unterschiedlichen Bereichen schneller neu kombiniert werden. Das führt zu mehr Kreativität, schnelleren Produktentwicklungen und langfristigeren Erfolgen (Bunduchi 2009). Marketing und Vertrieb bringen beispielsweise ihr Wissen um Kundenwünsche ein, die Anforderungen an die Forschungs- und Entwicklungsabteilung stellen. Die Forschungs- und Entwicklungsabteilung kann ihrerseits beurteilen, was der derzeitige Forschungsstand ist und welche Möglichkeiten der Produktentwicklung realistisch sind. Produktion und Logistik können aufzeigen, welchen Aufwand in der Beschaffung und Produktion eine bestimmte Innovation nach sich zieht und wie sich diese wiederum auf die Kostenstruktur und in der Folge auf die Absatzmenge auswirken (Brettel et al. 2011). Grundsätzlich gilt, dass alle diese Funktionen auch unabhängig voneinander wichtige Innovationslieferanten sein können. Selbstverständlich gibt es Beispiele für brillante Produkte aus Forschung und Entwicklung auch ohne Einfluss anderer Funktionsbereiche. Häufig genug scheitern solche Alleingänge aber auch. Wenn beispielsweise die Forschungs- und Entwicklungsabteilung ohne Absprache ein neues Produkt entwickelt, das horrende Kosten in der Beschaffung und Produktion verursacht und an den Kundenanforderungen vorbeientwickelt wurde, so wird es vermutlich kein großer Erfolg für das Unternehmen werden. Unternehmen setzen daher häufig auf eine frühzeitige Integration aller Fachbereiche in Produktentwicklungsteams. So haben laut einer Fragebogenstudie der Product Development & Management Association aus dem Jahr 2003 (PDMA) 69 % aller 416 befragten Firmen einen funktionsübergreifenden Produktentwicklungsprozess etabliert (Barczak et al. 2009).

3.4.2.3 Personaleinsatz in unternehmerischen Unternehmen

Ist das Personal ausgewählt, stellt sich als nächstes die Frage nach dem konkreten Personaleinsatz. Hier kann zunächst die Rollenerwartung festgelegt werden. Monsen und Boss (2009) betrachten den Zusammenhang zwischen Corporate Entrepreneurship, unklaren Rollenerwartungen und der Bereitschaft, ein Unternehmen zu verlassen. Wenn Erwartungen an Rollen in Unternehmen unklar sind, d. h. wenn Mitarbeiter nicht wissen, was genau zu tun ist, kann das die Arbeitszufriedenheit senken und in der Konsequenz die Bereitschaft fördern, den Arbeitgeber zu wechseln. In einem unternehmerischen Unternehmen sind unklare Rollenerwartungen aber wohl eher die Regel als die Ausnahme. Monsen und Boss (2009) finden heraus, dass Corporate Entrepreneurship die Probleme aus unklaren Rollenerwartungen verringert und die Bereitschaft, das Unternehmen zu wechseln, reduziert. Das bedeutet, dass unklare Rollen beim Einsatz von Personal nicht unbedingt nur negativ zu sehen sind. In unternehmerischen Unternehmen wäre es möglicherweise sogar kontraproduktiv, Rollen und Aufgaben zu eng zu umschreiben und festzulegen, da dann der Freiraum für unternehmerisches Handeln einzelner Individuen eingeschränkt würde.

Darüber hinaus gestalten unternehmerische Unternehmen den Personaleinsatz in einer Art, dass Individuen ausreichend Zeit haben, unternehmerische Ideen zu treiben. Wie die Barrieren des Corporate Entrepreneurship in Abschn. 1.3 darlegen, sind knappe Ressourcen verschiedenster Art ein Hauptgrund, warum unternehmerische Initiativen nicht erkannt oder implementiert werden. Hornsby et al. (2002) zeigen, dass verfügbare Zeit unternehmerisches Verhalten fördert. Aus diesem Grund gewähren einige Unternehmen – wie die Beispiele von 3M, Google oder auch Gore (Beispiel 3.24) zeigen – Mitarbeitern einen bestimmten Teil ihrer Arbeitszeit als flexible Zeit, in der sie eigene Projekte verfolgen dürfen. Die Erfahrung zeigt, dass gerade in dieser Zeit innovative und unternehmerische Projekte entstehen. In dieser Zeit kann der Mitarbeiter seine eigene Perspektive einbringen und an dem arbeiten, was er persönlich für wichtig hält.

Beispiel 3.24: Wie Gore den Markt für Gitarrensaiten für sich entdeckte …

Bei Gore bekommt jeder Mitarbeiter die Freiheit, an seinen eigenen Projekten zu arbeiten und das Material aus dem Lager für eigene Zwecke zu nutzen (Bergmann 2009). Aus dieser Freiheit werden regelmäßig neue Ideen geboren. So berichtet Bergmann (2009), dass ein Gore-Ingenieur die Bowden-Züge seines Mountainbikes mit PTFE beschichtete. Bei dieser handwerklichen Arbeit kam er auf die Idee, dass man dieses Verfahren auch bei Gitarrensaiten anwenden könnte. Gitarrensaiten klingen nicht, wenn sie verschmutzt sind. Das Ergebnis dieses handwerklichen Experiments mit Gore-Materialien ist, dass Gore heute mit seinen Elixir-Gitarrensaiten Marktführer ist.

Mitarbeiter können in weitestgehender Einzelarbeit oder in Gruppenarbeit eingesetzt werden. Zusammenarbeit und Austausch zwischen Mitarbeitern und ganzen Abteilungen scheint eine besondere Rolle in unternehmerischen Unternehmen zu spielen. Austausch führt zur Entwicklung von Ideen und Gelegenheiten, die ansonsten möglicherweise nicht entstanden wären. Erkenntnisse zur Personalauswahl im vorhergehenden Abschnitt haben bereits gezeigt, dass Diversität von Hintergründen (wie beispielsweise ethnischer Herkunft) sich positiv auf unternehmerisches Verhalten auswirkt. Einige Unternehmen fördern den Austausch nicht nur zwischen Abteilungen, sondern sogar zwischen Unternehmen, die nicht im Wettbewerb stehen, wie Beispiel 3.25 für Procter & Gamble zeigt.

Beispiel 3.25: Procter & Gambles „Connect + Develop"-Programm: Hauptsache Austausch!

Procter & Gamble gilt nach einigen Management-Initiativen von vor etwa 10 bis 15 Jahren bis heute als eines der innovativsten Unternehmen in den USA. Eine Initiative bestand darin, den Austausch von verschiedensten Perspektiven zu ermöglichen – im sogenannten „Connect + Develop"-Programm (Brown und Anthony 2011). So hat Procter & Gamble …

- Mitarbeiter mit anderen Unternehmen, mit denen es nicht im Wettbewerb steht, geteilt: 2008 haben Procter & Gamble und Google für eine Woche etwa zwei Dutzend Mitarbeiter ausgetauscht. Procter & Gamble wollte so einen Einblick in ein Online-Geschäftsmodell gewinnen, Google war daran interessiert, wie Procter & Gamble Marken aufbaut,
- die Zusammenarbeit mit Innovatoren von außerhalb des Unternehmens gestärkt. Das Unternehmen strebt an, für Innovationsvorhaben (beispielsweise von Universitäten) der Partner der Wahl zu werden. Es wurde das Ziel formuliert, dass zeitnah etwa US\$ 3 Mrd. Umsatz mit Ideen externer Innovatoren generiert werden sollen und

- zuletzt von seiner traditionellen Personalstrategie, Stellen bevorzugt mit internen Bewerbern zu besetzen, Abstand genommen. Stattdessen hat Procter & Gamble angefangen, Experten auf bestimmten Gebieten (wie dem Franchising) von externen Quellen zu rekrutieren, um so zusätzliche Expertise und frische Perspektiven zu gewinnen.

Auf die Frage, wie groß ein Team idealerweise sein sollte, gibt die Literatur keine Antwort. Einige Daumenregeln aus der Praxis existieren, wie die von Amazons Jeff Bezos, der die „Two-Pizza-Team"-Regel eingeführt hat: Teams sollten maximal so groß sein, dass alle Teammitglieder sich zwei große Pizzen teilen können (Christensen et al. 2011) – also eher klein, um den Abstimmungsaufwand gering zu halten. Des Weiteren verfolgen einige unternehmerische Unternehmen die Maxime, dass Teams nur Mitglieder umfassen sollten, deren Expertise wirklich zwingend benötigt wird (Isaacson 2011). Jedes Mitglied, dessen Expertise das Team nicht weiterbringt, verlängert nur Prozesse und führt möglicherweise zu einer Verwässerung von Ideen, wenn Teams einen Konsens anstreben.

Darüber hinaus zeigt die Literatur, dass Gruppen zu risikoreicheren und daher möglicherweise unternehmerischen Entscheidungen neigen als Individuen. Dieses Phänomen wird in der Literatur als Risikoschubphänomen bezeichnet, welches in Abb. 3.25 graphisch veranschaulicht wird. Die Summe der Einzelurteile vor einer Gruppeninteraktion ist weniger risikoreich als eine Gruppenentscheidung nach einer Gruppeninteraktion. Gruppen sind aus verschiedenen Gründen risikobereiter:

- Verantwortungsdiffusion durch Verteilung der Verantwortung auf die ganze Gruppe
- Unsicherheitsreduktion durch mehr verfügbare Informationen für alle Gruppenmitglieder
- Risiko als sozialer Wert durch Anwesenheit anderer, um nicht als kleinmütig zu gelten

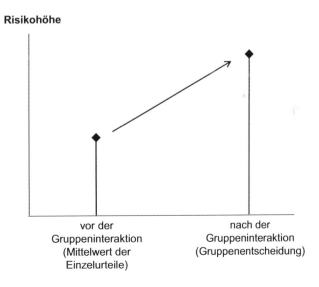

Abb. 3.25 Das Risikoschubphänomen. (Nach Steinmann und Schreyögg 2005)

Risikohöhe

vor der
Gruppeninteraktion
(Mittelwert der
Einzelurteile)

nach der
Gruppeninteraktion
(Gruppenentscheidung)

3.4.2.4 Personalentwicklung in unternehmerischen Unternehmen

Personalentwicklung beginnt bereits mit der Einarbeitung nach der Einstellung. Um den Mehrwert neuer Mitarbeiter voll nutzbar zu machen, ist es notwendig, dass ausreichend Zeit für die Einarbeitung der neuen Kollegen aufgewendet wird. Morris und Jones (1993) zeigen, dass Unternehmen, die hohen Aufwand in die Einarbeitung von neuen Mitarbeitern stecken, in Summe als Unternehmen unternehmerischer sind. Das schließt eine intensive Orientierungsphase ein, die auf die Vermittlung der Unternehmenskultur und auf die Möglichkeit, sich ein internes Netzwerk aufzubauen (Kuratko et al. 2011), abzielt. Netzwerke sind deshalb so wichtig, weil sie einen schnellen Zugriff auf Ressourcen ermöglichen, unabhängig von formalen Strukturen. Konkret kann dies beispielsweise durch eine Art Mini-Trainee-Programm gewährleistet werden. Ein neuer Mitarbeiter lernt dort die für seine Stelle wichtigen Ansprechpartner kennen. Ergänzend oder alternativ werden intensive Kennenlerngespräche vereinbart. Zusätzlich werden für alle neuen Mitarbeiter Orientierungstage angeboten, in denen sich Geschäftsführung und Führungskräfte vorstellen.

In unternehmerischen Unternehmen sind Trainings- und Entwicklungsmaßnahmen häufig an einer langfristigen Entwicklung orientiert, da Innovationsprozesse in der Regel lange dauern. Außerdem setzen solche Maßnahmen auf ein hohes Maß an Beteiligung der Mitarbeiter. Dies ist beispielsweise der Fall, wenn Mitarbeiter selbstständig Trainings aussuchen können und Trainings so konzipiert sind, dass sie die Mitarbeiter aktiv fordern. Trainings sind häufig weniger standardisiert, sondern am Bedarf des Einzelnen ausgerichtet. Dieser Ansatz hilft dem Einzelnen, flexibel auf neue Herausforderungen zu reagieren, sich an dynamische Umweltbedingungen anzupassen und mit Unsicherheiten umzugehen. Außerdem werden Trainings auch zeitlich bedarfsgerecht angepasst, so dass sie so oft und so lange nachgefragt werden können, wie Bedarf vorhanden ist (Morris und Jones 1993).

Womit sollten sich Trainings zur Förderung von Corporate Entrepreneurship inhaltlich auseinandersetzen? Schmelter et al. (2010) empfehlen eine breite Auswahl an Themen, um der inhärenten Komplexität unternehmerischer Tätigkeiten gerecht zu werden. Die Autoren nennen Trainings zu folgenden Themen, wie sie in breiter Auswahl beispielsweise bei Procter & Gamble (Beispiel 3.26) angeboten werden:

- Fachliche Fähigkeiten
- Kreativität (wie Kreativitätstechniken, Problemlösungsfähigkeiten)
- Soziale Fähigkeiten (wie Teamwork, Konfliktmanagement)
- Durchsetzen von Innovationen (wie Projektmanagement, Ressourcenbeschaffung, Netzwerkaufbau)

Beispiel 3.26: Procter & Gambles Innovations-Universität

Mitarbeiter sind die Quellen unternehmerischer und innovativer Tätigkeiten – entsprechend müssen sie auf diese vorbereitet werden. Procter & Gamble hat dazu ein „Disruptive Innovation College" gegründet (Brown und Anthony 2011). Mitarbeiter, insbesondere solche, die in Gebieten mit unternehmerischen Potenzialen arbeiten, werden hier geschult, unternehmerisch zu handeln und solche Initiativen zu treiben. Dazu

werden regelmäßig mehr als ein Dutzend Kurse angeboten. Themen sind beispielsweise das Grundvokabular von Innovationsvorhaben, Erstellung von Business Cases, das
personelle Besetzen von Teams zur Umsetzung unternehmerischer Vorhaben und das
Aufdecken von Trends.

Um neue Gelegenheiten unternehmerisch voranzutreiben, sind hervorragende fachliche
Fähigkeiten insbesondere in einem technischen Umfeld unerlässlich. Ohne ein sehr gutes Verständnis der aktuellen Lösungen und der zugrunde liegenden Technologien ist es
schwer vorstellbar, dass Mitarbeiter neue Lösungen entwickeln. Gleichzeitig ist das Vorgehen beim Entwickeln innovativer Ideen durchaus lernbar. Darauf zielen Kreativitäts-
kurse ab. Kreative Ideen können aus der Zusammenarbeit zwischen Kollegen und an der
Freude über das Erreichen eines gemeinsamen Ziels entstehen. Um diese Zusammenarbeit
produktiv zu gestalten, sind soziale Fähigkeiten wie Teamwork und Konfliktmanagement
notwendig. Die Entwicklung einer Idee im Team sagt aber noch nichts über ihre Ver-
wirklichung aus. Für die Weiterentwicklung und Umsetzung müssen Sponsoren gefunden, Ressourcen (wie finanzielle Mittel, Mitarbeiter, Räume, Werkstoffe) beschafft und
die Ideen in einem gewachsenen organisatorischen Umfeld auch gegenüber Widerständen
durchgesetzt werden. Hier kann ein ausgeprägtes Netzwerk helfen, das Sponsoren, unterschiedliche Perspektiven, Informationen und Ressourcen bereithält. Entsprechend müssen
die zur Durchsetzung von unternehmerischen Ideen notwendigen Fähigkeiten der Mitarbeiter – etwa in Bezug auf Projektmanagement oder Ressourcenbeschaffung – geschult
werden (Schmelter et al. 2010).

3.4.2.5 Personalbewertung in unternehmerischen Unternehmen

Um Mitarbeiter angemessen zu entlohnen, müssen Unternehmen zunächst deren Leistung bewerten. Die besondere Herausforderung liegt dabei darin, dass die Entwicklung
und Umsetzung unternehmerischer Initiativen häufig Jahre dauert. Entsprechend kann
auch erst nach Jahren festgestellt werden, ob die Leistung eines Mitarbeiters bzw. eines
Teams erfolgreich war. Unternehmerische Unternehmen lösen sich deshalb von der sonst
üblichen Mitarbeiterbewertung nach einem fixen Zeitplan, wo routinemäßig einmal im
Jahr die Mitarbeiterbewertung durchgeführt wird. Dies entspricht nicht dem Ablauf unternehmerischer Projekte. Projekte entwickeln sich in der Regel über die Zeit und es gilt
immer wieder, bestimmte Meilensteine zu erreichen, bestimmte Hürden zu überwinden
und neue Ressourcen zu akquirieren, wie im Stage-Gate-Prozess in Abschn. 2.1.1 dargestellt wurde. Bei der Definition von Meilensteinen bzw. Projektzielen und vor allem bei
der Definition des Zielerreichungsgrades werden die Mitarbeiter beteiligt. Dadurch wird
vermieden, dass Mitarbeitern unrealistische Erwartungen aufgebürdet werden. Außerdem
steigt so die Transparenz über erwartete Leistungen. Terminierte Meilensteine sind dann
eine gute Möglichkeit, um zu überprüfen, ob bzw. zu welchem Grad die gesteckten Ziele
erreicht wurden. Bei der Bewertung wird außerdem nicht das Befolgen von Regeln oder
Verfahren im Unternehmen belohnt, sondern vereinbarte Ergebnisse, da der Erfolg von
Projekten häufig gerade davon abhängt, sich nicht an etablierte Regeln oder Prozesse des
Unternehmens zu halten (Morris und Jones 1993).

Die besondere Herausforderung beim Aufbau von Bewertungssystemen besteht zudem darin, dass Zielvorgaben sich wandeln und Akteure, die in ein Projekt involviert sind, dieses nicht von Anfang bis Ende begleiten. Klassische Indikatoren wie Profitabilität oder Zielerreichungsgrad sind damit schwierig anzuwenden. Gleichzeitig muss ein Bewertungssystem auch verhindern, dass dauerhaft Projekte verfolgt werden, die nicht zur Strategie passen (Hayton 2005). Da viele Meilensteine, z. B. die Entwicklung einer neuen Geschäftsidee, sich nicht direkt quantitativ messen lassen, verwenden unternehmerische Unternehmen auch qualitative und subjektive Indikatoren, um den gewünschten Grad an Innovations- und Risikofreude im Verhalten von Mitarbeitern und Teams zu messen.

Außerdem ist der Aspekt der Arbeitsplatzsicherheit nicht zu vernachlässigen. Mitarbeiter werden in unternehmerischen Unternehmen angehalten Risiken einzugehen. Das schließt die Möglichkeit des Scheiterns mit ein. Deshalb ist ein Mindestmaß an Arbeitsplatzsicherheit auch im unternehmerischen Unternehmen unerlässlich. Außerdem darf das Scheitern dem Einzelnen nicht zum Nachteil gereichen. Da Scheitern inhärent zu unternehmerischem Verhalten gehört und aufgrund der Lerneffekte sogar hilfreich für zukünftige Gelegenheiten sein kann, gehen einige unternehmerische Unternehmen mit Scheitern proaktiv und transparent um und lassen dies in Bewertungen sogar als etwas Positives erscheinen, wie Beispiel 3.27 zeigt.

Beispiel 3.27: „Dare to Try"-Preis: Auszeichnung für Scheitern bei Tata

Die indische Tata-Gruppe ist ein internationaler Konzern mit sieben Geschäftsfeldern, die von der Kommunikations- und Informationstechnologie über Maschinenbau bis hin zu Chemie eine große Bandbreite abdecken. Mit über 100 Unternehmen in 150 Ländern, einem Umsatz von über US$ 97 Mrd. und einer Marktkapitalisierung von US$ 122,88 Mrd. Mitte 2014 ist es ein wahrer Global Player (Tata 2014).

Innovationen spielen eine wesentliche Rolle in der Firmengeschichte des 1868 gegründeten Unternehmens. Tata hat erkannt, dass es Erfolgsgeschichten und Anerkennung für Mitarbeiter braucht, die sich getraut haben, Neues zu wagen, wenn Innovationen gefördert werden sollen. 2006 wurde deshalb „Tata InnoVista" ins Leben gerufen, um Erfolge und Herausforderungen im Innovationsprozess zu würdigen (Tata 2012). Dieses Programm des Tata-Konzerns hat folgende Ziele:

- Innovationen in unterschiedlichen Konzernteilen sichtbar machen, so das Selbstvertrauen von Managern zu fördern und auf diese Weise dafür zu sorgen, dass an anderer Stelle im Konzern Ideen entwickelt werden,
- Innovatoren und Innovationen Anerkennung zollen,
- Hebel verstehen, die Unternehmen nutzen, um Innovationen zu entdecken und zu implementieren und
- eine Kultur angemessener Risikofreude zu etablieren.

Eine Besonderheit dieses Programms ist der sogenannte „Dare to Try"-Preis, der im Jahr 2007 eingeführt wurde (Tata 2012). Hier werden große unternehmerische und innovative Bemühungen ausgezeichnet, die gescheitert sind. Ziel ist es, Risikofreude, Durchhaltevermögen und die Bereitschaft, Erfahrungen zu teilen, zu honorieren. Insbesondere die Risikofreude, die notwendig ist, um radikale Innovationen zu wagen, soll ausgezeichnet werden.

Scheitern einzugestehen ist jedoch auch bei Tata nicht einfach. Entsprechend fiel die Reaktion auf diesen Preis zunächst verhalten aus. Erst über die Jahre bewarben sich mehr Bewerber um den Preis und die Zahl der Einreichungen wuchs von zwölf im Jahr 2007 auf 87 im Jahr 2012.

3.4.2.6 Personalentlohnung in unternehmerischen Unternehmen

Ein grundlegender Unterschied zwischen Start-up- und Corporate Entrepreneurship besteht darin, dass die Gründerperson beim Start-up-Entrepreneurship die unternehmerische Idee wirklich besitzt und ihr der gesamte wirtschaftliche Erfolg zukommt, sowohl in positiver als auch in negativer Hinsicht. Der Corporate Entrepreneur hingegen „besitzt" seine unternehmerische Idee normalerweise nicht, die wirtschaftlichen Folgen betreffen das Unternehmen. Dieses trägt, sofern die Idee umgesetzt wird, die Kosten für die Umsetzung und kassiert die Umsätze aus dem Verkauf. Ist die unternehmerische Idee ein Misserfolg, dann trägt das Unternehmen dieses Risiko, nicht der Corporate Entrepreneur, von möglichen Karrierekonsequenzen einmal abgesehen. Ist die unternehmerische Idee ein Erfolg, dann generiert das Unternehmen dadurch oft einen großen wirtschaftlichen Erfolg. Der betreffende Mitarbeiter muss sehen, wie seine Idee erhebliche positive Konsequenzen für andere hat, etwa das Top-Management oder Gesellschafter (Morris et al. 1994). Aber was bedeutet das für diesen Mitarbeiter? Letztlich wird er sich nur motiviert fühlen, wenn er in irgendeiner Form auch im positiven Fall (monetär oder nichtmonetär) profitiert. Diese grundsätzliche Beziehung bestätigen Fernandez und Pitts (2011), die bei einer Umfrage unter 118.000 Nicht-Führungskräften bei US-Behörden herausfanden, dass Mitarbeiter eher ermutigt sind, innovativ zu handeln, wenn sie die Erwartung haben, für erfolgreiche Innovationen überdurchschnittlich belohnt zu werden.

Damit stellt sich die Frage, wie das Management als zentrale Mitarbeitergruppe entlohnt werden sollte, damit es unternehmerisches Verhalten fördert. In Abschn. 1.3 wurde bereits dargelegt, dass das Top-Management eine Haupthürde bei der Umsetzung unternehmerischer Aktivitäten darstellen kann, und der Abschnitt zur Führungsfunktion wird die Rolle des Top-Managements für das Unternehmertum auf Gesamtunternehmensebene weiter untermauern. Für das Top-Management spielen vor allem Beteiligungen am Unternehmen neben fixen und variablen Gehaltszahlungen eine wesentliche Rolle. Li et al. (2008) stellen heraus, dass ein wesentlicher Grund, warum Top-Manager in vielen Fällen auf unternehmerische Aktivitäten verzichten, darin besteht, dass sich diese Aktivitäten nur mittel- und langfristig auszahlen, Top-Manager in Bezug auf Gehaltszahlungen, insbesondere in Bezug auf Bonuszahlungen, aber typischerweise kurzfristig incentiviert werden. Kurzfristig sind inkrementelle Weiterentwicklungen bestehender Geschäftsfelder erfolgreicher. Entsprechend konzentrieren sich Top-Manager auf diese Aktivitäten und nehmen in Kauf, dass das Unternehmen mittel- und langfristig, wenn sie möglicherweise gar nicht mehr an der Spitze des Unternehmens stehen, wichtige Veränderungen im Umfeld und sich daraus ergebende Gelegenheiten verpasst. Besitzt das Top-Management allerdings Anteile am Unternehmen, so kommt es zu einer Synchronisierung der Zielsetzungen. Ist das Top-Management durch Anteile langfristig an das Unternehmen gebunden und am Erfolg beteiligt, nehmen Top-Manager – so zeigen Li et al. (2008) – eine langfristigere Perspektive ein, verstärken unternehmerische Aktivitäten, entwickeln proaktiv mehr innovative Geschäftsideen und gehen dabei auch ein gewisses Risiko ein.

Welche Anreize motivierend wirken, ist von einzelnen Mitarbeitern abhängig und kann kaum generalisiert werden. Eine Herausforderung für die Personalfunktion ist es daher, eine Bandbreite von Anreizen zur Verfügung zu stellen. Führungskräfte müssen dann darin geschult werden, die für einen jeweiligen Mitarbeiter angemessenen Anreize auszuwählen. Das erfordert ein gutes Verständnis für die Belange der Mitarbeiter und einen hohen Grad an Einfühlungsvermögen. Die meisten Mitarbeiter legen heutzutage eine Erwartungshaltung an den Tag, insbesondere bezüglich der Möglichkeiten zur individuellen Entwicklung, der zu entsprechen nicht leicht fällt. Eine wettbewerbsfähige Entlohnung ist hier nur Minimalbedingung (Kuratko et al. 2011).

Wenn sich das Management entscheidet, Corporate Entrepreneurship zu fördern, müssen deshalb Bewertungs- und Belohnungssysteme entsprechend angepasst werden. Jenseits der skizzierten traditionellen Leistungsanreize gibt es mittlerweile eine ganze Reihe neuer Formen, unternehmerische Leistung zu belohnen, die für Mitarbeiter finanziell eine unternehmerische Start-up-Situation zumindest teilweise simulieren können:

- Mitarbeiter können einen Prozentsatz ihres Gehaltes einsetzen und den Einsatz in Abhängigkeit von der Teamleistung entweder verlieren, verdoppeln oder vervielfachen.
- Wenn eine innovative Idee akzeptiert wird, erhält der Ideengeber Anteile am Unternehmen vom Vorstand.
- Mitarbeiter erhalten Budgets ohne definierten Verwendungszweck, um innovative Ideen voranzutreiben.
- Bis zu 30 % des Profits, der eine gesetzte Zielvereinbarung überschreitet, wird an die Mitarbeiter in Abhängigkeit von individueller Leistung wieder ausgeschüttet.
- Mitarbeiter werden finanziell mit kleineren Beträgen für Ideen belohnt, die gescheitert sind.
- Mitarbeiter können Punkte sammeln für innovative Ideen. Diese Punkte können dann in Güter oder Dienstleistungen umgetauscht werden.
- In Innovationsprojekten werden Anteile für das Erreichen von Meilensteinen an ein Konto geknüpft. Werden Ziele erreicht, steigt der Kontostand, werden Ziele verfehlt, sinkt der Kontostand.
- Mitarbeiter werden finanziell je nach Beitrag zum Innovationsportfolio belohnt. Die Beiträge können in Ideen, Patentanmeldungen, entwickelten Prototypen etc. bestehen.
- Bei einer Einsparung wird der Ideengeber mit einem Anteil an der Einsparung belohnt. Bei einem Produkt erhält der Ideengeber einen Umsatzanteil.

Darüber hinaus werden zwei weitere Erfolgsfaktoren in der Literatur genannt, wenn es darum geht, unternehmerische Aktivität von Mitarbeitern zu fördern. Zum einen spielt Arbeitsplatzsicherheit eine große Rolle. Wie bereits an verschiedenen Stellen dargelegt, sind die Risiken und Unwägbarkeiten unternehmerischer Aktivitäten vorher nicht absehbar. Ein negativer Ausgang unternehmerischer Aktivitäten ist den Mitarbeitern, die die Gelegenheit erkannt und intern beworben haben, bewusst. Gibt man den Mitarbeitern das Gefühl der Arbeitsplatzsicherheit, dann erhöht dies die Wahrscheinlichkeit, dass der Mitarbeiter das Risiko des Scheiterns eingeht. Zum anderen sollte bei der Bewertung und Entlohnung von Mitarbeitern eine gewisse Scheitertoleranz gelebt werden. Letztlich kann ein Unternehmen nur dann glaubwürdig unternehmerische Aktivität fordern und fördern, wenn ihm bewusst ist, dass der Großteil der Aktivitäten nicht zu den gewünschten Ergebnissen führen wird. Durch Toleranz nimmt man dem Mitarbeiter die Angst vor dem Scheitern, die es möglicherweise ansonsten verhindert, dass er Gelegenheiten treibt.

3.4.3 Exkurs: Innovations-Champions als besondere Mitarbeiter

Eine besondere Möglichkeit, unternehmerisches Denken und Handeln im Unternehmen zu verankern, ist die Identifizierung und Förderung von Innovations-Champions. Hinter dem Konzept der Champions steht die Idee, dass es einige Mitarbeiter in Unternehmen gibt, die über das normal zu Erwartende hinaus weit mehr tun werden, um innovative und unternehmerische Ideen zu entwickeln. Jenssen und Jorgensen (2004) definieren Innovations-Champions wie folgt:

A champion is an individual that is willing to take risks by enthusiastically promoting the development and/or implementation of an innovation inside a corporation through a resource acquisition process without regard to the resources currently controlled. (S. 65)

Es handelt sich damit um eine Person, die eine Idee vor allem auch gegen Widerstände im Unternehmen vorantreibt. Dabei grenzen sich Champions von anderen Mitarbeiter ab, und zwar in Bezug auf …

- Charaktereigenschaften und Fähigkeiten
- Führungsstil
- Erfahrung
- Positionierung in intra- und interorganisationalen Netzwerken
- Strategien zur Ressourcenbeschaffung

Champions weisen wesentliche Charaktermerkmale und Fähigkeiten auf, die sie von anderen unterscheiden. So werden sie unter anderem als sehr selbstbewusst, hartnäckig, energiegeladen, passioniert und risikofreudig beschrieben (Howell und Higgins 1990), wie Beispiel 3.28 verdeutlicht. Sie glauben an sich selbst und ihre Mission und setzen diese auch gegen Widerstände durch. Sie gelten als charismatische Visionäre, denen es gelingt, andere zu inspirieren und für ihre Ideen zu gewinnen. Champions sind sehr kommunikativ, empathisch und diplomatisch geschickt und können eine Verbindung zu anderen aufbauen. Durch ihre ausgeprägte Kommunikationsfähigkeit gelingt es ihnen, Vertrauen und Loyalität zu erzeugen. Darüber hinaus empfinden Champions einen starken Leistungswillen und ein starkes Verantwortungsgefühl für ihr Unternehmen. Sie sind flexibel, mögen keine Routinen und langen Entscheidungswege, sondern wollen ihre Ideen schnell umsetzen. Sie verfügen über ausgeprägtes Fachwissen, was sie fachlich mit der nötigen Autorität ausstattet, und über ausgeprägte analytische Fähigkeiten, die es ihnen erlauben, Sachverhalte schnell zu durchdringen (Jenssen und Jorgensen 2004).

Beispiel 3.28: Gefeuert und am Ende Vorstandsvorsitzender

Bei 3M erzählt man sich gerne folgende Geschichte (Abatti 1997b): Ein Entwickler, der sich in eine unternehmerische Idee verbissen hatte und nicht mehr loslassen konnte, wurde entlassen. Er kam aber weiter zur Arbeit, um an seiner Idee zu arbeiten, und ließ sich von keinem stören. Wenig später wurde diese Idee doch vermarktet und ein voller Erfolg. Der gefeuerte Entwickler wurde ein paar Jahre später Vorstandsvorsitzender dieser Division von 3M. Die Hartnäckigkeit hatte sich gelohnt …

Statt eines transaktionalen Führungsstils, der auf vorwiegend materielle Austauschbeziehungen setzt (Lohn gegen Leistung), verfolgt der Champion einen transformationalen Führungsansatz, der später im Rahmen der Führungsfunktion in Abschn. 3.5 ausführlich vorgestellt wird. Vor allem zu Beginn der Entwicklung einer Innovation, in der Phase der Ideengenerierung und der Informationsbeschaffung, hat der Champion häufig gar keine Ressourcen zur Verfügung, um andere zu entlohnen, und ist auch gar nicht in der hierarchischen Position, um über die Arbeitskraft relevanter Mitarbeiter zu bestimmen. Er ist vielmehr auf den guten Willen zur Zusammenarbeit anderer angewiesen, die er mit der Kraft seiner Idee überzeugen und begeistern muss. Seine Fähigkeit, eine Vision zu schaffen, erzeugt in anderen Hilfsbereitschaft, Loyalität und Enthusiasmus (Howell und Higgins 1990).

In einer Studie von Howell und Higgins (1990) wird auf den Mehrwert von mehrjähriger Tätigkeit in demselben Unternehmen und derselben Industrie hingewiesen. Sie identifizieren vier Faktoren, die zeigen, wie Erfahrung dem Champion hilft:

- Wenn ein Champion mehrfach bewiesen hat, dass er riskante Projekte erfolgreich bewältigen kann, gewinnt er an Glaubwürdigkeit, die ihm hilft, neue Ideen zu verfolgen.
- Durch Projekterfahrung zu Karrierebeginn wird ein Champion früh mit den Themen Unsicherheit, Risiko und Scheitern konfrontiert. Dadurch steigt seine Lernkurve und er kann im späteren Karriereverlauf Projekte aufgrund seiner Erfahrung mit größerem Selbstbewusstsein in Angriff nehmen.
- Ein Champion, der sich schon lange in derselben Industrie bewegt, verfügt über umfassende Industrieerfahrung und kann so besser Ideen entwickeln, die zu seiner Branche passen und von seinem Unternehmen auch tatsächlich umgesetzt werden können.
- Häufig werden Champions bei langen Beschäftigungszeiten in einem Unternehmen auf verschiedenen Positionen in verschiedenen Bereichen und auch Ländern tätig. Dadurch entstehen soziale Netzwerke, die der Champion nutzen kann. Außerdem verändert sich die Perspektive, was wiederum Innovationen stimuliert.

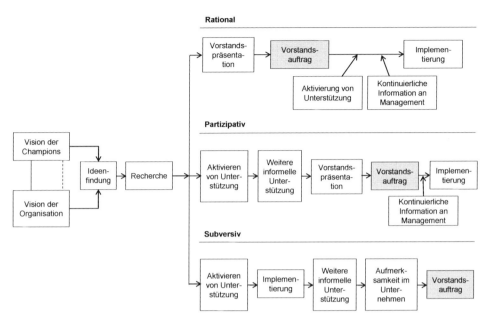

Abb. 3.26 Innovationsprozesse von Innovations-Champions im Vergleich. (Eigene Darstellung nach Howell und Higgins 1990)

Ein weiterer Erfolgsfaktor für einen Champion ist seine Positionierung im intra- und interorganisationalen Netzwerk seines Unternehmens. So ist ein erfolgreicher Champion über funktionale, hierarchische und geographische Grenzen hinweg gut vernetzt und verfügt über eine Vielzahl an engen und loseren Kontakten, wobei er stetig bemüht ist, seine Kontakte im Rahmen des Möglichen auszubauen. Enge Kontakte, ggf. sogar Freundschaften, ermöglichen es ihm, Einfluss zu nehmen und engagierte Unterstützer für seine Ideen zu gewinnen. Losere Kontakte helfen, an Informationen zu gelangen, die ohne diese Kontakte nicht verfügbar wären. In diesem Zusammenhang ist es für den Champion auch hilfreich, eine zentrale Position in den jeweiligen Netzwerken einzunehmen (Burt 1992). Wenn der Champion das Bindeglied zwischen verschiedenen Akteuren ist, die ihrerseits nicht miteinander verbunden sind, so hat er einen klaren Informationsvorsprung (Howell und Higgins 1990).

Auch wenn seine Charaktereigenschaften, sein Führungsstil, seine Erfahrung und seine Positionierung in Netzwerken dem Champion sicherlich helfen, seine Ideen voranzutreiben, so benötigt er dennoch zur Umsetzung Ressourcen, z. B. bei der Entwicklung eines Prototyps. Zur Generierung von Ressourcen kann er einen rationalen, einen partizipativen und einen subversiven Ansatz verfolgen, die graphisch in Abb. 3.26 veranschaulicht sind.

Im rationalen Ansatz entwickelt der Champion beispielsweise einen Businessplan und weist konkret das Potenzial seiner Idee nach. Wenn die Zahlen nicht eindeutig für die Idee sprechen, kann es der Champion mit strategischen Argumenten versuchen und auf die Notwendigkeit hinweisen, im Wettbewerb nicht hinterherzuhinken, oder an die Vision und Mission des Unternehmens appellieren. Die Idee wird der Geschäftsführung präsentiert, diese entscheidet sich im besten Fall dafür und gibt entsprechende Mittel frei. Der Champion sucht sich mit der formalen Erlaubnis der Geschäftsführung Unterstützung im Unternehmen und implementiert seine Idee. Dieses Vorgehen ist dann besonders erfolgversprechend, wenn das Unternehmen einerseits rationalen Argumenten zugänglich ist und andererseits großen Wert auf die Einhaltung formaler Prozesse legt.

Der partizipative Ansatz unterscheidet sich nun darin, dass nach der Phase der Informationsbeschaffung der Champion sich im Unternehmen über Hierarchieebenen hinweg Unterstützung sucht, und erst wenn eine breite Basis des Unternehmens die Idee unterstützt, sich die formale Genehmigung durch die Geschäftsführung einholt. Auf diese Weise lassen sich Bedenken und Widerstände schon im Vorhinein abfedern. Dieses Vorgehen wird dann empfohlen, wenn das Unternehmen Wert auf die Beteiligung vieler Mitarbeiter legt, bevor das Management eine Entscheidung fällt.

Der subversive Ansatz ist schließlich das Mittel der Wahl, wenn das Unternehmen gegenüber Neuerungen grundsätzlich negativ eingestellt ist. Nach dem Sammeln von Informationen beginnt der Champion, unter der Hand Unterstützer zu sammeln. Dann treibt er seine Idee so weit nur irgend möglich voran, im besten Fall bis zur Umsetzung, und verstärkt parallel die Basis der Unterstützer. Erst wenn die Idee sich als erfolgreich herausstellt, wird sie offiziell dem Top-Management vorgestellt, das jetzt gar nicht mehr anders kann, als sie zu akzeptieren, wie im Fall von Toshibas Eintritt in das Laptop- und Notebook-Geschäft (Beispiel 3.29). Voraussetzung für dieses Verfahren ist jedoch natürlich, dass der Champion, insbesondere was die Ressourcenausstattung angeht, auch die Möglichkeit hat, seine Idee so weit voranzubringen. Außerdem gehört eine gehörige Portion Risikofreude dazu, etablierte Regeln und Verfahren bis hin zur Ebene der höchsten Entscheider auf diese Weise zu missachten (Howell und Higgins 1990).

Beispiel 3.29: Toshibas Erfolg im Laptop- und Notebook-Geschäft durch „Underground Innovators"

Das 1875 gegründete japanische Unternehmen Toshiba verdankt seinen internationalen Erfolg vor allem zwei Innovationen, dem Laptop und dem Notebook, die von den Innovations-Champions Tetsuya Mizoguchi und Masaichi Koga vorangetrieben worden sind (Abatti 1997a). Die Einführung dieser Geräte auf dem weltweiten Markt war zunächst mit vielen Widerständen verbunden. Aufgrund des großen Konkurrenzdrucks durch IBM zog sich Toshiba 1978 aus dem Computergeschäft in Japan zurück. Doch die Computeringenieure Mizoguchi und Koga sahen in dem Feld eine bedeutende zukünftige Kernkompetenz des Unternehmens, hielten an ihrer Vision fest und entschieden sich für die Entwicklung beider Innovationen unter der Hand, fernab von offiziellen Projekten des Unternehmens.

Die erfolgreiche Entwicklung und Vermarktung der beiden Produkte ist maßgeblich auf ein starkes soziales Netzwerk zurückzuführen, das den Ingenieuren bei der Umsetzung ihrer Vision half. Ein engagiertes Team aus „Untergrund"-Entrepreneuren hielt trotz aller gegebenen Widerstände und knappen Ressourcen an ihrer Vision des tragbaren PCs fest. Auf jeden Widerstand vonseiten der Unternehmensführung oder anderer Stellen ergriffen sie Gegenreaktionen, die den späteren Erfolg von Laptop und Notebook möglich machten (Abatti 1997b).

So war es den Ingenieuren möglich, von ihren von der Unternehmensführung abgesegneten Projekten nützliche Ressourcen wie Personal und Sponsoren für Geldmittel abzuzweigen und sie für die Zwecke des Innovationsprozesses zu gebrauchen. Dabei spielte vor allem die Persönlichkeit der Innovations-Champions eine Rolle, die Kollegen dazu brachte, allein aus Respekt für Mizoguchi und Koga an den Innovationen mitzuwirken, ohne dafür bezahlt zu werden. Auch die benötigte Ausrüstung wurde aus anderen Projekten von Mizoguchi und Koga zu dem Innovationsprojekt umgeleitet. Da sie parallel zu ihrer Untergrund-Aktivität ihren eigentlichen Bereich erfolgreich weiterführten, gab es nur eine lose Überwachung vonseiten der Unternehmensführung.

Im Einzelnen ergreifen Mizoguchi und Koga die folgenden Tätigkeiten (Abatti 1997a):

Mizoguchi entwickelt den ersten japanischen PC, erhält jedoch nur die Erlaubnis der Geschäftsführung, das Produkt an Gerätehersteller in den USA zu vermarkten. Die Verhandlungen scheitern. Während die Konkurrenz nun den ersten PC in Japan verkauft, versucht es Toshiba ein weiteres Mal auf dem US-Markt, diesmal mit einer englischen Version. Das Problem: Die Software erweist sich als inkompatibel mit IBM-Ausstattungen, ein weiteres Scheitern. Um aus diesen Fehlern zu lernen, setzt sich Koga 1983 zum Ziel, ein Produkt herzustellen, das eine verbesserte, aber voll kompatible Technik aufweisen soll: den Laptop PC. Das Projekt erzeugt heftigen Widerstand bei der Unternehmensleitung, die das Projekt nicht unterstützt, Geldmittel ablehnt und sich weigert, Ingenieure dem Projekt zuzuteilen.

Als Reaktion auf diesen Widerstand starten Mizoguchi und Koga das Projekt quasi unter der Hand. Nach kurzer Zeit präsentieren sie ihre ersten Prototypen der Konzernleitung, welche nur zögerlich ihre Zusage geben, das neue Produkt in den USA und Europa erneut an Gerätehersteller zu vermarkten. Die dortigen Händler denken, der Laptop würde nur ein Nischenprodukt werden, und zeigen kaum Interesse. Atsutoshi Nishida, der Senior Vice President von Toshiba in Europa, schlägt vor, den Endverbrauchermarkt in den Fokus zu nehmen. Nach erfolgreichen Verkäufen in Europa ist das nächste Ziel der Entrepreneure, den Laptop auch im amerikanischen Raum zu verkaufen. Wieder kommt es zum Widerstand vonseiten der Konzernleitung, weshalb Nishida seine aus dem europäischen Geschäft gewonnenen Gewinne für die Expansion einsetzt. In der Folge wird Toshiba Weltmarktführer für tragbare PCs. Erst nach diesen Erfolgen entscheidet sich die Konzernleitung, das Projekt des Laptops durch Budgetzuteilungen und andere Aktivitäten zu unterstützen. Aufgrund der wachsenden Konkurrenz entscheidet sich Mizoguchi für ein weiteres Untergrund-Projekt: das Notebook. Gemeinsam mit einer kleinen Gruppe von Ingenieuren entwickelt er das Gerät und bringt es 1981 auf den Markt. Um die innovative Ausrichtung im Gesamtunternehmen zu integrieren, werden die Innovation Champions Mizoguchi und Koga in höhere Managementebenen befördert (Abatti 1997a).

Champions werden in der wissenschaftlichen Literatur als wesentliche Treiber von Veränderungen identifiziert. Für Unternehmen, insbesondere für die Personalfunktion, stellt sich die Frage, wie Champions unterstützt werden können. Howell und Higgins (1990) schlagen hier fünf Maßnahmen vor. Das Top-Management …

- hat grundsätzlich eine Vision des unternehmerischen Unternehmens. Es unterstützt den Champion deshalb ideell,
- unterstützt den Champion auch mit konkreten Mitteln, z. B. durch Ressourcen,
- muss Champions kontinuierlich unterstützten, indem es beispielsweise ebenfalls im Unternehmen für die Idee wirbt,
- muss aktiv helfen, Hindernisse aus dem Weg zu räumen, z. B. indem das Projekt vor politischer Einflussnahme, Budgetrestriktionen, Bürokratie beschützt wird und
- muss seinen Champions Freiräume einräumen, in denen diese selbstständig gestalten können.

Eine weitere Möglichkeit ist, offiziell ein Champions-Programm ins Leben zu rufen. Mitarbeiter mit den oben genannten Charaktereigenschaften werden explizit ausgewählt, um Innovationsprojekte voranzutreiben. Ihre Aufgabe ist es, ein Projekt durch kritisches Fahrwasser zu manövrieren, notwendige Ressourcen zu organisieren, Entscheider kontinuierlich mit Informationen zu versorgen und das Interesse der Entscheider für das Projekt auch auf höchster Ebene wachzuhalten. Wichtig ist, dass die Champions tatsächlich aus eigener Motivation heraus handeln. Kriterium für die Selektion als Champion sollte von daher nicht sein, dass es sich lediglich um den Günstling eines Vorgesetzten handelt, für den auf diese Weise der nächste Karrieresprung vorbereitet werden soll. Jeder, der die Fähigkeit und den Willen hat, muss die Möglichkeit bekommen, ein entsprechendes innovatives Projekt zu verantworten.

3.4.4 Zusammenfassende Überlegungen zur Personalfunktion in unternehmerischen Unternehmen

Die Personalfunktion spielt bei der Förderung von Corporate Entrepreneurship eine herausragende Rolle. Unternehmertum kann nur entstehen, wenn einzelne Mitarbeiter Gelegenheiten erkennen und fördern. Aus dieser Sicht erscheint die Bedeutung der Personalfunktion nachvollziehbar. Abbildung 3.27 fasst die Erfolgsfaktoren einer unternehmerischen Gestaltung der Personalfunktion zusammen.

Unternehmerische Unternehmen nutzen eine flexible Ausgestaltung der Personalplanung. Plötzlich aufkommende unternehmerische Gelegenheiten erfordern zügiges Handeln auf der Personalseite, um die Gelegenheiten auch entsprechend mit gutem Personal nutzen zu können, insbesondere wenn eine unternehmerische Gelegenheit ein Geschäftsfeld erschließt, für das bislang noch keine Expertise im Unternehmen bestand. Unternehmerische Unternehmen haben geringere Fluktuationsraten als konservativ geführte

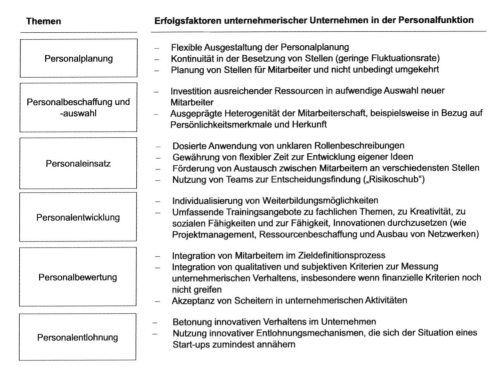

Themen	Erfolgsfaktoren unternehmerischer Unternehmen in der Personalfunktion
Personalplanung	– Flexible Ausgestaltung der Personalplanung – Kontinuität in der Besetzung von Stellen (geringe Fluktuationsrate) – Planung von Stellen für Mitarbeiter und nicht unbedingt umgekehrt
Personalbeschaffung und -auswahl	– Investition ausreichender Ressourcen in aufwendige Auswahl neuer Mitarbeiter – Ausgeprägte Heterogenität der Mitarbeiterschaft, beispielsweise in Bezug auf Persönlichkeitsmerkmale und Herkunft
Personaleinsatz	– Dosierte Anwendung von unklaren Rollenbeschreibungen – Gewährung von flexibler Zeit zur Entwicklung eigener Ideen – Förderung von Austausch zwischen Mitarbeitern an verschiedensten Stellen – Nutzung von Teams zur Entscheidungsfindung („Risikoschub")
Personalentwicklung	– Individualisierung von Weiterbildungsmöglichkeiten – Umfassende Trainingsangebote zu fachlichen Themen, zu Kreativität, zu sozialen Fähigkeiten und zur Fähigkeit, Innovationen durchzusetzen (wie Projektmanagement, Ressourcenbeschaffung und Ausbau von Netzwerken)
Personalbewertung	– Integration von Mitarbeitern im Zieldefinitionsprozess – Integration von qualitativen und subjektiven Kriterien zur Messung unternehmerischen Verhaltens, insbesondere wenn finanzielle Kriterien noch nicht greifen – Akzeptanz von Scheitern in unternehmerischen Aktivitäten
Personalentlohnung	– Betonung innovativen Verhaltens im Unternehmen – Nutzung innovativer Entlohnungsmechanismen, die sich der Situation eines Start-ups zumindest annähern

Abb. 3.27 Erfolgsfaktoren einer unternehmerischen Gestaltung der Personalfunktion

Unternehmen. Zudem tendieren unternehmerische Unternehmen dazu, nicht nur für Stellen Mitarbeiter zu suchen, sondern, wenn gutes Personal zur Verfügung steht, für dieses Stellen erst zu schaffen.

In Bezug auf die Personalbeschaffung und -auswahl ergibt sich, dass unternehmerische Unternehmen überdurchschnittlich viele Ressourcen in die Auswahl von neuen Mitarbeitern investieren, wissend, dass diese Mitarbeiter in Zukunft die Wahrscheinlichkeit für unternehmerische Initiativen wesentlich beeinflussen werden. Mitarbeiter unterscheiden sich sowohl in Bezug auf demographische Merkmale (wie das Alter und den Bildungsstand) als auch in Bezug auf Charakterzüge. Studien deuten darauf hin, dass unternehmerische Unternehmen nicht nur hochinnovative Mitarbeiter benötigen, sondern ein heterogenes Set verschiedenster, sich ergänzender Charaktere.

Beim Personaleinsatz arbeiten unternehmerische Unternehmen teilweise bewusst mit unklaren Rollenbeschreibungen. Sie gewähren ihren Mitarbeitern einen gewissen Teil frei gestaltbarer Arbeitszeit, in der sie eigene Projekte vorantreiben dürfen. Risikobereitschaft als ein zentrales Element von Corporate Entrepreneurship wird durch Gruppenarbeit gefördert.

Unternehmerische Unternehmen bieten individualisierte Weiterbildungsmöglichkeiten an und bilden zu verschiedensten Themen weiter aus. Besonders Fähigkeiten zur Durchsetzung von unternehmerischen Ideen können trainiert werden, wie Ressourcenbeschaffung oder Projektmanagement.

Bei der Personalbewertung sollten Mitarbeiter in den Zieldefinitionsprozess eingebunden werden. Unternehmerische Unternehmen nutzen zudem neben finanziellen Kennzahlen auch subjektive Kriterien, da zu Beginn unternehmerischer Prozesse finanzielle Kriterien oft noch nicht greifen. Zudem gehört Scheitern zur Normalität und ist in unternehmerischen Unternehmen teilweise gewollt. Scheitern oder die Zahl der Versuche sind nicht in finanzielle Kenngrößen zu fassen.

Schließlich gestalten unternehmerische Unternehmen die Belohnungssysteme in einer besonderen Art und Weise. Hier kommen sehr kreative Entlohnungsmechanismen zum Einsatz, die sich der Ertrags-Risiko-Situation eines Start-up-Unternehmens zumindest annähern können.

Beim Übergang von einem Start-up in frühen Lebenszyklusphasen in ein etabliertes Unternehmen in späten Lebenszyklusphasen verändert sich die Rolle und Ausgestaltung der Personalfunktion deutlich. In frühen Phasen kennt sich das gesamte Team, ein enger Austausch ist vorhanden. Einarbeitung kann unmittelbar durch die Gründer erfolgen, ebenso Bewertungen. Ist das Unternehmen gewachsen, ist eine solche flexible Handhabung nicht mehr möglich und es bedarf einer professionellen und zielgerichteten Personalfunktion, die sicherlich Ressourcen und in einigen Prozessen auch mehr Zeit benötigt.

Es gibt jedoch auch einige Vorteile von etablierten Unternehmen, die unternehmerisch sein wollen, gegenüber Start-ups. So sind etablierte Unternehmen, wenn sie eine gewisse Bekanntheit haben, sehr beliebte Arbeitgeber für sehr gute Arbeitskräfte, insbesondere wenn diese in etablierten Unternehmen sicherere Arbeitsplätze mit einer besseren Entlohnung erwarten als in Start-up-Unternehmen. Damit kann angenommen werden, dass die grundsätzliche Bewerberlage bei etablierten Unternehmen besser ist als beim Start-up-Unternehmen, und so auch die Wahrscheinlichkeit höher, dass sich geeignete Bewerber melden.

Darüber hinaus erlauben die Ressourcen etablierter Unternehmen eher, gezielt Personalentwicklungsprogramme zu entwickeln, die zur Förderung von Corporate Entrepreneurship notwendig sind. Bei Start-ups ist kaum zu erwarten, dass die Mittel für aufwendige Entwicklungsprogramme vorhanden sind. Durch ihre Größe können etablierte Unternehmen auch mehr Freiheiten in der Arbeitsgestaltung gewähren, während Start-ups oft noch damit beschäftigt sind, das Kerngeschäft überhaupt zum Laufen zu bekommen. In so einer Situation werden Gründer kaum Verständnis dafür haben, wenn Mitarbeiter parallel eigene Themen verfolgen wollen, die auf den ersten Blick nur eine geringe Erfolgswahrscheinlichkeit haben.

3.5 Führung

Abschnitt 3.5 untersucht die Managementfunktion der Führung. Sie stellt, wie in Abschn. 3.1 erläutert, die vierte Funktion im Managementzyklus nach Planung, Organisation und Personal dar. Die Führung beschäftigt sich damit, wie Manager mit Mitarbeitern, deren Stellen im Rahmen der Organisation geplant und im Rahmen der Personalfunktion ausgewählt, eingesetzt, bewertet und entlohnt wurden, im tagtäglichen Geschäft interagieren. Dass eine Ausgestaltung der Führungsfunktion, die Unternehmertum nicht fördert (wie mangelnde Geduld oder mangelnde Begeisterung für Innovationen), eine zentrale Hürde bei der Etablierung unternehmerischen Verhaltens sein kann, wurde bereits in Abschn. 1.3 dargelegt (Forbes 2011). Gleichzeitig stehen hinter unternehmerischen Erfolgsgeschichten oft einzelne visionäre Individuen, die Prominenz erlangt haben. Die zentralen Fragestellungen in der Literatur zur Führungsfunktion werden im folgenden Abschn. 3.5.1 umrissen. Abschnitt 3.5.2 stellt dann dar, wie eine unternehmerische Ausgestaltung der Führung aussehen kann, so dass Corporate Entrepreneurship in Form von Innovativität, Proaktivität und Risikobereitschaft gefördert wird. Abschnitt 3.5.3 fasst die Erkenntnisse zur Führungsfunktion in unternehmerischen Unternehmen noch einmal zusammen.

3.5.1 Zentrale Fragestellungen im Rahmen der Führungsfunktion

Die Führungsfunktion ist die vierte Funktion des in Abschn. 3.1 dargestellten Managementzyklus. Führung soll die Mitarbeiter auf die Ziele des Unternehmens ausrichten und in ihrem Alltag motivieren, ihre Leistung zur Erreichung zu erbringen. Im Laufe der letzten Jahrzehnte wurden verschiedene wissenschaftliche Führungstheorien entwickelt, die jeweils empirisch validiert und weiterentwickelt wurden (Datta et al. 2005).

In der Forschung lassen sich zwei Richtungen unterscheiden, wie auch in Abb. 3.28 bei der Einordnung der Führungsfunktion in den Managementzyklus dargestellt (Bono und Judge 2004). Die eine Richtung geht davon aus, dass sich Führungskräfte von Nicht-Führungskräften durch bestimmte Eigenschaften unterscheiden. Die zweite Forschungsrichtung analysiert Führungsstile. Ziel dieses Ansatzes ist es, den optimalen Führungsstil zu identifizieren, um die Mitarbeiter durch das Verhalten der Führungskräfte so zu be-

Abb. 3.28 Einordnung der Führungsfunktion und Themen im Rahmen der Führung

einflussen, dass die Unternehmensziele erreicht werden (Conger 1999; Ling et al. 2008). Folgende zwei Fragestellungen im Rahmen der Führungsfunktion werden behandelt:

- Welche Eigenschaften haben Führungskräfte im Unterschied zu Nicht-Führungskräften? (Eigenschaften von Führungskräften, Abschn. 3.5.1.1)
- Welche Führungsstile können Führungskräfte anwenden? (Führungsstile, Abschn. 3.5.1.2)

3.5.1.1 Eigenschaften von Führungskräften

Historisch stand zunächst die Forschung zu den Eigenschaften von Führungskräften im Vordergrund. Die Annahme war, dass bestimmte führungsrelevante Eigenschaften bei einigen Personen stärker in der Persönlichkeit verankert sind und diese Personen deshalb eher für Führungspositionen geeignet sind als andere. Vor allem in der ersten Hälfte des 20. Jahrhunderts unternahm die Forschung besondere Anstrengungen, um solche Führungsmerkmale zu identifizieren (Steinmann und Schreyögg 2005). Auf Basis unterschiedlicher Methoden entstanden unterschiedlichste Kataloge von Eigenschaften. Intuitiv-introspektive Kataloge stellen vor allem auf Eigenschaften wie Selbstvertrauen, Männlichkeit, Überzeugungskraft und Intelligenz ab (Shipman und Mumford 2011). In empirisch-statistischen Katalogen unterschieden sich die Führungskräfte von Nicht-Führungskräften unter anderem durch höhere Intelligenz, bessere Schulleistungen und stärkere Teilnahme an Gruppenaktivitäten. Die Ergebnisse der Studien waren jedoch widersprüchlich, ein einheitlicher Katalog von klaren Führungseigenschaften ließ sich nicht ableiten. Dafür gibt es zwei zentrale Gründe (Steinmann und Schreyögg 2005):

- Unterschiede der Herkunft: Unterschiedliche Wege führen in Führungspositionen. Beispielsweise können Alter, Konsens einer Gruppe oder Berufung in ein Amt dafür ausschlaggebend sein. Dies zeigt schon, dass sehr unterschiedliche Eigenschaften für eine Führungsposition qualifizieren können.
- Keine Allgemeingültigkeit: Führung ist situationsabhängig. In unterschiedlichen Situationen ist unterschiedliches Führungsverhalten angezeigt (Fiedler 1972). Entsprechend gibt es nicht einen einheitlichen Führungstypus, der mit einer einheitlichen Merkmalsausstattung jede Situation meistern kann.

3.5.1.2 Führungsstile

Der zweite Strang der Führungsforschung hat sich auf die Analyse von Führungsstilen konzentriert (Podsakoff et al. 1996). Diese Forschungsperspektive dominiert die aktuelle Diskussion in der Literatur zur Führungsfunktion (Bass 1999). Führungsstile beschreiben das Verhalten, das eine Führungskraft gegenüber einem Geführten an den Tag legt. Führung entsteht in dieser Beziehung. Dabei möchte die Führungskraft den Geführten in einer bestimmten Art und Weise beeinflussen. Verschiedene Faktoren sind dafür relevant. Dazu gehören persönliche Eigenschaften des nach Führung strebenden Akteurs, Eigenschaften des Geführten, die soziale Situation und Rahmenbedingungen, die das Umfeld vorgibt (Conger et al. 2000).

Aus der Analyse dieser Faktoren haben sich in der Literatur drei prominente Unterscheidungen von Führungsstilen herausgebildet. So lässt sich ein transaktionaler von einem transformationalen Führungsstil unterscheiden, ein autoritärer von einem partizipativen und ein aufgabenorientierter von einem personenbezogenen.

Ein transaktionaler Führungsstil basiert auf der Annahme, dass Führungskraft und Geführter in einer Austauschbeziehung stehen (Judge und Piccolo 2004). Eine Führungskraft tauscht positive oder negative Sanktionen gegen die Leistung eines Geführten. Die Führungskraft muss in diesem Modell erkennen, welche positiven oder negativen Sanktionen für einen Geführten relevant sind, und diesen dazu motivieren, eine bestimmte Leistung zu erbringen. Während ein transaktionaler Führungsstil vor allem ökonomische Motive der Akteure in den Vordergrund rückt, nimmt der transformationale Führungsstil Überzeugungen in den Blick. Demnach führt die Führungskraft aus der Überzeugung heraus, etwas verändern zu müssen. Basis ihres Denkens und Handelns ist eine Vision, die sie durchsetzen will. Der Ansatz basiert auf der Annahme, dass Geführte der Führungskraft folgen, weil sie die gleiche Vision verfolgen (Bass 1990). Der transformationale Führungsansatz lässt sich anhand verschiedener Dimensionen beschreiben (Podsakoff et al. 1996). Demnach ist eine transformationale Führungsperson eine Person, die …

- eine Vision im Unternehmen verankert,
- als Rollenvorbild handelt,
- Ziele von Gruppen fördert,
- hohe Leistungen einfordert,
- Mitarbeiter individuell unterstützt und
- fähig ist, Mitarbeiter kontinuierlich intellektuell zu stimulieren.

Des Weiteren kann zwischen autoritärem und einem partizipativem Führungsstil unterschieden werden (Engelen 2010). Legt eine Führungskraft einen autoritären Führungsstil an den Tag, so versucht sie, die Aufgaben der Mitarbeiter im Detail vorzugeben und zu kontrollieren (Steinmann und Schreyögg 2005). Entscheidungen über Arbeitsbereiche werden fast ausschließlich von der Führungskraft getroffen, die eine große soziale Distanz zu den Geführten wahrt. Um ihre herausgehobene Stellung nicht zu gefährden, verzichtet sie bewusst auf die Teilnahme an Gruppenaktivitäten. Im Gegensatz dazu überlässt eine Führungskraft, die sich für einen partizipativen Ansatz entscheidet, den Geführten eigene Entscheidungsbefugnisse darüber, wie Ergebnisse erzielt werden (Sarin und McDermott 2003). Mitarbeiter organisieren sich in diesem Ansatz in weiten Teilen selbst und agieren untereinander gleichberechtigt. Das Verhältnis zwischen Führungskraft und Mitarbeiter ist durch hohe Wertschätzung geprägt. Durch eine aktive Teilnahme an Gruppenaktivitäten versucht die Führungskraft, die soziale Distanz zu verringern. Zwischen den extremen Ausprägungen dieser beiden Führungsvarianten gibt es eine Vielzahl von Varianten. Eine abgeschwächte Variante eines autoritären Führungsstils wäre beispielsweise, dass sich die Führungskraft auch die Vorschläge und Ideen von Mitarbeitern anhört, statt ihnen nur ihre Aufgaben vorzugeben.

Schließlich gibt es die Unterscheidung zwischen einem aufgaben- und einem personen-bezogenen Führungsstil. Aufgabenorientiert zu führen bedeutet vor allem, zu kontrollie-ren, ob vorab definierte Aufgaben absprachegemäß erledigt wurden. Mitarbeiter werden hier vor allem als Ressource gesehen, die dazu eingesetzt wird, bestimmte Aufgaben ab-zuarbeiten, und werden so geführt, dass dies am ehesten gewährleistet ist. Bei der Wahl eines personenbezogenen Führungsstils ist die Führungskraft überzeugt, dass die beste Arbeitsleistung dann erzielt wird, wenn sie sich für ihre Mitarbeiter und deren Motivation, Bedürfnisse und Probleme interessiert. Sie richtet deshalb ihr Augenmerk auf die indivi-duellen Bedürfnisse der Mitarbeiter, fördert und fordert diese und ist nicht übermäßig auf Leistungsziele fixiert (Burns 1978). Dieser Ansatz wird auch als konsiderater Führungsstil bezeichnet (Sarin und McDermott 2003).

3.5.2   Die Führungsfunktion in unternehmerischen Unternehmen

Zunächst stellt sich die Frage, ob eine einzelne Person oder ein Team mit einer beschränk-ten Anzahl an Personen an der Spitze des Unternehmens überhaupt unternehmerisches Verhalten des ganzen Unternehmens beeinflussen können. Anekdoten über bekannte Un-ternehmerpersönlichkeiten deuten darauf hin, ebenso Beobachtungen wie die von Tom Peters, über die in Beispiel 3.30 berichtet wird, oder eine Geschichte über die Innovations-bemühungen von Hewlett-Packard in Beispiel 3.31.

Beispiel 3.30: 140 von 150: „Old White Males" als Treiber von Corporate Entrepreneurship?

Tom Peters, Koautor des legendären Buchs „In Search of Excellence", erzählt von einem seiner Managementseminare, das er bei einem großen US-amerikanischen Unternehmen abgehalten hat (Peters 2010). Seine Aufgabe war es, mit 150 Managern oberer und mittlerer Hierarchiestufen zu diskutieren, wie ein Unternehmen, dessen Produkte in den letzten Jahren zu reinen Commodities geworden sind, innovativer werden kann. Peters erzählt, dass er beim Eintritt in den Seminarraum die Antwort schon hatte: Von den 150 Führungskräften waren geschätzte 144 zwischen 48 und 59 Jahren alt. Von diesen 144 waren geschätzte 140 sogenannte „OWMs" („Old White Males"). Und von diesen 140 „OWMs" wiederum trugen geschätzte 137 die traditio-nelle US-amerikanische Offsite-Kluft: leuchtend-hellgrüne Golfhosen aus Polyester. Er schlussfolgert: Mitglieder einer Gruppe sehen gleich aus, denken gleich, sprechen gleich, diskutieren gleich, essen das gleiche Essen und entwickeln die gleichen Ideen. Es folgt als rhetorische Frage zur Ausgangssituation: Können dabei überhaupt neue unternehmerische Perspektiven und Initiativen entstehen, die das Unternehmen aus der Commodity-Falle hieven?

Um diese Frage empirisch zu beantworten, haben die US-amerikanischen Professoren Jeff Dyer und Hal Gregersen in Zusammenarbeit mit Credit Suisse ein Maß entwickelt, die

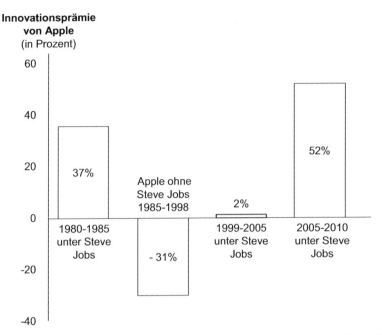

Abb. 3.29 Die Innovationsprämie von Apple: Vergleich verschiedener Perioden. (Nach Christensen et al. 2011)

sogenannte Innovationsprämie. Sie erfasst, in welchem Ausmaß der Aktienmarkt glaubt, dass das Unternehmen mit profitablen neuen Ideen über das aktuell bestehende Geschäft hinaus aufwartet (Dyer et al. 2008). Mit anderen Worten ist die Innovationsprämie ein Maß, das erfasst, um welchen Wert der Aktienmarkt erwartet, dass das Unternehmen zukünftig neue Geschäfte profitabel entwickelt. Abbildung 3.29 zeigt die Entwicklung dieser Innovationsprämie für Apple für verschiedene Perioden unter Steve Jobs und die Zeit zwischen den Amtszeiten von Steve Jobs an der Spitze von Apple. In der ersten Amtszeit als Vorstandsvorsitzender zwischen 1980 und 1985 betrug die Innovationsprämie 37 %, in der Zeit zwischen 2005 und 2010 in seiner zweiten Amtszeit 52 %, während in der Zeit ohne Steve Jobs zwischen 1985 und 1998 die Innovationsprämie auf −31 % sank, so dass rein aus diesen Zahlen ein deutlicher Einfluss einer einzelnen Person vermutet werden kann.

Die Rolle von Führungspersonen im Unternehmen kann intuitiv nachvollzogen werden (Yadav et al. 2007): Zum einen treffen Top-Manager selbst Entscheidungen, die für das Unternehmen von zentraler Bedeutung sind. Sie haben die Befugnis, Ressourcen in bestimmte Projekte zu investieren, die ihnen besonders wichtig erscheinen. Ebenso können Ressourcen von Projekten, die nicht der Priorität des Top-Managers entsprechen, abgezogen werden (Simsek et al. 2010). So kann ein Top-Manager, der substanziell Ressourcen für Forschungs- und Entwicklungstätigkeiten freigibt, ein Zeichen setzen, dass neue Entwicklungen wichtig sind. Zum anderen beeinflusst der Top-Manager oder das Top-Management-Team das Verhalten aller anderen Mitarbeiter durch bewusste Vorgaben oder auch durch symbolisches Management, wozu zum Beispiel eine bestimmte Ausdrucksweise oder Kleidung oder auch bewusstes Vorbildverhalten gehören. In der wissenschaftlichen Literatur wird die Bedeutung von Führungskräften für das gesamte Unternehmen und seinen Erfolg im Rahmen der „Upper Echelons Theorie" von Hambrick und Mason (1984) untersucht. Eine Fülle an empirischer Forschung hat hier seit Entstehung dieser Theorie Mitte der 1980er-Jahre gezeigt, dass Strategie und Erfolg eines Unternehmens zu einem signifikanten Anteil auf die Eigenschaften und Verhaltensweisen der Führungsperson zurückgeführt werden können (Hambrick 2007).

Beispiel 3.31: Wie Innovationsbudgets „versickern" können ...

Mitte der 1990er-Jahre hatte ein kleines Team auf mittleren und unteren Hierarchieebenen bei Hewlett-Packard in der Scanner-Division den Prototyp eines tragbaren Scanners entwickelt. Für dieses Projekt bekam das Team zunächst keine Finanzierung, bis Antonio Perez aus dem Top-Management einschritt: Er stellte etwa US$ 10 Mio. zur Überprüfung der Machbarkeit des Produkts bereit und ließ das Team damit arbeiten (Tushman et al. 2011). Als sich Perez Monate später nach dem Fortschritt erkundigte, erfuhr er, dass die Mittel in der Scanner-Division umgeleitet wurden, um ein anderes Loch im Budget der Division zu stopfen. Das besagte Team hatte damit weder finanzielle Mittel noch kontinuierliche Top-Management-Unterstützung. Das Produkt wurde nicht weiterverfolgt.

Doch was macht eine unternehmerische Führungsperson nun aus? Wie verhält sie sich gegenüber ihren Mitarbeitern? Entsprechend der Unterteilung in einen Literaturstrang zur Erforschung der Eigenschaften von Führungspersonen und einen Literaturstrang zur Untersuchung von Führungsverhalten, hat die Literatur an der Schnittstelle „Führung und Corporate Entrepreneurship" genau diese beiden Themen behandelt. Im Folgenden sollen nun zunächst Eigenschaften von Führungspersonen in unternehmerisch orientierten Unternehmen dargestellt werden (Abschn. 3.5.2.1). Unternehmen, die ihren Grad an Corporate Entrepreneurship erhöhen wollen, lernen entsprechend daraus, welche Eigenschaften Führungskräfte haben oder entwickeln sollten. Darauf folgend werden Führungsstile vorgestellt, die unternehmerisches Verhalten fördern (Abschn. 3.5.2.2).

3.5.2.1 Eigenschaften von Führungskräften in unternehmerischen Unternehmen

In Bezug auf Eigenschaften von Führungspersonen untersuchen Richard et al. (2009), wie zwei demographische Eigenschaften eines Vorstandsvorsitzenden – Erfahrung in der aktuellen Position und Erfahrung in der Industrie – beeinflussen, wie effektiv Corporate Entrepreneurship implementiert werden kann. Die Autoren können auf Basis einer Stichprobe von 579 Banken zeigen, dass Unternehmen, deren Vorstandsvorsitzender zum Zeitpunkt der Messung erst kurz im Amt ist, unternehmerischer sind als solche mit einem Vorstandsvorsitzenden, der bereits seit langer Zeit diese Position inne hat. Ein Vorstandsvorsitzender, der noch relativ frisch in dieser Position ist, wird bei der Entscheidungsfindung verschiedene Quellen außerhalb des Unternehmens nutzen. Je unterschiedlicher die Quellen, desto höher ist die Wahrscheinlichkeit, dass neue Impulse in das Unternehmen kommen, die zu mehr Innovativität und Proaktivität führen können. Mit steigender Amtszeit werden die Informationsquellen von Vorstandsvorsitzenden immer spezifischer, so dass irgendwann, auch aufgrund einer gewissen einsetzenden Betriebsblindheit, keine neuen Informationen mehr gewonnen werden, die aber für neue unternehmerische Impulse von Bedeutung wären.

Erfahrung in der Industrie zu haben verstärkt hingegen die Wirkung von Corporate Entrepreneurship auf den Unternehmenserfolg. Eine mehrjährige Industrieerfahrung stellt sicher, dass der Vorstandsvorsitzende Regularien, Kunden, Lieferanten und andere Spieler in der Industrie genau kennt und aus vergangenen Entwicklungen auf zukünftige schließen kann. Insbesondere gelingt es solchen erfahrenen Vorstandsvorsitzenden besser zu antizipieren, wie Kunden wohl auf neue Technologien reagieren. Diese Studie zeigt damit erstmalig, dass rein demographische Merkmale von Vorstandsvorsitzenden die Effektivität einer unternehmerischen Ausrichtung beeinflussen können.

Neben demographischen Merkmalen ist anzunehmen, dass auch die Persönlichkeit von Führungskräften eine Rolle spielt. Entrialgo et al. (2001) untersuchen bei 233 kleinen und mittleren spanischen Unternehmen, welche Eigenschaften des Top-Managers in einem Unternehmen den Grad an Corporate Entrepreneurship erhöhen. Die Autoren können drei wesentliche Eigenschaften identifizieren: Top-Manager, die glauben, in allen Situationen Kontrolle ausüben zu können, fördern unternehmerisches Verhalten. Sie entscheiden sich leichter für risikobehaftete innovative Vorhaben, weil sie – selbst wenn sich die Umwelt anders entwickelt als gedacht – daran glauben, dass es immer Lösungen gibt, um die Situation wieder in den Griff zu bekommen. Glaubt ein Top-Manager nicht, einen gewissen Grad an Kontrolle über die Umwelt ausüben zu können, so wird er von risikobehafteten Alternativen absehen und auch keinen positiven Einfluss auf die Mitarbeiter ausüben, solche unternehmerischen Aktivitäten zu verfolgen. Darüber hinaus führt eine starke Leistungsorientierung als Persönlichkeitsmerkmal bei Top-Managern zu mehr Unternehmertum auf Unternehmensebene. Ist ein Top-Manager nicht mit Durchschnittsergebnissen zufrieden und will er eine gewisse Marktstellung erreichen, so sind unternehmerische Initiativen ein zentraler Weg dazu. Auch Toleranz gegenüber Unsicherheiten führt zu mehr Unternehmertum. Das Verfolgen neuer Gelegenheiten vor dem Wettbewerb bringt ein Unternehmen und seine Manager zwangsläufig in unsichere Situationen, beispielsweise in Bezug auf Kundenreaktionen oder technische Machbarkeit von Innovationen. Scheuen Top-Manager aufgrund ihrer Persönlichkeit solche unsicheren Situationen, dann werden sie die Ressourcen des Unternehmens eher in die inkrementelle Weiterentwicklung bestehender Geschäfte allokieren und damit Situationen mit eher geringer Unsicherheit herbeiführen.

Eine weltweite Studie zu Persönlichkeitsmerkmalen von Führungskräften führen Gupta et al. (2004) durch. Die Autoren untersuchen auf einer Basis von 15.000 befragten Managern aus 62 Nationen, was unternehmerische Führungspersonen ausmacht. Durch diverse Auswertungen zeigen die Autoren, dass unternehmerische Führungspersonen über alle nationalen Kontexte folgendes mitbringen:

- ein vorausschauendes Wesen
- ermutigendes Verhalten
- eine positive Einstellung
- Selbstvertrauen
- Entscheidungsfreude
- Fähigkeiten, um Verhandlungen effektiv zu führen
- Fähigkeiten, um auf der Grundlage von Informationen Entscheidungen zu treffen
- Teamgeist

Die Fähigkeit, vorausschauend zu handeln, ist notwendig, um zukünftige Gelegenheiten frühzeitig zu erkennen und entsprechend zu reagieren. Ein ermutigendes Verhalten gegenüber Mitarbeitern bereitet diese auf Unsicherheiten vor, denen sich ein unternehmerisches Unternehmen meist gegenübersieht, und nimmt ihnen die Angst vor Rückschlägen und dem ultimativen Scheitern unternehmerischer Initiativen. Eine positive Einstellung signalisiert den Mitarbeitern, dass auch risikobehaftete Vorhaben letztlich erfolgreich sein können. Ihre positive Einstellung ermöglicht der Führungskraft zudem, selbst an den Erfolg eines Vorhabens zu glauben, auch wenn ein positives Ende noch nicht absehbar ist. Selbstvertrauen – wie später noch genauer ausgeführt wird – hilft, daran zu glauben, dass man als einzelnes Unternehmen in der Lage ist, industrieverändernde unternehmerische Initiativen auch tatsächlich anzugehen und umzusetzen. Entscheidungsfreude ist bei Führungskräften notwendig, um die Proaktivität, die unternehmerischen Tätigkeiten inhärent ist, auch tatsächlich zu erzielen, wie das Beispiel 3.32 über Bill Hewlett veranschaulicht. Mangelnde Entscheidungsfreude kann dazu führen, dass Unternehmen Gelegenheiten verpassen. Unternehmerische Führungskräfte können zudem effektiv Verhandlungen führen, lassen sich also von Partnern, Lieferanten oder Kunden nicht hinters Licht führen, sondern kennen die Situation und können in Verhandlungen (beispielsweise beim Aufbau von Vertriebskanälen) entsprechend auftreten. Unternehmerische Führungskräfte sind zudem sehr gut informiert – sie haben umfassendes Wissen über die Produkte, die Situation und die Industrie und können daher Unsicherheiten sehr gut abschätzen. Fehlen für eine fundierte Entscheidungsfindung noch Informationen, so werden diese generiert, wie ebenfalls im Beispiel 3.32 für Bill Hewlett dargelegt. Zu guter Letzt sind unternehmerische Führungskräfte Teamplayer. Wie bereits an verschiedenen Stellen dargestellt, ist Corporate Entrepreneurship ein unternehmensweites Phänomen. Alle Mitarbeiter sind potenzielle Quellen von neuen Ideen für unternehmerische Aktivitäten und werden für deren Umsetzung benötigt. Eine Führungskraft, die lieber alleine arbeitet und keine Teams um sich versammelt, ist kaum in der Lage, komplexe neue Entwicklungsprozesse zu steuern, die oft für neue Produktideen notwendig sind.

Beispiel 3.32: Bill Hewletts drei verschiedene Hüte als Reaktion auf neue Ideen
David Packard als einer der beiden Gründer von Hewlett-Packard erklärt in seinem Buch über die Geschichte seines Unternehmens, dass die schwierigsten Situationen

die waren, in denen man Mitarbeitern mitteilen musste, dass ihre innovativen Ideen mangels Potenzial oder Machbarkeit nicht umgesetzt werden können (Packard 1995). Schließlich sollten diese Mitarbeiter nicht demotiviert werden, sondern weiterhin Ideen einbringen, auch wenn bereits mehrere davon nicht umgesetzt worden waren. Sein Gründerkollege Bill Hewlett entwickelte zur Lösung dieser Situationen einen eigenwilligen Prozess: Sobald ein Mitarbeiter mit einer innovativen Idee auf ihn zukam, setzte er einen Hut auf, der den Schriftzug „Begeisterung" trug. Gleichzeitig zeigte Bill Hewlett eben diese Begeisterung und stellte einige erste Fragen. Einige Tage später trug er dann meistens einen Hut mit dem Schriftzug „Untersuchung" und stellte weitere Fragen, um das Potenzial ganz zu verstehen und zu signalisieren, dass er über die Idee nachdachte und weitere Informationen sammelte. Schließlich wechselte er zu einem Hut mit dem Schriftzug „Entscheidung" und teilte dem Initiator der Idee mit, ob die Idee vom Unternehmen weiterverfolgt wurde oder nicht. Selbst wenn die Idee dann abgelehnt wurde – und die meisten Ideen wurden abgelehnt –, hatte der Initiator so das Gefühl, dass seine Idee wichtig und etwas Besonderes war, über das sich das Gründerteam wirklich Gedanken gemacht hatte. Auf diese Weise schaffte Bill Hewlett es oft, dass der Initiator trotz der Ablehnung ein gutes Gefühl mit seiner Initiative hatte und nicht demotiviert wurde.

Die Studien von Simsek et al. (2010) bei 129 Top-Managern irischer Unternehmen und Engelen et al. (2014b) bei 61 US-amerikanischen Top-Managern aus High-Tech-Unternehmen zeigen ebenfalls: Unternehmerische Unternehmen haben selbstbewusste Top-Manager. Selbstbewusste Manager beschäftigen sich gern mit schwierigen Aufgaben. Nach neuen Gelegenheiten in unsicheren Umfeldern zu suchen ist sicherlich für die meisten Manager schwieriger, als Effizienzgewinne im laufenden Produktionsprozess zu realisieren. Man kann also davon ausgehen, dass ein gewisses Maß an Selbstbewusstsein beim Top-Manager unternehmerisches Verhalten stärkt. Selbstbewusste Manager tendieren außerdem dazu, Entscheidungen schneller zu treffen, statt auf Detail-Daten und Detail-Analysen zu warten. Das kann die Proaktivität von Unternehmen stärken. Fehlt es Managern an Selbstbewusstsein, so ist es möglich, dass zu lange analysiert wird, so dass Gelegenheiten verstreichen, weil Konkurrenten schneller handeln. Selbstbewusste Manager versprühen zudem Optimismus, der positiv auf die Mitarbeiter ausstrahlen kann. Warum sollten sich Mitarbeiter mit einer Festanstellung mit schwierigen und risikoreichen Aufgaben beschäftigen? Vor allem die Mitarbeiter auf operativen Ebenen werden sich im Zweifel für risikoärmere Vorgehensweisen entscheiden – möglicherweise kann aber ein hoher Grad an Optimismus des Top-Managers die Angst vor „falschen" Entscheidungen nehmen und so dazu animieren, dass nach neuen Lösungen und Gelegenheiten gesucht wird. Es lässt sich vermuten, dass ein Top-Management, das kein Selbstvertrauen und keinen Optimismus ausstrahlt, Angst vor Neuem auf den unteren Hierarchieebenen eher verstärkt.

Engelen et al. (2014b) zeigen allerdings auch, dass es möglicherweise einen Sättigungspunkt gibt – irgendwann ist zu viel Selbstvertrauen sogar schädlich oder führt zumindest nicht zu noch mehr Corporate Entrepreneurship, wie Abb. 3.30 darstellt. Stehen Mitarbeiter einem Management mit exzessivem Selbstvertrauen gegenüber, das gar nicht mehr auf

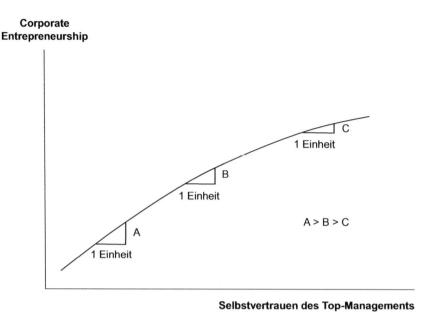

Abb. 3.30 Selbstvertrauen des Top-Managements und Corporate Entrepreneurship. (Nach Engelen et al. 2014b)

andere hört und schnell Dinge umsetzen will, ohne notwendige interne Abstimmungen zu treffen, kann das die Mitarbeiter überfordern und in eine Schockstarre versetzen. Vor lauter Optimismus und neuen Ideen vom Top-Management können die Mitarbeiter dann kaum mehr einordnen, wo nun die strategischen Schwerpunkte sitzen. Auch diese Studien zeigen also, dass Charaktereigenschaften von Top-Managern durchaus einen Einfluss darauf haben, welche Entscheidungen Unternehmen auf Top-Management-Ebene treffen und wie sich die Mitarbeiter auf mittleren und unteren Hierarchieebenen verhalten.

Die Literatur deutet darauf hin, dass Führungskräfte in unternehmerischen Unternehmen ausgeprägte Fähigkeiten im Networking haben. Cao et al. (2012) zeigen mittels einer Stichprobe von 122 chinesischen High-Tech-Unternehmen, dass in Unternehmen mehr Corporate Entrepreneurship herrscht, wenn der Vorstandsvorsitzende gut vernetzt ist, und zwar sowohl intern als auch extern. Interne Netzwerke, beispielsweise zu verschiedenen Abteilungen wie Marketing, Vertrieb, Produktion oder Forschung und Entwicklung, sind von großer Bedeutung, da der Vorstandsvorsitzende durch diese Netze stets auf dem Laufenden ist, welche Ressourcen wie verteilt werden. Er kann diese entsprechend der unternehmerischen Prioritäten effektiv umverteilen. Oft ist es zudem so, dass vor allem operative Mitarbeiter mit direktem Kundenkontakt neue Gelegenheiten wahrnehmen. Sucht der Vorstandsvorsitzende regelmäßig den Kontakt mit diesen Mitarbeitern, so erfährt er von ihren Problemen und kann, wenn er diese Probleme in das Gesamtbild seines Wissens und seiner Erfahrungen stellt, möglicherweise neue Gelegenheiten daraus ableiten. Zudem lernt ein Vorstandsvorsitzender, der gut intern vernetzt ist, wie eine Fragestellung aus verschiedenen Perspektiven wahrgenommen werden kann. Kombiniert der Vorstandsvorsitzende die verschiedenen Wahrnehmungen, so können daraus ebenfalls Ansätze für unternehmerisches Verhalten resultieren. Darüber hinaus sind Unternehmen mit Vorstandsvorsitzenden, die extern vernetzt sind, unternehmerischer. Externe Vernetzungen mit Lieferanten, Kunden, Universitäten, Forschungseinrichtungen oder sogar dem Wettbewerb setzt den Vorstandsvorsitzenden verschiedenen Informationsquellen aus. Unternehmerische Initiativen entstehen – wie bereits in Abschn. 2.1.1 dargestellt – in vielen Fällen aus der Kombination verschiedener Informationen oder Ideen. Externe Netzwerke mit diversen Parteien stellen sicher, dass Vorstandsvorsitzende einen kontinuierlichen Zufluss solcher Informationen haben (Nahapiet und Ghoshal 1998).

Stam und Elfring (2008) untersuchen genauer, welche externen Netzwerke von Top-Managern für unternehmerische Unternehmen wichtig sind. Sie zeigen, dass sowohl Netzwerke mit Individuen in der eigenen Industrie als auch Netzwerke mit Individuen in anderen Industrien wichtig sind. Der Nachweis gelingt bei 125 niederländischen Software-Unternehmen. In der eigenen Industrie können Top-Manager über Netzwerke wichtige Ressourcen generieren, die unternehmerische Unternehmen benötigen. Netzwerke mit wichtigen Persönlichkeiten oder Institutionen können Glaubwürdigkeit signalisieren, was vor allem für Unternehmen, die erstmalig in einzelne Geschäftsfelder gehen, von Bedeutung ist. Netzwerke zu Individuen und Institutionen in anderen Industrien ermöglichen es Top-Managern, Wissen über andere Ansätze zu generieren – Ansätze, die in der eigenen Industrie noch nicht verbreitet sind und so den Informationsschatz und die Erfahrungen des Top-Managements erweitern. Je mehr Informationen und Beobachtungen Top-Manager haben, desto mehr neue Kombinationen von Informationen können generiert werden, was potenziell in neuen innovativen Ideen resultieren kann.

Eine umfassende Studie zu Besonderheiten innovativer und unternehmerischer Führungskräfte bieten Christensen et al. (2011). Die Autoren untersuchen auf Basis einer sechs Jahre dauernden Beobachtung von 25 innovativen und unternehmerischen Top-Managern und der Befragung von 3.000 weiteren Führungskräften, was diese Top-Manager von anderen tatsächlich unterscheidet. Die Studie nennt zum einen Entdeckungsfähigkeiten („discovery skills"), zum anderen Umsetzungsfähigkeiten („delivery skills"). Es gibt fünf Entdeckungsfähigkeiten, die diese innovativen und unternehmerischen Top-Manager deutlich stärker entwickelt haben. In die entsprechenden Aktivitäten investieren sie bis zu 50 % mehr Zeit als weniger innovative Top-Manager. Tabelle 3.13 bildet einen Fragebogen ab, auf dem sich Führungskräfte in Bezug auf ihre Entdeckungs- und Umsetzungsfähigkeiten bewerten können.

Zunächst stellen die Autoren die Frage, ob kreatives und innovatives Verhalten von Führungskräften angeboren oder erlernbar ist. Zur Beantwortung dieser Frage beziehen sie sich auf mehrere Studien mit 117 eineiigen Zwillingen, die bei der Geburt getrennt wurden. Die Studien untersuchten später ihre Intelligenz und ihre kreativen Fähigkeiten. Es stellte sich heraus, dass etwa 85 % der Leistung im Intelligenztest auf die Gene der Zwillinge zurückzuführen war. Kreative Fähigkeiten hingegen konnten nur zu etwa einem Drittel auf genetische Voraussetzungen zurückgeführt werden. Diese Ergebnisse zeigen, dass, während Intelligenz weitestgehend vererbt zu sein scheint, kreative Fähigkeiten immerhin zu zwei Dritteln nicht auf Genen, sondern auf Lernerfahrungen beruhen. Auf unsere Fragestellung bezogen kann sich damit jede Führungskraft zu einem beachtlichen Teil kreative Fähigkeiten aneignen (Tab. 3.13).

Tab. 3.13 Wie sieht Ihr Profil aus? Entdeckungs- vs. Umsetzungsfähigkeiten im Test. (Nach Christensen et al. 2011)

Um einen schnellen Überblick über Ihre Entdeckungs- und Umsetzungsfähigkeiten zu erhalten, führen Sie den folgenden Test zur Selbstbewertung durch (1 stimme überhaupt nicht zu; 2 stimme eher nicht zu; 3 Ich stimme weder zu, noch stimme ich nicht zu; 4 stimme eher zu; 5 stimme zu)

Beantworten Sie die Fragen basierend auf ihrem aktuellen Verhalten, nicht auf Basis dessen, was Sie gerne tun möchten

Frage	Bewertung				
(1) Meine Ideen oder Perspektiven weichen regelmäßig in starkem Ausmaß von anderen Perspektiven ab	1	2	3	4	5
(2) Ich achte während meiner Arbeitszeit sehr darauf, keinerlei Fehler zu begehen	1	2	3	4	5
(3) Ich stelle regelmäßig Fragen, die den herrschenden Status quo in Frage stellen	1	2	3	4	5
(4) Bei der Arbeit bin ich immer sehr organisiert	1	2	3	4	5
(5) Mir kommen häufig neue Ideen, wenn ich beobachte, wie Personen mit Produkten und Dienstleistungen interagieren	1	2	3	4	5
(6) Eine Aufgabe ist erst erledigt, wenn alles seine Richtigkeit hat	1	2	3	4	5
(7) Wenn ich die bereits aus anderen Branchen und Disziplinen entwickelten Lösungen oder Ideen zum Vergleich heranziehe, finde ich oftmals auch Lösungen für eigene Probleme	1	2	3	4	5
(8) Bevor ich nicht alles sorgfältig durchdacht habe, stürze ich mich nicht in neue Projekte und Unternehmungen	1	2	3	4	5
(9) Um neue Vorgehensweisen zu kreieren, experimentiere ich regelmäßig	1	2	3	4	5
(10) Ungeachtet aller Hindernisse wird eine Aufgabe immer von mir zu Ende geführt	1	2	3	4	5
(11) Um neue Ideen zu generieren und weiterzuentwickeln, suche ich regelmäßig Kontakt zu Personen aus den unterschiedlichsten Feldern (z. B. aus anderen Funktionen, Unternehmen, Branchen, Nationen)	1	2	3	4	5
(12) Ich zeichne mich dadurch aus, dass ich ein Ziel oder einen Plan in viele Teilschritte herunterbrechen kann, um diese durchführbar zu machen	1	2	3	4	5
(13) Ich nehme an Fachkonferenzen teil, um neue Menschen zu treffen und zu verstehen, mit welchen Themen sie sich beschäftigen	1	2	3	4	5
(14) Ich achte bei der Arbeit sehr auf Details, so dass nichts übersehen werden kann	1	2	3	4	5
(15) Durch das Lesen von Büchern, Artikeln, Magazinen, Blogs usw. bemühe ich mich, aufkommende Trends zu identifizieren	1	2	3	4	5
(16) Um Ergebnisse zu erzielen, ziehe ich mich selbst und andere strikt zur Verantwortung	1	2	3	4	5

Tab. 3.13 (Fortsetzung)

Frage	Bewertung				
(17) Ich stelle regelmäßig „Was wäre wenn"-Fragen, um neue Möglichkeiten zu entdecken und Grenzen zu überschreiten	1	2	3	4	5
(18) Ich beende, was ich angefangen habe, und halte alle meine Verpflichtungen konsistent ein	1	2	3	4	5
(19) Um neue Ideen zu bekommen, beobachte ich regelmäßig Aktivitäten von Kunden, Lieferanten oder anderen Unternehmen	1	2	3	4	5
(20) Ich erarbeite durchgängig detaillierte Pläne, um Arbeiten zu erledigen	1	2	3	4	5

Zur Auswertung:
Addieren Sie die Punktzahl aller ungeraden Testfragen. Ihre Entdeckungsfähigkeiten sind …
– sehr hoch, wenn Ihre Gesamtpunktzahl 45 oder mehr beträgt,
– hoch, wenn sie zwischen 40–45 Punkten liegt,
– mittel bis hoch bei 35–40 Punkten,
– mittel bis niedrig bei 29–34 Punkten und
– niedrig bei 28 Punkten oder weniger
Addieren Sie nun die Punktzahl aller geraden Testfragen. Ihre Umsetzungsfähigkeiten sind …
– sehr hoch, wenn Ihre Gesamtpunktzahl 45 oder mehr beträgt,
– hoch, wenn sie zwischen 40–45 Punkten liegt,
– mittel bis hoch bei 35–40 Punkten,
– mittel bis niedrig bei 29–34 Punkten und
– niedrig bei 28 Punkten oder weniger
Eine ausführlichere Version dieses Tests (entweder als Selbstbewertungstest oder 360-Grad-Einschätzung) kann auf der Homepage www.InnovatorsDNA.com eingesehen werden

Was sind nun konkrete Entdeckungsfähigkeiten? Christensen et al. (2011) decken fünf dieser Fähigkeiten auf, die in Abb. 3.31 dargestellt und in einen Zusammenhang gebracht werden. Erstens haben innovative und unternehmerische Top-Manager die Fähigkeit, an-

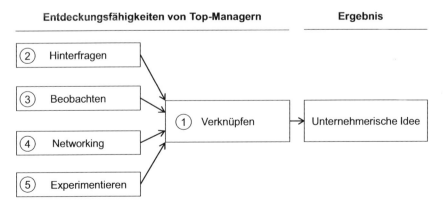

Abb. 3.31 Fähigkeiten von unternehmerischen, innovativen Top-Managern. (Nach Christensen et al. 2011)

scheinend unverbundene Fragen und Ideen miteinander zu verknüpfen, wie Beispiel 3.33 für Walt Disney beschreibt. Innovativen Top-Managern gelingt es, im Gehirn abgespeicherte Informationen zu neuen Informationen zu verbinden und diesen einen Sinn zu geben.

Diese Überlegung steht in Einklang mit der Beobachtung, dass sich große Innovationen oft an Schnittstellen zwischen verschiedenen Disziplinen entwickelt haben. Forscher sprechen hier gerne vom Medici-Effekt in Anlehnung an die explosionsartige geistige Entwicklung in Florenz, nachdem die Medici-Familie eine ganze Reihe von herausragenden Individuen aus verschiedenen Disziplinen zusammengebracht hatte (wie Wissenschaftler, Dichter, Bildhauer). Nachdem diese Individuen sich ausgetauscht und Schnittstellenprojekte entwickelt hatten, war die Renaissance als eine der schaffensreichsten Perioden der Geschichte geboren. Innovativen und unternehmerischen Top-Managern gelingt es entsprechend, aus einer Vielzahl an Informationen, insbesondere aus Erfahrungen, Kombinationen neuer Informationen zu generieren, die einen gewissen Grad an Innovativität aufweisen, wie das Beispiel über Walt Disney veranschaulicht.

Beispiel 3.33: Herr Disney, was machen Sie eigentlich so den ganzen Tag?

Walt Disney gilt als einer der erfolgreichsten Unternehmer aller Zeiten in den USA (Christensen et al. 2011). Bei einer Besichtigung der Studios fragte ein kleiner Junge ihn, ob er persönlich Mickey Mouse zeichne. Walt Disney verneinte. Ebenso verneinte er die Frage, ob er sich die Geschichten über Mickey Mouse selbst ausdachte. Der kleine Junge fragte daraufhin Walt Disney: „Was machen Sie denn überhaupt den ganzen Tag?". Diese Frage macht Walt Disney klar, was seine Aufgabe wirklich war und wie es ihm gelingen würde, immer neue Geschäftsfelder zu erschließen. Er ging von Studio zu Studio und brachte Ideen zusammen. Er wurde die Verbindungslinie zwischen seinen Mitarbeitern und ihren Erfahrungen und kombinierte diese zu immer neuen Ideen. So entstanden Walt Disneys zentrale unternehmerische Errungenschaften wie Zeichentrickanimationen in Kinofilmlänge und die Darstellung von Zeichentrickinhalten in Erlebnisparks.

Als zweite Entdeckungsfähigkeit decken die Autoren auf, dass innovative und unternehmerische Top-Manager kontinuierlich und konsequent Fragen stellen und das eigentlich Akzeptierte und als Standard Angenommene in Frage stellen. Sie können es kaum aushalten, den Status quo zu akzeptieren. Typische Fragen sind: Warum? Warum nicht? Was wenn? Als Beispiel nennen die Autoren die Entstehung von Polaroid-Kameras. Einer der Mitgründer, Edwin Land, war mit seiner Familie im Urlaub und machte auf traditionelle Weise Fotos, als seine kleine Tochter fragte, warum man das Foto denn nicht direkt sehen und haben könne. Dieses Hinterfragen des Standards beschäftigte ihn so sehr, dass er noch im Urlaub ein Konzept für die Polaroid-Kamera entwickelte, die sein Unternehmen substanziell veränderte und ein völlig neues Geschäftsfeld eröffnete. Ähnlich erging es Michael Dell vor der Gründung seines Computer-Unternehmens, als er sich fragte, warum ein PC – wie damals üblich – über US$ 5000 kosten musste. Er entwickelte ein Konzept, wie man günstiger PCs herstellen konnte, und legte so den Grundstein für seinen Erfolg.

Die dritte Entdeckungsfähigkeit besteht darin, kontinuierlich Dinge zu beobachten, insbesondere das Verhalten von Kunden und potenziellen Kunden, und dadurch Beobachtungspunkte anzuhäufen. Je mehr Beobachtungspunkte gesammelt werden, desto mehr Informationen können verknüpft werden. Als ein Beispiel gilt hier Ratan Tata, der Vorstandsvorsitzende der indischen Tata Group, der an einem regnerischen Tag im Jahr 2003 in Mumbai beobachtete, wie sich auf einem einzelnen Roller eine ganze Familie der unteren Mittelschicht abenteuerlich angeordnet fortbewegte und dabei bis auf die Knochen nass wurde. Diese Beobachtung legte den Grundstein für die Entwicklung des Tata Nano als dem günstigsten Auto der Welt.

Die vierte Entdeckungsfähigkeit innovativer und unternehmerischer Top-Manager ist, kontinuierlich neue Dinge auszuprobieren und zu experimentieren. Nur durch Experimente kann ausgetestet werden, ob eine neue Idee wirklich funktioniert und von potenziellen Kunden angenommen wird. Alle von Dyer (1994) untersuchten innovativen Top-Manager experimentieren kontinuierlich in irgendeiner Form.

Als fünfte Entdeckungsfähigkeit ist noch der Aufbau von Netzwerken zu nennen, mit dem innovative Top-Manager einen großen Teil ihrer Arbeitszeit verbringen, wie beispielsweise über Michael Lazaridis als Gründer von Research in Motion berichtet wird (Beispiel 3.34). Über persönliche Kontakte in Netzwerken erhalten diese Top-Manager wertvolle, möglicherweise sogar exklusive Informationen, die ansonsten nirgendwo geschrieben stehen. Kombinieren diese Top-Manager die so gewonnenen Informationen mit ihren bisherigen Beobachtungen, so können sich wertvolle neue Kombinationen ergeben.

> **Beispiel 3.34: Wie Netzwerke den Grundstein für eine ganze Branchenrevolution legten ...**
>
> Michael Lazaridis besuchte 1987 als Gründer und Geschäftsführer eines kleinen Technologieunternehmens mit dem Namen Research in Motion (RIM) eine Messe zu damals aktuellen Technologien. Zu dieser Zeit stellte RIM Displays für Produktionsfließbänder her, die Arbeitern Botschaften, z. B. zum aktuellen Tagesproduktionsstand, übermittelten (Christensen et al. 2011). Auf der Messe lernte Lazaridis einen Mitarbeiter von DoCoMo kennen, der eine Technologie vorstellte, die dieses Unternehmen gerade bei Coca-Cola einzusetzen begonnen hatte, und zwar eine Technologie, die kabellos den Füllstand von Getränkeautomaten übermitteln konnte. Im Gespräch mit dem DoCoMo-Mitarbeiter kam Michael Lazaridis die Idee, Informationen nicht über mit Kabel verbundenen Displays zu übermitteln, sondern über eine Art Pager, so dass Individuen sich kabellos Informationen zusenden konnten. Ein neues Geschäftsfeld war geboren. RIM legte von nun an den Fokus auf die Entwicklung eines solchen Pagers, der letztlich der Vorgänger des Blackberry Smartphones war – und damit eines Produkts, das die ganze Mobilfunkbranche Anfang der 2000er-Jahre revolutionierte. Ohne den Kontakt auf der besagten Messe wäre die Geschäftsidee womöglich nicht geboren worden und RIM ein kleines Technologieunternehmen geblieben.

Wie in Abb. 3.31 graphisch dargestellt, lassen sich die fünf Entdeckungsfähigkeiten in einen Zusammenhang bringen. Die Fähigkeiten des Hinterfragens, Beobachtens, Experi-

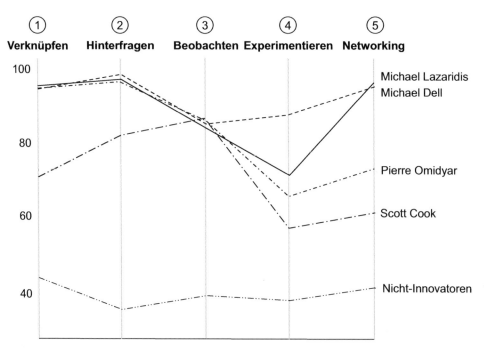

Abb. 3.32 Ausprägungen der fünf Entdeckungsfähigkeiten bei prominenten Top-Managern. (Nach Christensen et al. 2011)

mentierens und Netzwerkens können jede für sich unternehmerische Ideen hervorbringen. Verknüpfendes und verbindendes Denken verstärkt die Effekte der anderen vier Fähigkeiten durch die Kombination verschiedener Erkenntnisse aus diesen Fähigkeiten mit bestehendem Wissen des Top-Managers.

Christensen et al. (2011) stellen heraus, dass nicht alle identifizierten und untersuchten innovativen Top-Manager im gleichen Maße auf allen fünf Fähigkeiten außerordentlich hoch angesiedelt waren. Wie Abb. 3.32 zeigt, weisen zwar die hier dargestellten innovativen Top-Manager aus meist sehr unternehmerischen Unternehmen durchweg höhere Werte auf als nicht innovative Top-Manager, die konkreten Ausprägungen auf den Dimensionen unterscheiden sich aber. Scott Cook ist dabei besonders stark im Beobachten, Michael Lazaridis im Netzwerken, während Michael Dell die höchsten Werte beim Fragenstellen aufweist.

Diese Studien fokussieren sich schwerpunktmäßig auf einzelne Top-Manager. Des Weiteren stellt sich die Frage, wie Top-Management-Teams idealerweise zusammengesetzt sein sollten, um das unternehmerische Potenzial eines Unternehmens zu realisieren. Rigby et al. (2009) gehen diese Fragestellung an, motiviert durch die Beobachtung, dass große unternehmerische Erfolgsgeschichten in einigen Fällen von Teams von zwei oder mehr Managern bzw. Gründern geschrieben worden sind. Ausgangspunkt der Überlegungen ist dabei, dass Individuen auf unterschiedliche Art und Weise Entscheidungen treffen, und zwar abhängig davon, welche der beiden Großhirnhemisphären bei der Entscheidungsfindung dominiert. Individuen, bei denen die linke Großhirnhemisphäre stärker beteiligt ist, sind zumeist rational und logisch. Entscheidungen werden sequenziell abgearbeitet und analytisch getroffen. Sprache ist wichtig, um Ideen zu kommunizieren. Genauigkeit und Objektivität sind zentrale Werte. Dominiert die rechte Großhirnhemisphäre, treffen die Individuen Entscheidungen eher intuitiv und bevorzugen Visualisierungen gegenüber Sprache. Sie verlassen sich stärker auf subjektive Wahrnehmungen und können mit Unsicherheiten leben. Selbst wenn eine Hemisphäre nur um 20 % besser funktioniert als die andere, hat dies bereits deutliche Auswirkungen auf die Art und Weise, wie das entsprechende Individuum Probleme löst.

Rigby et al. (2009) argumentieren nun, dass erfolgreiche Partnerschaften an der Spitze von innovativen unternehmerischen Unternehmen zumeist aus zwei Individuen mit jeweils einer dominanten Großhirnhemisphäre bestehen, da einzelne Individuen nur in ganz seltenen Fällen beide Facetten abdecken (Tushman et al. 2011). Intuition, Vorstellungskraft und Subjektivität auf der einen Seite, Rationalität, Genauigkeit und analytisches Denken auf der anderen Seite sind aber beide notwendig, um Innovationen erfolgreich proaktiv auf dem Markt zu platzieren. Kreative („right-brained") Manager alleine können solche Vorhaben nicht umsetzen. Sie verlieben sich zu sehr in ihre innovative Idee und wissen oft nicht, wann der Zeitpunkt der Markteinführung gekommen ist. Analytische („left-brained") Manager alleine sind auch nicht erfolgreich, da ihnen die Kreativität fehlt, innovative Ideen als Grundlage unternehmerischen Handelns zu entwickeln. Schlimmer noch: Analytische Manager tendieren dazu, innovative, aber noch nicht vollständig ausgegorene Ideen abzusägen, weil sie noch nicht überzeugend in Zahlen fassbar sind.

Rigby et al. (2009) zeigen, dass eine Kombination beider Persönlichkeitstypen hilfreich ist. „Right-brained" Manager sind notwendig, um eine Kultur der Neugier, Kreativität und Risikobereitschaft zu etablieren. „Left-brained" Manager sind notwendig, um Aktivitäten rechtzeitig in Bezug auf ihre Profitabilität zu bewerten, zu finalisieren, marktfähig zu machen und in geeigneten Kundensegmenten zu vermarkten. Um diese Idee zu untermauern, führen Rigby et al. (2009) einige Beispiele an, bei denen an der Spitze von Unternehmen zwei Manager beide Seiten abgedeckt haben und so Innovationen entwickelt und vor dem Wettbewerb auf den Markt gebracht haben. Bei Hewlett-Packard standen mit David Packard und Bill Hewlett zwei solche Ingenieure an der Spitze: Packard hatte eher „left-brained"-Eigenschaften, insbesondere Implementierungsfähigkeiten, während Hewlett „right-brained" Kreativität aufrechterhielt. Bei Apple füllte Steve Jobs die „right-brained"-Eigenschaften aus, Tim Cook eher die rationalen „left-brained"-Eigenschaften.

Diese Logik lässt sich auf die in Abschn. 3.3.3 zur Organisationsfunktion dargelegte Ambidextrie übertragen. Auch unternehmerische Unternehmen sollten ihre bestehenden Produkte pflegen und inkrementell weiterentwickeln. Wie eingangs im Abschn. 1.1 dargestellt, ist es gerade ein Vorteil von Corporate Entrepreneurship gegenüber dem Start-up-Entrepreneurship, dass ein bestehendes Geschäft existiert, das Ressourcen zur Identifikation und Implementierung neuer Gelegenheiten zur Verfügung stellen kann. Im Rahmen der Organisationsfunktion bedeutet dies, dass Unternehmen neben organischen, unternehmerisches Denken fördernden Strukturen parallel auch eher mechanistische Strukturen, die eine Effizienzorientierung fördern, haben sollten. Ähnlich verhält es sich nun mit einem einzelnen Top-Manager oder, wenn vorhanden, dem gesamten Top-Management-Team. Auch hier sollten beide Fähigkeiten vertreten sein: Einerseits die Fähigkeit, neue Gelegenheiten zu entdecken und unternehmerisch zu nutzen, andererseits die Fähigkeit, bestehende Geschäfte effizient zu führen und inkrementell zu verbessern. In der Logik von Rigby et al. (2009) sind für Ersteres sowohl „right-brained"- als auch „left-brained"-Eigenschaften notwendig, für Letzteres eher rationale „left-brained"-Eigenschaften, um ein bestehendes Geschäft optimal zu führen. Wenn das Management-Team es schafft, gleichzeitig Altes zu pflegen und Neues zu entdecken und aufzubauen, bezeichnet Tushman et al. (2011) diese Führung – in Anlehnung an das Konzept aus dem Bereich der Organisationsfunktion, wie in Abschn. 3.3.3 dargestellt – als „ambidexterous".

3.5.2.2 Führungsstile in unternehmerischen Unternehmen

Nicht nur über ihre Eigenschaften, auch über ihr konkretes Verhalten gegenüber zu führenden Mitarbeitern nehmen Führungskräfte Einfluss auf das Unternehmen. Zur Beziehung zwischen Führungsstilen und Corporate Entrepreneurship existieren ebenfalls einige empirisch gesicherte Erkenntnisse in der Literatur, die im Folgenden dargestellt werden.

Engelen et al. (2013) untersuchen in mittelständischen Unternehmen, inwiefern die effektive Implementierung einer unternehmerischen Aktivität vom Führungsstil des Top-Managements abhängt, und fokussiert dabei auf die in Abschn. 3.5.1.2 dargestellten sechs Facetten eines transformationalen Führungsstils. Durch die Analyse von 790 Unternehmen aus sechs Nationen (USA, Deutschland, Singapur, Österreich, Schweiz, Thailand) können die Autoren zeigen, dass vier Facetten eines transformationalen Führungsstils – die in Abb. 3.33 mit konkreten zugrunde liegenden Aktivitäten dargestellt sind – eine wichtige Rolle für die Implementierung von Corporate Entrepreneurship spielen.

Abb. 3.33 Transformationale Führung als Treiber von Corporate Entrepreneurship. (Eigene Darstellung nach Podsakoff et al. 1990 und Engelen et al. 2012)

Erstens ist das Kommunizieren einer Vision zentral für unternehmerische Unternehmen. Eine Vision gibt Mitarbeitern in unsicheren Umfeldern unternehmerischer Aktivität eine Richtung vor, in die man sich entwickeln will, und reduziert damit zumindest teilweise bestehende Unsicherheit. Mit dem Verfolgen einer Vision übernimmt das Top-Management zudem einen gewissen Grad an Verantwortung. Handeln Mitarbeiter im Sinne dieser Vision und stellt sich die unternehmerische Aktivität später als wenig erfolgreich heraus, so liegt die Verantwortung dafür nicht nur bei den Mitarbeitern. Diese sind daher möglicherweise eher zu risikohaften Aktivitäten bereit, deren Ergebnis unklar ist.

Zweitens ist es wichtig, dass Top-Manager ein „Role Model" – also ein Vorbild – sind. Nur wenn das Top-Management selbst vorlebt, was von den Mitarbeitern auf mittleren und unteren Hierarchieebenen erwartet wird, kann davon ausgegangen werden, dass sich diese Mitarbeiter ebenso verhalten. Leben die Top-Manager unternehmerisches Verhalten vor, legitimieren sie dieses, nehmen sie Mitarbeitern die Angst und machen Unternehmertum überhaupt erst greifbar. Ohne ein solches Vorbildverhalten fehlt das Signal vom Top-Management, dass unternehmerische Verhalten überhaupt erwünscht ist: Warum sollten Mitarbeiter unternehmerisch handeln und beispielsweise Gelegenheiten aufspüren und verfolgen, wenn es das Top-Management nicht tut?

Drittens ist es für Unternehmertum im Unternehmen vorteilhaft, wenn das Top-Management hohe Erwartungen an die Mitarbeiter stellt. Das veranlasst Letztere zu Höchstleistungen und zu der Extrameile, die notwendig ist, um Gelegenheiten vor dem Wettbewerb zu erkennen und umzusetzen.

Viertens spielt ein unterstützendes Führungsverhalten eine große Rolle. Mitarbeiter, die Gelegenheiten identifizieren und verfolgen, gehen ein gewisses Risiko ein, weil möglicherweise Mehrarbeit nötig wird, die Freizeit nimmt, oder sie die Verantwortung haben, wenn eine unternehmerische Aktivität letztlich nicht erfolgreich wird. Daher ist es wichtig, dass das Top-Management im Rahmen seines transformationalen Führungsstils unternehmerische Mitarbeiter unterstützt, eine schützende Hand über sie hält und ihnen die Angst vor dem Versagen nimmt.

Chwallek et al. (2012) untersuchen, inwieweit Corporate Entrepreneurship durch einen partizipativen und konsideraten Führungsstil gefördert werden kann. Zur Überprüfung der Zusammenhänge untersuchen die Autoren Antworten einer Umfrage unter 668 kleinen und mittleren Unternehmen aus fünf Nationen. Die beiden zentralen Hypothesen bestätigen sich. Ein partizipativer Führungsstil fördert unternehmerisches Verhalten des ganzen Unternehmens. Sind die Mitarbeiter in Entscheidungen eingebunden (beispielsweise in die Entscheidung, ein neues Geschäftsfeld aufzubauen), dann sind sie auch eher bereit, die Umsetzung zu unterstützen. Beim partizipativen Führungsstil kommt es zudem zu einer regelmäßigen Kommunikation zwischen dem Top-Management und Mitarbeitern auf mittleren und unteren Hierarchiestufen. So erhält das Top-Management Informationen von Mitarbeitern, die näher an operativen Problemen dran sind, die wieder Ausgangspunkt für neue Gelegenheiten sein können.

Ein konsiderater Führungsstil fördert ebenfalls Unternehmertum im Unternehmen. Top-Manager mit einem solchen Führungsstil schaffen ein Umfeld, in dem Mitarbeiter bereit sind, Risiken einzugehen und sich auf neue Ideen einzulassen (Sarin und McDermott 2003) – letztlich Voraussetzungen für unternehmerisches Verhalten. Besteht ein solches Umfeld nicht, ist es unwahrscheinlich, dass sich Mitarbeiter in risikobehaftete Situationen begeben und nach neuen Gelegenheiten Ausschau halten, da immer das Risiko besteht, dass das Top-Management damit nicht einverstanden ist.

3.5.3   Zusammenfassende Überlegungen zur Führungsfunktion in unternehmerischen Unternehmen

Abschnitt 3.5 hat die Führungsfunktion als vierte Funktion im Managementzyklus auf ihr Potenzial hin untersucht, Corporate Entrepreneurship im Unternehmen zu etablieren. Zum einen wurden die Eigenschaften von Führungspersonen betrachtet, zum anderen das konkrete Verhalten der Führungspersonen gegenüber Mitarbeitern in Form von Führungsstilen. In beiden Bereichen lassen sich intuitiv nachvollziehbar und empirisch belegt Treiber von Corporate Entrepreneurship finden.

Die Erkenntnisse über die Eigenschaften von Führungskräften zeigen, dass manche demographischen und Persönlichkeitsmerkmale von Top-Managern geeigneter sind als andere, Corporate Entrepreneurship im Unternehmen zu forcieren. Top-Manager, die noch nicht allzu lange im Job sind, treiben tendenziell eher Corporate Entrepreneurship voran als solche, die bereits eine lange Amtszeit hinter sich haben. Industrieerfahrung hingegen fördert die effektive Implementierung von Corporate Entrepreneurship. Darüber hinaus fördern einige Persönlichkeitsmerkmale von Top-Managern Corporate Entrepreneurship: Zu nennen sind vor allem der Glaube, Kontrolle über jegliche Situationen ausüben zu können, eine starke Leistungsorientierung und die Toleranz gegenüber Unsicherheiten. Auch die Tendenz, Mitarbeiter zu ermutigen, spielt eine Rolle. Schließlich ist das Selbstvertrauen des Top-Managements wichtig. Ohne Selbstvertrauen wird es dem Top-Management schwerfallen, das Unternehmen mit all seinen Mitarbeitern proaktiv in unsichere Umfelder zu führen.

Unternehmerische Unternehmen haben zudem tendenziell Top-Manager mit ausgeprägten Netzwerken auch in andere Industrien. Durch diese Netzwerke können verschiedenste Informationen für neue innovative Anstrengungen gewonnen werden. Schließlich liefert die umfassende Studie von Christensen et al. (2011) fünf Entdeckungsfähigkeiten, die innovative und unternehmerische Top-Manager von weniger innovativen und unternehmerischen Top-Managern unterscheiden. Auch zur optimalen Zusammensetzung von Top-Management-Teams liegen einige Erkenntnisse vor. Hier scheint vor allem Heterogenität eine Rolle zu spielen.

Des Weiteren lassen sich in Bezug auf den Führungsstil des Top-Managements Unterschiede zwischen unternehmerischen und weniger unternehmerischen Unternehmen finden. Insbesondere der transformationale Führungsstil ist geeignet, Corporate Entrepreneurship zu fördern, indem er eine Vision kommuniziert, unternehmerisches Verhalten

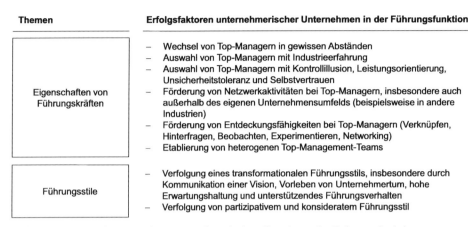

Themen	Erfolgsfaktoren unternehmerischer Unternehmen in der Führungsfunktion
Eigenschaften von Führungskräften	– Wechsel von Top-Managern in gewissen Abständen – Auswahl von Top-Managern mit Industrieerfahrung – Auswahl von Top-Managern mit Kontrollillusion, Leistungsorientierung, Unsicherheitstoleranz und Selbstvertrauen – Förderung von Netzwerkaktivitäten bei Top-Managern, insbesondere auch außerhalb des eigenen Unternehmensumfelds (beispielsweise in andere Industrien) – Förderung von Entdeckungsfähigkeiten bei Top-Managern (Verknüpfen, Hinterfragen, Beobachten, Experimentieren, Networking) – Etablierung von heterogenen Top-Management-Teams
Führungsstile	– Verfolgung eines transformationalen Führungsstils, insbesondere durch Kommunikation einer Vision, Vorleben von Unternehmertum, hohe Erwartungshaltung und unterstützendes Führungsverhalten – Verfolgung von partizipativem und konsideratem Führungsstil

Abb. 3.34 Erfolgsfaktoren einer unternehmerischen Gestaltung der Führungsfunktion

vorlebt, hohe Erwartungen in die Mitarbeiter setzt und sie gleichzeitig unterstützt. Partizipativer und konsiderater Führungsstil sind hilfreich, um unternehmerisches Verhalten im Unternehmen zu initiieren. Abbildung 3.34 fasst die Erkenntnisse zur unternehmerischen Gestaltung der Führungsfunktion zusammen.

Im Laufe der Phasen des Lebenszyklusmodells, wie in Abschn. 1.1 vorgestellt, wird sich die Führungsfunktion deutlich verändern. Sind es zuerst vor allem die Gründer, die Führungsaufgaben wahrnehmen, werden diese im Verlauf immer mehr von angestellten Top-Managern übernommen, die ein dann viel größeres Unternehmen führen müssen. Daraus ergibt sich die Schwierigkeit, dass Führungskräfte in mittleren und großen etablierten Unternehmen möglicherweise nicht mehr alle Mitarbeiter erreichen. Trotzdem zeigen die Ausführungen der vorhergehenden Abschnitte, dass Führungskräfte mit ihren Eigenschaften und Verhaltensweisen den Grad an Corporate Entrepreneurship beeinflussen können.

Möglicherweise haben große und mittlere etablierte Unternehmen im Vergleich zum Start-up-Entrepreneurship einige Vorteile im Hinblick auf die unternehmerische Führungsfunktion. Insbesondere können Führungsteams mit all ihren Eigenschaften in vielen Fällen flexibel zusammengestellt werden, während im Start-up-Kontext Gründer aufgrund ihrer Produktkenntnisse und Motivation kaum zu ersetzen sind. Probleme können dann entstehen, wenn Gründer Mitarbeiter nicht in einer unternehmerisch-inspirierenden Art führen. In Abschn. 3.5.2.1 ist eine ganze Reihe von Fähigkeiten beschrieben worden, die auf Top-Management-Ebene Corporate Entrepreneurship fördern können. In vielen Fällen wird kaum eine einzelne Person oder ein kleines Gründerteam alle diese Fähigkeiten auf einmal mitbringen. In großen und mittleren Unternehmen kann ein Top-Management-Team aber durch angestellte Manager oft flexibler vergrößert werden, um sicherzustellen, dass wichtige Fähigkeiten (wie Netzwerke in andere Industrien zu knüpfen) abgedeckt sind, wenn sie benötigt werden.

3.6 Kontrolle

Kontrolle ist die fünfte und letzte Managementfunktion im chronologischen und logischen Managementzyklus, der in Abschn. 3.1 vorgestellt wurde. Sie baut auf den Erkenntnissen der ersten vier Funktionen auf und stellt gleichzeitig den Beginn eines neuen Ablaufes des Managementzyklus dar. Eine enge inhaltliche Beziehung hat die Kontrollfunktion zur Planung. Handelt es sich bei der Planung um die Ableitung des zukünftigen Soll-Zustands, beschäftigt sich die Kontrolle mit dem späteren Ist-Abgleich dieses anvisierten Soll-Zustands. Demnach gilt: „Planung ohne Kontrolle ist sinnlos, Kontrolle ohne Planung unmöglich." (Wild 1982, S. 44). Inhalte der Planung (wie die Auswahl bestimmter Zielgrößen) bestimmen damit zwangsläufig die Ausgestaltung der Kontrolle. Im Folgenden werden – analog zum Aufbau der Abschnitte zu den vier ersten Managementfunktionen – zunächst die zentralen Fragen zur Kontrollfunktion kurz umrissen (Abschn. 3.6.1) und anschließend in Abschn. 3.6.2 die Besonderheiten der Kontrollfunktion in unternehmerischen Unternehmen untersucht. Abschn. 3.6.3 fasst die wesentlichen Erkenntnisse zusammen.

3.6.1 Zentrale Fragestellungen im Rahmen der Kontrollfunktion

Mit Kontrolle ist der Vergleich eines vorab definierten Soll-Zustands mit einem messbaren Ist-Zustand gemeint (Merchant und Stede 2003). Die Managementfunktionen Planung und Kontrolle gehören deshalb eng zusammen, da in der Planung Ziele definiert werden und über Kontrolle festgestellt werden kann, ob bzw. in welchem Umfang diese Ziele erreicht wurden. Planung ohne Kontrolle ist müßig, da eine Überprüfung ausbleibt. Kontrolle ohne Planung ist unmöglich, da die Ziele als Basis der Kontrolle fehlen. Eine erfolgreiche Planung, die das Ziel verfolgt, Umweltkomplexität zu reduzieren und dadurch den Unternehmenserfolg zu fördern, hängt also von der Unternehmensfunktion der Kontrolle ab (Merchant und Stede 2003).

Planung und Kontrolle sind fortlaufende Prozesse, die sich kontinuierlich durch alle Ebenen eines Unternehmens ziehen und die tägliche Arbeit prägen. Kontrolle wird in unserer Systematik als fünfte und letzte Funktion des Managementzyklus eingeführt. Sie ist einerseits das Ende des Zyklus, andererseits liefert die Kontrollfunktion wesentliche Informationen, um den Ablauf der Managementfunktionen neu in Gang zu setzen.

Kontrollsysteme bestehen aus Strukturen, die Unternehmen helfen, selbstgesteckte Ziele zu erreichen und dabei die akquirierten Ressourcen effektiv und effizient einzusetzen. Sie schützen die Unternehmen davor, Dinge zu tun oder zu unterlassen, die nicht in ihrem Interesse liegen und nicht zur Zielerreichung (als Ergebnis der Planung) beitragen. Durch Kontrollen werden beispielsweise Produktqualitätsstandards eingehalten, Rechnungen korrekt ausgestellt oder Kunden angemessen betreut (Morris et al. 2006).

Im Folgenden sollen nun die zentralen Themen der Kontrollfunktion umrissen werden. Sie werden in Abb. 3.35 dargestellt und umfassen folgende zentrale Fragen:

Abb. 3.35 Einordnung der
Kontrollfunktion und Themen
im Rahmen der Kontrolle

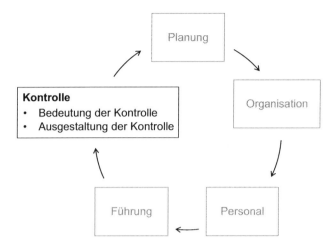

- Ist Kontrolle immer etwas Positives oder sollten Unternehmen in bestimmten Situatio-
  nen auf sie verzichten? (Bedeutung der Kontrolle, Abschn. 3.6.1.1)
- Wie sollte Kontrolle im Unternehmen konkret ausgestaltet sein? (Ausgestaltung der
  Kontrolle, Abschn. 3.6.1.2)

Bevor Wert und Bedeutung von Kontrolle in Unternehmen generell diskutiert werden,
soll zunächst dargestellt werden, was überhaupt kontrolliert werden kann und wie diese
Kontrollaktivitäten mit den vier bereits dargestellten Managementfunktionen (Planung,
Organisation, Personal und Führung) in Verbindung stehen. Die Literatur unterscheidet
drei inhaltliche Schwerpunkte: die Planfortschrittskontrolle, die Prämissenkontrolle und
die strategische Überwachung (Pearce und Robinson 2011).

- Bei der Anwendung einer Planfortschrittskontrolle wird der erreichte Fortschritt mit
  den definierten Zielen abgeglichen. Klassischerweise findet eine Planfortschrittskontrolle zu unterschiedlichen Zeitpunkten statt. Häufig werden Meilensteine definiert,
  die es im Lauf eines Projektes zu erreichen gilt, so dass am Ende das Gesamtziel erreicht wird. Im Zeitverlauf lässt sich so absehen, wann welcher Grad der Zielerreichung gelungen ist und wo nachgesteuert werden muss. Bezogen auf die anderen Managementfunktionen kann eine Planfortschrittskontrolle bedeuten, zu überprüfen, ob
  ein angepeilter Marktanteil, wie in der Planung definiert, erreicht wurde. Hinsichtlich
  der Organisationsfunktion kann zum Beispiel untersucht werden, ob bestimmte Um-
  strukturierungsmaßnahmen erfolgreich waren, und bezogen auf die Personalfunktion
  wird etwa kontrolliert, ob bestimmte Personalbedarfe plangemäß abgedeckt werden
  konnten.
- Die Prämissenkontrolle ist besonders bedeutsam für die Planungsfunktion. In der unternehmerischen Planung werden Annahmen definiert, auf deren Basis strategische und
  operative Entscheidungen verabschiedet werden. Annahmen können sich auf unterschiedlichste Dinge beziehen, wie beispielsweise auf das Verhalten von Wettbewerbern
  bei aggressiven Preissenkungen oder auf technische Entwicklungen im Markt. Stellt

man hier fest, dass sich die Prämissen von Entscheidungen deutlich verändert haben, wenn etwa ein Wettbewerber, anders als erwartet, im Preiskampf mitgeht oder die technische Entwicklung viel schneller ist als angenommen, dann ist das ein Signal, die ursprünglichen Entscheidungen zu überdenken und die Planung zu überarbeiten.

*   Die strategische Überwachung beschäftigt sich mit übergreifenden Faktoren, die die Planung mittel- oder langfristig beeinflussen können. Sie ist weniger fokussiert als die anderen Formen der Kontrolle und zielt eher darauf ab, aus dem Rauschen der Umwelt relevante Informationen herauszuhören und Auswirkungen abzuschätzen, die das Unternehmen betreffen, wie beispielsweise ökonomische oder politische Krisen, die Absatzmärkte und Produktionsstandorte in Mitleidenschaft ziehen könnten (Merchant und Stede 2003).

3.6.1.1 Bedeutung der Kontrolle

Die bisherigen Darstellungen haben bereits einige Vorteile von Kontrollaktivitäten deutlich gemacht. Im Rahmen der Planungsfunktion wurde in Abschn. 3.2 diskutiert, dass Planungsaktivitäten – die je nach Situation und Unternehmen verschieden ausgestaltet sind – tendenziell den Unternehmenserfolg steigern. Entsprechend überrascht es nicht, dass einige empirische Studien positive Erfolgsbeiträge von Kontrollaktivitäten aufgedeckt haben (Jaworski et al. 1993). Ähnlich wie die Planung beansprucht auch Kontrolle Ressourcen im Unternehmen, jedoch werden in der Literatur folgende Vorteile diskutiert:

*   Aufdeckung von Fehlentwicklungen: Nur durch Kontrollaktivitäten, ausgerichtet an den Planungsinhalten, lässt sich überhaupt feststellen, ob das in der Planung Festgelegte sich tatsächlich so einstellt. Geht man davon aus, dass Unternehmen in die Gestaltung der vier Managementfunktionen Planung, Organisation, Personal und Führung substanzielle Ressourcen investieren und Fehlentwicklungen entsprechende Verluste generieren würden, ist es von großer Bedeutung, Fehlentwicklungen möglichst früh aufzudecken, um darauf reagieren zu können.
*   Aufdeckung von Fehlverhalten: Kontrolle kann aufdecken, wenn einzelne Individuen oder Gruppen im Unternehmen nicht den Erwartungen entsprechend handeln, möglicherweise ein zu großes Risiko eingehen, Projekte verfolgen, die gar nicht notwendig sind, sich opportunistisch oder sogar kriminell verhalten (Simons 1995).
*   Kodifizierung von Erfahrungen: Lernerfahrungen aus der Vergangenheit können in Kontrollen integriert werden, so dass vorheriges Wissen und Expertise in neue Aktivitäten integriert wird (Baker und Sinkula 1999).
*   Anregung zur Diskussion von Entwicklungen: Werden Kontrollaktivitäten schriftlich festgehalten, bilden sie eine Diskussionsgrundlage. In Diskussionen tauschen sich Individuen im Unternehmen aus und gewinnen neue Erkenntnisse, die wiederum in neue Planungsrunden einfließen.
*   Integration des Top-Managements: Ergebnisse von Kontrollaktivitäten (beispielsweise in Form von Kennzahlen) können an das Top-Management, das in einzelne Projekte nicht operativ und regelmäßig eingebunden ist, kommuniziert werden. So kann für bestimmte Entwicklungen die Aufmerksamkeit des Top-Managements gewonnen

werden. Bei besonders positiver Entwicklung einzelner Initiativen könnte das Top-Management mehr Ressourcen zur Weiterentwicklung bereitstellen. Decken Kontrollaktivitäten Probleme auf, kann das Top-Management ebenfalls reagieren und mit Rat und Tat zur Seite stehen, um die Probleme zu beheben (Ling et al. 2008).

3.6.1.2 Ausgestaltung der Kontrolle

Es gibt viele verschiedene Möglichkeiten, Kontrolle auszuüben. In der Literatur wird eine entsprechend große Anzahl möglicher Kontrollformen diskutiert (Jap und Ganesan 2000), von denen einige im Folgenden dargestellt werden. Dabei ist zu bedenken, dass diese Kontrollformen nicht unabhängig voneinander sind und teilweise Überschneidungen aufweisen.

Eine klassische Klassifizierung von Kontrollformen bieten die Arbeiten von Ouchi (1977) und Ouchi und Maguire (1975), die zwischen Verhaltenskontrolle, Ergebniskontrolle und Kontrolle durch Rituale unterscheiden. Verhaltenskontrolle bedeutet, dass Vorgesetzte die konkreten Verhaltensweisen (d. h. den Weg zur Problemlösung) von Individuen oder Gruppen beobachten und kontrollieren. Ergebniskontrolle bedeutet, dass Vorgesetzte keine konkreten Verhaltensweisen, sondern die Ergebnisse als Folge von Verhaltensweisen beobachten und kontrollieren (d. h. das Ergebnis der Problemlösung). Bei einer Ergebniskontrolle kommt es nur auf das Ergebnis an, das ausführende Individuum oder die ausführende Gruppe sind frei in der Wahl der Verhaltensweisen und der Wege zur Problemlösung. Vorgaben im Rahmen einer Ergebniskontrolle könnten sein, ein bestimmtes Umsatzvolumen in einem Quartal zu erreichen oder für bestimmte Werbekampagnen maximal ein bestimmtes Budget auszugeben. Bei der Verhaltenskontrolle nimmt der Vorgesetzte durch die Vorgabe von Verhaltensweisen den Weg der Problemlösung vorweg. Die Verantwortung für das Ergebnis liegt durch die Vorgabe der Problemlösung beim Vorgesetzten und nicht bei der ausführenden Person. Bei der Kontrolle durch Rituale wird implizit durch soziale Normen und Werte – als Ausdruck einer Unternehmenskultur, die als Konzept bereits in Abschn. 3.3.1.3 vorgestellt wurde – kontrolliert. Oft ohne dass dies explizit niedergeschrieben wurde, besteht hier ein sozialer Druck, sich entsprechend bestimmter Erwartungen zu verhalten. Demnach übt der soziale Druck eine Kontrollfunktion aus.

Kontrolle kann des Weiteren in formelle und informelle Kontrolle unterschieden werden. Formelle Kontrolle bedeutet, dass es schriftlich fixierte, allgemeingültige Regeln und Routinen gibt, deren Einhaltung kontrolliert wird. Beispielsweise kann festgelegt sein, wie Reiseanträge zu stellen und Neuproduktentwicklungsprozesse durchzuführen sind. Informelle Kontrolle bedeutet Kontrolle durch das persönliche Gespräch mit Kollegen oder Vorgesetzten und durch den sozialen Druck, der durch die persönlichen Beziehungen mit Kollegen und Vorgesetzten entsteht, ähnlich wie bei der Kontrolle durch Rituale bei Ouchi (1977). Letztere wird auch als persönliche Kontrolle bezeichnet.

In einer anderen Differenzierung wird zwischen inhaltlich engen und inhaltlich weiten Kontrollsystemen unterschieden. Enge Kontrollsysteme zeichnen sich dadurch aus, dass sie sich auf Ereignisse innerhalb des Unternehmens konzentrieren, sich auf finanzielle

Informationen beschränken und vor allem historische Daten der Rechnungslegung als Entscheidungsgrundlage verwenden (Pearce und Robinson 2011). Ein weit aufgestelltes, auch als umfassend bezeichnetes Kontrollsystem bezieht Informationen über die externe Umwelt (z. B. Markt, Wettbewerb, Kunde, sonstige Stakeholder) mit ein, enthält finanzielle und nichtfinanzielle Informationen und orientiert sich nicht nur an der Vergangenheit und der Gegenwart, sondern auch an der Zukunft (z. B. Prognosen, Szenarios) (Abernethy und Brownell 1997).

Darüber hinaus unterscheiden sich Kontrollsysteme hinsichtlich des Zeitbezugs. Kurzfristige Kontrollsysteme haben einen anderen Zeithorizont als langfristige Kontrollen. Letztere bauen auf subjektiven strategischen Kontrollgrößen auf, die langfristig auf finanzielle Größen Einfluss haben (Zahra et al. 2004). Beispiele für solche strategischen Kontrollgrößen sind die Entwicklung der Kundenzufriedenheit im Vergleich zu den Erwartungen, die technologischen Fortschritte oder Fortschritte bei der Entwicklung von Prototypen. Kennzahlen für eine kurzfristige Kontrolle sind eher objektiver Natur, also finanzielle Größen wie Umsätze, Kosten, operative Marge oder Cash-Flows (Fisher 1995).

Eine weitere Differenzierung ist die in flexible und starre Kontrollsysteme. In flexiblen Kontrollsystemen sind spätere Anpassungen vorgesehen, wenn sich Rahmenbedingungen ändern. Ist also ein bestimmtes Ziel vorgegeben (etwa ein Umsatzziel), dann impliziert ein flexibles Kontrollsystem, dass Änderungen der Rahmenbedingungen (z. B. wenn die zugrunde liegende Technologie Probleme bereitet oder die Nachfrage aufgrund politischer Unruhen geringer ist) auch zu Anpassungen in der Kontrolle führen. Bei starren Kontrollsystemen ist eine solche Anpassung nicht vorgesehen.

Simons (1995) unterscheidet zwischen vier Kontrollformen. Diese Kontrollformen decken teilweise die bereits dargestellten Kontrollformen, einzeln oder in Kombination, ab. Simons (1995) unterscheidet zwischen diagnostischer Kontrolle, Wertekontrolle, Grenzenkontrolle und interaktiver Kontrolle. Dabei bezeichnet …

- diagnostische Kontrolle einen Zustand, bei dem das Management eine definierte Auswahl an zumeist finanziellen Kennzahlen gegenüber dem Plan abgleicht. Damit beinhaltet diese Kontrollform Facetten kurzfristiger formeller und enger Kontrolle gepaart mit Ergebniskontrolle. Sie ist meist starrer Natur.
- Wertekontrolle einen Zustand, bei dem das Unternehmen eine starke Unternehmenskultur mit verhaltenssteuernden Werten etabliert hat, die Mitarbeiter dazu bringen, sich entsprechend der Vision des Unternehmens zu verhalten. Wertekontrolle ist damit inhaltlich nahe bei der Kontrolle durch Rituale und informeller Kontrolle anzusiedeln.
- Grenzenkontrolle einen Zustand, bei dem das Unternehmen negativ formuliert, was Mitarbeiter nicht tun dürfen („Schwarze Liste von Tätigkeiten").
- interaktive Kontrolle einen Zustand, bei dem das Management regelmäßig finanzielle und strategische Kontrollgrößen mit unteren und mittleren Hierarchieebenen diskutiert und dadurch Fehlentwicklungen und möglicherweise entgangene Chancen in der Diskussion aufdeckt. Diese Kontrollform enthält Facetten der langfristigen und umfassenden Kontrolle und erlaubt flexible Anpassungen, wenn dies notwendig ist.

3.6.2 Die Kontrollfunktion in unternehmerischen Unternehmen

Auf den in Abschn. 3.6.1 dargestellten Grundlagen zur Kontrollfunktion aufbauend erfolgt nun in Abschn. 3.6.2 eine Analyse, wie die Kontrollfunktion so gestaltet werden kann, dass sie in Einklang mit Corporate Entrepreneurship steht und dieses fördert. Zu Beginn eines Lebenszyklus nach seiner Gründung wird ein Unternehmen primär durch die Person des Gründers kontrolliert, der in der ersten Zeit meistens alle Mitarbeiter kennt, beobachtet und regelmäßig mit ihnen kommuniziert. Wächst das Unternehmen, dann kann der Gründer dies alles oft nicht mehr tun. Gleichzeitig bleibt aber, wie häufig zu beobachten ist, der Wunsch, alles zu kontrollieren, um das eigene Unternehmen nicht aus der Hand zu geben (Hanks et al. 1993). Oft installieren Gründer während des Wachstums ein enges Netz verschiedenster Kontrollen, die Mitarbeiter einengen und letztlich jeglichen Freiraum zur Verfolgung innovativer und unternehmerischer Ideen zerstören können (Brettel et al. 2010). Kuratko et al. (2011) stellen dar, dass gerade Unternehmen im Wachstum dazu tendieren, bei der Etablierung von Kontrollsystemen zu überbürokratisieren. Aus diesen Gründen scheint Kontrolle ein wichtiger Hebel bei der Wiederherstellung von Unternehmertum in etablierten Unternehmen zu sein. Abschn. 3.6.2.1 diskutiert die generelle Bedeutung von Kontrolle in unternehmerischen Unternehmen. In Abschn. 3.6.2.2 folgt eine Analyse, welche Kontrollformen für unternehmerische Unternehmen besonders geeignet sind.

3.6.2.1 Bedeutung von Kontrolle in unternehmerischen Unternehmen

Kontrolle dient der Aufdeckung von Fehlentwicklungen auf Unternehmensebene. Das in Abschn. 3.2.2.4.2 vorgestellte Dashboard zur flexiblen Planung beinhaltet eine Kontrolllogik. Das Unternehmen probiert etwas im Markt aus, im Fall von unternehmerischem Verhalten zumeist auf Basis von Annahmen, selten auf Basis von belastbaren existierenden Zahlen, beispielsweise zu Marktgrößen oder der Zahlungsbereitschaft von Kunden. Unternehmen entwickeln dann unternehmerische Gelegenheiten schrittweise durch ein iteratives Planen (als Reaktion auf neue Kontrollergebnisse) und Kontrollieren (als Messung der angepassten Planung) (Covin et al. 2006). Demnach scheint es gerade für unternehmerische Unternehmen von großer Bedeutung zu sein, Aktivitäten zu kontrollieren und auf dieser Kontrolle aufbauend korrektive Maßnahmen einzuleiten.

Kontrolle dient auch der Aufdeckung von Fehlverhalten von Individuen. Bei motivierten Mitarbeitern mit potenziell unternehmerischen Verhaltensweisen ist es zwar unwahrscheinlich, dass das Management Arbeitseinsatz und Anwesenheit kontrollieren muss. Jedoch, so legt Simons (1995) dar, können unternehmerische und kreative Mitarbeiter Gefahr laufen, über das Ziel hinauszuschießen und möglicherweise ein zu großes Risiko einzugehen, das in keiner Relation zum möglichen Ertrag steht.

Darüber hinaus dient Kontrolle der Kodifizierung von Erfahrungen. Gerade bei unternehmerischen Aktivitäten geht es darum, schnell zu verstehen, ob die Aktivität in die richtige Richtung geht oder nicht. Durch Kontrolle können Wissen und Erfahrungen aus vorherigen unternehmerischen Aktivitäten integriert werden. So kann auch inhaltlich eine Unterstützung gewährleistet sein.

Kontrolle kann zu Diskussionen im Unternehmen anregen. Ohne eine Zahlenbasis ist es in vielen Fällen schwierig, Fehlentwicklungen zu erkennen, was gerade für unternehmerische Unternehmen in dynamischen und unsicheren Umfeldern ein Problem darstellt. Zahlenmaterial, das möglicherweise sogar überraschende Entwicklungen zeigt, kann im Unternehmen verteilt und diskutiert werden. Im Abschn. 3.3.2.2 zur Integration von verschiedenen Abteilungen im Unternehmen wurde bereits dargelegt, dass Austausch zwischen verschiedenen Individuen neue Perspektiven ermöglicht. Diese wiederum können Quellen für neue unternehmerische Initiativen sein oder auf notwendige Korrekturen hinweisen (Troy et al. 2008). Kontrolle ist die Basis, die zielgerichtete Diskussionen dieser Art ermöglicht.

Schließlich machen Kontrollberichte aktuelle unternehmerische Aktivitäten für das Top-Management transparent, das sich entsprechend einbringen kann (Tushman et al. 2011). Über die Rolle des Top-Managements bei der Förderung von Unternehmertum wurde bereits in Abschn. 3.5 berichtet. Kontrolle ist eine Möglichkeit, die Aufmerksamkeit des Top-Managements mit allen positiven Effekten zu erhalten.

3.6.2.2 Ausgestaltung der Kontrolle in unternehmerischen Unternehmen

Abschn. 3.6.2.1 hat bereits darauf hingewiesen, dass Kontrolle in unternehmerischen Unternehmen eine Rolle spielt. Um konkrete Handlungsempfehlungen daraus abzuleiten, ist es notwendig, sich die einzelnen Kontrollformen anzusehen und sie auf ihr Potenzial, unternehmerisches Verhalten zu fördern, einzuschätzen.

Ob Verhaltens- oder Ergebniskontrolle vorteilhaft ist, hängt davon ab, was bzw. ob überhaupt kontrolliert werden kann. Sollen Handlungen kontrolliert werden, so muss vorher transparent sein, welche Handlungen zu welchem Ergebnis führen. Mit anderen Worten: Der Prozess, d. h. die Arbeitsschritte, müssen bekannt sein, mit denen bestimmte Inputs (z. B. Rohstoffe) in einen Output (z. B. ein konkretes Produkt) umgewandelt werden. Dies ist häufig bei Arbeit am Fließband der Fall. Einzelne Arbeitsschritte sind genau definiert und führen bei korrekter Ausführung zu einem klar definierten Ergebnis. In diesem Fall kann ein Meister oder ein Vorarbeiter durch Beobachtung des Verhaltens seiner Mitarbeiter Kontrolle ausüben und bei Fehlverhalten korrigierend einschreiten. Was zu tun ist, muss dabei etabliert und transparent sein. Bei der Ergebniskontrolle muss zumindest Transparenz über das potenzielle Ergebnis vorliegen. Ergebniskontrolle würde also beispielsweise bedeuten, einem Vertriebler ein Umsatzziel zu geben. Wie er es erreicht, liegt in seinem Ermessen. Bezieht man nun Verhaltens- und Ergebniskontrolle auf unternehmerisches Verhalten, so lassen sich folgende Gedanken ableiten:

Wenn ein Vorgesetzter alle Aktivitäten des zu kontrollierenden Individuums und der zu kontrollierenden Gruppe beobachten und bewerten soll, ist das sehr zeitaufwendig. Wie in Abschn. 3.5 dargelegt, spielt das Top-Management eine bedeutende Rolle bei der Aufdeckung von unternehmerischen Gelegenheiten und ihren Umsetzungen und muss in diese Aktivitäten bereits entsprechend Zeitressourcen allokieren. Zudem schränkt Verhaltenskontrolle jegliche Verhaltensvariation des kontrollierten Mitarbeiters ein. Dies ist gerade in unternehmerischen Kontexten ein Problem, da es ja gerade hier um die Identifikation und Verfolgung neuer Gelegenheiten geht, die vorab nicht bekannt sind, also auch nicht durch bestimmte Verhaltensweisen vorab beschrieben werden können (Covin und Slevin 1991). In einer Befragung von 127 Managern in Forschungs- und Entwicklungsabteilungen großer australischer Industriekonzerne untersuchen Abernethy und Brownell (1997) die Frage, welche Form der Kontrolle zu besseren Ergebnissen führt, wenn Aufgaben nicht routinemäßig abgearbeitet werden können, sondern die Art der Aufgaben häufig neu ist oder Aufgaben nur schwer standardisiert werden können, wie es in Forschungs- und Entwicklungsprozessen bzw. analog in unternehmerischen Innovationsprozessen eher die Regel als die Ausnahme ist. Dabei finden die Autoren keine Wirkung einer Verhaltenskontrolle auf die Erfolge dieser Prozesse.

Einige andere Studien untersuchen die Ergebniskontrolle in innovativen und dynamischen Kontexten (Dunk 2011). Erfolgt eine Ergebniskontrolle über die Überprüfung starrer Budgets, so hat diese einen negativen Einfluss auf die Beziehung zwischen Innovation und Unternehmensleistung. Das heißt, reines Budgetdenken bei der Implementierung und Kommerzialisierung von Innovationen ist nachteilig. Durch die Vorgabe strikter Budgets werden von vornherein bestimmte Problemlösungen ausgeschlossen, die im Markt zur zielgerichteten Positionierung von Innovationen aber vorteilhaft sein könnten. Zudem werden solche Budgets häufig auf Basis von Vergangenheitswerten abgeleitet. Bei innovativen oder unternehmerischen Initiativen wird es aber so sein, dass eine solche Aktivität bislang – per Definition – noch nicht vorgekommen ist, so dass eine Ableitung von Budgets aus Vergangenheitswerten zu Problemen führen kann.

Morris et al. (2006) nehmen diese Argumente gegen Ergebniskontrolle über Budgets auf und zeigen bei 162 US-amerikanischen Unternehmen, dass sehr starke Budgetkontrolle Corporate Entrepreneurship auf Unternehmensebene einengt. Allerdings sehen die Autoren bei mittleren Ausprägungen von Kontrolle flexiblerer Budgets auch Vorteile für Corporate Entrepreneurship und zeigen empirisch – wie in Abb. 3.36 dargestellt – einen umgekehrt U-förmigen Verlauf zwischen formeller Budgetkontrolle und Corporate Entrepreneurship. Zwar gehen auch Morris et al. (2006) davon aus, dass zu enge und strikte Budgets Unternehmertum reduzieren. Auf niedrigem Niveau aber sehen die Autoren einige Vorteile darin, Budgets auszubauen. Die Vorgabe von flexiblen Budgets kann immerhin dafür sorgen, dass einzelne Individuen oder Gruppen im Unternehmen keine völlig ausgeschlossenen Gelegenheiten verfolgen, die letztlich nur Ressourcen verbrauchen, aber aus verschiedensten (beispielsweise rechtlichen) Gründen gar nicht umsetzbar sind. Hier hilft die Kontrolle, unternehmerische Aktivität in die richtige Bahn zu lenken und Ressourcen von unnötigen Initiativen abzuziehen. Bruggeman und van der Stede (1993) kommen zu einem ähnlichen Ergebnis. Sie zeigen, dass bei flexiblen Produkten in unsicheren Umfeldern, in denen sich unternehmerische Unternehmen vorwiegend bewegen, Budgets eher flexibel gefasst werden sollten, da ansonsten möglicherweise vielversprechende Initiativen aus rein formalen Gründen beendet werden müssten.

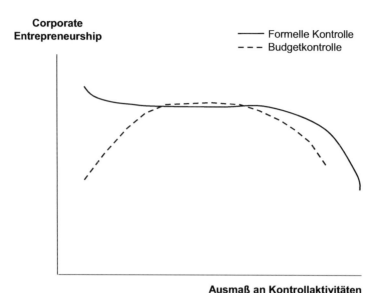

Abb. 3.36 Formelle Kontrolle, Budgetkontrolle und Corporate Entrepreneurship. (Nach Morris et al. 2006)

Morris et al. (2006) untersuchen ebenfalls, wie formelle Kontrollsysteme auf unternehmerisches Denken und Handeln wirken. Die Autoren meinen, dass schriftliche Fixierung von Kontrollaktivitäten – mit der einhergehenden Starrheit dieser Regeln – unternehmerisches Denken und Handeln einschränkt, wie in Abb. 3.36 dargestellt. Unternehmerisches Verhalten bedeutet, in unsicheren Umfeldern in neue Gelegenheiten zu gehen und diese ausnutzen. Es wäre dann wohl eher dem Zufall zuzuschreiben, wenn die zuvor möglicherweise für völlig andere Zwecke definierten Kontrollsysteme die Umstände der neuen Gelegenheit tatsächlich adäquat erfassen würden. Vielmehr wird ein Individuum im Unternehmen oder eine Gruppe die neue Gelegenheit verfallen lassen oder nur peripher verfolgen, da ja aufgrund der schriftlich fixierten Kontrollsysteme eine negative Rückmeldung droht. Hier sind flexible Kontrollsysteme notwendig, wie Beispiel 3.35 für das indische Unternehmen Infosys zusammenfasst. Zu einem ähnlichen Ergebnis kommt Zahra (1991) im Rahmen von 119 großen US-amerikanischen Industrieunternehmen. Auch in seiner Studie haben formelle Kontrollen eine negative Auswirkung auf den Grad an Corporate Entrepreneurship von Unternehmen. Poselka und Martinsuo (2009) bestätigen diesen Zusammenhang in einer Stichprobe von 133 Top-Managern in finnischen Firmen mehrerer Industrien. Wenn hohe Unsicherheit über zukünftige Entwicklungen herrscht, reduziert formalisierte Kontrolle jegliche strategische Erneuerung, da sie Experimente und inkrementelle Lernprozesse verhindert.

Beispiel 3.35: Zur Not alle sieben Tage: flexible und transparente Budgetierungsprozesse bei Infosys

Infosys ist ein weltweit tätiges indisches IT-Unternehmen, das Anfang der 1980er-Jahre gegründet wurde und heute knapp 150.000 Mitarbeiter beschäftigt. Bei Forbes wird es regelmäßig unter den Top 100 innovativsten Unternehmen der Welt geführt. Was aber macht Infosys so gut?

McGrath (2012) berichtet, dass Infosys extrem flexibel darin ist, interne Ressourcen zu reallokieren. Budgets werden nicht jährlich, sondern quartalsweise angepasst und kontrolliert – generell wird nichts zwangsläufig in einem jährlichen Rhythmus gemacht. Werbebudgets beispielsweise jährlich zu planen macht aus der Sicht von Infosys keinen Sinn: Wie soll man am Anfang des Jahres wissen, welche Produkte wann wie beworben werden sollen, weil sie marktfähig geworden sind? Wie weiß ich in der Forschung und Entwicklung, ob sich plötzlich durch wissenschaftliche Entdeckungen die Notwendigkeit oder Chance ergibt, schnell und viel zu investieren? Sanjaj Purohit als Strategieverantwortlicher sagt, er könne sogar den gesamten Budgetierungsprozess alle sieben Tage anpassen, wenn es darauf ankäme. Auch die Transparenz, mit der bei Infosys budgetiert und kontrolliert wird, ist speziell: Den Mitarbeitern werden alle Daten zugänglich gemacht. Das führt dazu, dass Divisionsvorsitzende regelmäßig nicht benötigte Budgets zurückgeben. Diese können dann an anderer Stelle zugewiesen werden, wo gerade Potenzial für Werbung oder Forschung und Entwicklung liegt.

Goodale et al. (2011) sehen sich neben der Kontrolle des inhärenten Risikos von Aktivitäten ebenfalls die Formalität der Kontrollprozesse an. In der Risikokontrolle versucht ein Unternehmen Maßnahmen zu vermeiden, die zu Verlusten führen könnten. Wenn ein Unternehmen risikoscheu ist, setzt es beispielsweise auf inkrementelle Innovation, orientiert sich an normalen Renditen und hat eher eine abwartende Haltung im Wettbewerb. Wenn in einem Unternehmen die formelle Prozesskontrolle stark ausgeprägt ist, bemüht es sich vor allem, standardisierte Prozesse zu etablieren, die immer gleich ablaufen, gut zu kontrollieren sind und zu vorhersehbaren, gleichen Ergebnissen führen.

In der Analyse der Auswirkungen dieser beiden Kontrollformen kommen die Autoren zu folgenden Ergebnissen (Goodale et al. 2011):

• Um Innovationsleistungen zu erbringen, ist Unterstützung durch das Management erforderlich. Diese Unterstützung besteht einerseits darin, Innovationsvorhaben mit Ressourcen auszustatten, andererseits aber auch darin, im Unternehmen ein Signal zu geben, dass das Management innovative Ideen wünscht. Diese Beziehung zwischen Unterstützung und Innovationsleistung wird stärker, wenn Risikokontrollen schwächer ausgeprägt sind. Da das Management seine Unterstützung bereits signalisiert hat, könnten weitere Kontrollen, die auf zusätzliche Risikominimierung abzielen, die innovativen Bemühungen schwächen.

• In der Literatur wird grundsätzlich davon ausgegangen, dass mehr Autonomie auf der Mitarbeiterebene zu mehr Innovationen führt, da mehr Entscheidungsspielraum auch mehr Kreativität erlaubt. Dieser Zusammenhang wird stärker, wenn Risikokontrollen stärker ausgeprägt sind. Wenn Mitarbeiter aufgrund ihrer Autonomie selbstständig Ideen entwickeln, so ist nicht garantiert, dass diese mit den Zielen des Unternehmens abgestimmt sind. Durch Risikokontrollen werden diese Ideen gefiltert und legitimiert.

- Um Innovationen zu entwickeln, brauchen Mitarbeiter Zeit. Dieser Zusammenhang ist stärker ausgeprägt, wenn Risikokontrollen schwächer ausgeprägt sind.

- Unternehmensgrenzen bedeuten, dass für ein Unternehmen klare Ziele formuliert und Mechanismen etabliert werden, um das Erreichen dieser Ziele zu messen. Grenzen können in diesem Fall als Orientierungshilfen dienen, um gewünschte Ergebnisse zu erzielen. In unternehmerischen Unternehmen können beispielsweise Innovationsziele formuliert werden, so dass Grenzen zu Innovationsleistungen führen. Dieser Zusammenhang fällt positiver aus, wenn Risikokontrollen stärker ausgeprägt sind. Wenn Innovationen grundsätzlich als wünschenswert erachtet werden, können stärkere Risikokontrollen dazu beitragen, dass nicht jede innovative Bemühung gefördert wird, sondern nur die, die zu den Unternehmenszielen passen. Risikokontrollen funktionieren dann als eine Art Filter.

- Der Zusammenhang zwischen verfügbarer Zeit und Innovationsleistung wird durch einen hohen Grad an formaler Prozesskontrolle negativ moderiert. Wenn offiziell nur wenig Zeit für die Entwicklung von Innovationen verfügbar ist, suchen Mitarbeiter dennoch nach Mitteln und Wegen, um ihre Ideen voranzutreiben. Dies geschieht meist nicht auf offiziellem Wege und ist entsprechend leichter, wenn weniger formale Regeln herrschen und so mehr Freiräume verfügbar sind.

Diese Ergebnisse zeigen zusammenfassend, dass Kontrollen – insbesondere in Bezug auf das inhärente Risiko von Aktivitäten – durchaus positiv für Unternehmertum und Innovativität im Unternehmen sein können. Hier lenken Kontrollen die unternehmerischen und innovativen Aktivitäten in die richtige Richtung. Formelle Kontrolle hingegen wirkt sich in den meisten Fällen – mit einer Ausnahme – eher dämpfend auf die Innovationsleistungen aus.

Abernethy und Guthrie (1994) untersuchen, inwiefern ein enges oder weites, umfassendes Kontrollsystem in instabilen Umfeldern vorteilhaft ist. Neben den typischen internen Kontrollinformationen über die finanzielle Leistung des Unternehmens benötigen Unternehmen in dynamischen Umfeldern eine breitere Auswahl an Kontrollgrößen. Prospektoren in der Terminologie von Miles und Snow, so zeigen Abernethy und Guthrie (1994), profitieren von weit ausgelegten Kontrollsystemen, da sie Informationen über die Umwelt und darüber, wie sich diese mit neuen Gelegenheiten entwickelt, benötigen, um ihre Strategie zielgerichtet implementieren zu können. Ein solches umfassendes Kontrollsystem kann beispielsweise Veränderungen des Kaufverhaltens von Kunden erfassen, die das eigene Unternehmen noch nicht betroffen haben, aber zeitnah betreffen könnten. So haben viele Werbetreibende beim Aufkommen des Internets als Werbekanal zunächst Werbebudgets in traditionellen Tageszeitungen nicht gekappt, sondern parallel das Internet ausprobiert. Erst als im Internet Erfolge zu verzeichnen waren, also Werbetreibende verstanden haben, dass ein Großteil der Kunden so effizienter und effektiver zu erreichen ist, wurden die Werbebudgets aus den Tageszeitungen abgezogen. Ein umfassendes Kontrollsystem, das das gesamte Werbeverhalten von Kunden abdeckt, hätte den Tageszeitungen erste Hinweise auf solche Entwicklungen geben können. Enge Informationssysteme mit dem Fokus auf interne Effizienz- und Profitabilitätsgrößen sind zweckmäßig, wenn ein Unternehmen oder ein Geschäftsbereich in einem stabilen Umfeld tätig ist, das eine verlässliche historische Datenbasis liefert, die auch für die Ableitung zukünftiger Entwicklungen geeignet ist. Traditionelle Systeme der Rechnungslegung sind auf solch eine enge Kontrolle ausgelegt, aber für unternehmerische Kontexte nicht ausreichend.

Die Rolle von kurzfristigen (auf finanzielle Größen gerichteten) Kontrollsystemen und von langfristigen (auf strategische Größen gerichteten) Kontrollsystemen sehen sich Zahra et al. (2004) bei 281 US-amerikanischen Familienunternehmen empirisch an. Die Autoren zeigen, dass sich der Grad an Corporate Entrepreneurship in Unternehmen erhöht, wenn langfristige Kontrollsysteme mit strategischen Größen genutzt werden. Hier können Entscheidungsträger auf die Geduld der Eigentümer hoffen, da unternehmerische Aktivitäten – wie bereits dargestellt – einige Zeit benötigen, um das volle Potenzial zu generieren. Finanzielle Größen wie Profitabilität oder Umsatz reduzieren die Bereitschaft von Mitarbeitern und Management, bei unternehmerischen Aktivitäten Risiken einzugehen. Entsprechend führt ein kurzfristiges Kontrollsystem nicht zu stärkerer unternehmerischer Aktivität. Die Studie von Barringer und Bluedorn (1999) kommt in ihrer Stichprobe von 169 US-amerikanischen Produktionsbetrieben zu dem gleichen Ergebnis: Langfristige Kontrollsysteme mit strategischen Messgrößen treiben Corporate Entrepreneurship voran, kurzfristige Kontrollsysteme mit finanziellen Messgrößen haben keinen Einfluss.

Die bisherigen Darstellungen zu den vorteilhaften Kontrollformen in stabilen und in unternehmerischen Kontexten werden in Tab. 3.14 zusammengefasst.

Schließlich untersucht Simons in seinen Arbeiten, welche der vier von ihm untersuchten Kontrollformen (diagnostische Kontrolle, Wertekontrolle, Grenzenkontrolle und interaktive Kontrolle) für kreative Kontexte, wie sie unternehmerische Unternehmen bieten, geeignet sind. Eine diagnostische Kontrolle allein, so Simons (1995), ist nicht ausreichend. Lediglich Plan- und Ist-Zahlen abzugleichen führt nicht dazu, dass tatsächliche Entwicklungen erkannt werden. Entscheidungsträger nehmen dann lediglich die Sympto-

Tab. 3.14 Vorteilhafte Kontrollformen in stabilen und unternehmerischen Kontexten

Vorteilhafte Kontrollformen in stabilen Kontexten	Vorteilhafte Kontrollformen in unternehmerischen Kontexten
Verhaltenskontrolle/Ergebniskontrolle über starre Budgets	Ergebniskontrolle über flexible Budgets
Formelle Kontrolle über schriftlich fixierte Regeln	Informelle Kontrolle über Werte und Normen
Enges Kontrollsystem mit internen Kennzahlen	Umfassendes Kontrollsystem mit internen und externen Kennzahlen
Kurzfristig ausgelegtes Kontrollsystem mit finanziellen Kennzahlen	Langfristig ausgelegtes Kontrollsystem mit strategischen Kennzahlen

me von Problemen wahr, ohne deren Ursachen zu kennen, so dass sie auch nicht mit den relevanten Mitarbeitern diskutiert werden. Diagnostische Kontrolle allein kann sogar zu ungewolltem Fehlverhalten führen, wenn Individuen oder Gruppen in Unternehmen die definierten Ziele um jeden Preis erreichen wollen. Sind diese eng und kurzfristig definiert, wie es bei diagnostischer Kontrolle meistens der Fall ist, dann führt diese Kontrollform tendenziell zur Ablehnung unternehmerischer Vorhaben von Individuen und Gruppen, da kurzfristige finanzielle Ziele mit etablierten Geschäften meistens leichter erreicht werden.

Die Wertekontrolle nach Simons (1995) zielt darauf ab, durch Werte und Normen einer Unternehmenskultur eine informelle Kontrolle zu schaffen, die Grundsätze von erwartetem Verhalten liefert, das Mitarbeiter auf neue Situationen anwenden können. Werte und Normen sind dabei typischerweise so abstrakt (wie „Wir als Unternehmen fördern Innovationen, wann immer es geht"), dass sie auf neue, vorab kaum definierbare Situationen angepasst werden können und so letztlich das Verhalten und die Entscheidungsfindung von Mitarbeitern lenken. Solche Werte, wenn zielgerichtet definiert, verhindern zudem opportunistisches Verhalten, das dem Unternehmen schaden kann. Der soziale Druck durch die Gruppe ist bei gemeinsam geteilten Werten zu groß, als dass sich Mitarbeiter langfristig konsequent gegen die geteilten Werte verhalten könnten. Wie im Abschn. 3.3.1.3 zur Unternehmenskultur im Rahmen der Organisationsfunktion dargelegt, kann eine Unternehmenskultur so gestaltet werden, dass sie Werte, Normen und Symbole enthält, die unternehmerisches Verhalten fördern. Aus Sicht der Kontrollfunktion bedeutet dies, dass alleine die Existenz dieser Werte das Verhalten der Individuen in die gewünschte Richtung lenkt.

Diagnostische Kontrolle und Wertekontrolle definieren, was erwünschtes Verhalten ist und was erreicht werden soll. Im Gegensatz dazu formuliert die Grenzenkontrolle, was nicht erwünscht ist, und gibt vor, welches Verhalten nicht akzeptiert wird. Grenzenkontrolle zielt oft auf ethische Standards ab, die es einzuhalten gilt. Dies ist für unternehmerische Unternehmen von besonderer Bedeutung. Wie eingangs dargelegt, laufen unternehmerisch orientierte Mitarbeiter durchaus Gefahr, über das Ziel hinauszuschießen, was das Verfolgen spannender Gelegenheiten angeht. Im extremsten Fall kann der unbedingte Wille, neue Gelegenheiten aufzudecken und zu verfolgen (mit allen positiven Konsequenzen wie Karriereaufstieg oder Berühmtheit) sogar in kriminelles Verhalten münden. Daher macht es für unternehmerische Unternehmen Sinn, solche Mindeststandards zu formulieren. Simons (1995) benutzt zur Veranschaulichung folgendes Bild: Das schnellste Rennauto benötigt auch die besten Bremsen. Unternehmerische Unternehmen sind oft die schnellsten ihres Umfelds; entsprechend muss für diese Geschwindigkeit ein Rahmen festgelegt werden. Grenzenkontrollen müssen sich nicht unbedingt nur auf ethisches Verhalten beziehen. Simons (1995) berichtet von einem Fall, in dem ein unternehmerisches Unternehmen eine Karte mit verschiedenen Industrien und Nationen mit grünen und roten Hintergründen versehen hat. In den grünen Bereichen durften neue Gelegenheiten verfolgt werden. In den roten hatte das Unternehmen schon Misserfolge erlebt und gute Gründe, diese Gelegenheiten nicht mehr zu verfolgen und das über diese Grenzenkontrolle an die Mitarbeiter zu kommunizieren.

Schließlich existiert die Möglichkeit interaktiver Kontrolle. Beispiel 3.36 beschreibt, wie etwa USA Today sie betreibt. Die über interaktive Kontrolle vermittelten Informationen haben vier wesentliche Eigenschaften, die auch Abb. 3.37 darstellt:

- Sie sind ständig an neue strategische Gegebenheiten anzupassen.
- Sie sind von großer Bedeutung für das Top-Management, aber auch für Verantwortliche operativer Einheiten.
- Sie werden am besten in persönlichen Gesprächen, auch über Hierarchiestufen hinweg, interpretiert und diskutiert.
- Sie sind Grundlage und Anstoß, zugrunde liegende Annahmen und Zahlen kontinuierlich zu hinterfragen.

Diese Eigenschaften spielen im unternehmerischen Kontext eine zentrale Rolle. Unternehmerische Kontexte sind dynamisch, so dass es sinnvoll ist, relevante Informationen kontinuierlich anzupassen (Lumpkin und Dess 1996). Dynamische Kontexte bringen Unternehmen in immer neue, bisher unbekannte Situationen. Entsprechend wichtig ist es, dass die Informationen, die das Kontrollsystem liefert, verstanden werden, was persönliche Gespräche am besten gewährleisten können. Schließlich ist es ein Kernelement unternehmerischer Planung, dass diese auf Annahmen aufbaut und selten auf historischen Zahlen, die eine verlässliche Prognose erlauben (McGrath 2012). Entsprechend ist das kontinuierliche Hinterfragen von Annahmen, das zentraler Bestandteil der interaktiven Kontrolle ist, für unternehmerische Unternehmen unerlässlich. Ein weiterer Vorteil für Unternehmen besteht darin, dass sich das Top-Management explizit einbringt. Es sendet so Signale, welche (möglicherweise unternehmerischen) Projekte von hoher Bedeutung sind (Simons 1990).

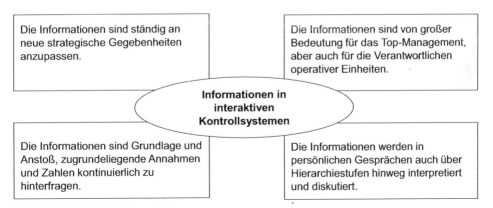

Abb. 3.37 Informationen in interaktiven Kontrollsystemen. (Eigene Darstellung nach Simons 1995)

Das Top-Management bei der Tageszeitung USA Today bekommt wöchentlich Berichte, die die Zahlen der vergangenen Woche zusammenfassen und einen Ausblick
auf strategisch relevante Ereignisse der kommenden Wochen geben (Simons 1995).
Die Zahlen reichen von einfachen Auflagenentwicklungen bis hin zu Entwicklungen
einzelner Werbekunden. Durch letztere sollen die Entscheidungsträger einen Einblick
in mögliche Wettbewerbsveränderungen und in das Verhalten von wichtigen Werbekunden erhalten. Jede Woche vereinbaren Top-Manager eine bestimmte Anzahl von
Treffen mit hierarchisch unterstellten Mitarbeitern, um die jeweils relevanten Zahlen
und Ausblicke mit ihnen zu diskutieren. Dabei wollen die Top-Manager unerwartete
negative Abweichungen, aber auch unerwartete Erfolge genau verstehen und nach-
vollziehen. Durch diese Berichte mit anschließenden persönlichen Treffen, so Simons
(1995), ist bei USA Today eine ganze Reihe von innovativen Geschäftsideen geboren
worden, darunter regelmäßige Umfragen zur Automobilindustrie, Farbanzeigen von
kleinerer Größe, inhaltliche Anpassung einzelner Seiten an bestimmte Zielgruppen sowie das Einspannen der lokalen Zeitungsausträger zur Akquirierung von lokalen Wer-
bepartnern.

Weitere Studien bestätigen die Bedeutung von interaktiver Kontrolle. So findet Henri
(2006) empirisch in einer Stichprobe von 383 Top-Management-Mitgliedern in kanadischen Produktionsunternehmen, dass Leistungsmessungssysteme mit interaktivem Cha-
rakter einen positiven Einfluss auf Marktorientierung, unternehmerisches Denken und
Handeln, organisationales Lernen und Innovationskraft eines Unternehmens haben. Diagnostische Kontrollsysteme hingegen wirken sich negativ aus. Interaktive Kontrollen bedeuten in der Operationalisierung von Henri (2006), Diskussionen über Hierarchiegrenzen
hinweg anzustoßen, Daten, Annahmen und Pläne kontinuierlich in Frage zu stellen, eine
gemeinsame Vision und Sprache zu etablieren und sich auf gemeinsame Themen zu konzentrieren, insbesondere auf kritische Erfolgsfaktoren.

   Welche dieser vier Kontrollformen ist nun für Unternehmen, die Corporate Entrepreneurship fördern wollen, geeignet? Simons (1995) argumentiert, dass alle vier eine
Rolle spielen und letztlich auch alle vier eingesetzt werden sollten. Beispiel 3.37 veranschaulicht für Oticon, wie dieses Unternehmen unter anderem durch die Nutzung verschiedenster Kontrollformen Unternehmergeist wiedererweckt hat. Die diagnostische Kontrolle sollte sich jedoch auf wenige finanzielle Kennzahlen fokussieren und im Vergleich zu
den anderen drei Kontrollformen die wenigste der knappen Zeit des Top-Managements
in Anspruch nehmen. Denn die anderen drei haben einen unmittelbaren Wert für unternehmerisches Verhalten. Eine Wertekontrolle, die Werte wie Innovation, Zusammenarbeit,
Unternehmertum, Ausprobieren oder Akzeptanz von Scheitern beinhaltet, lenkt das Verhalten von Individuen in neuen unsicheren Situationen in die gewünschte Richtung. Allerdings ist es sinnvoll, dass diese Wertekontrolle durch eine Grenzenkontrolle ergänzt wird,
die den Rahmen des Erwünschten umreißt, zumindest in Bezug auf ethisches Verhalten

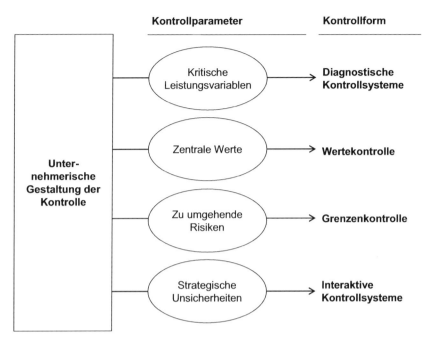

Abb. 3.38 Kontrollformen zur Förderung von Innovation und Unternehmertum. (Eigene Darstellung nach Simons 1995)

und möglicherweise auch in Bezug auf nicht gewünschte Gelegenheiten. Damit steuern Werte- und Grenzenkontrolle das Verhalten der Individuen im Tagesgeschäft.

Ergänzt werden sollten diese Kontrollformen um die interaktive Kontrolle, die einige zentrale Elemente enthält, um Unternehmertum zu fördern. Simons (1994) schlussfolgert aus seinen empirischen Studien, dass es nicht primär wichtig ist, in welchem Verhältnis diese Kontrollformen nun genau angewendet werden. Es kommt vielmehr darauf an, dass das Kontrollsystem kontinuierlich unternehmensinterne Diskussionen über Strategie, Markt, Wettbewerber, Innovationen und mögliche Veränderungen im Umfeld auslöst. Abbildung 3.38 gibt einen zusammenfassenden Überblick über die vier Kontrollformen.

Beispiel 3.37: Unternehmerische Revitalisierung durch „Spaghetti-Organisation" mit verschiedenen Kontrollformen

In 1979 hatte der dänische Hersteller von Hörgeräten Oticon mit einem Marktanteil von 15 % und Niederlassungen in Westdeutschland, Großbritannien, den Niederlanden, den USA, Norwegen, der Schweiz, Frankreich und Italien die Weltmarktführerschaft errungen. 1987 war der Marktanteil auf 7 % gefallen und das Unternehmen stand vor massiven finanziellen Problemen. Eine wesentliche Ursache für den Niedergang war, dass der US-amerikanische Wettbewerber Starkey Hörgeräte entwickelt hatte, die im Ohr platziert werden konnten und von den Kunden bevorzugt wurden, während Oticon an Geräten festhielt, die hinter dem Ohr befestigt wurden (Larson 2002).

Wie sah die Situation von Oticon aus? Zunächst gab es einige Probleme in Bezug auf die Technologie. Der technologische Trend zu Geräten, die im Ohr angebracht wurden, war verpasst worden. Technologische Fähigkeiten, um den Wettbewerbsnachteil auszugleichen, waren im Unternehmen nicht vorhanden. Produktentwicklungszeiten waren länger als beim Wettbewerber. Ein großer Teil des Unternehmens war davon überzeugt, dass die Technologie des Wettbewerbers zum Scheitern verurteilt war. Sich selbst sah das Unternehmen weniger kritisch. Die Eigenwahrnehmung als traditionelles Industrieunternehmen mit starken technologischen Fähigkeiten in der Miniaturisierung überwog. Intern dominierten die Ingenieure, die auf technische Raffinesse setzten. Kundenanforderungen waren nachrangig (Foss 2003).

Das Top-Management versuchte nach außen insbesondere dem Aufsichtsrat gegenüber Harmonie zu signalisieren. Meinungsunterschiede wurden unterdrückt. Die Organisationsstruktur war geprägt durch funktionale Abteilungen, deren Manager das Top-Management bildeten. Der im Jahr 1988 neu ins Amt gekommene Vorstandsvorsitzende Lars Kolind versuchte zunächst, über radikale Kostenreduzierungen die Situation zu verbessern. Die Maßnahmen führten zu ersten Erfolgen, u. a. zu 20 % Einsparung in Vertriebs- und administrativen Kosten, aber nicht zu einem kompletten Turnaround.

Für diesen kompletten Turnaround wurden größere Maßnahmen getroffen, die substanziell in das Unternehmen eingriffen. Zunächst wurden eine neue Vision und neue Werte mit klarem Kundenfokus etabliert. Werte wie Eigenverantwortlichkeit, persönliche Freiheit und persönliche Entwicklung wurden als wichtig herausgestellt und ein positives Menschenbild gefördert: Mitarbeiter sind ehrlich, rechtschaffen und versuchen, ihr Bestes für das Unternehmen zu geben. Jedem Mitarbeiter kann vertraut werden. Jeder einzelne soll mit allen Ressourcen ausgestattet werden, die er für nötig hält. Jeder Mitarbeiter zeigt Initiative und Loyalität zum Unternehmen, ist ein Teamplayer und gewillt, sein Wissen zu teilen.

Des Weiteren veränderte der Vorstandsvorsitzende selbst seine Rolle. Er hatte keinen festen Arbeitsplatz mehr, sondern zog von Platz zu Platz zu seinen Mitarbeitern, um sich mit ihnen über die aktuelle Situation auszutauschen (Gould 1998).

Auch an der Organisationsstruktur wurde gearbeitet. Ziel war es, ein schnelles, wandlungsfähiges und dennoch kohärentes Unternehmen zu schaffen. Wie Spaghetti sollte das Unternehmen extrem flexibel sein, aber dennoch aneinanderkleben, d. h. zusammenarbeiten (Foss 2003). Dies sollte gelingen, indem wissensbasierte Strukturen geschaffen wurden, die es ermöglichen sollten, Wissen und Ressourcen schnell neu zu kombinieren. Es wurde ein neues Gebäude mit großen, offenen Räumen errichtet, in dem die Mitarbeiter keine festen Arbeitsplätze mehr hatten, sondern sich ihre Tische projektbezogen aussuchten. Statt Aufzügen durchzog das Gebäude eine große Wendeltreppe, so dass auch zufällige Begegnungen stattfinden konnten. Es wurden Kompetenzzentren statt funktionaler Abteilungen etabliert. Seniorspezialisten, meist ehemalige Mitglieder des Mittelmanagements, erhielten die Rolle eines technischen Experten in diesen Kompetenzzentren und wurden bei technischen Fragestellungen um Rat gefragt (Gould 1998). Formale Strukturen wie ausgeprägte hierarchische Ebenen wurden abgeschafft, es gab lediglich das Projekt-Komitee, bestehend aus dem Vorstandsvorsitzenden und drei weiteren Managern. Ansonsten arbeiteten Mitarbeiter in Projekten zusammen.

Die Projekte nahmen nun eine zentrale Rolle ein (Larson 2002). Jeder Mitarbeiter konnte Projektvorschläge machen. Projektvorschläge wurden von Projekt- und Produkt-Komitee gebilligt und mit Budget ausgestattet. Alle Projekte wurden öffentlich in einer elektronischen Jobbörse aufgelistet. Mitarbeiter konnten selbst entscheiden, an welchen und wie vielen Projekten sie mitarbeiten und welchen Zeitaufwand sie investieren wollten. Projektmanager erhielten wesentliche Entscheidungsbefugnisse einschließlich Planungs-, Budget- und Personalverantwortung. Projektleiter konnten sich aussuchen, wer Projektmitarbeiter wird und wie sie definierte Projektziele erreichen. Alle drei Monate erfolgte ein Bericht des Projektfortschritts gegenüber dem Projekt- und Produkt-Komitee. Dieses entschied über Fortführung, Abbruch oder Anpassungen des Projektes.

Des Weiteren wurde die offizielle Personalfunktion abgeschafft. Es gab keine offiziellen Systeme der Mitarbeiterbewertung und keine Systeme zur Identifikation von Managementpotenzialen mehr. Die Personalverantwortung wurde von Projektleitern und Coaches übernommen.

Was brachten diese Turnaround-Veränderungen? Es wurde offensichtlich, dass es vor 1979 Bemühungen gab, In-Ohr-Hörhilfen zu entwickeln, diese sich aber unter der alten Struktur nicht durchsetzen konnten. Diese Bemühungen wurden wieder aufgenommen und führten zu maßgeblichen technologischen Neuprodukten, u. a. zu der ersten vollständig digitalen Hörhilfe, die 1996 den Europäischen Informationstechnologiepreis und 1997 den Europäischen Designpreis gewann. Es gelang, die Produktentwicklungszeit zu halbieren und die Kundenorientierung dramatisch zu verbessern. 1993 wurden 50 % des Umsatzes mit Produkten erzielt, die nicht älter als drei Jahre waren (Foss 2003). Es kam zu einem deutlichen Umsatzwachstum und einer Verdreifachung der Umsatzrendite bis 1993.

Trotz des offensichtlichen Erfolgs des Turnarounds hatte das Unternehmen mit neuen Herausforderungen zu kämpfen. So gut wie jeder konnte Projektleiter werden, auch ohne über die nötigen Kompetenzen zu verfügen. Mitarbeiter konnten an so vielen Projekten teilnehmen wie sie wollten. Anzahl oder Zeit pro Projekt wurden nicht gemessen. Dies führte zu massiven Koordinierungsproblemen. Projektleiter warben fähige Mitarbeiter aus anderen Projekten ab, so dass diese anderen Projekte Probleme hatten, jemals zu einem Ergebnis zu kommen. Es gab keine offiziellen Kriterien, nach denen Projekte beurteilt wurden. Persönliche Beziehungen wurden deshalb wichtig, um Ressourcen für ein Projekt zu erhalten. Dies führte zur Fehlallokation von Mitteln.

Auch wenn die neue Struktur grundsätzlich erfolgreich war, wurden einige Anpassungen vorgenommen. Viele Entscheidungskompetenzen, die früher bei Projektleitern lagen, werden heute im „Competence Center" oder bei den Managern der Business-Teams gebündelt, u. a. das Recht, Gehaltsverhandlungen zu führen (Gould 1998). „Competence Center" entscheiden auch nicht mehr dreimonatig über eine Projektfortführung, da es in der ersten Änderungsrunde zu massiven Projektabbrüchen gekommen war. Die Funktion Projektleiter ist zu einem eigenen Karrierepfad geworden: Die Stelle wird jetzt selektiver vergeben, Projektleiter werden vom „Competence Center" berufen, sorgfältig ausgesucht und absolvieren Projektmanagementtrainings. Weitere Kontrollen lösen die Koordinierungs- und Zeitallokationsprobleme der Mitarbeiter. Insbesondere Abwerbungen sind nicht mehr möglich.

Dieses Fallbeispiel beinhaltet eine Reihe von Stellhebeln zur Förderung von Unternehmertum, die bereits in früheren Abschnitten besprochen wurden (wie die Dezentralisierung von Entscheidungsgewalt). Im Folgenden soll eine Betrachtung lediglich aus Sicht der Kontrollfunktion erfolgen. Einige der in Abschn. 3.6.2.2 beschriebenen Kontrollformen unternehmerischer Unternehmen finden sich in der neuen und angepassten Struktur wieder:

- Als Reaktion auf die schlechte wirtschaftliche Lage wurde eine Wertekontrolle (d. h. Unternehmenskultur in der Terminologie der Organisationsfunktion) mit einem positiven Menschenbild und Werten wie Eigenverantwortung eingeführt.
- Der Vorstandsvorsitzende gab seinen festen Arbeitsplatz auf und rotierte an verschiedenen Arbeitsplätzen, um nah bei den Mitarbeitern zu sein und den Austausch zu suchen. Damit praktiziert er eine Facette interaktiver Kontrolle.
- Bei der Projektzusammensetzung hatte es auch nach dem Turnaround noch Probleme gegeben, insbesondere durch Mehrfachbesetzungen und Projektleiter, die nicht geeignet waren. Hier betrieb das Management Grenzenkontrolle, indem es die Abwerben von Mitarbeitern anderer Projekte verbot und fachliche Anforderungen an Projektleiter stellte.
- In der letzten Änderungsrunde wurde eine kurzfristige Kontrolle der Arbeit und Leistung der Projekte aufgegeben, das „Competence Center" bewertet jetzt in viel langfristigeren Kontrolllogiken.

3.6.3 Zusammenfassende Überlegungen zur Kontrollfunktion in unternehmerischen Unternehmen

Der Gegenstand von Abschn. 3.6 bestand darin, die Managementfunktion der Kontrolle auf ihre Besonderheiten in unternehmerischen Unternehmen zu untersuchen. Ist Kontrolle an sich etwas Positives für Corporate Entrepreneurship? Oder zerstört sie den zur Entfaltung neuer kreativer Ideen nötigen Freiraum? Welche Kontrollformen sind mehr, welche sind weniger geeignet für Unternehmen, die unternehmerischer werden wollen?

Die Darstellungen in Abschn. 3.6.2.1 haben gezeigt, dass Kontrolle in unternehmerischen Kontexten eine sehr wichtige Rolle einnimmt. Die Relevanz von Kontrolle ergibt sich zentral daraus, dass erfolgreiche unternehmerische Unternehmen es verstanden haben, kontinuierlich zu lernen und ihre Annahmen zu hinterfragen. Bereits im Abschnitt zur Planung spielte das Konzept des Dashboards, das inhärent Kontrollelemente aufweist, eine Rolle. Die vorhergehenden Abschnitte haben dokumentiert, dass Kontrolle im unternehmerischen Unternehmen nicht so eingesetzt werden sollte, dass sie notwendige Freiräume eingrenzt, sondern so, dass sie chaotische und fehlgeleitete Prozesse im Corporate Entrepreneurship in die richtige Bahn lenkt.

Kontrolle hilft Fehlentwicklungen aufzudecken. Dies ist zentral, da Planungen selten auf der Basis verlässlicher Zahlen stattfinden, sondern auf der Basis von Annahmen (McGrath 2012). Im weiteren Prozess erlauben Kontrollaktivitäten, diese Annahmen zu widerlegen oder zu bekräftigen.

Wenn Kontrolle relevant ist, wie sollten Unternehmen, die Corporate Entrepreneurship fördern wollen, vorgehen? Die Ausführungen in Abschn. 3.6.2.2 haben gezeigt, dass es fundamental darauf ankommt, welche Kontrollform gewählt wird. Während Verhaltenskontrolle und Ergebniskontrolle über starre Budgets Unternehmertum tatsächlich im Keim ersticken, kann Ergebniskontrolle über flexible Budgets vorteilhaft sein. In praktisch allen Studien erweist sich informelle Kontrolle formeller Kontrolle überlegen, ebenso eine inhaltlich umfassende Kontrolle (mit internen und externen Größen) einer engen Kontrolle (mit nur internen Größen). Schließlich profitieren unternehmerische Unternehmen von langfristig angelegten Kontrollsystemen, die auch eher subjektive strategische Größen und nicht nur finanzielle Größen enthalten. Die Erfolgsfaktoren einer unternehmerischen Gestaltung der Kontrollfunktion werden in Abb. 3.39 zusammengefasst.

Unternehmen in späten Lebenszyklusphasen haben oft engmaschige Kontrollsysteme entwickelt, die die Freiheiten von Mitarbeitern einschränken. Wie in den vorhergehenden Abschnitten gezeigt, haben aber auch etablierte Unternehmen Möglichkeiten, die Kontrollfunktion unternehmerisch zu gestalten, um den Kräften der späten Lebenszyklusphasen, z. B. einer ausgeprägten Formalisierung, entgegenzuwirken und Unternehmertum zu fördern. Es lassen sich sogar einige Gründe identifizieren, warum etablierte Unternehmen in Bezug auf unternehmerische Kontrolle Vorteile gegenüber jungen Start-ups haben könnten.

Wie dargestellt betreiben unternehmerische Unternehmen eine Grenzen- und Wertekontrolle. Beides kann in etablierten Unternehmen einfacher hergestellt werden als in jungen Start-ups. In Bezug auf die Grenzkontrolle gilt, dass etablierte Unternehmen viel mehr Erfahrungen gemacht haben, die jungen Start-ups noch fehlen. Also können auch

Themen	Erfolgsfaktoren unternehmerischer Unternehmen in der Kontrollfunktion
Bedeutung der Kontrolle	– Kontrolle ist von hoher Bedeutung für unternehmerische Unternehmen durch Aufdeckung von Fehlentwicklungen und von Fehlverhalten, Kodifizierung von Erfahrungen, Anregung von Diskussionen und Einbindung des Top-Managements – Verständnis von Kontrolle als Unterstützung von inkrementellen Lernprozessen
Ausgestaltung der Kontrolle	– Hohe Eignung von flexibler Ergebniskontrolle – Vermeidung von formellen Kontrollprozessen – Nutzung von breiten, umfassenden Kontrollsystemen mit Abdeckung des Unternehmensumfelds (möglicherweise mit Abdeckung anderer, verwandter Industrien) – Integration von strategischen Messgrößen in langfristigen Kontrollsystemen – Schaffung einer Balance zwischen diagnostischen Kontrollsystemen, Wertekontrollen, Grenzenkontrollen und interaktiven Kontrollen mit einem Schwerpunkt auf interaktiven Kontrollen durch das Top-Management

Abb. 3.39 Erfolgsfaktoren einer unternehmerischen Gestaltung der Kontrollfunktion

mehr Szenarien aus Vergangenheitserlebnissen abgeleitet und in eine Grenzenkontrolle aufgenommen werden. Hat ein etabliertes Unternehmen mit einer unternehmerischen Initiative (beispielsweise in Bezug auf einen Markt) bereits schlechte Erfahrungen gemacht, so kann dies in die Grenzenkontrolle aufgenommen werden. Auch die Wertekontrolle scheint in etablierten Unternehmen möglicherweise einfacher, insbesondere wenn eine verhaltenssteuernde Unternehmenskultur existiert, die das Verhalten der Mitarbeiter in die gewünschte Richtung lenkt.

Beantwortung der zentralen Fragen von Kap. 3

Management bezieht sich auf die Aktivitäten von Führungskräften, die das gesamte Unternehmen betreffen und die grundsätzliche Richtung des Unternehmens vorgeben. Management kann als eine Abfolge von fünf Managementfunktionen, die sich jeweils auf ein Bündel von Tätigkeiten beziehen, verstanden werden. Die Unterteilung in eine Planungs-, Organisations-, Personal-, Führungs- und Kontrollfunktion ist umfassend und liegt der weiteren Betrachtung zugrunde. Die Planung bezieht sich auf die Ableitung eines Soll-Zustands zu einem bestimmten Zeitpunkt in der Zukunft, die Organisationsfunktion legt die Aufbaustruktur des Unternehmens fest. Die Personalfunktion beschäftigt sich mit der Ableitung des Personalbedarfs, mit der Beschaffung von Personal, dessen Einsatz, Bewertung und Entlohnung. Im Rahmen der Führung wird das Verhältnis zwischen Vorgesetzten und hierarchisch Untergeordneten erfasst. Die Kontrolle erfasst den Ist-Zustand und gleicht diesen mit dem Soll-Zustand der Planung ab.

Die Betrachtung der fünf Managementfunktionen gewährleistet eine umfassende Untersuchung der internen Stellhebel, die Manager bedienen können, um den Grad an Corporate Entrepreneurship im Unternehmen zu fördern. Die Gestaltung der Managementfunktionen nimmt wesentlichen Einfluss auf das Verhalten von Individuen in Unternehmen. Entsprechend kann durch eine zielgerichtete Gestaltung der Managementfunktion das Verhalten von Individuen so gesteuert werden, dass diese unternehmerisches Verhalten an den Tag legen und so den Grad an Corporate Entrepreneurship auf Gesamtunternehmensebene positiv beeinflussen.

In allen fünf Managementfunktionen lassen sich Hebel zur Förderung des Grades an Corporate Entrepreneurship im Unternehmen identifizieren. So spielt im Rahmen der Planung ein flexibler Planungsansatz eine zentrale Rolle: Flexibel auf neue Daten und Erfahrungen zu reagieren und entsprechende zeitnahe Rückschlüsse zu ziehen ist ein zentraler Erfolgsfaktor für Unternehmertum. Im Rahmen der Organisationsfunktion zeigen Studien, dass organische Organisationsstrukturen mit Teamarbeit, geringer Formalisierung und flachen Hierarchien Corporate Entrepreneurship vorantreiben, ebenso eine Unternehmenskultur mit einer Balance zwischen individualistischen und kollektivistischen Werten. Neben einer Reihe weiterer Faktoren sind innovative Bewertungs- und Entlohnungssysteme, die sich der Ertrags-Risiko-Situation eines Start-up-Gründers annähern, ein wirksamer Treiber von Corporate Entrepreneurship in der Personalfunktion. Im Rahmen der Führungsfunktion können Führungskräfte Corporate

Entrepreneurship durch einen transformationalen Führungsstil positiv beeinflussen. Eine unternehmerische Kontrolle kann beispielsweise durch informelle Kontrolle und interaktive Kontrolle praktiziert werden.

Literatur

Abatti, P. (1997a). The birth and growth of Toshiba's laptop and notebook computers: A case study in the japanese corporate venturing. *Journal of Business Venturing, 12*(6), 507–529.

Abatti, P. (1997b). Underground innovation in Japan: The development of Toshiba's word processor and laptop computer. *Japan's Underground Innovations, 6*(3), 127–139.

Abernethy, M., & Brownell, P. (1997). Management control systems in research and development organizations. *Accounting, Organizations, and Society, 22*(3–4), 233–248.

Abernethy, M., & Guthrie, C. (1994). An empirical assessment of the „Fit" between strategy and management information system design. *Accounting and Finance, 23*(2), 49–66.

Anderson, P. F. (1982). Marketing, strategic planning and the theory of the firm. *Journal of Marketing, 46*(2), 15–26.

Anthony, S. (2010). Microsoft and the innovator's paradox. http://blogs.hbr.org/2010/06/microsoft-and-the-innovators-p/. Zugegriffen: 28. Mai 2014.

Anthony, S. (2014). When rising revenue spells trouble. http://blogs.hbr.org/2014/01/when-rising-revenue-spells-trouble/. Zugegriffen: 2. Juni 2014.

Anthony, S. D. (2012). The new corporate garage. *Harvard Business Review, 90*(9), 44–53.

Atuahene-Gima, K. (2005). Resolving the capability-rigidity paradox in new product innovation. *Journal of Marketing, 69*(4), 61–83.

Axtell, C., Holman, D., Unswort, K., Wall, T., & Waterson, P. (2000). Shopfloor innovation: Facilitating the suggestion and implementation of ideas. *Journal of Occupational & Organizational Psychology, 73*(3), 265–385.

Baker, W., & Sinkula, J. (1999). The synergistic effect of market orientation and learning orientation on organizational performance. *Journal of the Academy of Marketing Science, 27*(4), 411–427.

Baker, W., Addams, H., & Davis, B. (1993). Business planning in successful small firms. *Long Range Planning, 26*(6), 82–88.

Balabanis, G., & Katsikea, E. (2003). Being an entrepreneurial exporter: Does it pay? *International Business Review, 12*e(2):233–252.

Barczak, G., Griffin, A., & Kahn, K. (2009). PERSPECTIVE: trends and drivers of success in npd practices: results of the 2003 pdma best practices study. *Journal of Product Innovation Management, 26*(1):3–23.

Barringer, B., & Bluedorn, A. (1999). The relationship between corporate entrepreneurship and strategic management. *Strategic Management Journal, 20*(5), 421–444.

Bass, B. (1990). From transactional to transformational leadership: learning to share the vision. *Organizational Dynamics, 18*(3), 19–31.

Bass, B. M. (1999). Two decades of research and development in transformational leadership. *European Journal of Work & Organizational Psychology, 8*(1), 9–32.

Becker, J., & Homburg, C. (1999). Market-oriented management: A systems-based perspective. *Journal of Market-Focused Management, 4*(1), 17–41.

Bergmann, J. (2009). Der Talentschuppen. *Brand Eins,* (11), 60–65.

Berthel, J., & Becker, F. G. (2010). *Personal-Management: Grundzüge für Konzeptionen der betrieblichen Personalarbeit* (9. Aufl.). Stuttgart: Schäffer-Poeschel.

Bhide, A. (1994). How entrepreneurs craft. *Harvard Business Review, 72*(2), 150–161.

Birkinshaw, J., & Gibson, C. (2004). Building ambidexterity into an organization. *MIT Sloan Management Review, 45*(4), 47–55.

Bjerke, B., & Hultman, C. (2002). *Entrepreneurial marketing – The growth of small firms in the new economic era*. Cheltenham.

Bono, J., & Judge, T. (2004). Personality and transformational and transactional leadership: A meta-analysis. *Journal of Applied Psychology, 89*(5):901–910.

Bosma, N., Wennekers, S., Guerrero, M., Amoros, J., Martiarena, A. & Singer, S. (2013). *Global entrepreneurship monitor – Special report on entrepreneurial employee activity*. Babson: Global Entrepreneurship Research Association.

Brettel, M., Engelen, A. & Voll, L. (2010). Letting go to grow-empirical findings on a hearsay. *Journal of Small Business Management, 48*(4), 552–579.

Brettel, M., Heinemann, F., Engelen, A., & Neubauer, S. (2011). Cross-functional integration of r & d, marketing, and manufacturing in radical and incremental product innovations and its effects on project effectiveness and efficiency. *Journal of Product Innovation Management, 28*(2), 251–269.

Brews, P., & Hunt, M. (1999). Learning to plan and planning to learn: resolving the planning school/learning school debate. *Strategic Management Journal, 20*(10), 889–913.

Brinckmann, J., Grichnik, D., & Kapsa, D. (2010). Should entrepreneurs plan or just storm the castle? A meta-analysis on contextual factors impacting the business planning-performance relationship in small firms. *Journal of Business Venturing, 25*(1), 24–40.

Brown, B., & Anthony, S. (2011). How P & G tripled its innovation success rate. *Harvard Business Review, 89*(6), 64–72.

Bruggeman, W., & van der Stede, W. (1993). Fitting management control systems to competitive advantage. *British Journal of Management, 4*(3), 205–218.

Bunduchi, R. (2009). Implementing best practices to support creativity in npd cross-functional teams. *International Journal of Innovation Management, 13*(4), 537–554.

Burgelman, R. (1983). A model of the interaction of strategic behavior, corporate context, and the concept of strategy. *Academy of Management Review, 8*(1), 61–70.

Burns, J. (1978). *Leadership*. New York: Harper and Row.

Burns, T., & Stalker, G. (1961). *The management of innovation*. London: Tavistock.

Burt, R. (1992). *Structural holes: The social structure of competition*. Cambridge: Harvard University Press.

Cao, Q., Simsek, Z. & Jansen, J.. (2012). CEO social capital and entrepreneurial orientation of the firm: Bonding and bridging effects. *Journal of Management* (im Druck).

Caruana, A., Morris, M. H., & Vella, A. (1998). The effects of centralization and formalization on entrepreneurship in export firms. *Journal of Small Business Management*, (1), 16–29.

Caruana, A., Ewing, M., & Ramaseshan, B. (2002). Effects of some environmental challenges and centralization on the entrepreneurial orientation and performance of public sector entities. *The Service Industries Journal, 22*(2), 43–58.

Christensen, C. M. (2011). *The innovator's dilemma: The revolutionary book that will change the way you do business*. HarperBusiness.

Christensen, C. M., Gregersen, H. B., & Dyer, J. H. (2011). *The innovator's DNA: Mastering the five skills of disruptive innovators* (1. Aufl.). Harvard Business School Press

Chwallek, C., Engelen, A., Oswald, M., & Brettel, M. (2012). Die Wirkung des Führungsverhaltens des Top-Managements auf die unternehmerische Orientierung – Ein 5-Länder-Vergleich. *zfbf, 64*(2):138–165.

Conger, J. A. (1999). Charismatic and transformational leadership in organizations: An insider's perspective on these developing streams of research. *Leadership Quarterly, 10*(2), 145–179.

Conger, J. A., Kanungo, R. N., & Menon, S. T. (2000). Charismatic leadership and follower effects. *Journal of Organizational Behavior, 21*(7), 747–767.

Covin, J., & Slevin, D. (1988). The influence of organization structure on the utility of an entrepreneurial top management style. *Journal of Management Studies, 25*(3), 217–234.

Covin, J., & Slevin, D. (1991). A conceptual model of entrepreneurship as firm behavior. *Entrepreneurship Theory and Practice, 16*(1), 7–25.

Covin, J. G., Slevin, D. P., & Schultz, R. L. (1994). Implementing strategic missions: Effective strategic, structural, and tactical choices. *Journal of Management Studies, 31*(4), 481–505.

Covin, J. G., Green, K. M., & Slevin, D. P. (2006). Strategic process effects on the entrepreneurial orientation-sales growth rate relationship. *Entrepreneurship: Theory & Practice, 30*(1):57–81.

Daft, R. L., Murphy, J., & Willmott, H. (2010). *Organization theory and design* (10. Aufl.). Cengage Learning Emea.

Datta, D. K., Guthrie, J. P., & Wright, P. M. (2005). Human resource management and labor productivity: Does industry matter? *Academy of Management Journal, 48*(1), 135–145.

De Clercq, D., Dimov, D., & Thongpapanl, N. (2010). The moderating impact of internal social exchange processes on the entrepreneurial orientation-performance relationship. *Journal of Business Venturing, 25*(1), 87–103.

Deal, T., & Kennedy, A. (1982). *Corporate cultures – The rites and rituals of corporate life* (1. Aufl.). Reading: Addison-Wesley.

Delmar, F., & Shane, S. (2003). Does business planning facilitate the development of new ventures? *Strategic Management Journal, 24*(12), 1165–1185.

Deshpandé, R., & Farley, J. (2004). Organizational culture, market orientation, innovativeness, and firm performance: An international research Odyssey. *International Journal of Research in Marketing, 21*(1), 3–22.

Deshpandé, R., & Webster, F. (1989). Organizational culture and marketing: defining the research agenda. *Journal of Marketing, 53*(1), 3–15.

Dess, G., Lumpkin, G., & Covin, J. (1997). Entrepreneurial strategy making and firm performance: tests of contingency and configurational models. *Strategic Management Journal, 18*(9), 677–695.

Dess, G., Lumpkin, G., & Eisner, A.. (2008). *Strategic management: Text and cases* (4. Aufl.). New York: McGraw-Hill.

Dunk, A. (2011). Product innovation, budgetary control, and the financial performance of firms. *The British Accounting Review, 43*(2), 102–111.

Dust, S., Resick, C., & Mawritz, M. (2014). Transformational leadership, psychological empowerment, and the moderating role of mechanistic-organic contexts. *Journal of Organizational Behavior, 35*(3), 413–433.

Dyer, J. H., Gregersen, H. B., & Christensen, C. M. (2008). Entrepreneur behaviors, opportunity recognition, and the origins of innovative ventures. *Strategic Entrepreneurship Journal, 2*(4), 317–338.

Dyer, J. W. G. (1994). Toward a theory of entrepreneurial careers. *Entrepreneurship: Theory & Practice, 19*(2), 7–21.

Eisenhardt, K. M. (1989). Making fast strategic decisions in high-velocity environments *Academy of Management Journal, 32*(3), 543–576.

Engelen, A. (2010). Entrepreneurial orientation as a function of national cultural variations in two countries. *Journal of International Management, 16*(4), 354–368.

Engelen, A. (2011). Which department should have more influence on organization-level decisions? A strategy-dependent analysis. *Journal of Strategic Marketing, 19*(3), 229–254.

Engelen, A., & Brettel, M. (2011). Assessing cross-cultural marketing theory and research *Journal of Business Research, 64*(5), 516–523.

Engelen, A., & Brettel, M.. (2012). A coalitional perspective on the role of the R & D department within the organization. *Journal of Product Innovation Management, 29*(3), 488–504.

Engelen, A., & Tholen, E. (2014). *Interkulturelles Management* (1. Aufl.). Schäffer-Poeschel.

Engelen, A., Flatten, T., Thalmann, J., & Brettel, M. (2011). The effect of organizational culture on entrepreneurial orientation: A Comparison between Germany and Thailand. *Journal of Small Business Management* (im Druck).

Engelen, A., Gupta, V., Strenger, L., & Brettel, M. (2013). Entrepreneurial orientation, firm performance, and the moderating role of transformational leadership behaviors. *Journal of Management* (im Druck).

Engelen, A., Kube, H., Schmidt, S., & Flatten, T. (2014a). Entrepreneurial orientation in turbulent environments: The moderating role of absorptive capacity. *Research Policy* (im Druck).

Engelen, A., Neumann, C., & Schwens, C. (2014b). „Of Course I Can": The effect of ceo overconfidence on entrepreneurially oriented firms. *Entrepreneurship: Theory & Practice* (forthcoming).

Entrialgo, M., Fernandez, E. & Vasquez, C. (2001). The effect of the orginzational context on SME's entrepreneurship: Some Spanish evidence. *Small Business Economics, 16*(3), 223–236.

Fernandez, S., & Pitts, D. (2011). Understanding employee motivation to innovate: Evidence from front line employees in united states federal agencies. *Australian Journal of Public Administration, 70*(2), 202–222.

Fiedler, F. E. (1972). The effects of leadership training and experience: a contingency model interpretation. *Administrative Science Quarterly, 17*(4), 453–470.

Fisher, J. (1995). Contingency-based research on management control systems: categorization by level of complexity. *Journal of Accounting Literature, 14*, 24–53.

Forbes. (2011). *Nurturing Europe's spirit of enterprise: how entrepreneurial exeuctives mobilize organizations to innovate*. New York.

Foss, N. (2003). Selective Intervention and Internal Hybrids: Interpreting and Learning from the rise and decline of the oticon spaghetti organization. *organization science, 14*(3), 331–349.

Fusfeld, A. (1978). How to Put Technology into Corporate Planning. *Technology Review, 80*(6), 51–55.

Gibson, B., & Cassar, G. (2002). Planning behavior variables in small firms. *Journal of Small Business Management, 40*(3), 171–186.

Goodale, J., Kuratko, D., Hornsby, J. S., & Covin, J. (2011). Operations management and corporate entrepreneurship: The moderating effect of operations control on the antecedents of corporate entrepreneurial activity in relation to innovation performance. *Journal of Operations Management, 29*(1–2), 116–127.

Gould, B. (1998). Oticon: Anomaly or model of the future. *The Antidote, 3*(8), 40–41.

Govindarajan, V., & Desai, J. (2013). Recognize intrapreneurs before they leave. http://blogs.hbr.org/2013/09/recognize_intrapreneurs/. Zugegriffen: 29. Sept. 2013.

Gupta, A., & Govindarajan, V. (1984). Business unit strategy, managerial characteristics, and business unit level effectiveness at strategy implementation. *Academy of Management Journal, 27*, 25–41.

Gupta, V., MacMillan, I. C. & Surie, G. (2004). Entrepreneurial leadership: Developing and measuring a cross-cultural construct. *Journal of Business Venturing, 19*(2), 241–260.

Guth, R. (2009). Microsoft bid to beat google builds on a history of misses. http://online.wsj.com/news/articles/SB123207131111388507?mg=reno64-wsj&url=http%3A%2F%2Fonline.wsj.com%2Farticle%2FSB123207131111388507.html. Zugegriffen: 1. Feb. 2014.

Hambrick, D. C. (2007). Upper echelons theory: An update. *Academy of Management Review, 32*(2), 334–343.

Hambrick, D. C., & Mason, P. A.. (1984). Upper echelons: The organization as a reflection of its top managers. *Academy of Management Review, 9*(2), 193–206.

Hanks, S., Watson, C., Jansen, E., & Chandler, G. (1993). Tighening the life-cycle construct: A taxonomic study of growth stage configurations in high-technology organizations. *Entrepreneurship Theory and Practice, 18*(2), 5–29.

Hannemann, M. (2011). Die Freischwimmer. *Brand Eins*, (6), 94–97.

Hansen, M., Nohria, N., & Tierney, T. (1999). What's your strategy for managing knowledge? *Harvard Business Review*, 1–10.

Hayton, J. C. (2005). Promoting corporate entrepreneurship through human resource management practices: A review of empirical research. *Human Resource Management Review, 15*(1), 21–41.

Hempelmann, F., & Engelen, A. (2014). Integration of finance with marketing and R & D in new product development: The role of project stage *Journal of Product Innovation Management* (im Druck).

Henderson, A., Miller, D. & Hambrick, D. (2006). How quickly do CEOs become obsolete? Industry dynamism, CEO tenure, and company performance. *Strategic Management Journal, 27*(5), 447–460.

Henri, J. (2006). Management control systems and strategy: A resource-based perspective. *Accounting, Organizations, and Society, 31*(6), 529–558.

Hippel, E., Thomke, S., & Sonnack, M. (1999). Creating breakthroughs at 3M. *Harvard Business Review, 77*(5), 47–57.

Hirshberg, J. (1998). *The creative priority: Driving innovative business in the real world* (1. Aufl.). New York: HarperCollins.

Ho, T., & Chen, K. (2007). New product blockbusters: The magic and science of prediction markets. *California Management Review, 50*(1), 144–158.

Homburg, C., & Jensen, O. (2007). The thought worlds of marketing and sales: Which differences make a difference? *Journal of Marketing, 71*(3), 124–142.

Homburg, C., Workman, J., & Krohmer, H. (1999). Marketing's influence within the firm. *Journal of Marketing, 63*(2), 1–17.

Hornsby, J. S., Kuratko, D. F., & Montagno, R. V. (1999). Perception of internal factors for corporate entrepreneurship: A comparison of Canadian and U.S. managers. *Entrepreneurship: Theory & Practice, 24*(2), 11–26.

Hornsby, J. S., Kuratko, D. F., & Zahra, S. A. (2002). Middle managers' perception of the internal environment for corporate entrepreneurship: Assessing a measurement scale. *Journal of Business Venturing, 17*(3), 253–273.

Hornsby, J. S., Kuratko, D. F., Holt, D. T., & Wales, W. J. (2013). Assessing a measurement of organizational preparedness for corporate entrepreneurship. *Journal of Product Innovation Management, 30*(5), 937–955.

Howell, J. M., & Higgins, C. A. (1990). Champions of change: Identifying, & erstanding, and supporting champions of technological innovations. *Organizational Dynamics, 19*(1), 40–55.

Hungenberg, H. (2012). *Strategisches Management in Unternehmen: Ziele–Prozesse–Verfahren* (7., aktualisierte Aufl.). Wiesbaden: Gabler.

Hurley, R. (2006). The decision to trust. *Harvard Business Review, 84*(9), 55–62.

Hurley, R., & Hult, T. (1998). Innovation, market orientation, and organizational learning: An integration and empirical examination. *Journal of Marketing, 62*(3), 42–54.

Ibrahim, N., Angelidis, J. & Parsa, F. (2004). The status of planning in small businesses. *American Business Review, 22*(2), 52–60.

Isaacson, W. (2011). *Steve Jobs* (1. Aufl.). Simon & Schuster.

Jap, S., & Ganesan, S. (2000). Control mechanisms and the relationship life cycle: Implications for safeguarding specific investments and developing commitment. *Journal of Marketing Research, 37*(2), 227–245.

Jaworski, B., & Kohli, A. (1993). Market orientation: Antecedents and consequences. *Journal of Marketing, 57*(3), 53–70.

Jaworski, B., Stathakopoulos, V., & Krishnan, S. (1993). Control combinations in marketing: Conceptual framework and empirical evidence. *Journal of Marketing, 57*(1), 57–69.

Jaworski, B., Kohli, A., & Sahay, A.. (2000). Market-driven versus driving markets. *Journal of the Academy of Marketing Science, 28*(1), 45–54.

Jennings, D., & Lumpkin, J. (1989). Functioning modeling corporate entrepreneurship: An empirical integrative analysis. *Journal of Management, 15*(3), 485–502.

Jenssen, J., & Jorgensen, G. (2004). How do corporate champions promote innovations? *International Journal of Innovation Management, 8*(1), 63–86.

Jones, G. (2012). *Organizational theory, design and change* (7. Aufl.). Prentice Hall.

Jouret, G. (2009). Inside Cisco's search for the next big idea. *Harvard Business Review, 87*(9), 43–45.

Judge, T. A., & Piccolo, R. F. (2004). Transformational and transactional leadership: a meta-analytic test of their relative validity. *Journal of applied psychology, 89*(5), 755.

Kahn, K. (1996). Interdepartmental integration: A definition with implications for product development performance. *Journal of Product Innovation Management, 13*(2), 137–151.

King, R. (2006). Workers, place your bets. http://www.businessweek.com/stories/2006-08-02/workers-place-your-bets. Zugegriffen: 17. März 2014.

Kirca, A., Jayachandran, S., & Bearden, W. (2005). Market orientation: A meta-analytic review and assessment of its antecedents and impact on performance. *Journal of Marketing, 69*(2), 24–41.

Koontz, H., & O'Donnell, C. (1955). *Principles of management: An analysis of managerial functions* (1. Aufl.). New York: McGraw-Hill.

Kuczmarski, T. D. (2000). Measuring your return on innovation. *Marketing Management, 9*(1), 24–32.

Kumar, N., Scheer, L. & Kotler, P. (2000). From market driven to market driving. *European Management Journal, 18*(2), 129–141.

Kuratko, D., Morris, M. H., & Covin, J. (2011). *Corporate Entrepreneurship & Innovation* (3. Aufl.). Cengage Learning Emea.

Lan, L., Ching-Yick Tse, E. & Bao Yan, G. (2006). The relationship between strategic planning and entrepreneurial business orientation. *Chinese Economy, 39*(6), 70–82. doi:10.2753/CES1097-1475390605.

Lant, T. K., Milliken, F. J., & Batra, B. (1992). The role of managerial learning and interpretation in strategic persistence and reorientation: An empirical exploration. *Strategic Management Journal, 13*(8), 585–608.

Larson, H. (2002). Oticon: Unorthodox project-based management and careers in a „Spaghetti Organization". *Human Resource Planning, 25*(4), 30–37.

Laurie, D., & Harreld, B. (2013). Six ways to sink a growth iniatiative. *Harvard Business Review, 91*(7–8), 83–90.

Lee, L., & Sukoco, B. (2007). The effects of entrepreneurial orientation and knowledge management capability on organizational effectiveness in taiwan: the moderating role of social capital. *International Journal of Management, 24*(3), 549–571.

Li, Y., Guo, H., Liu, Y., & Li, M. (2008). Incentive mechanisms, entrepreneurial orientation, and technology commercialization: Evidence from China's transitional economy. *Journal of Product Innovation Management, 25*(1), 63–78.

Ling, Y. A. N., Simsek, Z., Lubatkin, M. H., & Veiga, J. F. (2008). Transformational leadership's role in promoting corporate entrepreneurship: Examining the CEO-TMT interface *Academy of Management Journal, 51*(3), 557–576.

Livingston, J. (2008). *Founders at work: Stories of startups' early days* (1. Aufl.). New York: Springer.

Lumpkin, G., & Dess, G. (1996). Clarifiying the entrepreneurial orientation construct and linking it to performance. *Academy of Management Review, 21*(1), 135–172.

Luo, X., Zhou, K., & Liu, S. (2005). Entrepreneurial firms in the context of China's transition economy: An integrative framework and empirical examination. *Journal of Business Research, 58*(3), 277–284.

Luo, X., Slotegraaf, R. J., & Pan, X. (2006). Cross-functional „Coopetition": The Simultaneous role of cooperation and competition within firms. *Journal of Marketing, 70*(2), 67–80.

Mangelsdorf, M. (1992). Behind the scenes – An inside look at the companies creating jobs and wealth in a recessionary economy. http://www.inc.com/magazine/19921001/4333.html. Zugegriffen: 5. Juni 2014.

McGrath, R. (2012). *The end of competitive advantage: How to keep your strategy moving as fast as your business* (1. Aufl.). Harvard Business Press.

McGregor, J. (2014). Zappos says goodbye to bosses. http://www.washingtonpost.com/blogs/onleadership/wp/2014/01/03/zappos-gets-rid-of-all-managers/. Zugegriffen: 25. Juni 2014.

Merchant, K., & van der Stede, W. (2003). *Management control systems* (1. Aufl.). Harlow.

Messersmith, J., & Wales W. (2013). Entrepreneurial orientation and performance in young firms: The role of human resource management. *International Small Business Journal, 31*(2), 115–136.

Miles, R., & Snow C. (1978). *Organizational strategy, structure, and process* (1. Aufl.). New York: Free Press.

Miller, D. (1991). Stale in the Saddle: CEO tenure and the match between organization and environment. *Management Science, 37*(1), 34–52.

Miller, C. C., & Cardinal, L. B. (1994). Strategic planning and firm performance: A synthesis of more than two decades of research. *Academy of Management Journal, 37*(6), 1649–1665.

Miller, P., & Wedell-Wedellsborg, T. (2013). The case for stealth innovation. *Harvard Business Review, 91*(3), 90–97.

Mintzberg, H. (1994). *The rise and fall of strategic planning: Reconceiving roles for planning, plans, and planners* (1. Aufl.). New York: Free Press.

Monsen, E., & Boss, R. (2009). The impact of strategic entrepreneurship inside the organization: Examining Job stress and employee retention. *Entrepreneurship Theory & Practice, 33*(1), 71–104.

Moore, G. (1996). *Das Tornado-Phänomen: Die Erfolgsstrategien des Silicon Valley und was Sie daraus lernen können* (1. Aufl.). Wiesbaden: Gabler.

Morgan, R., & Strong, C. (2003). Business performance and dimensions of strategic performance. *Journal of Business Research, 56,* 163–176.

Morris, M., & Jones, F. (1993). Human Resource management practices and corporate entrepreneurship: An Empirical assessment from the USA. *International Journal of Human Resource Management, 4*(4), 873–896.

Morris, M. H., Avila, R., & Allen, J. (1993). Individualism and the modern corporation: Implications for innovation and entrepreneurship. *Journal of Management, 19*(3), 595–612.

Morris, M. H., Davis, D. L., & Allene, J. W. (1994). Fostering corporate entrepreneurship: Cross-cultural comparisons of the importance of individualism versus collectivism *Journal of International Business Studies, 25*(1), 65–89.

Morris, M. H., Allen, J., Schindehutte, M., & Avila, R. (2006). Balanced management control systems as a mechanism for achieving corporate entrepreneurship. *Journal of Managerial Issues, 18*(4), 468–493.

Mullins, J., & Komisar, R. (2010). A Business plan? Or a journey to plan B? *MIT Sloan Management Review, 51*(3), 1–5.

Nahapiet, J., & Ghoshal, S. (1998). Social capital, intellectual capital, and the organizational advantage. *Academy of Management Review, 23*(2), 242–266.

O'Reilly, C., & Tushman, M. (2004). The ambidextrous organization. *Harvard Business Review, 82*(4), 1–9.

O'Reilly, C., & Tushman, M. (2011). Organizational ambidexterity in action: How Managers explore and exploit. *California Management Review, 53*(4), 5–22.

Olson, E., Walker, O., Ruekert, R., & Bonner, J. (2001). Patterns of cooperation during new produkt development among marketing, operations and R & D: Implications for project performance. *The Journal of Product Innovation Management, 18*(4), 258–271.

Ouchi, W. 1977. The Relationship between Organisational Structure and Organisational Control. *Administrative Science Quarterly, 22*(1), 95–113.

Ouchi, W., & Maguire, M. (1975). Organizational control: Two functions. *Administrative Science Quarterly, 20*(4), 559–569.

Packard, D. (1995). *The HP way: How Bill Hewlett and I built our company* (1. Aufl.). New York: HarperCollins.

Pearce, J. A., & Robinson, R. B. (2010). *Strategic management: Formulation, implementation, and control* (12. Aufl.). Boston: Irwin.

Pearce, J., & Robinson, R. (2011). *Strategic management* (12. Aufl.). McGraw-Hill.

Peters, T. (2010). *The Circle of innovation: You can't shrink your way to greatness* (1. Aufl.). Vintage.

Peters, T., & Waterman, R. (1982). *In search of excellence: Lessons from America's best-run companies* (1. Aufl.). New York: Profile Books.

Podsakoff, P. M., MacKenzie, S. B., Moorman, R. H., & Fetter, R. (1990). Transformational leader behaviors and their effects on followers' trust in leader, satisfaction, and organizational citizenship behaviors. *The Leadership Quarterly, 1*(2), 107–142.

Podsakoff, P., MacKenzie, S. B., & Bommer, W. H. (1996). Transformational Leader behaviors and substitutes for leadership as determinants of employee satisfaction, commitment, trust, and organizational citizenship behaviors. *Journal of Management, 22*(2), 259–298.

Porter, M. (2000). *Wettbewerbsvorteile: Spitzenleistungen erreichen und behaupten.* (6. Aufl.). Frankfurt a. M.: Campus.

Poselka, J., & Martinsuo, M. (2009). Management control and strategy renewal in the front end of innovation. *Journal of Product Innovation Management, 26*(6), 671–684.

Quinn, R., & Cameron, K. (1983). Organizational life cycles and shifting criteria of effectiveness: Some Preliminary evidence. *Management Science, 29*(1), 33–51.

Richard, O. C., Barnett, T., Dwyer, S., & Chadwick, K. (2004). Cultural diversity in management, firm performance, and the moderating role of entrepreneurial orientation dimensions. *Academy of Management Journal, 47*(2), 255–266. doi:10.2307/20159576.

Richard, O. C., Wu, P., & Chadwick, K. (2009). The impact of entrepreneurial orientation on firm performance: The role of CEO position tenure and industry tenure. *International Journal of Human Resource Management, 20*(5), 1078–1095.

Rigby, D. K., Gruver, K., & Allen, J. (2009). Innovation in turbulent times. *Harvard Business Review, 87*(6), 79–86.

Sarin, S., & McDermott, C. (2003). The effect of team leader characteristics on learning, knowledge application, and performance of cross-functional new product development teams. *Decision Sciences, 34*(4), 707–739.

Schein, E. (1983). The role of the founder in creating organizational culture. *Organizational Dynamics, 12*(1), 13–28.

Scheytt, S. (2004). Filialen an die Macht. *McKinsey Wissen, 8*, 68–74.

Schmelter, R., Mauer, R., Börsch, C., & Brettel, M. (2010). Boosting corporate entrepreneurship through HRM practices: Evidence from German SMEs. *Human Resource Management, 49*(4), 715–741.

Scholz, C. (2000). *Personalmanagement.* (5., neubearb. und erw. Aufl.). München: Verlag Vahlen.

Schreyögg, G. (2003). *Organisation: Grundlagen moderner Organisationsgestaltung* (4. Aufl.). Wiesbaden: Gabler.

Shipman, A., & Mumford, M. (2011). When confidence is detrimental: Influence of overconfidence on leadership effectiveness. *Leadership Quarterly, 22*(4), 649–665.

Shortell, S. M., & Zajac, E. J. (1990). Perceptual and archival measures of miles and snow's strategic types: A Comprehensive assessment of reliability and validity. *Academy of Management Journal, 33*(4), 817–832.

Shuman, J., Shaw, J., & Sussman, G. (1985). Strategic planning in smaller rapid growth companies. *Long Range Planning, 18*(6), 48–53.

Simons, R. 1990. The Role of management control systems in creating competitive advantage: New perspectives. *Accounting, Organizations, and Society, 15*(1–2), 127–143.

Simons, R. (1994). How New top managers use control systems as levers of strategic renewal. *Strategic Management Journal, 15*(3), 169–189.

Simons, R. (1995). Control in the age of empowerment. *Harvard Business Review, 73*(2), 80–88.

Simsek, Z., Heavey, C., & Veiga, J. F. (2010). The impact of CEO core self-evaluation on the firm's entrepreneurial orientation. *Strategic Management Journal, 31*(1), 110–119.

Slevin, D., & Covin, J. (1990). Juggling entrepreneurial style and organizational structure – How to get your act together. *Sloan Management Review, 31*(2), 43–53.

Smeltzer, L., Fann, G., & Nikolaisen, V. (1988). Environmental scanning practices in small business. *Journal of Small Business Management, 26*(3), 55–62.

Song, M., Kawakami, T., & Stringfellow, A. (2010). A cross-national comparative study of senior management policy, marketing-manufacturing involvement, and innovation performance. *Journal of Product Innovation Management, 27*(2), 179–200.

Stam, W., & Elfring, T. (2008). Entrepreneurial orientation and new venture performance: The moderating role of intra- and extraindustry social capital *Academy of Management Journal, 51*(1), 97–111.

Steinmann, H., & Schreyögg, G. (2005). *Management: Grundlagen der Unternehmensführung* (6. Aufl.). Wiesbaden: Gabler.

Stock-Homburg, R. (2008). *Personalmanagement: Theorien – Konzepte – Instrumente* (2. Aufl.). Wiesbaden: Gabler.

Sullivan, J. (2007). Search google for top HR practices. *Workforce Management, 19,* 23.

Tang, Z., & Tang, J. (2012). Entrepreneurial orientation and SME performance in China's changing environment: The moderating effects of strategies. *Asia Pacific Journal of Management, 29*(2), 409–431.

Tata. (2012). Celebrating innovation. http://www.tata.com/article/inside/xqkFEPUqPbE=/TLYV-r3YPkMU. Zugegriffen: 23. Juni 2014.

Tata. (2014). Leadership with trust. http://www.tata.com/aboutus/sub_index/Leadership-with-trust. Zugegriffen: 23. Juni 2014.

Thomas, A. (2003). Psychologie interkulturellen Lernens und Handelns. In A. Thomas (Hrsg.), *Kulturvergleichende Psychologie* (S. 433–485). Göttingen: Hogrefe.

Timmons, J. (1999). *New venture creation: Entrepreneurship for the 21st century* (5. Aufl.). Boston: McGraw-Hill.

Treier, M. (2009). *Personalpsychologie im Unternehmen* (1. Aufl.). München: Oldenbourg.

Troy, L. C., Hirunyawipada, T., & Paswan, A. K. (2008). Cross-functional integration and new product success: An empirical investigation of the findings. *Journal of Marketing, 72*(6), 132–146.

Tushman, M., Smith, W. & Binns, A. (2011). The ambidexterous CEO. *Harvard Business Review, 89*(6), 74–80.

Vella, M. 2012. Inside google's recruiting machine. http://fortune.com/2012/02/24/inside-googles-recruiting-machine/. Zugegriffen: 17. April 2014.

Verhoef, P., & Leeflang, P. (2009). Understanding the marketing department's influence within the firm. *Journal of Marketing, 73*(2), 14–37.

Wales, W., Monsen, E., & McKelvie, A. (2011). The organizational pervasiveness of entrepreneurial orientation. *Entrepreneurship Theory & Practice, 35*(5), 895–923.

Walsh, J., & Dewar, R. (1987). Formalization and the organizational life cycle. *Journal of Management Studies, 24*(3), 215–231.

Wang, C. (2008). Entrepreneurial orientation, learning orientation, and firm performance. *Entrepreneurship Theory & Practice, 32*(4), 635–657.

Washburn, N., & Hunsaker, B. 2011. Finding Great Ideas In Emerging Markets. *Harvard Business Review* 89 (8–9):115–120.

Wild, J. (1982). *Grundlagen der Unternehmensplanung* (4. Aufl.). Opladen.

Yadav, M. S., Prabhu, J. C., & Chandy, R. K. (2007). Managing the future: CEO attention and innovation outcomes. *Journal of Marketing, 71*(4), 84–101.

Yuan, L., Xungfeng, L., Longwei, W., Mingfang, L., & Hai, G. (2009). How entrepreneurial orientation moderates the effects of knowledge management on innovation. *Systems Research and Behavorial Science, 26*(6), 645–660.

Zahra, S. A. (1991). Predictors and financial outcomes of corporate entrepreneurship: An exploratory study. *Journal of Business Venturing, 6*(4), 259–285.

Zahra, S. A., Hayton, J. C., & Salvato, C. (2004). Entrepreneurship in family vs. non-family firms: A resource-based analysis of the effect of organizational culture. *Entrepreneurship: Theory & Practice, 28*(4), 363–381.

Zaltman, G., Duncan, R., & Holbek, J. (1973). *Innovations and organizations* (1. Aufl.). New York: Wiley.

Veränderungsmanagement zur Etablierung von Corporate Entrepreneurship

4

Das vierte Kapitel beschäftigt sich mit dem zielgerichteten Veränderungsprozess hin zur Verankerung von Corporate Entrepreneurship im Unternehmen. Hierzu zeigt Abschn. 4.1 die Notwendigkeit eines Veränderungsmanagements allgemein auf und stellt dessen Ansätze und Prozesse dar. Abschn. 4.2 zeigt die Konsequenzen für das Veränderungsmanagement auf, wenn Corporate Entrepreneurship etabliert werden soll. Außerdem werden spezielle Hürden bei der Etablierung von Corporate Entrepreneurship erläutert und Ansätze zur erfolgreichen Gestaltung des Veränderungsprozesses diskutiert.

Zentrale Fragen von Kap. 4
- Warum ist ein zielgerichtetes Management notwendig, um substanzielle Veränderungen in Unternehmen (wie die Umsetzung von Corporate Entrepreneurship) zu etablieren? Welche Hürden gibt es dabei?
- Welche Schritte sind notwendig, um erfolgreich und langfristig Veränderungen zu erreichen?
- Welche konkreten Hürden gibt es bei der Etablierung von Corporate Entrepreneurship im Unternehmen?
- Welche Ansätze gibt es, Veränderungen im Unternehmen erfolgreich zu verankern? Wie kann man das Unternehmen und seine Mitarbeiter auf dem Weg hin zu Corporate Entrepreneurship unterstützen?

© Springer Fachmedien Wiesbaden 2015
A. Engelen et al., *Corporate Entrepreneurship*, DOI 10.1007/978-3-658-00646-4_4

4.1   Grundlagen des Veränderungsmanagements

Tiefgreifende Veränderungen in einem Unternehmen geschehen nicht von selbst, sondern müssen, um erfolgreich zu sein, sorgsam durchdacht und gesteuert werden. Viele Veränderungsprozesse führen nicht zum gewünschten Ergebnis. So zeigte eine Studie von Keller und Price (2011), dass 70 % der Veränderungsprogramme US-amerikanischer Unternehmen nicht die angestrebten Auswirkungen (in finanzieller, organisatorischer oder strategischer Hinsicht) hatten. Als Gründe für das Scheitern dieser Veränderungsprogramme identifizierten die Autoren, wie in Abb. 4.1 dargestellt

- Widerstände der Mitarbeiter gegenüber der Veränderung (39 %)
- mangelnde Unterstützung durch das Management (33 %)
- unzureichende Ressourcen oder Budgets (14 %)
- andere Gründe (14 %)

Diese Hürden werden in Abschn. 4.1.1 detaillierter betrachtet und erklärt. Abschnitte. 4.1.2 stellt dann zwei Ansätze zum zielgerichteten Management des Veränderungsprozesses vor.

Ursachen des Scheiterns von Veränderungsprogrammen

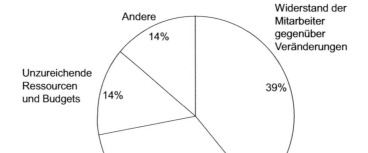

Abb. 4.1 Ursachen des Scheiterns von Veränderungsprogrammen. (Eigene Darstellung nach Keller und Price 2011)

4.1.1 Grundsätzliche Hürden im Veränderungsmanagement

Widerstand gegen Veränderungen im Unternehmen kann sowohl individuelle als auch organisationale Gründe haben, wie in Abb. 4.2 aufgezeigt (Steinmann und Schreyögg 2005). Beide Arten von Widerständen können eine Veränderung behindern, verlangsamen oder zum Scheitern bringen. Deshalb sollten mögliche Widerstände erkannt und proaktiv angegangen werden, um die Veränderung bestmöglich zu unterstützen.

Individuelle Gründe für Widerstand sind bei einzelnen Mitarbeitern zu finden. Diese Gründe können objektiv oder subjektiv empfunden (also mit keiner direkten objektiven Verschlechterung der Situation des Mitarbeiters verbunden) sein. Faktisch können sich für einzelne Mitarbeiter objektive Verschlechterungen ihrer Arbeitssituation ergeben (z. B. weiter entfernter Arbeitsort, unliebsame Aufgaben, weniger unterstellte Mitarbeiter), so dass diese der Veränderung ablehnend gegenüberstehen oder sie blockieren. Auch wenn sich die Arbeitssituation eines Mitarbeiters nicht verschlechtert, kann er subjektive Gründe haben, einer Veränderung kritisch gegenüberzustehen. Dazu zählen vor allem:

- Individuelle Trägheit: Mitarbeiter, die mit dem Status quo zufrieden sind und keine Veränderungen wollen, zeigen einen grundsätzlichen Widerstand gegen Veränderung und zusätzliche Aufgaben.
- Angst vor Kompetenzverlust: Mitarbeiter haben Angst davor, eine einmal erworbene Sicherheit beim Erledigen der Aufgaben zu verlieren.
- Angst vor Autonomieverlust: Mitarbeiter befürchten, dass sie ihre eigenständige Arbeitsweise verlieren. Neue, als fremdbestimmt wahrgenommene Arbeitsweisen oder Aufgaben werden abgelehnt (z. B. „Not-Invented-Here"-Syndrom, wenn Mitarbeiter extern eingebrachten Ideen grundsätzlich skeptisch gegenüberstehen).
- Angst vor dem Verlust sozialer Eingebundenheit: Mitarbeiter befürchten, in neuen Teams oder Abteilungen nicht mehr in ihre aktuellen sozialen Gruppen eingebunden zu sein (Deci und Ryan 1985).

Individuelle Gründe	Organisationale Gründe

– **Objektiv**: Verschlechterung der Arbeitssituation
– **Subjektiv** (individuell empfunden):
  – Trägheit: Grundsätzlicher Widerstand gegen Veränderung, zusätzliche Aufgaben etc.
  – Angst vor Kompetenzverlust
  – Angst vor Autonomieverlust
  – Angst vor Verlust sozialer Eingebundenheit
	– **Organisationale Unbeweglichkeit**
	  – Institutionalisierung
	  – Standardisierung
	  – Alter der Organisation
	  – Größe der Organisation

Abb. 4.2 Individuelle und organisationale Widerstände gegen Veränderungen. (Eigene Darstellung nach Steinmann und Schreyögg 2005)

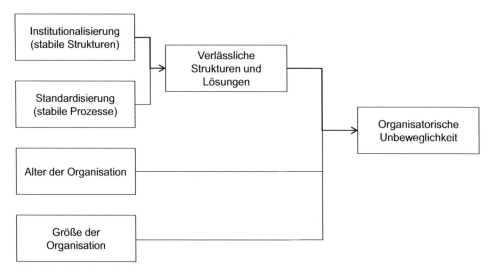

Abb. 4.3 Zunahme der Unbeweglichkeit mit Institutionalisierung, Standardisierung, Unternehmensalter und -größe. (Nach Kelly und Amburgey 1991)

Organisationale Gründe sind im gesamten Unternehmen immanent. Organisationale Unbeweglichkeit ist die Beharrlichkeit eines Unternehmens im Status quo (Kelly und Amburgey 1991). Der Grad der strukturellen Trägheit eines Unternehmens hängt vom Grad an Institutionalisierung und Standardisierung sowie vom Alter und der Größe eines Unternehmens ab, wie in Abb. 4.3 dargestellt.

Institutionalisierung beschreibt die Stabilität und Verlässlichkeit der Strukturen, während Standardisierung sich auf die Vereinheitlichung der Prozesse eines Unternehmens bezieht. Ein gewisser Grad an Institutionalisierung und Standardisierung ist notwendig, um verlässliche Lösungen (in der Qualität, Quantität und zum gewünschten Zeitpunkt) für Kunden liefern zu können. Allerdings führen festgelegte und strikt eingehaltene Strukturen (Institutionalisierung) und Prozesse (Standardisierung) dazu, dass ein Unternehmen träger wird und damit weniger schnell und flexibel auf Veränderungen reagieren oder sich selbst verändern kann (Kelly und Amburgey 1991).

Je älter und größer ein Unternehmen ist, desto schwieriger wird es, die organisationalen Strukturen zu verändern. Die Unbeweglichkeitstheorie geht davon aus, dass ältere Unternehmen über die Zeit formelle Beziehungen und standardisierte Routinen entwickeln, wie bereits in Abschn. 1.1 und dem dort aufgezeigten Lebenszyklus in Tab. 1.2 beschrieben. Diese strukturelle Stabilität nimmt mit der Zeit zu und wirkt der Flexibilität, die für Veränderungen nötig ist, entgegen (Stinchcombe 1965; Hannan und Freeman 1984).

Wenn Unternehmen wachsen, müssen sie mehr Mitarbeiter managen, und schaffen in der Folge Systeme, um jene strukturiert zu steuern. Mit mehr Mitarbeitern werden zunehmend Berechenbarkeit, formalisierte Rollen und Kontrollsysteme betont. Das organisationale Verhalten wird strukturierter, geregelter, vorhersehbarer und folglich unflexibler. Deswegen verringern sich die Chancen auf Veränderung mit wachsender Unternehmensgröße (Hannan und Freeman 1984; Downs 1967).

Neben diesen individuellen und organisationalen Widerständen zählen mangelnde Unterstützung durch das Management mit 33 % und unzureichende Ressourcen und Budgets mit 14 % zu den Gründen des Scheiterns von Veränderungsprogrammen (Keller und Price 2011). Wenn das Verhalten des Managements die Veränderung nicht angemessen unterstützt, werden die Mitarbeiter und damit das gesamte Unternehmen die Veränderung nicht annehmen. Das Verhalten der direkten Vorgesetzten ist Vorbild und Kontrolle zugleich für das Mitarbeiterverhalten. Wenn diese direkten Vorgesetzten die Veränderung nicht unterstützen oder diejenigen Mitarbeiter, die die Veränderung nicht umsetzen, nicht korrigieren, so haben die Mitarbeiter keine Anreize, sich und ihr Verhalten zu verändern. Sie werden im Status quo verharren bzw. zurückfallen. Die Veränderung kann nicht konsequent und nachhaltig verankert werden.

Unzureichende Ressourcen oder Budgets verlangsamen und behindern die Umsetzung von Veränderungen. Zum einen benötigen Veränderungen das aktive Management durch ein dediziertes Veränderungsteam. Wenn dieses fehlt oder die Personen nur einen kleinen Teil ihrer Zeit auf das Veränderungsmanagement verwenden können, wird die Umsetzung der Veränderung erschwert. Zum anderen können benötigte Veränderungen und/oder umfassende Kommunikation und Trainings nicht finanziert werden. Außerdem signalisiert eine zu geringe Ressourcenallokation in die Veränderung den Mitarbeitern, dass Veränderung nicht wichtig ist. Wenn die Veränderung nicht von Anfang an durch ausreichende Ressourcen oder Budgets unterstützt wird, muss ein großer Teil des Veränderungsmanagements auf die Sicherung von Ressourcen und alternativen Finanzierungs- und Kommunikationsmitteln verwandt werden. Die zügige und konsequente Verankerung der Veränderung wird erschwert und ihr Erfolg gefährdet, wie am Beispiel 4.1 für Kodak aufgezeigt.

Beispiel 4.1: Widerstand gegen Veränderungen: Der wahre Grund für Kodaks Insolvenz?

Das Fotografie- und Druckerunternehmen Kodak zählte zu den erfolgreichsten und innovativsten Unternehmen seiner Branche. Doch im Januar 2012 musste das lange so erfolgreiche Unternehmen Insolvenz anmelden. Wie konnte es so weit kommen?

Einfach gesagt sieht es so aus, dass Kodak den Anschluss an die digitale Welt verpasst hat. Mit dem wachsenden Markt für Digitalkameras wurden die Fotofilme und Kameraausstattungen für analoge Fotografie immer weniger nachgefragt. Das Unternehmen sah sich einer disruptiven neuen Technologie ausgesetzt und schaffte es nicht, schnell und effizient darauf zu reagieren, obwohl es durchaus das Potenzial dazu gehabt hätte (Kotter 2012a). 1993 berief man zwar George Fisher von außerhalb als neuen Vorstandsvorsitzenden ins Unternehmen, um sich der Veränderung zu öffnen. Auch waren sich viele Mitarbeiter der Gefahren und Chancen der Digitalfotografie bewusst und hatten innovative Ideen. Dennoch schaffte Kodak es nicht, die notwendige Proaktivität und Risikobereitschaft im Unternehmen zu etablieren, um diese Innovationen auch erfolgreich zu vermarkten, wie Beispiel 1.6 illustriert. Was war der Grund?

Das Unternehmen Kodak war selbstbewusst und an den Erfolg gewöhnt – mit anderen Worten: selbstzufrieden (Kotter 2012a). Die Mitarbeiter und Manager verharrten lieber im Status quo, und die über Jahre gewachsene Unbeweglichkeit des Unternehmens unterstützte sie dabei. Es fehlte der Antrieb, Neues zu riskieren, und die Bereitschaft, Budgets in neue Ideen zu allokieren, solange das Kerngeschäft noch gute Gewinne abwarf. Die innovativen Ideen einzelner Mitarbeiter wurden nicht weiterverfolgt. Somit stand sich Kodak selbst im Weg und schaffte es nicht, rechtzeitig auf den sich verändernden Markt zu reagieren. Dieser Widerstand gegenüber Veränderung führte Kodak an den Rand des Ruins. Heute besteht nach erfolgreichem Insolvenzschutz nur noch ein stark reduziertes Unternehmen, das sich komplett aus dem Fotografie-Markt verabschiedet hat.

4.1.2 Prozessansätze eines strukturierten und zielgerichteten Veränderungsmanagements

Im Hinblick auf die zahlreichen Hürden sollte das Veränderungsmanagement einen strukturierten Ansatz verfolgen, um Veränderungen reibungslos und erfolgreich zu verankern und langfristige Vorteile daraus zu erzeugen. Grundlegende Veränderungen wie die Etablierung eines Corporate Entrepreneurship betreffen alle Abteilungen und alle Hierarchiestufen vom Neueinsteiger bis zum Top-Management. Folglich muss das Veränderungsmanagement das gesamte Unternehmen adressieren und alle Mitarbeiter einbeziehen. Im Folgenden legen wir den grundsätzlichen Veränderungsprozess in drei Phasen dar, die bei Veränderungen zu bedenken sind. Anschließend wird der Acht-Schritte-Ansatz von Kotter (1995 und 1996) aufgezeigt.

Grundsätzlich verlaufen Veränderungsprozesse in drei Phasen, wie von Lewin (1947) in dem Drei-Phasen-Modell von Veränderungen beschrieben. Nach einer Auftauphase wird die Struktur des Unternehmens zu dem gewünschten neuen Stand bewegt (Bewegungsphase) und das Ergebnis dann in der Einfrierphase für die Zukunft fixiert, wie Abb. 4.4 darstellt.

- Auftauphase („Unfreezing"): Basierend auf der Erkenntnis, dass eine Veränderung notwendig ist (z. B. weil sich die Unternehmensumwelt wandelt oder eine neue thematische Orientierung des Top-Managements erfolgversprechender ist), wird das Unternehmen auf die Veränderung vorbereitet, ein Bewusstsein für die Notwendigkeit zur Veränderung und die möglicherweise daraus resultierenden Konsequenzen erzeugt und

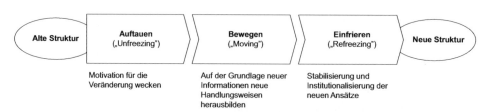

Abb. 4.4 Drei-Phasen-Modell der Veränderung. (Nach Lewin 1947)

die Bereitschaft für Veränderungen gestärkt. Idealerweise kann in dieser Phase ein Ver-
änderungsbewusstsein im gesamten Unternehmen geweckt werden. Das Auftauen des
organisationalen Status quo (wie in Strukturen, Prozessen oder Einstellungen) steht im
Mittelpunkt der ersten Phase.

- Bewegungsphase („Moving"): Anschließend werden in der zweiten Phase die Veränderungen entwickelt und durchgeführt. Die aufgetauten Strukturen, Prozesse oder Einstellungen werden zur neuen Lösung hinbewegt. In dieser Phase ist noch Raum für
Experimente und für die Suche nach Alternativen, bis eine passende Lösung gefunden
ist. Am Ende der Bewegungsphase sollte sich das Unternehmen des neuen Status quo
bewusst sein und das endgültige Ziel der Veränderung entwickelt und verstanden haben.
- Einfrierphase („Refreezing"): In der dritten Phase wird die neue Lösung implementiert
und fixiert oder „eingefroren". Das ist notwendig, um einen Rückfall in die alte Lösung
zu verhindern. Das Ende der Einfrierphase markiert damit den Abschluss der Veränderung. Das Unternehmen sollte sich wieder in einem stabilen Zustand befinden, der ab
jetzt als der neue Status quo fungiert.

Das Drei-Phasen-Veränderungsmodell von Lewin (1947) betont bereits, wie wichtig es
ist, dass die Mitarbeiter bewusst informiert, überzeugt und mitgenommen werden, um
Veränderungen erfolgreich durchzuführen und zu verankern. Dieser Punkt wird in den
acht Schritten des Veränderungsmanagements von Kotter (1995) und anschließend in
Abschn. 4.2.2 erneut aufgegriffen.

Basierend auf dem Drei-Phasen-Verständnis von Veränderungsprozessen entwickelte
der Harvard-Professor John P. Kotter acht Schritte, die erfolgreiche Veränderungen ein-
leiten, unterstützen und etablieren. Er leitete diese aus den acht gravierendsten Fehlern bei
Veränderungsprozessen ab, die ihm in seiner Unternehmensberatertätigkeit begegnet sind
(Kotter 1995). Die acht Schritte sind, wie in Abb. 4.5 dargestellt:

1. Etablierung eines Dringlichkeitsgefühls
   Um ein Unternehmen zu verändern, braucht es die Kooperation vieler Mitarbeiter.
   Diese sind am ehesten motiviert, wenn sie verstehen, warum die Veränderung notwendig und sinnvoll ist. Die Wettbewerbs-, Markt- oder Krisensituation und die daraus
   resultierenden Konsequenzen müssen den Mitarbeitern dargestellt werden. Die Manager müssen alle Betroffenen davon überzeugen, dass Veränderung notwendig und der
   Status quo gefährlicher als der Wandel ist. Wenn dies nicht erfolgt, befürchtet Kotter
   (1995), dass die Mitarbeiter nicht von sich aus ihre Komfortzone verlassen, um sich zu
   verändern, oder im schlimmsten Fall sogar vor Angst wie gelähmt sind. Bei tiefgrei-
   fenden Veränderungen wie der Etablierung von Corporate Entrepreneurship sollten die
   Top-Manager selbst die Dringlichkeit kommunizieren. Erst wenn ungefähr drei Viertel
   der Belegschaft überzeugt sind, dass sich etwas ändern muss, ist das Unternehmen
   bereit für die nächsten Veränderungsschritte.

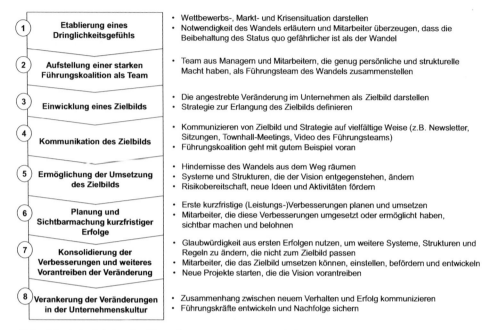

Abb. 4.5 Acht Schritte des Veränderungsmanagements. (Eigene Darstellung nach Kotter 1995)

2. Aufstellung einer starken Führungskoalition als Team

   Als nächstes muss ein Team zusammengestellt werden, das durch den Wandel führt. Die Mitarbeiter und Manager dieses Teams müssen genug persönlichen und strukturellen Einfluss haben und von der Notwendigkeit der Veränderung voll überzeugt sein. Neben Meinungsführern sollten auch Betroffene mit potenziellen Bedenken eingebunden werden, um Widerstände früh zu erkennen und zu adressieren. Das Team kann außerhalb der bestehenden Hierarchie handeln und sollte nicht nur aus Managern der Linienfunktionen (wie Personal, Qualitätsmanagement oder Produktion) bestehen, sondern auch entscheidungsbefugte Bereichsleiter oder den Geschäftsführer beinhalten.

3. Einwicklung eines Zielbilds

   Ein Zielbild, das man den Mitarbeitern, aber auch den Anteilseignern und Kunden leicht kommunizieren kann, hilft dabei, die Veränderung greifbar zu machen. Dieses Zielbild kann in einem ersten Wurf von einer Einzelperson entwickelt und dann von der Führungskoalition über mehrere Runden verfeinert werden. Dabei sollte es nicht alle Aspekte und operativen Details enthalten, sondern einfach und kompakt erklären, wie das Unternehmen nach der Veränderung aussehen soll. Neben der finanziellen Perspektive sollte es auch konkrete qualitative Aspekte berücksichtigen. Ein klares Zielbild nimmt den Mitarbeitern die Angst vor einem ungewissen Ausgang und gewährleistet, dass alle dasselbe Ziel vor Augen haben. Kotter (2012b) nennt als Daumenregel für die Güte eines Zielbilds, dass man es innerhalb von fünf Minuten überzeugend erklären kann. Des Weiteren führt er fünf zusätzliche Charakteristika effektiver Zielbilder auf, die in Abb. 4.6 dargestellt sind. Basierend auf dem Zielbild kann man die Strategie zur Erreichung ableiten und einzelne Schritte entwerfen und planen.

Abb. 4.6 Charakteristika effektiver Zielbilder. (Eigene Darstellung nach Kotter 2012b)

4. Kommunikation des Zielbilds

Wenn das Zielbild feststeht, muss es allen Beteiligten kommuniziert werden. Kotter (1995) merkt an, dass das oft zu wenig, zu lieblos und zu standardisiert geschieht. Es reicht nicht aus, das Zielbild und die dazugehörige Strategie in einer standardisierten E-Mail oder einem Newsletter unterzubringen und davon auszugehen, dass alle das lesen und verstehen, worum es geht. Stattdessen sollte mit den Mitarbeitern und anderen Stakeholdern auf vielfältige Weise kommuniziert werden. Zu den Möglichkeiten zählen unter anderem: Newsletter, Townhall-Meetings, in denen alle Mitarbeiter zusammenkommen und das Top-Management das Zielbild vorstellt, Videos des Führungsteams, eine eigene Intranet-Seite mit häufig gestellten Fragen und Antworten auf diese. Interaktive Kommunikationsmittel, die Rückfragen ermöglichen oder sogar einfordern, sind besonders effektiv. Außerdem muss natürlich die Führungskoalition mit gutem Beispiel vorangehen, das Zielbild regelmäßig kommunizieren und selbst so gut wie möglich verkörpern.

5. Ermöglichung der Umsetzung des Zielbilds

Neben psychologischen Hindernissen gibt es meist auch strukturelle und prozessuale Hindernisse, die der Veränderung im Weg stehen. Die Führungskoalition muss diese erkennen und aus dem Weg räumen. Alle Systeme und Strukturen, die dem Zielbild entgegenstehen, müssen verändert werden, und neue Strukturen und Systeme, die das erwünschte Verhalten unterstützen, geschaffen werden. Typischerweise finden sich diese Hindernisse in er Organisationsstruktur (wie sehr eng definierte Arbeitsbeschreibungen), in den Belohnungs- und Beförderungssystemen (wie bei starkem Fokus auf kurzfristige Ziele) oder den Innovationsprozessen (mit vielen langwierigen Zustimmungsstufen). Kotter (1995) sieht neben den Strukturen und Systemen noch zwei weitere Aspekte, die adressiert werden müssen, um die Umsetzung des Zielbilds zu ermöglichen: Fähigkeiten und Vorgesetzte. Da durch Veränderungen im Unternehmen sich auch die Fähigkeiten, die Mitarbeiter für ihre Arbeit mitbringen müssen, verändern, muss jede Veränderung durch einen Trainingsplan begleitet werden. Mitarbeiter müssen durch angemessene Trainings auf die neuen Aufgaben vorbereitet werden und die dafür benötigten Fähigkeiten erlernen. Dabei können und müssen sich die Trainings je nach Aufgabengebiet, Abteilung und Anforderungslevel unterscheiden. Kotter (1995) betont ebenfalls, wie wichtig es ist, frühzeitig zu erkennen, welche Vorgesetzten das Zielbild nicht umsetzen können oder wollen. Er empfiehlt, ebenso frühzeitig mit diesen in einen offenen Dialog zu treten – so anstrengend und unangenehm das auch sein kann –, um zu verhindern, dass die Veränderung an dem passiven Widerstand einzelner Vorgesetzter scheitert.

6. Planung und Sichtbarmachung kurzfristiger Erfolge
   Große Veränderungen brauchen immer Zeit, bis sie vollständig vollzogen sind. In dieser Zeit dürfen die Motivation und der Schwung der ersten Phasen nicht verloren gehen. Es hilft, erste kurzfristige (Leistungs-)Verbesserungen bewusst zu planen und umzusetzen sowie Mitarbeiter, die diese Verbesserungen ermöglicht oder umgesetzt haben, sichtbar zu machen und zu belohnen. Die ersten Erfolge zu feiern setzt ein wichtiges Zeichen und unterstützt im Unternehmen die längerfristige Motivation, die Veränderung weiterzutreiben. Wie in Abb. 4.7 dargestellt, beschreibt Kotter (2012b) drei wichtige Kriterien für sinnvolle kurzfristige Erfolge: Visibilität, Eindeutigkeit und klare Zuordnung zur Veränderung. Außerdem sieht er sechs positive Auswirkungen dieser kurzfristigen Erfolge auf die Veränderung: Kurzfristige Erfolge beweisen, dass sich die Anstrengungen lohnen; sie belohnen die aktive Unterstützung der Veränderung; sie unterstützen die Feinjustierung des Zielbilds; sie entkräften Kritiker und Blockierer; sie sichern die Unterstützung des Top-Managements; sie fördern Momentum als weiteren Schwung für die Veränderung.

7. Konsolidierung der Verbesserungen und weiteres Vorantreiben der Veränderung
   Kotter (1995) stellt fest, dass viele Unternehmen zu früh schon den „Sieg feiern", bevor die Veränderung komplett verankert und zum neuen Status quo geworden ist. Es besteht

Kriterien für kurzfristige Erfolge	Positive Aspekte kurzfristiger Erfolge für die Veränderungen
• **Visibilität:** Das Ergebnis ist für viele Mitarbeiter sichtbar und klar als Erfolg kenntlich • **Eindeutigkeit:** Das Ergebnis ist eindeutig positiv und steht nicht zur Diskussion • **Klare Zuordnung zur Veränderung:** Das Ergebnis ist erkennbar durch die Veränderung entstanden	• Beweis, dass sich die Opfer der Veränderung lohnen • Belohnung für aktive Unterstützung der Veränderung • Unterstützung der Feinjustierung des Zielbilds • Entkräftigung von Kritikern und Blockierern der Veränderung • Sicherung der Unterstützung des Top-Managements • Förderung von Momentum als weiterem Schwung für die Veränderung

Abb. 4.7 Kriterien und positive Aspekte von kurzfristigen Erfolgen. (Eigene Darstellung nach Kotter 2012b)

die Gefahr, dass das Unternehmen in den traditionellen Modus zurückfällt. Der Autor empfiehlt, die durch erste Erfolge entstandene Glaubwürdigkeit zu nutzen, um weitere Systeme, Strukturen und Regeln zu ändern, die bislang nicht zum Zielbild passen. Weiterhin rät er, Mitarbeiter, die das Zielbild umsetzen können, einzustellen, zu befördern und zu entwickeln und kontinuierlich neue Projekte, die die Veränderung zum Zielbild vorantreiben, zu starten.

8. Verankerung der Veränderungen in der Unternehmenskultur
Die Veränderung ist erst erfolgreich, wenn das Verhalten, das dem Zielbild entspricht, zum neuen Status quo geworden ist und Mitarbeiter es als „so machen wir das hier" sehen. Um die veränderten Ansätze, Einstellungen und Verhaltensweisen in der Unternehmenskultur zu verankern, hilft es, den Zusammenhang zwischen neuem Verhalten und Erfolg des Unternehmens anzuzeigen und zu kommunizieren. Wenn die Veränderung über ihre positiven Ergebnisse wahrgenommen wird, stärkt dies die Akzeptanz bei den Mitarbeitern enorm. Des Weiteren müssen die Führungskräfte komplett für das neue Zielbild stehen, es leben und an ihre Mitarbeiter weitergeben. Folglich müssen sich auch die Rekrutierungsanforderungen und Beförderungskriterien für Manager daran orientieren, ob sie zum Zielbild des Unternehmens passen. Obwohl das Wertesystem einer Unternehmenskultur oft tief in den Köpfen verwurzelt ist, kann und muss es sich über die Zeit ändern. Manager können das unterstützen, indem sie erkennen, an welchen Punkten (wie den oben genannten Rekrutierungsanforderungen) gearbeitet werden muss, und diese kontinuierlich angehen. Erst wenn die Veränderung in der Unternehmenskultur angekommen und dort verankert ist, hat das Unternehmen sich erfolgreich und nachhaltig verändert (Kotter 1995).

Die acht Schritte des Veränderungsprozesses nach Kotter (1995) korrespondieren mit dem Drei-Phasen-Model von Lewin (1947), wie Abb. 4.8 illustriert. Dabei sind die ersten vier

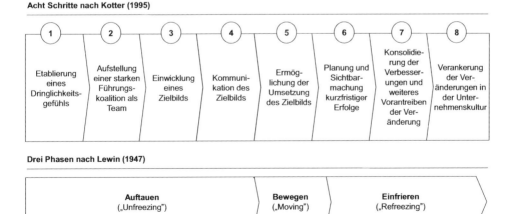

Abb. 4.8 Zusammenhang zwischen Kotters acht Schritten und Lewins drei Phasen des Veränderungsprozesses

Schritte von Kotter (1995) grob der Phase des Auftauens zuzuordnen, da hier das Unternehmen auf die Veränderung vorbereitet wird und Bedenken zerstreut werden. Vor allem in Schritt fünf ist das Unternehmen in Bewegung, während die folgenden Schritte der Verankerung des neuen Verhaltens im Unternehmen dienen, also zum Einfrieren gehören.

4.2 Spezifische Ansätze des Veränderungsmanagements für Corporate Entrepreneurship

Wie in Kap. 3 dargestellt, betrifft Corporate Entrepreneurship alle Aspekte des Managements und Unternehmens und erfordert damit meist eine umfassende Veränderung, da sich jeder Arbeitsplatz und die damit verbundenen Aufgaben ändern. Es bestehen umfangreiche Hürden zur Etablierung von Corporate Entrepreneurship, die in Abschn. 4.2.1 zusammen mit Hebeln zur Überwindung dieser Hürden dargestellt sind. Konkrete Empfehlungen zum Veränderungsmanagement entlang der acht von Kotter (1995) vorgeschlagenen Schritte präsentiert Abschn. 4.2.2.

4.2.1 Hürden und Hebel der Veränderung zu Corporate Entrepreneurship

Neben den allgemeinen Hürden für erfolgreiche Veränderungen gibt es spezielle Hürden für die Etablierung von Corporate Entrepreneurship. Wie in Kap. 3 bereits dargestellt, ist Corporate Entrepreneurship von vielen Faktoren abhängig. Entsprechend kann jeder dieser Faktoren, wenn er falsch gestaltet ist, eine Hürde sein. Aber welche Hürden spielen bei der Veränderung hin zu Corporate Entrepreneurship eine besondere Rolle? Morris (1998) untersucht die vorhandene Literatur zu Innovation und Unternehmertum in etablierten Unternehmen, befragt mittelständische und große Unternehmen und führt eine Analyse in drei Fortune-500-Unternehmen durch, um Hürden der Realisierung von Corporate Entrepreneurship zu identifizieren. Diese lassen sich in sechs strukturelle Kategorien unterteilen, die alle durch geeignete Hebel adressiert werden müssen, um Corporate Entrepreneurship erfolgreich zu verankern (Abb. 4.9):

• Strategische Richtung
  – Hürden: Obwohl das Management Corporate Entrepreneurship im etablierten Unternehmen verankern möchte, kann es an einer geeigneten und konsequenten strategischen Richtung mangeln. Oft gibt es weder eine formulierte Strategie für Entrepreneurship noch ein Zielbild der Unternehmensführung. Außerdem kann es vorkommen, dass das Top-Management nicht den notwendigen Einsatz und Ehrgeiz für Corporate Entrepreneurship zeigt und nicht als unternehmerisches Vorbild an der Spitze des Unternehmens agiert. Oft fehlen zudem konkrete Innovationsziele. Dies führt dazu, dass die Mitarbeiter verwirrt sind und keine einheitlichen Signale bekommen.

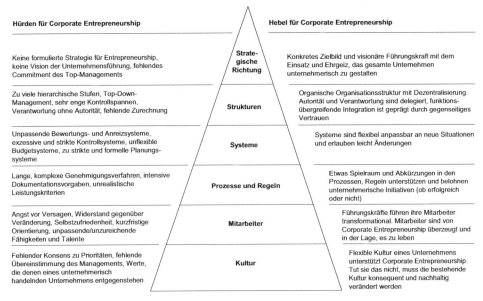

Abb. 4.9 Strukturelle Hürden und Hebel von Corporate Entrepreneurship. (Eigene Darstellung nach Morris 1998)

- Hebel: Visionäre Manager mit dem Einsatz und Ehrgeiz, das gesamte Unternehmen unternehmerisch zu machen, entwerfen ein überzeugendes Zielbild des durch Corporate Entrepreneurship gekennzeichneten Unternehmens (beispielsweise durch die Betonung von Pionierverhalten oder Risikobereitschaft im Leitbild, wie Abschn. 3.2.2.2 aufzeigt).
- Strukturen
  - Hürden: Wenn Corporate Entrepreneurship in den bestehenden Strukturen etabliert werden soll, treten häufig typische Probleme auf, die der Umsetzung im Weg stehen: zu viele hierarchische Stufen, Top-Down-Management, das nur Entscheidungen an hierarchisch tiefere Stufen kommuniziert, sehr enge Kontrollspannen, Verantwortung ohne Autorität, eingeschränkte Kommunikationsmöglichkeiten und fehlende Zurechnung von Erfolgen. Wenn es nur darum geht, Arbeiten auszuführen, die einem diktiert werden, und jede Möglichkeit zu persönlicher Mitgestaltung fehlt, gehen auch die subjektiv gefühlte Verantwortung für die Aufgaben und der Wille, selbst unternehmerisch zu handeln, verloren bzw. werden unterdrückt.
  - Hebel: Starre Hierarchien werden hin zu einem unternehmerischen Unternehmen abgebaut. Stattdessen werden Autorität und Verantwortung dorthin delegiert, wo sie am effektivsten wahrgenommen werden können. Diese organischen Unternehmensstrukturen mit ausgeprägter Dezentralisierung ermöglichen unternehmerisches Handeln (Abschn. 3.3.2.1). Funktionsübergreifende Integration mit hohem gegenseitigen Vertrauen der Funktionen stärkt ebenfalls Innovationskraft und -erfolg eines Unternehmens, wie Abschn. 3.3.2.2 darlegt.

- Systeme
  - Hürden: Ebenso wie die Strukturen können die bestehenden Systeme in etablierten Unternehmen Corporate Entrepreneurship behindern. Typische Hemmnisse für unternehmerisches Verhalten der Mitarbeiter sind unpassende Bewertungs- und Anreizsysteme, exzessive und strikte Kontrollsysteme, unflexible Budgetsysteme, zu strikte und formelle Planungssysteme und willkürliche Kostenallokationssysteme. Formelle Systeme entwickeln sich über die Zeit und existieren in den meisten größeren Unternehmen, um Ordnung und Konformität zu erzeugen bzw. sicherzustellen. Im Gegensatz dazu haben kleine Unternehmen selten starke Systeme, sondern passen ihre Planung abhängig von sich entwickelnden Strategien und Szenarien flexibel an. Wenn Systeme zu stark und rigide sind, lassen sie keinen Raum für unternehmerisches Verhalten und Entscheidungen und verhindern so effektives Corporate Entrepreneurship.
  - Hebel: Flexibel an neue Situationen anpassbare Systeme, die leicht Änderungen erlauben, ermöglichen es dem Unternehmen, sich zu verändern und auf das Umfeld schnell und effektiv zu reagieren (siehe dazu auch flexible Planung in Abschn. 3.2.2.4). Wie Abschn. 3.6 darlegt, sind insbesondere die Kontrollsysteme eher auf Ergebniskontrolle flexibler Budgets mit informeller Kontrolle auszulegen. Kontrollsysteme sollten genutzt werden können, um Fehlentwicklungen aufzuzeigen und tendenziell chaotische unternehmerische Prozesse in geordnete Bahnen zu lenken.
- Prozesse und Regeln
  - Hürden: Lange, komplexe Genehmigungsverfahren und intensive Dokumentationsvorgaben, wie sie für große etablierte Unternehmen typisch sind, verhindern, dass proaktiv auf den Markt und auf Änderungen reagiert wird. Unrealistische Leistungskriterien und etablierte Daumenregeln, auf die man sich zu sehr verlässt, tragen ebenfalls nicht zur erfolgreichen Etablierung von Corporate Entrepreneurship bei. Kleine Unternehmen verfügen selten über elaborierte Prozesse und Regeln, was ihnen größere Flexibilität ermöglicht. Jene werden aber benötigt, wenn das Unternehmen wächst. Ein Problem liegt darin, dass Regeln und Prozesse mit der Zeit immer komplexer werden, so dass auch Zeit und Aufwand, um Vorhaben zu realisieren, zunehmen. Damit wächst die Verlockung, Vorhaben nicht anzugehen, sondern einfach liegenzulassen.
  - Hebel: Das unternehmerisch handelnde Unternehmen muss etwas Spielraum und Abkürzungen in den Prozessen ermöglichen, um die Umsetzung unternehmerischer und innovativer Ideen zu fördern. Außerdem sind die Belohnungs- und Beförderungssysteme darauf ausgerichtet, unternehmerische Initiativen zu belohnen – auch wenn diese nicht erfolgreich umgesetzt werden konnten. So wird neben innovativem und proaktivem Verhalten auch die Risikobereitschaft der Mitarbeiter gefördert (Abschn. 3.4 beschreibt weitere Aspekte der Personalprozesse).

- Mitarbeiter
  - Hürden: Menschen selbst können die größte Hürde für Corporate Entrepreneurship sein, denn sie haben die natürliche Tendenz, sich Veränderungen zu widersetzen und den Status quo erhalten zu wollen. Menschen – ihre Einstellungen, Routinen und Arbeitsabläufe – zu verändern ist die größte Herausforderung für das Management. Mögliche Hindernisse bei der Implementierung von Corporate Entrepreneurship sind Angst vor dem Versagen, individueller Widerstand gegenüber Veränderungen, Voreingenommenheit, Selbstzufriedenheit, Verteidigung des eigenen Arbeitsgebiets, kurzfristige Orientierung sowie unpassende oder unzureichende Fähigkeiten und Talente.
  - Hebel: Die Manager, oder wenigstens ein Großteil davon, weisen Persönlichkeitsmerkmale auf, die förderlich für Corporate Entrepreneurship sind, wie Selbstvertrauen und Toleranz gegenüber Unsicherheit, und führen ihre Mitarbeiter eher transformational als transaktional (Abschn. 3.5 zu Aspekten der Führung). Die Mitarbeiter werden auf dem Weg zu Corporate Entrepreneurship „mitgenommen", potenzielle Widerstände frühzeitig erkannt und adressiert. Wie in Abschn. 3.3 beschrieben, sind sie durch individualisierte Trainings und Austausch in der Lage, die Grundprinzipien des Corporate Entrepreneurship in ihren Aktivitäten anzuwenden, und verhalten sich selbstverständlich unternehmerisch.
- Kultur
  - Hürden: Die Unternehmenskultur spielt ebenfalls eine sehr wichtige Rolle, da sie Leitlinien und Werte für das Handeln im Unternehmen schafft. Schlecht definierte Werte, fehlender Konsens zu unternehmerischen Prioritäten, fehlende Übereinstimmung des Managements sowie konservative Werte, die denen eines unternehmerisch handelnden Unternehmens entgegenstehen, sind große Blockierer für die erfolgreiche Umsetzung von Corporate Entrepreneurship. Je stärker die Unternehmenskultur, desto effektiver wird ein Unternehmen deren Werten folgen und sie in der täglichen Arbeit umsetzen. Kultur wird vom Top-Management vorgegeben, beruht aber auf einem gemeinsam geteilten Set von Werten und Glaubenssätzen. Wenn diese Werte nicht zu Corporate Entrepreneurship passen oder nicht konsequent durch das Unternehmen gelebt werden, wird sich unternehmerisches Handeln nicht durchsetzen, sondern die Mitarbeiter werden in den Modus zurückfallen, der von der Kultur unterstützt wird.
  - Hebel: Eine flexible Kultur in Kombination mit flexiblen Prozessen und externer Perspektive ermöglicht den Mitarbeitern viel Eigeninitiative und legt den Fokus auf Innovationen und die Entdeckung neuer Geschäftsfelder. Wie in Abschn. 3.3.2.3 aufgezeigt, unterstützt eine flexible und sowohl aus individualistischen als auch aus kollektivistischen Elementen bestehende Unternehmenskultur Corporate Entrepreneurship. Falls dies bei der bestehenden Kultur nicht der Fall ist, wird sie konsequent und nachhaltig verändert.

4.2.2   Veränderungsprozesse für Corporate Entrepreneurship

Aus den Ausführungen der vorherigen Abschnitte werden nun Empfehlungen abgeleitet, wie der Veränderungsprozess hin zu Corporate Entrepreneurship anhand des Acht-Schritte-Prozesses von Kotter (1995) gestaltet werden kann.

1. Dringlichkeit für Corporate Entrepreneurship durch externe Veränderungen aufzeigen
   Durch disruptive Technologien und Start-ups, die diese kommerzialisieren, stehen etablierte Unternehmen in vielen Branchen unter Druck (wie in Abschn. 1.1 beschrieben). Daraus lässt sich eine wirtschaftliche Notwendigkeit, Corporate Entrepreneurship zu etablieren, meist ableiten. Wenn Mitarbeitern aufgezeigt wird, dass das Kerngeschäft nicht ewig sicher ist und das Beibehalten des aktuellen Status quo das Unternehmen als Ganzes mittel- bis langfristig gefährden kann, vermittelt das die Dringlichkeit einer Veränderung. Beispiele erfolgreicher Transformationen zu Corporate Entrepreneurship in anderen Industrien (wie die Beispiele 1.2 und 1.7) können ebenfalls hilfreich sein, um Ängste zu nehmen und die Einsicht zu erzeugen, dass die Veränderung notwendig und machbar ist. Kotter (1995) nennt ein extremes Beispiel, mit dem die Dringlichkeit der Veränderung aufgezeigt wurde: Die Geschäftsführung eines Unternehmens nutzte Spielräume in den Controlling-Richtlinien, um das Quartalsergebnis möglichst schlecht darzustellen. Der dadurch ausgelöste externe Druck der Anteilseigner sowie das interne Erschrecken über diese Zahlen motivierten stark zur Veränderung.
2. Starke Führungskoalition für Corporate Entrepreneurship aufstellen
   Es ist wichtig, ein Team zu haben, das die Veränderung hin zu Corporate Entrepreneurship anführt und verkörpert. Die einzelnen Mitglieder dieser Führungskoalition sollten dabei aus verschiedenen Bereichen des Unternehmens kommen, selbst Corporate Entrepreneurship leben (können) und möglichst auch Senior Manager (am besten den Vorstandsvorsitzenden) beinhalten. Abschnitte. 3.5.2.1 zeigt einige Eigenschaften von Führungskräften auf, die wichtig für Corporate Entrepreneurship sind und sich auch bei den Mitgliedern der Führungskoalition finden sollten, wie Selbstvertrauen, der Glaube daran, Kontrolle über Situationen ausüben zu können, Toleranz gegenüber Unsicherheit. Ginsberg und Abrahamson (1991) stellen dar, dass es in Situationen, in denen die strategische Orientierung des Unternehmens extrem verändert werden soll (wie es bei Corporate Entrepreneurship der Fall sein kann), hilft, neue Mitglieder in das Top-Management aufzunehmen. Diese können die extreme Neuausrichtung oft glaubwürdiger verkörpern und stringenter verfolgen als die bestehenden Manager, die ja das alte System mitgeprägt haben. Eine andere Möglichkeit, im Rahmen der Veränderung zu Corporate Entrepreneurship den Geist der Gründungszeit wiederzubeleben, ist es, den Gründer (oder ein prägendes Managementmitglied aus der Gründungszeit) wieder in das Unternehmen zu holen und in die Führungskoalition zu integrieren. Ein solcher erfolgreicher Fall ist das Veränderungsprogramm von Starbucks, das den ehemaligen Vorstandsvorsitzenden Howard Schulz 2008 wieder zum Vorstandsvorsitzenden gemacht hat. Wie Beispiel 4.2 detailliert ausführt, veränderte Schulz mit seiner Transformationsagenda das Unternehmen nachhaltig.

Beispiel 4.2: Erfolgreiche Veränderung bei Starbucks: Transformationsagenda bringt die Werte aus der Gründungszeit zurück

Ende des Jahres 2007 sah sich Starbucks mehreren Herausforderungen ausgesetzt. Das Unternehmen hatte seine charakteristischen Eigenschaften verloren, es war aus Konsumentensicht austauschbar geworden. Das zeigte sich auch am Aktienpreis, der kontinuierlich gesunken war. Das Unternehmen hatte sich stark auf Wachstum durch neue Läden fokussiert und dabei sein Kerngeschäft und Innovationen vernachlässigt. Starbucks war bürokratischer geworden und hatte seine Flexibilität verloren.

Anfang des Jahres 2008 wurde der ehemalige Vorstandsvorsitzende Howard Schultz, der sich sieben Jahre zuvor aus dem Tagesgeschäft zurückgezogen hatte und nur noch im Aufsichtsrat saß, als Vorstandsvorsitzender neu berufen, um Starbucks wieder zu einem durch Corporate Entrepreneurship geprägten Unternehmen zu machen. Er stellte eine neue Führungskoalition aus Managern mit unternehmerischen Fähigkeiten und visionären Führungskräften zusammen. Gemeinsam mit diesem Führungsteam entwickelte Howard Schultz eine Transformationsagenda als Zielbild für das neue Starbucks. Diese Transformationsagenda fasste auf einer einzigen Seite alles Wichtige zusammen: Schultz' Vision des Unternehmens, eine Strategie, wie die Vision umzusetzen war, und die wichtigsten Schritte dieser Strategie. Durch die kompakte Gestaltung der Transformationsagenda ließ sich diese schnell lesen und dank der klaren, einfachen Sprache gut verstehen (N. N. 2014).

Die Transformationsagenda betonte, man müsse sich auf die Werte aus der Gründungszeit zurückbesinnen, um wieder konsumentenorientiert und erfolgreich zu werden. Dafür zeigte Howard Schultz sieben „große Prinzipien" als kritische Erfolgsfaktoren auf (Schultz 2008):

- Wir sind die unangefochtene Autorität für Kaffee.
- Wir beteiligen und inspirieren unsere Partner (d. h. bei Starbucks die Mitarbeiter).
- Wir erzeugen emotionale Gebundenheit bei unseren Kunden.
- Wir verstärken unsere globale Präsenz und bleiben dabei der Laden im Herzen der lokalen Nachbarschaft.
- Wir sind der Vorreiter in ethischem Einkauf und für unsere Umwelt.
- Wir haben ein nachhaltiges wirtschaftliches Geschäftsmodell

Schultz kommunizierte seinen Wechsel an die Spitze des Unternehmens und seine Transformationsagenda durch eine Voicemail an alle Partner (der Starbucks-Begriff für Mitarbeiter) sowie in 15 aufeinanderfolgenden Memos in den ersten vier Monaten (Schultz 2008). Die „großen Prinzipien" wurden mit konkreten Maßnahmen unterlegt. Beispielsweise wurden niedrigere Espressomaschinen angeschafft, um dem Barista Augenkontakt mit den Kunden zu erlauben, während er den Espresso macht. Damit sollte wieder mehr emotionaler Kontakt mit den Kunden aufgebaut werden. Des Weiteren gab www.mystarbucksidea.com Kunden die Möglichkeit, Innovationen für Starbucks einzubringen. Eine Vielzahl an Maßnahmen wurde aufgesetzt, um das Unternehmen entlang der sieben großen Schritte auszurichten.

Die Anstrengungen lohnten sich (N. N. 2014). Starbucks hat Corporate Entrepreneurship wieder in der Unternehmenskultur verankert, ist wieder profitabel und eines der angesehensten Unternehmen der Welt. Starbucks hatte 2013 einen Umsatz von über 15 Mrd. US-Dollar in 20.000 Läden in 64 Ländern, die fast 60 Mio. Kunden jede Woche besuchen. Forbes zählte Starbucks 2013 zu den zehn innovativsten Unternehmen der Welt (Forbes 2013).

3. Zielbild für Corporate Entrepreneurship entwickeln
Ein Unternehmen, das sich erfolgreich hin zu Corporate Entrepreneurship verändern will, muss dies auch in einem Zielbild abbilden. Wie in Abschn. 3.2.2.2 aufgezeigt, sollte dieses Leitbild die Bedeutung von Innovativität, Proaktivität und Risikobereitschaft betonen. Das Top-Management muss seinen zukünftigen Führungsstil und sein Bild des Unternehmens entwickeln. Dabei muss es aufzeigen, dass es z. B. Möglichkeiten proaktiv nutzen will, in den täglichen Abläufen und der Produktentwicklung innovativ handeln will, sich konstant selbst erneuern will und sich als Pionier in seinem Industriezweig ansieht. Eine Vision, die Corporate Entrepreneurship unterstützt, bietet PepsiCo in Beispiel 4.3.

Beispiel 4.3: Corporate Entrepreneurship in der Vision: PepsiCo
„PepsiCo's responsibility is to continually improve all aspects of the world in which we operate – environment, social, economic – creating a better tomorrow than today. Our vision is put into action through programs and a focus on environmental stewardship, activities to benefit society, and a commitment to build shareholder value by making PepsiCo a truly sustainable company." (PepsiCo 2014).
Der global tätige Getränkehersteller PepsiCo betont mit dieser Vision die Innovativität („to continually improve") und Proaktivität („put into action through…") des Unternehmens und schafft damit ein starkes Leitbild sowohl für Mitarbeiter als auch für Kunden und Partner.

4. Zielbild für Corporate Entrepreneurship im Unternehmen kommunizieren
Im nächsten Schritt wird das entwickelte Zielbild für Corporate Entrepreneurship den Mitarbeitern und relevanten Stakeholdern kommuniziert. Es bieten sich mehrere Kommunikationskanäle an, die ein Unternehmen nutzen sollte: bestehende (wie Newsletter oder Intranet-Seiten) und neue (deziert für die Veränderung eingeführt), persönliche (wie Reden, Meetings und Fragerunden) und unpersönliche (wie E-Mails oder Plakate). Am besten kommt die Botschaft, wie das Unternehmen nach der Veränderung aussehen soll, direkt vom Top-Management – optimalerweise persönlich und mit der Möglichkeit, Rückfragen zu stellen oder Bedenken zu äußern. Dafür bieten sich sogenannte Townhall-Meetings an, bei denen den versammelten Mitarbeitern in einer Rede mit anschließender Fragestunde das neue Leitbild aufgezeigt wird. Es kann sich auch anbieten, andere eigene Formate für die Veränderung zu gestalten, wie eine eigene Veränderungszeitschrift oder Intranet-Seite, wenn diese längerfristig (z. B. auch zum

Kommunizieren kurzfristiger Erfolge) genutzt werden sollen. Beispiel 4.2. zeigt auf, wie Vorstandsvorsitzender Howard Schultz mit seiner Transformationsagenda und dem Kommunizieren derselben Starbucks veränderte.

5. Umsetzung von Corporate Entrepreneurship ermöglichen

   Alle potenziellen Hindernisse im Unternehmen müssen erkannt und möglichst schnell entfernt bzw. so umgestaltet werden, dass sie eher förderlich für Corporate Entrepreneurship sind. Die wichtigsten Hürden und Hebel für eine Etablierung von Corporate Entrepreneurship in den Strukturen, Systemen und Prozessen finden sich in Abschn. 4.2.1. Wie in Abschn. 3.1 beschrieben, gibt es in allen fünf Funktionen des Managements wichtige Stellhebel für Corporate Entrepreneurship, die angesetzt werden können, um das Zielbild zu verwirklichen.

6. Kurzfristige Erfolge planen und sichtbar machen

   Ein wichtiger Schritt im Veränderungsmanagement nach Kotter (1995) ist es, kurzfristige Erfolge zu erfahren. Auch bei der Veränderung zu Corporate Entrepreneurship müssen sich die Mitglieder der Führungskoalition überlegen, was erste (kleine) Erfolge sein könnten, die sie sichtbar machen wollen. Dies könnten sein: eine Produktinnovation basierend auf funktionsübergreifender Zusammenarbeit, eine Produkteinführung, bei der man Pionier im Markt ist, ein durch Mitarbeiterfeedback verbesserter Prozess. Um eine höhere Risikobereitschaft als Teil von Corporate Entrepreneurship zu etablieren, kann es auch sinnvoll sein, nicht erfolgreiche, aber trotzdem innovative oder proaktive Ideen zu präsentieren, um zu signalisieren, dass es dazu gehört, auch mal zu scheitern.

7. Verbesserungen konsolidieren und Veränderung weiter vorantreiben

   Nach den ersten Erfolgen muss die Führungskoalition bestehen bleiben und kontinuierlich weiter Hindernisse für Corporate Entrepreneurship im Unternehmen abbauen, fördernde Strukturen, Systeme und Prozesse schaffen und Erfolge kommunizieren. Eine Veränderung hin zu Corporate Entrepreneurship kann mehrere Jahre dauern und muss kontinuierlich gefördert werden, um zu verhindern, dass sich alte Gewohnheiten und Verhaltensweisen wieder einschleichen.

8. Corporate Entrepreneurship in der (Unternehmens-)Kultur verankern

   Um die Unternehmenskultur umzugestalten, braucht es deutliche Symbole und kontinuierliche Bekräftigung der gewünschten neuen Kultur. Neben intensiver Kommunikation und Erklärung muss auch erkannt werden, welche Werte und Praktiken (wie z. B. ein starker Fokus auf Konsenslösungen, was oft zu Untätigkeit führt) eventuell Corporate Entrepreneurship entgegenwirken. Diese sind dann mit deutlichen Aktionen zu adressieren (z. B. der Manager lässt bewusst abstimmen und setzt auch mal etwas durch, dem nicht alle zustimmen). Dieses Vorgehen ist auch zu kommunizieren („wir machen das jetzt anders, und das ist okay so"). Manager müssen starke Symbole schaffen und immer wieder mit Aktivitäten und Worten betonen, wie wichtig Corporate Entrepreneurship für das Unternehmen ist und dass es sich dabei nicht nur um einen kurzfristigen Trend handelt, sondern um einen neuen Normalzustand. Kotter (2012b) beschreibt fünf Aspekte, die man bei der Verankerung einer neuen Kultur beachten muss. Abb. 4.10 stellt diese Aspekte dar und überträgt sie auf Corporate Entrepreneurship.

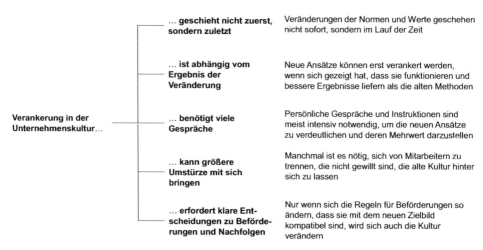

Abb. 4.10 Aspekte der Verankerung einer Veränderung in der Unternehmenskultur. (Eigene Darstellung nach Kotter 2012b)

Abhängig vom Startpunkt eines Unternehmens ist es nicht immer einfach, Corporate Entrepreneurship zu etablieren und das gesamte Unternehmen zu ändern. Es bedarf eines aktiven Veränderungsmanagements entlang der acht Schritte erfolgreicher Veränderungen. Diese Ressourcenallokation im Veränderungsmanagement ist allerdings in den meisten Industrien im Wandel notwendig, wie Abschn. 1.1 gezeigt hat. Und es lohnt sich aufgrund der positiven Erfolgswirkung von Corporate Entrepreneurship, wie in Abschn. 2.2 dargestellt.

Beantwortung der zentralen Fragen von Kap. 4

Veränderungen in Unternehmen, wie der Wandel zu Corporate Entrepreneurship, geschehen nicht von selbst, sondern müssen geplant und begleitet werden. Es gibt individuelle und organisatorische Widerstände, die Veränderungen grundsätzlich im Wege stehen.

Allgemein durchlaufen Veränderungen in Unternehmen drei verschiedene Phasen: „Auftauen" als Aufbrechen der alten Struktur, „Bewegen" als aktive Veränderung und „Einfrieren" als Wiederherstellung einer stabilen neuen Struktur. Ein prominenter Ansatz für das Management von Veränderungsprozessen ist der Acht-Schritte-Ansatz von Kotter (1995).

Für Corporate Entrepreneurship gibt es Hürden und daraus resultierend Hebel in sechs Kategorien: Strategische Vision, Strukturen, Systeme, Prozesse und Regeln, Mitarbeiter und die Kultur eines Unternehmens. Sie alle können für Corporate Entrepreneurship ungünstige Aspekte beinhalten, die durch geeignete Hebel adressiert werden müssen, wenn Veränderungen stattfinden sollen.

Zielgerichtete Veränderungen zu Corporate Entrepreneurship können diesen acht Schritten folgen: Dringlichkeit für Corporate Entrepreneurship durch externe Veränderungen aufzeigen, starke Führungskoalition für Corporate Entrepreneurship aufstellen, Zielbild entwickeln, dieses Zielbild für Corporate Entrepreneurship kommunizieren, Umsetzung durch Beseitigung struktureller und prozessualer Hindernisse ermöglichen, Planung kurzfristiger Erfolge, Konsolidierung erreichter Verbesserungen und aktives Bemühen, die Unternehmenskultur auf Corporate Entrepreneurship auszurichten.

Literatur

Deci, E., & Ryan, R. (1985). The general causality orientations scale: Self-determination in personality. *Journal of Research in Personality, 19*(2), 109–134.

Downs, A. (1967). *Inside bureaucracy*. Boston: Little, Brown, and Company.

Forbes. (2013). The World's most innovative companies. http://www.forbes.com/innovative-companies/list/. Zugegriffen: 1 Juli 2014.

nGinsberg, A., & Abrahamson, Eric. (1991). Champions of change and strategic shifts: The role of internal and external change advocates. *Journal of Management Studies, 28*(2), 173–190.

Hannan, T., & Freeman, J. (1984). Structural inertia and organizational change. *American Sociological Review, 49*(2), 149–164.

Keller, S., & Price, C. (2011). *Beyond performance: How great organizations build ultimate competitive advantage* (1. Aufl.). Hoboken: Wiley.

Kelly, D., & Amburgey, T. (1991). Organizational inertia and momentum: A dynamic model of strategic change. *Academy of Management Journal, 34*(3), 591–612.

Kotter, J. (1995). Leading change: Why transformation efforts fail. *Harvard Business Review, 73*(2), 59–67.

Kotter, J. (2012a). Barriers to change: The real reason behind the Kodak downfall. http://www.forbes.com/sites/johnkotter/2012/05/02/barriers-to-change-the-real-reason-behind-the-kodak-downfall/. Zugegriffen: 4 Juli 2014.

Kotter, J. (2012b). *Leading change*. Watertown: Harvard Business Press.

Lewin, K. (1947). Frontiers in group dynamics. *Human Relations, 1*(1), 5–41.

Morris, M. (1998). *Entrepreneurial intensity: Sustainable advantages for individuals, organizations, and societies*. Westport: Quorum Books.

N. N. (2014). The transformation agenda. http://www.agilemarketing.net/transformation-agenda/. Zugegriffen: 4 Juli 2014.

Pepsi Co. (2014). Our mission and values http://www.pepsico.com/Purpose/Our-Mission-and-Values. Zugegriffen: 5 August 2014.

Porter, M. (2000). *Wettbewerbsvorteile: Spitzenleistungen erreichen und behaupten* (6. Aufl.). Frankfurt a. M.: Campus.

Schultz, H. (2008). Howard schultz transformation agenda communication. http://news.starbucks.com/news/howard-schultz-transformation-agenda-communication-1. Zugegriffen: 4 Juli 2014.

Steinmann Horst & Schreyögg, Georg. (2005). *Management: Grundlagen der Unternehmensführung* (6. Aufl.). Wiesbaden: Gabler.

Stinchcombe, A. (1965). Social structure and organizations. In J. March (Hrsg.), *Handbook of organizations* (S. 142–193). Chicago: Rand McNally.

Corporate Entrepreneurship in verschiedenen nationalen Kontexten

5

Bislang wurde in den Darstellungen, insbesondere in Kap. 3, davon ausgegangen, dass die identifizierten Wirkungsbeziehungen (wie die Wirkung eines partizipativen Führungsstils auf Corporate Entrepreneurship) universell, d. h. über verschiedene nationale Kontexte hinweg anzufinden sind. Gleichzeitig gewinnt das Thema des internationalen und interkulturellen Managements in der betriebswirtschaftlichen Theorie und Praxis zurzeit generell an Bedeutung, so dass davon ausgegangen werden muss, dass nationale Einflussfaktoren auf Facetten des Corporate Entrepreneurship wirken. Entsprechend untersucht Kap. 5 Themen des Corporate Entrepreneurship im Hinblick auf nationale Unterschiede. Abschnitt 5.1 führt in die Thematik ein und definiert informelle und formelle Gründe für Unterschiede in Managementthemen auf Nationenebene. Abschnitt 5.2 zeigt – auf Basis der grundlegenden Begriffe zu nationalen Unterschieden aus Abschn. 5.1 sowie auf Basis empirischer Studien der Corporate Entrepreneurship-Forschung – Unterschiede in den unternehmerischen Aktivitäten von Mitarbeitern auf und fasst die aktuellsten Forschungsergebnisse zur Erfolgswirkung und zu Förderungsmöglichkeiten von Corporate Entrepreneurship im internationalen Kontext zusammen.

> **Zentrale Fragen von Kap. 5**
> - Welche informellen und formellen Einflussfaktoren sind bei der Betrachtung von Managementthemen in verschiedenen Nationen zu beachten?
> - Welches sind die wichtigsten Dimensionen nationaler Kultur sowie der wirtschaftlichen, politischen und regulatorischen Situation einer Nation?
> - Schwankt die Disposition zu unternehmerischem Verhalten von Mitarbeitern zwischen verschiedenen Nationen? In welchen nationalen Kontexten findet mehr Corporate Entrepreneurship statt?

© Springer Fachmedien Wiesbaden 2015
A. Engelen et al., *Corporate Entrepreneurship*, DOI 10.1007/978-3-658-00646-4_5

> • In welchen nationalen Kontexten ist die Erfolgswirkung von Corporate Entre-
> preneurship am stärksten? Gibt es Unterschiede in der Bedeutung der Manage-
> mentfunktionen für Corporate Entrepreneurship, wie in Kap. 3 dargestellt, in
> verschiedenen nationalen Kontexten?

5.1 Nationale Einflussfaktoren auf Managementphänomene

Die internationale Managementlehre unterscheidet auf Nationenebene zwischen informellen und formellen Gründen für Unterschiede in Managementthemen, wie Abb. 5.1 veranschaulicht. Unter informellen Einflussfaktoren versteht man die kulturellen Eigenheiten,
die in einem nationalen Kontext anzutreffen sind (Hayton et al. 2002). Nationale Kultur
als Begriff und ihre vier zentralen Kulturdimensionen Individualismus vs. Kollektivismus, Machtdistanz, Unsicherheitsvermeidung und Maskulinität vs. Femininität werden
in Abschn. 5.1.1 dargestellt. Neben der nationalen Kultur als informellem Einflussfaktor existieren zwischen Nationen Unterschiede in formellen Faktoren, zu denen die wirtschaftliche, politische und regulatorische Situation zählt. Diese formellen Faktoren werden in Abschn. 5.1.2 diskutiert.

5.1.1 Nationale Kultur als informeller Einflussfaktor

Das Konzept der nationalen Kultur hat in der Betriebswirtschaftslehre in den letzten Jahrzehnten kontinuierlich an Bedeutung gewonnen, insbesondere durch die zunehmenden
Internationalisierungsbestrebungen ab dem zweiten Weltkrieg und die Öffnung ganzer
Volkswirtschaften wie China und Indien (Engelen und Brettel 2011). Als informeller Einflussfaktor auf nationaler Ebene ist nationale Kultur ein Phänomen, das nicht unmittelbar
beobachtbar ist, sondern sich bei genauer Beobachtung der Verhaltensweisen von Individuen in einer nationalen Kultur ergibt. Aus diesem Grund existiert auch eine Vielzahl ver-

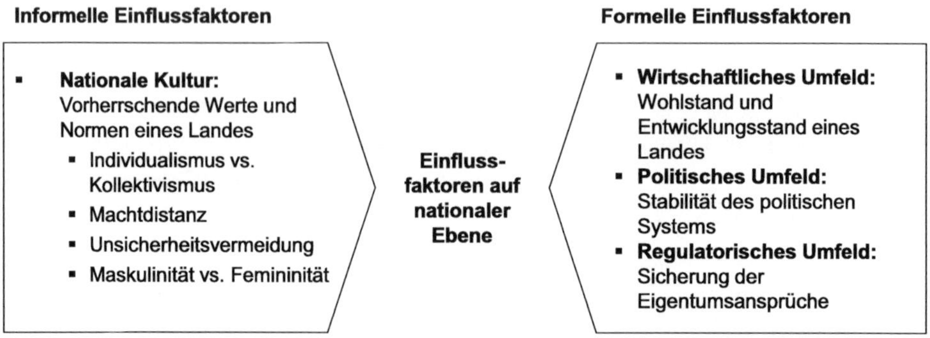

Informelle Einflussfaktoren   **Formelle Einflussfaktoren**

- **Nationale Kultur:**
  Vorherrschende Werte und
  Normen eines Landes
    - Individualismus vs.
      Kollektivismus
    - Machtdistanz
    - Unsicherheitsvermeidung
    - Maskulinität vs. Femininität

**Einfluss-
faktoren auf
nationaler
Ebene**

- **Wirtschaftliches Umfeld:**
  Wohlstand und
  Entwicklungsstand eines
  Landes
- **Politisches Umfeld:**
  Stabilität des politischen
  Systems
- **Regulatorisches Umfeld:**
  Sicherung der
  Eigentumsansprüche

Abb. 5.1 Informelle und formelle nationale Einflussgrößen auf Managementthemen

schiedener Definitionen des Kulturbegriffs. Einigkeit herrscht jedenfalls in dem Grundsatz, dass unter nationaler Kultur die in einer Nation vorherrschenden Werte und Normen verstanden werden, die das Verhalten der Individuen sowie ihre Interaktionen untereinander in dieser Nation beeinflussen. Kluckhohn (1951) liefert eine der anerkanntesten Definitionen von Kultur:

> Culture consists in patterned ways of thinking, feeling, and reacting, acquired and transmitted mainly by symbols, constituting the distinctive achievements of human groups, including their embodiment in artifacts; the essential core of culture consists of traditional (i. e., historically derived and selected) ideas and especially their attached values. (S. 86)

Diese Definition verdeutlicht einige wichtige Charakteristika nationaler Kultur:

- Nationale Kultur betrifft Gruppen von Menschen und nicht einzelne Individuen.
- Kultur vereinheitlicht nicht sämtliche individuellen Interessen und Werte eines Individuums, sondern setzt vielmehr einen Rahmen, innerhalb dessen das Individuum gemäß seiner persönlichen Werte urteilt und handelt.
- Kultur besteht aus mehreren Ebenen gemeinsamer Werte und Normen. Diese bilden einen unsichtbaren Kern, der das Verhalten von Mitgliedern sozialer Gruppen beeinflusst und sich damit als sichtbarer Teil der Kultur manifestiert. Jede Kultur deckt mit ihrem System soziale und moralische, aber auch sprachliche und religiöse Aspekte ab. Kultur lässt sich strukturiert beschreiben, verschiedene Kulturen können entlang dieser Aspekte verglichen werden.
- Kultur ist, obwohl nicht explizit in der Definition von Kluckhohn (1951) enthalten, nicht genetisch ererbt, sondern wird von jedem Einzelnen größtenteils in den ersten Lebensjahren erlernt und verinnerlicht. Nach aktuellem Erkenntnisstand ist dieser Sozialisierungsprozess bis zum 15. Lebensjahr größtenteils abgeschlossen (Hofstede 2001). Ist Kultur einmal erlernt, so ist es sehr schwierig, sie zu ändern oder abzulegen. Zentrale Kernwerte ändern sich zumeist ein Leben lang nicht mehr (Lachman et al. 1994).

Kultur unterliegt diversen Einflüssen, die sie erst geformt haben und weiterhin beeinflussen. Diese Einflüsse sind zum einen biologischer Natur: Biologische Fähigkeiten und Bedürfnisse der Menschheit führen zu kulturellen Gebräuchen. Zum zweiten hat die Umwelt Einfluss auf die Kultur – so fördern beispielsweise geographische und klimatische Gegebenheiten sowohl Wertvorstellungen als auch Handlungsweisen einer Gesellschaft. Drittens spielen historische Einflussfaktoren eine Rolle, da Menschen auf Ereignisse und Veränderungen reagieren und sich ihnen anpassen (Ghauri und Cateora 2010).

Des Weiteren ist festzuhalten, dass nationale Kultur kein starres Konstrukt ist, sondern sich über die Zeit hinweg ändern kann (Taras et al. 2012). Äußere Umstände wie Umweltgegebenheiten und Einflüsse aus anderen Kulturen wirken sich auf die nationale Kultur aus. Da sich die oben genannten Einflüsse ebenso verändern wie biologische und geographische Einflüsse, wird auch Kultur kontinuierlich weiterentwickelt und geformt. Allerdings ändern sich kulturelle Eigenschaften nur über sehr lange Zeiträume.

Nationale Kultur kann sich nicht nur über die Zeit hinweg verändern, sondern auch zur gleichen Zeit verschiedene Ausprägungsformen annehmen. Es handelt sich um ein flexibles Konstrukt, das von den ihr angehörenden Individuen bewusst oder unbewusst angewandt wird, und zwar durchaus in leicht abweichender Form, je nach individueller Neigung und Persönlichkeit (Engelen und Tholen 2014).

Es ist zu bedenken, dass Kultur nicht die persönlichen Eigenschaften oder Einstellungen einzelner Individuen beschreibt, sondern auf die Werte und das daraus resultierende Verhalten einer Gruppe von Menschen zurückzuführen ist (Hofstede 2001; Adler 1983). Folglich ist die Kultur einer Gruppe der Mittelwert der individuellen Werte (wie in Abb. 5.2 dargestellt), und zwei unterschiedliche Kulturen differieren hinsichtlich dieses Mittelwertes (Ghauri und Cateora 2010). So kann es beispielsweise sein, dass eine bestimmte Dimension – wie Machtdistanz – in einer Kultur B im Mittelwert stärker ausgeprägt ist als in einer Kultur A. Die Darstellung in Abb. 5.2 zeigt aber, dass es in Kultur B Individuen mit sehr geringer Ausprägung einer Dimension wie der Machtdistanz geben kann, während in der Gruppe A Individuen mit hoher Machtdistanz leben. Entscheidend ist, dass im Mittelwert Kultur B eine höhere Machtdistanz aufweist. Dennoch lässt sich von diesem Mittelwert höherer Machtdistanz nicht direkt auf einzelne Individuen in der jeweiligen Kultur schließen.

Nationale Kultur ist zu komplex, um sie auf eine einzelne Kennzahl zu reduzieren. Forscher verwenden eine Vielzahl von Kulturdimensionen, um nationale Kultur und nationale kulturelle Unterschiede zu beschreiben (Engelen et al. 2009). Kulturdimensionen

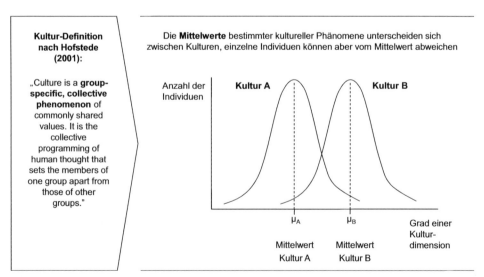

Abb. 5.2 Kultur als Gruppenphänomen und Mittelwert aller Individuen einer Nation. (Eigene Darstellung nach Hofstede 2001 und Ghauri und Cateora 2010)

beziehen sich inhaltlich auf Problemstellungen, mit denen alle Kulturen konfrontiert sind, aber unterschiedlich umgehen. Beispielsweise müssen alle Kulturen Wege finden, mit Hierarchien umzugehen, da diese in starker oder weniger starker Ausprägung in vielen Situationen notwendig sind. Wie später gezeigt wird, messen die unterschiedlichen Kulturen dieser Problemstellung (Wie gehe ich mit Hierarchien um?) auch unterschiedliche Bedeutung zu.

Zwischen 1967 und 1973 führte der niederländische Forscher Geert Hofstede eine großzahlige Befragung unter IBM-Mitarbeitern in 40 Nationen durch und erkannte vier Dimensionen nationaler Kultur, welche bis heute als Standard in der interkulturellen Forschung und Praxis gelten. Diese Dimensionen wurden später in weiteren Nationen erhoben und durch Zusammenarbeit mit asiatischen Forschern um eine fünfte Dimension ergänzt, die im Folgenden aber nicht betrachtet werden soll. Die Global Leadership and Organizational Behavior Effectiveness (GLOBE)-Studie von House et al. (2001), die seit Mitte der 1990er-Jahre in 62 Nationen und Regionen durchgeführt wird, repliziert und erweitert die Arbeit von Hofstede. Die Vergleichbarkeit und Beurteilung morphologischer und methodischer Unterschiede zwischen den Untersuchungen und Interpretationen der Hofstede- und GLOBE-Studie sind noch Gegenstand des Diskurses aktueller kulturvergleichender Forschung (Javidan et al. 2006; Smith 2006). Obwohl die von Hofstede (2001) entwickelten Kulturdimensionen und deren Erhebung einiger Kritik unterliegen, werden sie in der Management- und Entrepreneurship-Forschung am häufigsten verwendet und empfohlen und sollen daher auch im Folgenden betrachtet werden.

Da die Kulturdimensionen von Hofstede (2001) im organisationalen Umfeld entwickelt und erhoben wurden, eignen sie sich zur Untersuchung organisatorischer Zusammenhänge und wurden bereits vielfach in diesem Bereich verwendet (Brettel et al. 2008). Die vier ursprünglichen von Hofstede (2001) entwickelten Kulturdimensionen sind …

- Individualismus vs. Kollektivismus
- Machtdistanz
- Unsicherheitsvermeidung
- Maskulinität vs. Femininität

Diese vier Kulturdimensionen sind in Abb. 5.3 zusammengefasst und werden im Folgenden detailliert erläutert.

Die Kulturdimension zum Individualismus vs. Kollektivismus bezieht sich darauf, wie stark Individuen in soziale Gruppen – wie Familien und Unternehmen – eingebunden sind, und beschreibt die Stärke der Beziehung zwischen einem Individuum und der Gruppe (Triandis 1995). Individualismus zeigt an, dass in einer Kultur das Ich-Gefühl stärker ausgeprägt ist, Kollektivismus bedeutet, dass ein Wir-Gefühl charakteristisch ist.

Das Wohl der Gruppe, nicht die Bedürfnisse des Einzelnen, ist in kollektivistisch geprägten Kulturen am wichtigsten. Menschen in diesen Kulturen integrieren sich gerne in Gruppen und stechen ungern als Individuen heraus (Triandis 1995, 2001). Die eigene Meinung wird nicht geäußert, um nicht die Harmonie in der Gruppe zu gefährden. Arbeit

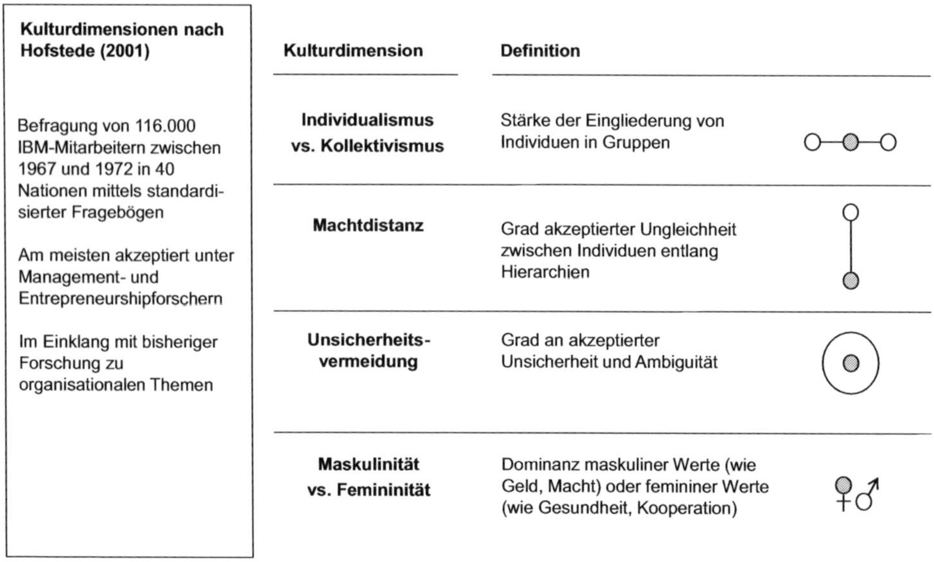

Kulturdimensionen nach Hofstede (2001)	Kulturdimension	Definition	
Befragung von 116.000 IBM-Mitarbeitern zwischen 1967 und 1972 in 40 Nationen mittels standardisierter Fragebögen	**Individualismus vs. Kollektivismus**	Stärke der Eingliederung von Individuen in Gruppen	
Am meisten akzeptiert unter Management- und Entrepreneurshipforschern	**Machtdistanz**	Grad akzeptierter Ungleichheit zwischen Individuen entlang Hierarchien	
Im Einklang mit bisheriger Forschung zu organisationalen Themen	**Unsicherheitsvermeidung**	Grad an akzeptierter Unsicherheit und Ambiguität	
	Maskulinität vs. Femininität	Dominanz maskuliner Werte (wie Geld, Macht) oder femininer Werte (wie Gesundheit, Kooperation)	

Abb. 5.3 Dimensionen nationaler Kultur. (Eigene Darstellung nach Hofstede 2001)

ist eher intrinsisch motiviert, nicht durch Anreize für individuellen Erfolg (Earley 1993). Entscheidungen werden meist gemeinsam getroffen und Konsenslösungen bevorzugt. Eine kollektivistische Ausprägung hat zur Folge, dass nahestehende Personen (die der Gruppe angehören, wie Familie und Freunde) bei der Besetzung von Stellen bevorzugt werden. Man kann in kollektivistischen Kulturen zwischen „in-groups" und „out-groups" unterscheiden. Während „in-groups" die unmittelbare eigene Gruppe mit ihren Mitgliedern beschreibt, sind „out-groups" andere externe Gruppen, zu denen man sich abgrenzt oder sogar feindselige Beziehungen pflegt. Die Größe der „in-groups" kann schwanken. Triandis (1995) stellt fest, dass die „in-group" in einigen kollektivistischen Kulturen das ganze Arbeitsumfeld oder Unternehmen einbezieht, während in anderen nur die Familie und/oder ein enger Kreis an Freunden zur „in-group" zählt.

In individualistischen Kulturen ist die Selbstverwirklichung des Einzelnen wichtiger als die Zugehörigkeit zu einer Gruppe (Triandis 1995). Selbstbestimmung und persönliche Freiheit haben einen hohen Stellenwert. Persönliche Leistungen und Erfolge sowohl im Beruf als auch im Privaten werden angestrebt und sind anerkannt. Die individuelle Leistung ist entscheidend bei Einstellungen und Beförderungen und die Anreizsysteme sind auf individueller Ebene statt auf Gruppenebene ausgestaltet. In individualistisch geprägten Kulturen findet keine starke gedankliche Trennung von „in-groups" und „out-groups" statt.

Kulturen mit einem hohen Grad an Kollektivismus finden sich vor allem im asiatischen Raum. Nationen wie China, Taiwan und Thailand weisen einen sehr geringen Grad an Individualismus bzw. hohen Kollektivismus auf. Westliche Kulturen hingegen haben meist eine individualistische Ausrichtung. Insbesondere die USA stellen das Individuum in den Vordergrund – auch gerade deshalb gibt es hier den Begriff der „Self-Made Millionaires"

Grad an Individualismus vs. Kollektivismus

Hoch		Mittel		Niedrig	
USA	91	Spanien	51	Portugal	27
Australien	90	Japan	46	Malaysia	26
UK	89	Argentinien	46	Chile	23
Niederlande	80	Iran	41	China	20
Dänemark	74	Jamaika	39	Singapur	20
Frankreich	71	VAE	38	Thailand	20
Schweden	71	Brasilien	38	Taiwan	17
Schweiz	68	Türkei	37	Peru	16
Deutschland	**67**	Griechenland	35	Venezuela	12
Südafrika	65	Mexiko	30		

Abb. 5.4 Beispiele nationaler Ausprägungen von Individualismus vs. Kollektivismus. (Eigene Darstellung nach Hofstede 2001)

(Engelen und Tholen 2014). Abbildung 5.4 zeigt für verschiedene Nationen die Ausprägungen auf dieser Kulturdimension bei Hofstede (2001).

Machtdistanz, als zweite Dimension von Hofstede (2001), beschreibt den Grad der allgemein anerkannten Ungleichverteilung von Macht und bezieht sich damit direkt auf das Verhältnis zwischen Hierarchieebenen – wie zwischen Führungskraft und Mitarbeiter. Machtdistanz ist somit ein Gradmesser dafür, inwieweit Mitarbeiter und Untergebene Ungleichheit hinsichtlich Autorität, Wohlstand oder gesellschaftlichem Ansehen akzeptieren oder sogar einfordern. Dabei ist nicht der formale Grad der Machtdistanz entscheidend, sondern wie diese von Höher- und Niedrigergestellten wahrgenommen und ausgestaltet wird. Man nimmt an, dass die Ausübung von Macht dem Überlegenen Zufriedenheit beschert und dieser nach einer Ausweitung der Machtdistanz strebt, wohingegen der Unterlegene versucht, die Distanz zu verringern – und zwar umso stärker, je geringer die Machtdistanz im aktuellen Zustand schon ist (Mulder 1996).

Ein hoher Grad an Machtdistanz, wie in der indischen Kultur in Beispiel 5.1 dargestellt, bedeutet für Unternehmen, dass Mitarbeiter Ungleichheit von Macht nicht hinterfragen, sondern signifikante Unterschiede bei der Entlohnung und bei Entscheidungsbefugnissen akzeptieren und Höhergestellte mit hohem Respekt behandeln (Kirkman et al. 2006; Erdem et al. 2006). Außerdem sind die Unternehmen in solchen Kulturen stärker zentralisiert aufgebaut und verfügen über ausgeprägte Hierarchiesysteme (Carl et al. 2004). Mitarbeiter in Kulturen mit hoher Machtdistanz erwarten von ihren Vorgesetzten Anweisungen und haben meist geringe Mitspracherechte. Entscheidungen werden nicht dezentral, sondern stärker zentral getroffen. Die Führungshierarchien sind meist ausgeprägt und verfügen über viele Stufen und Positionen. Auch existiert ein ausführliches formales Regelwerk, dem die Manager folgen. Unternehmen in diesen Kulturen sind dann erfolgreich, wenn Führungskräfte autoritär agieren und ihre Mitarbeiter eng führen und überwachen.

Beispiel 5.1: Kastensystem in Indien als Ausdruck hoher Machtdistanz

Indiens nationale Kultur ist durch eine hohe Machtdistanz geprägt. Das über mehrere Jahrhunderte geltende und mittlerweile abgeschaffte indische Kastensystem ist ein Ausdruck dieser nationalen Akzeptanz von Ungleichheit in der gesellschaftlichen Stellung.

Die Kastensystem war ein religiös gestütztes soziales System der hierarchischen Anordnung und Abgrenzung von gesellschaftlichen Gruppen (Radhakrishnan 1961). Es gab vier Hauptgruppen (Varnas), denen die Menschen zugeordnet waren (Skoda 2014):

- Brahmanen (traditionell die intellektuelle Elite, Ausleger heiliger Schriften (Veda), Priester)
- Kshatriyas (traditionell Krieger und Fürsten, höhere Beamte)
- Vaishyas (traditionell Händler, Kaufleute, Grundbesitzer, Landwirte)
- Shudras (traditionell Handwerker, Pachtbauern, Tagelöhner).

Die Varnas gliederten sich in eine Vielzahl von Jatis auf. Diesen Geburtsgruppen – also der Gruppe der Eltern oder Familie – ist man durch die Geburt zugeordnet und kann sie auch nicht durch persönliche Anstrengungen oder sozialen Aufstieg verlassen. Jatis sind die soziale und familiäre Dimension des Kastensystems und ähneln der mittelalterlichen Ständeordnung in Europa. Man geht von über 100 verschiedenen Jatis aus. Die Einteilung nach diesen Sozialstrukturen regelt die Arbeitsteilung, das Verhalten untereinander und die Heirat. Höhergestellte Kasten wurden respektiert und deren Überlegenheit akzeptiert, statt eigene Initiativen zu ergreifen (Skoda 2014).

In Indien sind heute alle durch das Kastenwesen bedingten Benachteiligungen gesetzlich verboten. Trotzdem ist das Kastenwesen im Alltag noch immer sehr lebendig.

In nationalen Kulturen mit niedriger Machtdistanz sind eher flache Hierarchien anzutreffen (Brettel et al. 2008). Mitarbeiter und Vorgesetzte werden als gleichberechtigt angesehen, Unterschiede weniger stark akzeptiert. Die Vorgesetzten in Nationen mit geringer Machtdistanz binden ihre Mitarbeiter stark in Entscheidungsprozesse ein. Sie verlassen sich stärker auf ihre eigenen Erfahrungen als auf starre Regelwerke. Grundsätzlich ist die Autorität an Mitarbeiter mitverteilt und es werden weniger Führungskräfte benötigt (Hofstede 2001).

Nationen mit einem hohen Grad an Machtdistanz finden sich in Asien, Mittel- und Südamerika (wie Malaysia, Mexiko, Venezuela, China und Brasilien). Westliche Nationen sind eher durch niedrige Machtdistanz gekennzeichnet – vor allem skandinavische Nationen (Dänemark, Schweden, Norwegen) sowie die Schweiz, Deutschland, Irland und Großbritannien (Hofstede 2001), wie in Abb. 5.5 dargestellt.

Unsicherheitsvermeidung beschreibt als dritte Kulturdimension den Grad an Unsicherheit, ab dem sich Menschen in einer Nation unwohl fühlen. Unsicherheitsvermeidung ist nicht gleichzusetzen mit Risikoaversion. Als Risiko werden bekannte Unwägbarkeiten bezeichnet (alle möglichen Ereignisse sind bekannt, nur ob sie eintreffen ist ungewiss), bei Unsicherheit dagegen handelt es sich um die Scheu vor unbekannten Ereignissen. Das grundsätzliche Thema der Unsicherheitsvermeidung ist, wie Gesellschaften damit umgehen, dass die Zukunft nicht bekannt ist: „Sollen wir versuchen, die Zukunft zu kontrollieren oder sie einfach auf uns zukommen lassen?", das ist die Kernfrage der Dimension Unsicherheitsvermeidung (Hofstede 2001).

Grad an Machtdistanz

Hoch		Mittel		Niedrig	
Malaysia	104	Peru	64	Jamaika	45
Mexiko	81	Thailand	64	USA	40
Venezuela	81	Chile	63	Niederlande	38
China	80	Portugal	63	Australien	36
VAE	80	Griechenland	60	**Deutschland**	**35**
Indien	77	Iran	58	UK	35
Singapur	74	Taiwan	58	Schweiz	34
Brasilien	69	Spanien	57	Schweden	31
Frankreich	68	Japan	54	Irland	28
Türkei	66	Südafrika	49	Dänemark	18

Abb. 5.5 Beispiele nationaler Ausprägungen von Machtdistanz. (Eigene Darstellung nach Hofstede 2001)

In Kulturen mit einer niedrigen Tendenz zur Unsicherheitsvermeidung wird Unsicherheit akzeptiert. Die Menschen haben geringe Probleme damit, sich auf Unbekanntes einzulassen, und sind offen für Neues und Veränderungen. In Kulturen mit einem hohen Grad an Unsicherheitsvermeidung dagegen wird Unbekanntes als Gefahr gesehen. Klarheit, Struktur und Sicherheit werden hoch geschätzt. Die Menschen dort schaffen Strukturen, die dazu führen sollen, dass Ambiguität vermieden wird (Hofstede 2001). Dies geschieht in allen Lebensbereichen und kann zu strengen Richtlinien führen, die alle Arten von Unsicherheit zu minimieren versuchen. In unsicherheitsvermeidenden Kulturen sind die Menschen häufig stärker beschäftigt und gestresst, weil sie empfinden, das Geschehen besser kontrollieren zu müssen (Rauch et al. 2000).

Grad an Unsicherheitsvermeidung

Hoch		Mittel		Niedrig	
Griechenland	112	Brasilien	76	Südafrika	49
Portugal	104	Venezuela	76	USA	46
Japan	92	Taiwan	69	China	40
Peru	87	VAE	68	Malaysia	36
Frankreich	86	**Deutschland**	**65**	UK	35
Spanien	86	Thailand	64	Irland	35
Argentinien	86	Iran	59	Schweden	29
Chile	86	Schweiz	58	Dänemark	23
Türkei	85	Niederlande	53	Jamaika	13
Mexiko	82	Australien	51	Singapur	8

Abb. 5.6 Beispiele nationaler Ausprägungen von Unsicherheitsvermeidung. (Eigene Darstellung nach Hofstede 2001)

Nationen mit einem hohen Grad an Unsicherheitsvermeidung sind beispielsweise Griechenland, Portugal und Japan, wie Abb. 5.6 darstellt. Deutschland weist einen mittleren Grad an Unsicherheitsvermeidung auf, während Nationen wie Schweden, Dänemark, die USA, Jamaika und Singapur ein niedrig ausgeprägtes Bedürfnis nach Sicherheit aufweisen (Engelen und Tholen 2014).

Die vierte Dimension Maskulinität vs. Femininität einer nationalen Kultur beschreibt, inwieweit sich Gesellschaften an den traditionellen Rollenverteilungen zwischen Mann und Frau orientieren und traditionell maskuline Werte oder feminine Werte das Verhalten steuern.

Hofstede definiert Bescheidenheit, Zärtlichkeit, die Sorge um andere und das Bemühen um Lebensqualität als traditionell weibliche Werte. Stärke, Durchsetzungsfähigkeit, Konkurrenzdenken und ein Fokus auf materiellen Erfolg sieht er als traditionell maskuline Werte an. Dementsprechend sind maskuline Kulturen durch maskuline Werte geprägt: Geld, Macht, materieller Erfolg. Wer seine Leistung und Stärke in den Vordergrund stellt, wird als erfolgreich wahrgenommen. „Leben, um zu arbeiten" ist eine vorherrschende Maxime, und folglich nimmt die Arbeit einen großen Stellenwert im Leben der Einzelnen ein. Diese Kulturen sind „ego-orientiert" und setzen ein klassisches Rollenbild mit großen Unterschieden zwischen den Geschlechtern voraus: Von Männern wird Stärke und Selbstbewusstsein erwartet, von Frauen Kooperation und Bescheidenheit. Herausforderungen und Anerkennung im Job sind wichtig, Bezahlung und Beförderungen spielen eine große Rolle und motivieren Leistung. Mit diesen hohen Ansprüchen an Leistung in der Arbeitswelt ist das Stresslevel hoch. Männer und Frauen besetzen häufig unterschiedliche Stellen im Unternehmen.

In femininen Kulturen sind die Unterschiede zwischen Männern und Frauen deutlich geringer ausgeprägt (Hofstede 2001). Wichtige Werte sind hier beispielsweise Menschlichkeit, Gesundheit und Harmonie. Frauen haben dieselben Möglichkeiten in Beruf und Karriere wie Männer und werden für ihre Leistungen ebenso geschätzt. Auch Männer bemühen sich um ein ausgewogenes Verhältnis von Arbeit und Privatleben (Emrich et al. 2004). Menschen in eher femininen Kulturen handeln nach dem Motto „Arbeiten, um zu leben". Konkurrenzdenken im Unternehmen ist weniger stark ausgeprägt; die Menschen streben nach einer netten Atmosphäre auf der Arbeit, einer sicheren Arbeitsstelle und der dauerhaften Gestaltung eines angenehmen Lebens neben der Arbeit.

Wie in Abb. 5.7 gezeigt wird, zählen Japan, Österreich, Italien und auch Deutschland zu den maskulin geprägten Nationen. Zu den feminin ausgerichteten Nationen gehören die skandinavischen Staaten (Finnland, Norwegen, Schweden), die Niederlande, aber auch Costa Rica, Chile und Portugal.

5.1.2 Wirtschaftliche, politische und regulatorische Rahmenbedingungen als formelle Einflussfaktoren

Neben Unterschieden der nationalen Kultur als informelle Einflussfaktoren spielen auch formelle Einflussfaktoren auf nationaler Ebene eine wichtige Rolle bei der Untersuchung von Managementthemen. Der wirtschaftliche Entwicklungsstand einer Nation, dessen politische und regulatorische Situation schaffen den Rahmen für wirtschaftliches Handeln

Grad an Maskulinität vs. Femininität

Hoch		Mittel		Niedrig	
Japan	95	Indien	56	Uruguay	38
Ungarn	88	VAE	52	Thailand	34
Österreich	79	Malaysia	50	Portugal	31
Italien	70	Pakistan	50	Chile	28
Schweiz	70	Brasilien	49	Finnland	26
UK	66	Indonesien	46	Costa Rica	21
Deutschland	**66**	Türkei	45	Dänemark	16
China	66	Frankreich	43	Niederlande	14
USA	62	Iran	43	Norwegen	8
Australien	61	Spanien	42	Schweden	5

Abb. 5.7 Beispiele nationaler Ausprägungen von Maskulinität vs. Femininität. (Eigene Darstellung nach Hofstede 2001)

und wirken sich auf wirtschaftliche Zusammenhänge aus, wie beispielsweise auf die Erfolgswirkung einer gewählten Unternehmensstrategie (Hoskisson et al. 2000).

Im Folgenden beschreiben wir aus der großen Auswahl makroökonomischer Aspekte drei Kennzahlen, die häufig in der internationalen Managementforschung verwendet werden, um die formellen Einflussgrößen von Nationen zu vergleichen (Saeed et al. 2014):

- Human Development Index (HDI) der Vereinten Nationen
- Politische Stabilität
- Regulatorische Qualität aus den Worldwide Governance Indikatoren der Weltbank

Der HDI ist ein Wohlstandsindikator für Nationen, der seit 1990 von den Vereinten Nationen erfasst wird. Im Human Development Index werden die Lebenserwartung, Bildungs- und Einkommensindizes gewichtet zusammengefasst, um Nationen zu bewerten und vier verschiedenen Entwicklungsgruppen zuzuordnen. Der Index wird jährlich im Human Development Report (dem Bericht für menschliche Entwicklung) des Entwicklungsprogramms der Vereinten Nationen (UNDP) für rund 180 Nationen (je nach politischer Lage und Datenverfügbarkeit, 2012 für 187 Nationen) veröffentlicht. Der pakistanische Volkswirtschaftler Mahbub ul Haq und sein indischer Kollege Amartya Sen entwickelten die Logik des HDI als Alternative zu einer ausschließlichen Bewertung von Nationen über deren wirtschaftlichen Wohlstand (durch das Bruttoinlandseinkommen je Kopf).

Die Gewichtung und Zusammensetzung des Index wurde mehrfach überarbeitet. Seit 2010 setzt sich der HDI aus folgenden Elementen zusammen:

- Gesundheit: Lebenserwartung bei Geburt
- Bildung: durchschnittliche und erwartete Jahre an Schulbildung
- Lebensstandard: Bruttoinlandseinkommen je Kopf (um Kaufkraftparität bereinigt in US-Dollar)

Human Development Index

Sehr hoch		Hoch		Mittel		Niedrig	
Ø	0,905	Ø	0,758	Ø	0,640	Ø	0,466
Norwegen	0,955	Russland	0,788	Jordanien	0,700	Bangladesch	0,515
Australien	0,938	Rumänien	0,786	China	0,699	Angola	0,508
USA	0,937	Bulgarien	0,782	Ägypten	0,662	Myanmar	0,498
Niederlande	0,921	Saudi Arabien	0,782	Moldawien	0,660	Kamerun	0,495
Deutschland	**0,920**	Kuba	0,780	Philippinen	0,654	Madagaskar	0,483
Neuseeland	0,919	Panama	0,780	Usbekistan	0,654	Tansania	0,476
Irland	0,916	Mexiko	0,775	Syrien	0,648	Nigeria	0,471
Schweden	0,916	Costa Rica	0,773	Honduras	0,632	Senegal	0,470
Schweiz	0,913	Grenada	0,770	Südafrika	0,629	Mauretanien	0,467
Japan	0,912	Malaysia	0,769	Indonesien	0,629	Nepal	0,463
Kanada	0,911	Libyen	0,769	Vietnam	0,617	Lesotho	0,461
Korea	0,909	Serbien	0,769	Namibia	0,608	Togo	0,459
Hongkong	0,906	Brasilien	0,730	Nicaragua	0,599	Jemen	0,458
Dänemark	0,901	Jamaika	0,730	Marokko	0,591	Haiti	0,456
Israel	0,900	Türkei	0,722	Ghana	0,558	Sambia	0,448
Belgien	0,897	Sri Lanka	0,715	Indien	0,554	Afghanistan	0,374
Singapur	0,895	Algerien	0,713	Kambodscha	0,543	Dom. Republik	0,304
Österreich	0,895	Tunesien	0,712	Swasiland	0,536	Niger	0,304

Abb. 5.8 Klassifizierung ausgewählter Nationen nach dem Human Development Index 2012. (Eigene Darstellung nach Human Development Report 2013)

Der HDI ist von 0 bis 1 skaliert. Der Durchschnitt aller Nationen liegt aktuell bei 0,694. Nach Ausprägung des HDI werden die Nationen vier Kategorien menschlicher Entwicklung zugeordnet, wie Abb. 5.8 für ausgewählte Nationen zeigt (United Nations Development Program 2013):

- Sehr hoch: Zu diesen Nationen zählen unter anderem Norwegen, Kanada, Japan, Deutschland. Seit 2009 wird Norwegen mit einem aktuellen HDI von 0,955 als Nation mit dem höchsten Entwicklungsstand geführt. Davor hatten bereits Island, Kanada, Japan und die Schweiz diese Spitzenposition inne. Der durchschnittliche HDI dieser Gruppe ist 0,905.
- Hoch: Unter anderem werden Russland, Saudi Arabien, Mexiko und Brasilien aktuell dieser Kategorie zugeordnet. Im Durchschnitt haben die Nationen dieser Kategorie einen HDI von 0,758.
- Mittel: Nationen mit einem mittleren Entwicklungsstand sind beispielsweise Ägypten, Marokko, Südafrika, Indonesien und Indien. Diese Nationen haben zusammen einen HDI von durchschnittlich 0,640.
- Niedrig: Bangladesch, Senegal, Togo und Afghanistan gehören neben anderen zu den Nationen mit niedriger menschlicher Entwicklung. Der durchschnittliche HDI dieser Nationen liegt bei 0,466, Schlusslicht sind aktuell die Demokratische Republik Kongo und Niger mit einem HDI von 0,304.

Als Maßstab für menschliche Entwicklung bildet der HDI eine sinnvolle Alternative zu einfachen Wohlstandsindikatoren (wie das Bruttoinlandsprodukt pro Kopf) zum Messen des relativen sozioökonomischen Fortschritts auf nationaler und regionaler Ebene.

Volkswirtschaften unterscheiden sich hinsichtlich ihrer Entwicklungsstufe insofern, als entwickelte Nationen typischerweise eine stabile Nachfrage und intensiven Wettbewerb aufweisen, während Entwicklungsländer eine unsichere Nachfrage, dynamische Markttrends und rapides Wachstum verzeichnen (Burgess und Steenkamp 2006). Diese dynamischen Umfelder bieten in Bezug auf die Anzahl und die Qualität von Möglichkeiten umfassende neue Chancen für unternehmerische Firmen (Rauch et al. 2009).

Entwickelte Nationen sind durch eine stabile Nachfrage und Sicherheit gekennzeichnet. Sie bieten weniger Chancen, da Kunden gesättigter Märkte dazu tendieren, innerhalb ihrer vorherrschenden Umstände zu verweilen. Unternehmerische Unternehmen mit innovativen und riskanten Produktideen werden oft abgeblockt (Burgess und Steenkamp 2006). Hinzu kommt, dass der Wettbewerb in Entwicklungsländern weniger intensiv ist, so dass die Zeitspanne, in welcher ein unternehmerisches Unternehmen Profit aus seinen First-Mover-Vorteilen ziehen kann, wesentlich länger ausfällt als in entwickelten Nationen, in denen mehr Wettbewerb herrscht (Burgess und Steenkamp 2006). In entwickelten Nationen sehen sich unternehmerisch orientierte Unternehmen mehr Wettbewerb gegenüber, so dass die Chance eines neuen Produkts oder einer einzigartigen Dienstleistung generell limitiert oder zumindest frühzeitig gefährdet ist.

Seit 1996 erstellt die Weltbank die Worldwide Governance Indikatoren für mehr als 200 Nationen und Territorien. „Governance" von Nationen definiert die Weltbank dabei folgendermaßen:

> Governance consists of the traditions and institutions by which authority in a country is exercised. This includes the process by which governments are selected, monitored and replaced; the capacity of the government to effectively formulate and implement sound policies; and the respect of citizens and the state for the institutions that govern economic and social interactions among them. (Weltbank 2013)

Die Worldwide Governance Indikatoren bilden sechs Indikatoren ab, die Führung und Staatsgewalt einer Nation bewerten:

- Mitspracherecht und Verantwortlichkeit (engl. Voice & Accountability)
- politische Stabilität (engl. Political Stability) und Abwesenheit von Gewalt (engl. Lack of Violence)
- Leistungsfähigkeit der Regierung (engl. Government Effectiveness)
- regulatorische Qualität (engl. Regulatory Quality), staatliche Ordnungspolitik
- Rechtsstaatlichkeit (engl. Rule of Law)
- Korruptionskontrolle (engl. Control of Corruption)

Aus 40 Datenquellen werden jedes Jahr die Werte je Nation oder Territorium ermittelt und veröffentlicht. Ökonomen und Unternehmen nutzen diese Indikatoren, um Nationen zu vergleichen. Zwei der Faktoren betrachten wir im Folgenden genauer: politische Stabilität und regulatorische Qualität.

Politische Stabilität bezieht sich auf die Wahrscheinlichkeit einer Destabilisierung der Regierung durch unkonventionelle Maßnahmen wie Verfassungsänderungen oder gewaltsame Mittel (einschließlich Terrorismus) (Kaufmann et al. 2010). In Nationen mit einem hohen Grad an politischer Stabilität können Unternehmen sich relativ sicher sein, keinen politischen Unruhen ausgesetzt zu sein.

Regulatorische Qualität beschreibt die Fähigkeit der Regierung, solide Richtlinien und Regulierungsmaßnahmen zu formulieren und zu implementieren, die die Entwicklung des privaten Sektors zulassen und fördern (Kaufmann et al. 2010). Einen hohen Grad an regulatorischer Qualität stellt die Entwicklung und Aufrechterhaltung des privaten Sektors dar, in dem die Gewinne aus unternehmerischen Aktivitäten den Firmen zufließen, die sie durchführen. So erhalten die unternehmerischen Firmen für ihre Bemühungen beispielsweise monetäre und andere Leistungen. In Ländern mit einer geringen regulatorischen Qualität tragen Unternehmen hingegen ein großes Risiko, wie das Beispiel von Venezuela in Beispiel 5.2 illustriert.

Beispiel 5.2: Geringe regulatorische Qualität in Venezuela: Nestlé vor der Enteignung?

Unter der Führung von Hugo Chavez wurde versucht, Venezuela zu einer sozialistischen Wirtschaft zu machen. Dazu wurden einige Industrien, wie etwa die Ölindustrie, verstaatlicht, und die (ausländischen) Unternehmen, die in diesen Industrien in Venezuela aktiv waren, mussten Anteile abgeben, so dass der staatliche Konzern eine Mehrheit der Anteile hält.

Angesichts der Nahrungsmittelknappheit im Jahr 2010 warf Hugo Chavez Nestlé und anderen Lebensmittelkonzernen mit ausländischen Wurzeln Sabotage des Angebots an Milch und weiteren Grundnahrungsmitteln vor und drohte ihnen mit Enteignung. Nestlé wurde verdächtigt, Milch zu stehlen und unter Ausübung von Druck oder Erpressung, indem sie beispielsweise Geld im Voraus böten, alle Rohmilch aufkauften, so dass die staatlichen Molkereien ohne Milch dastünden. Angesichts einer „wirtschaftlichen Verschwörung" sei die Regierung gezwungen zu handeln.

Nestlé kann sich in Venezuela nicht auf stabile Richtlinien verlassen, die freies Wirtschaften erlauben. Unternehmerische Aktivitäten sind durch diese Unsicherheit der Rechts- oder sogar Eigentumslage gefährdet und werden in Summe nicht so erfolgsträchtig sein wie in anderen Nationen mit höherer regulatorischer Stabilität. (N.N. 2010)

5.2   Nationale Einflussgrößen auf Corporate Entrepreneurship

Die folgenden Abschnitte untersuchen nun die Unterschiede in den nationalen Kontexten in Bezug auf Corporate Entrepreneurship. Wie aus den Darstellungen in Kap. 3 deutlich wird, dominierten in den Anfangsjahren zur empirischen Forschung zu Corporate Entrepreneurship empirische Studien mit US-amerikanischen Firmen (Covin und Slevin 1988; Zahra 1991). Erst in den letzten Jahren wurden empirische Studien auch in anderen nationalen Kontexten durchgeführt und erste vergleichende Studien über verschiedene nationale Kulturen veröffentlicht (Engelen 2010). Diese empirischen Erkenntnisse werden im Folgenden dargestellt, eingeteilt in drei Unterabschnitte, die die vorhergehenden allgemeinen Ausführungen zu nationalen Einflussgrößen in Abschn. 5.1 mit einbeziehen. Zunächst betrachtet Abschn. 5.2.1, ob in bestimmten Nationen generell mehr oder weniger Corporate Entrepreneurship betrieben wird. Abschnitt 5.2.2 untersucht, ob Corporate Entrepreneurship in bestimmten nationalen Kontexten erfolgversprechender ist. Studien, die die Kultursensibilität der in Kap. 3 beschriebenen Wirkungsbeziehungen zwischen Managementfunktionen und Corporate Entrepreneurship beleuchten, sind schließlich das Thema von Abschn. 5.2.3.

5.2.1   Disposition zu Corporate Entrepreneurship in verschiedenen Nationen

Eine Kernerkenntnis von Abschn. 5.1.1 zum Konzept nationaler Kultur war, dass eine nationale kulturelle Prägung das Verhalten von Individuen in verschiedensten Situationen beeinflusst (etwa bei Entscheidungen zwischen zwei Alternativen oder bei der Art der Kommunikation und Interaktion mit anderen Individuen). Entsprechend ist zu erwarten, dass auch die Tendenz zu unternehmerischem Verhalten von Individuen durch ihre national-kulturelle Vorprägung bestimmt wird. Diesen Gedankengang nimmt der Global Entrepreneurship Monitor auf, der bereits seit 1999 weltweite Unterschiede im Gründungsverhalten von Individuen im Start-up-Kontext untersucht. Wie in Abschn. 3.4.2.2 bereits erwähnt, erhebt der GEM seit 2011 Entrepreneurial Employee Activity (abgekürzt: EEA). EEA ist definiert als "employees developing new activities for their main employer, such as developing or launching new goods or services, or setting up a new business unit, a new establishment or subsidiary". In einer engeren Definition sind dies aktuelle Aktivitäten, in der breiteren Definition unternehmerische Aktivitäten in den letzten drei Jahren (Eine ausführlichere Darstellung der Definition und Messung bietet Abschn. 6.2.1).

Während Bosma et al. (2013) diese Daten nach demographischen Zusammenhängen auswerten, wie in Abschn. 3.4.2.2 beschrieben, stellt sich auch die Frage, welchen Einfluss nationale Faktoren haben. Die erhobenen Werte zur (breiter definierten) EEA zeigt Abb. 5.9 für ausgewählte Nationen. Die Schwankung der Werte nach Nationen zeigt, dass unternehmerisches Verhalten von Mitarbeitern in unterschiedlichen Nationen unterschiedlich stark ausgeprägt ist. Das bestätigt den theoretisch zu erwartenden Zusammenhang zwischen nationalen Eigenschaften (wie nationaler Kultur) und individuellem unterneh-

Entrepreneurial Employee Activity in Prozent

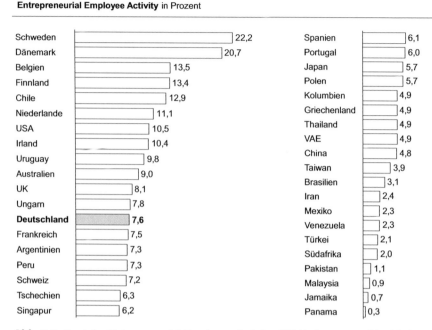

Schweden	22,2	Spanien 6,1
Dänemark	20,7	Portugal 6,0
Belgien	13,5	Japan 5,7
Finnland	13,4	Polen 5,7
Chile	12,9	Kolumbien 4,9
Niederlande	11,1	Griechenland 4,9
USA	10,5	Thailand 4,9
Irland	10,4	VAE 4,9
Uruguay	9,8	China 4,8
Australien	9,0	Taiwan 3,9
UK	8,1	Brasilien 3,1
Ungarn	7,8	Iran 2,4
Deutschland	**7,6**	Mexiko 2,3
Frankreich	7,5	Venezuela 2,3
Argentinien	7,3	Türkei 2,1
Peru	7,3	Südafrika 2,0
Schweiz	7,2	Pakistan 1,1
Tschechien	6,3	Malaysia 0,9
Singapur	6,2	Jamaika 0,7
		Panama 0,3

Abb. 5.9 Grad der Entrepreneurial Employee Activity (EEA) für ausgewählte Nationen. (Eigene Darstellung nach Bosma et al. 2013)

merischem Verhalten von Individuen in Unternehmen. Beispielsweise waren in Schweden 22 % der Mitarbeiter in den letzten drei Jahren an unternehmerischen Aktivitäten beteiligt, während es in Deutschland 7,6 % und in Panama nur 0,3 % der Mitarbeiter waren (Bosma et al. 2013).

Doch welche Einflussgrößen auf nationaler Ebene fördern individuelles unternehmerisches Verhalten konkret? Zur Adressierung dieser Frage zeigt Abb. 5.10 die Zusammenhänge zwischen den EEA-Punktwerten und den Kulturdimensionswerten von Hofstede (2001) für alle abgedeckten Nationen. Der Grad an Individualismus in einer Nation wirkt sich positiv auf die individuellen unternehmerischen Aktivitäten in Unternehmen aus. Je stärker sich eine Nation am Einzelnen und seiner individuellen Leistung orientiert, desto attraktiver ist es, eigene unternehmerische Aktivitäten zu zeigen und so aus der eigenen Arbeitsgruppe hervorzustechen (Mueller und Thomas 2001). Eigene Projekte voranzutreiben wird als etwas Positives angesehen. Mit einem hohen Grad an Kollektivismus dagegen steht individuelles unternehmerisches Verhalten, das einen aus der Gruppe heraushebt, weniger in Einklang. In kollektivistischen nationalen Kulturen spielen Werte wie Harmonie und Konformität eine zentrale Rolle. Unternehmerisches Verhalten kann die Harmonie in Gruppen zerstören, weil bestehende Aufgaben und Beziehungsgeflechte durch die unternehmerische Initiative zerstört werden. Konformität verbietet es zudem, etablierte Verhaltens- und Denkweisen der gesamten Gruppe in Frage zu stellen – gerade dies ist aber für eine unternehmerische Aktivität, bei der Bestehendes abgelöst wird, notwendig.

Je größer die Machtdistanz in einer Nation, desto weniger tendieren die Mitarbeiter zu eigenem unternehmerischem Verhalten (Thomas und Mueller 2000). In Kulturen mit

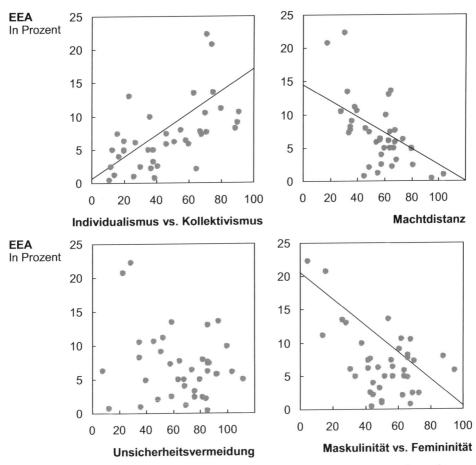

Abb. 5.10 Employee Entrepreneurial Activity (EEA) und Werte der Kulturdimensionen für aus-gewählte Nationen. (Eigene Darstellung nach Bosma et al. 2013 und Hofstede 2001)

hoher Machtdistanz, wie im vorherigen Abschn. 5.1.1 aufgezeigt, gelten die Vorgesetzten als höhergestellt und mit mehr Wissen versehen. Eigenes unternehmerisches Verhalten kann dort als Untergrabung dieser Autorität gesehen werden. Hierarchisch Untergeordnete sehen es auch gar nicht als ihre Aufgabe an, neue Gelegenheiten zu suchen und für das gesamte Unternehmen zu treiben (Nakata und Sivakumar 1996). Das sind Tätigkeiten, die ganz klar in der Verantwortlichkeit von Vorgesetzten liegen. In Nationen mit geringer Machtdistanz hingegen werden Ideen nicht auf Basis ihrer hierarchischen Herkunft, son-dern ihrer inhaltlichen Qualität bewertet. In solchen nationalen Kulturen erwarten hierar-chisch Untergeordnete, von Vorgesetzten ernst genommen zu werden, wenn sie glauben, eine gute Idee entwickelt zu haben.

Es scheint kein direkter starker Zusammenhang zwischen Unsicherheitsvermeidung und unternehmerischem Verhalten zu bestehen. Argumentativ würde ein geringerer Grad an Unsicherheitsvermeidung besser zu unternehmerischem Verhalten von Mitarbeitern passen, da individuelles Verfolgen neuer Gelegenheiten Individuen immer in neue, unbekannte Situationen bringt, die Nationen mit geringer Unsicherheitsvermeidung ja gerade vermeiden wollen.

Je weniger stark eine Nation von traditionell maskulinen Werten geprägt ist, desto höher fällt der Anteil an Mitarbeitern aus, die sich unternehmerisch im Unternehmen beteiligen. Während dieser Zusammenhang auf den ersten Blick überrascht, kann es sein, dass in diesen Nationen Menschen mit einer unternehmerischen Neigung sich eher selbstständig machen, als ihren Unternehmergeist in etablierten Unternehmen auszuleben.

Aus diesen Darstellungen kann geschlossen werden, dass drei von vier nationalen Kulturdimensionen Corporate Entrepreneurship beeinflussen und somit nationale Kultur individuelles unternehmerisches Verhalten in Unternehmen prägt.

Eingangs wurde bereits erwähnt, dass der GEM traditionell Unternehmertätigkeit im Start-up-Kontext untersucht hat. Dabei war – über viele Jahre hinweg – zu beobachten, dass die Start-up-Unternehmertätigkeit negativ mit dem wirtschaftlichen Entwicklungsstand einer Nation verknüpft war. Also: Je geringer der Entwicklungsstand, desto stärker die unternehmerische Start-up-Aktivität. Eine Erklärung kann sein, dass sich die Menschen in weniger entwickelten Nationen von der Gründung eines eigenen Unternehmens einen Weg aus Armut und Arbeitslosigkeit erhoffen. In solchen Fällen ist Gründungsaktivität keine freie Entscheidung, sondern durch dringende Notwendigkeit verursacht (Bosma et al. 2012). 2011 zeigt der GEM bei der Untersuchung unternehmerischen Verhaltens von angestellten Individuen in Unternehmen, dass der Zusammenhang hier genau umgekehrt ist, wie auch Abb. 5.11 veranschaulicht.

Angestellte Mitarbeiter in Nationen mit einem hohen Entwicklungsstand (gemessen am HDI), wie beispielsweise Dänemark, zeigen im Durchschnitt mehr unternehmerische Aktivitäten als Mitarbeiter in Nationen mit niedrigem Entwicklungsstand wie Südafrika oder Pakistan. In weniger entwickelten Nationen wird eher selbst gegründet, da wirtschaftliche Entwicklung oft noch von Einzelnen vorangetrieben wird, während größere Unternehmen mit attraktiven Einstiegsoptionen oder Arbeitsplätzen teilweise ganz fehlen. Mit wachsendem Wohlstand und Entwicklungsstand können die unternehmerischen Individuen ihre Ambitionen auch in etablierten Unternehmen verwirklichen (Bosma et al. 2012). Eine wesentliche Rolle spielt hier, dass Nationen mit einem hohen Entwicklungsstand über mehr Arbeitsplatzsicherheit und soziale Sicherungsnetze verfügen, so dass Mitarbeiter möglicherweise eher bereit sind, am Arbeitsplatz unternehmerische Aktivitäten zu riskieren.

Neben individuellem unternehmerischem Verhalten gibt es auch Unterschiede des Grades an Corporate Entrepreneurship auf Gesamtunternehmensebene im internationalen Vergleich. Kreiser et al. (2010) betrachten die zwei Dimensionen Risikobereitschaft und Proaktivität von Corporate Entrepreneurship bei 1048 Unternehmen aus sechs Nationen (Australien, Costa Rica, Indonesien, Niederlande, Norwegen, Schweden).

Die Autoren finden heraus, dass sich Machtdistanz und Unsicherheitsvermeidung signifikant negativ auf Risikobereitschaft auswirken, d. h., dass in Nationen, die einen hohen Grad an Machtdistanz und Unsicherheitsvermeidung aufweisen, die Unternehmen weniger risikobereit sind. Das Ergebnis zur Machtdistanz steht im Einklang mit den Ergebnissen des GEMs auf individueller Ebene, wie zuvor dargestellt. Ausgeprägte Unsicherheitsvermeidung, starker Individualismus und hohe Machtdistanz hemmen den Grad an Proaktivität, der zu unternehmerischem Verhalten auf Unternehmensebene gehört. Demnach

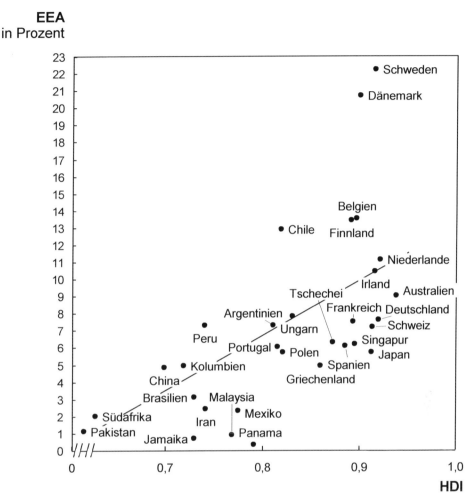

Abb. 5.11 Employee Entrepreneurial Activity (EEA) und Human Development Index 2012 für ausgewählte Länder. (Eigene Darstellung nach Bosma et al. 2013 und Human Development Report 2013)

ist auch bei dieser Dimension eine hemmende Wirkung von Machtdistanz und Unsicherheitsvermeidung empirisch belegt. Etwas überraschen mag die negative Wirkung eines ausgeprägten Individualismus, zeigten doch die Ergebnisse des GEM, dass Individualismus unternehmerische Initiativen des Einzelnen fördert. Eine zügige Implementierung auf Unternehmensebene wird durch Individualismus aber möglicherweise gehemmt, da die Individuen im Unternehmen zu sehr ihre eigenen Interessen verfolgen und so Abstimmungen und notwendige gemeinsame Aktivitäten bremsen. Letztlich bestätigt die Studie von Kreiser et al. (2010) die Erkenntnisse aus dem GEM von 2011, dass das Vorkommen von Corporate Entrepreneurship durch national-kulturelle Eigenheiten beeinflusst wird. Die Ergebnisse der Studie sind in Abb. 5.12 zusammengefasst.

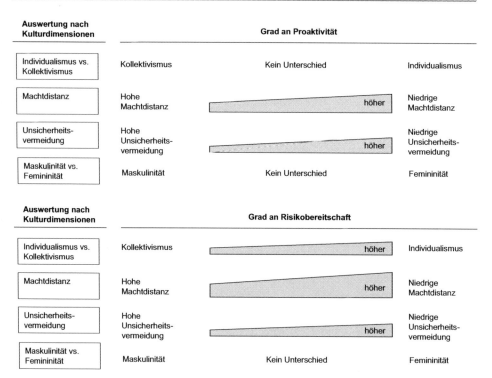

Abb. 5.12 Einfluss nationaler Kulturdimensionen auf zwei Dimensionen von Corporate Entrepreneurship: Empirische Ergebnisse von Kreiser et al. (2010)

5.2.2   Erfolgswirkung von Corporate Entrepreneurship in verschiedenen Nationen

Neben dem Vorhandensein von individuellem und gesamtorganisatorischem unternehmerischem Verhalten stellt sich auch die Frage, ob die Erfolgswirkung von Corporate Entrepreneurship zwischen Nationen schwankt. Also: Profitieren Unternehmen in einer Nation wie Deutschland mehr von Corporate Entrepreneurship als beispielsweise in asiatischen Nationen? Oder umgekehrt? Dass Corporate Entrepreneurship, wie in Abschn. 2.2 dargelegt, grundsätzlich eine positive Erfolgswirkung hat, zeigt eine ganze Reihe von Studien in verschiedensten Regionen wie den USA (Covin und Slevin 1988), Skandinavien (Wiklund und Shepherd 2005), Westeuropa (Kaulfersch und Engelen 2013), Afrika (Boohene et al. 2012), Australien (Merlo und Auh 2009) und Asien (Tang et al. 2007). Drei Gründe sprechen außerdem dafür, dass nationale Eigenschaften auf die Stärke der positiven Erfolgswirkung von Corporate Entrepreneurship Einfluss nehmen:

- Erstens beeinflussen Unterschiede in nationalen Kulturdimensionen das Kaufverhalten, so dass beispielsweise Käufer in Nation 1 mehr dazu neigen könnten, Produkte eines unternehmerischen Unternehmens zu kaufen als in Nation 2. Dies würde dazu führen, dass unternehmerisches Verhalten sich in Nation 1 mehr lohnt (Cano et al. 2004).

- Zweitens führen Unterschiede der nationalen Kulturdimensionen zu unterschiedlichen Praktiken der Individuen in Unternehmen, so dass Corporate Entrepreneurship unterschiedlich effektiv ausgelebt wird (Kirca et al. 2005).
- Drittens hat der wirtschaftliche, politische und regulatorische Stand einer Nation Einfluss auf das Käuferverhalten. In Nationen mit geringer Entwicklung und Wohlstand wird der Käuferfokus tendenziell eher auf Produkten des täglichen Lebens liegen. In Nationen mit wenig stabilen Strukturen werden Unternehmen einen Teil ihrer Ressourcen zur Vorsorge vor politischen und regulatorischen Veränderungen investieren müssen. Außerdem ist unternehmerisches Handeln in instabilen Situationen noch stärker risikobehaftet als in stabilen Situationen, in denen man sich beispielsweise auf die Rechtslage für ein neues Produkt oder Geschäftsmodell verlassen kann. Daher können unternehmerische Firmen ihr volles Potenzial nicht so entfalten wie in stärker entwickelten, politisch und regulatorisch stabileren Nationen (Ellis 2006).

Ist es also in einigen Nationen erfolgversprechender, als etabliertes Unternehmen unternehmerisch aktiv zu sein, als in anderen? Diese Fragestellung untersuchen Saeed et al. (2014) empirisch mit einer Metastudie bisheriger Forschungsstudien. 177 Studien aus 41 Nationen zur Erfolgswirkung von Corporate Entrepreneurship bestätigen neben der weltweiten Bedeutung von Corporate Entrepreneurship für den Unternehmenserfolg auch folgende nationale Einflussfaktoren (Abb. 5.13):

In Nationen mit niedriger Machtdistanz ist der Zusammenhang zwischen Corporate Entrepreneurship und Erfolg eines Unternehmens stärker ausgeprägt. Zentralisierung, Autorität, starke formelle Regeln und wenig Informationsaustausch oder Zusammenarbeit zwischen den Abteilungen sind charakteristisch für Nationen mit hoher Machtdistanz. Diese Nationen haben vergleichsweise geringe Adoptionsraten für innovative Produkte, wie van Everdingen und Waarts (2003) empirisch bestätigen. Das liegt daran, dass das Top-Management in Kulturen mit hoher Machtdistanz sich nicht oder nur wenig mit den Themen und Problemen der Mitarbeiter auf unteren Ebenen beschäftigt, und damit auch das Potenzial oder die Notwendigkeit, innovative Produkte einzusetzen, nicht erkennt. Die Untergebenen werden von sich aus nicht die Initiative ergreifen, um innovative Produkte auf den Markt zu bringen (Hofstede 2001). Dadurch reduziert sich das Erfolgspotenzial für innovative Produkte, wie sie durch Corporate Entrepreneurship entstehen, mit dem Grad an Machtdistanz einer Nation. Der negative Zusammenhang zwischen Machtdistanz und Innovationsadoption in einer Nation wird von Singh (2006) auch für Privatkonsumenten bestätigt. Zusätzlich behindern die strikten Hierarchien und Regeln in Kulturen mit hoher Machtdistanz die Kommunikation und Zusammenarbeit zwischen Abteilungen wie Marketing und Forschung und Entwicklung, die oft zur Entwicklung und Vermarktung erfolgreicher Innovationen notwendig sind (De Clercq et al. 2010). In Nationen mit einem geringen Grad an Machtdistanz werden Mitarbeiter dagegen eher auf Probleme und deren innovative Lösungen aufmerksam machen (Carl et al. 2004). Dadurch steigt die Wahrscheinlichkeit, dass innovative Produkte angenommen werden, und es besteht ein stärkerer Zusammenhang zwischen Corporate Entrepreneurship und Unternehmenserfolg.

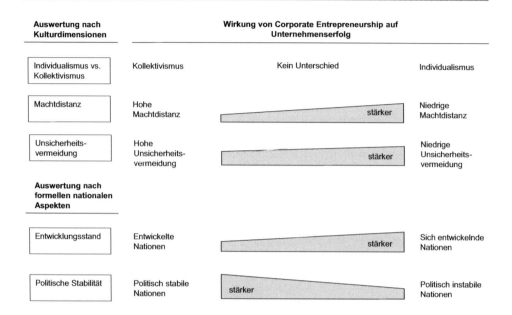

Auswertung nach Kulturdimensionen		Wirkung von Corporate Entrepreneurship auf Unternehmenserfolg	
Individualismus vs. Kollektivismus	Kollektivismus	Kein Unterschied	Individualismus
Machtdistanz	Hohe Machtdistanz	stärker	Niedrige Machtdistanz
Unsicherheits- vermeidung	Hohe Unsicherheits- vermeidung	stärker	Niedrige Unsicherheits- vermeidung
Auswertung nach formellen nationalen Aspekten			
Entwicklungsstand	Entwickelte Nationen	stärker	Sich entwickelnde Nationen
Politische Stabilität	Politisch stabile Nationen	stärker	Politisch instabile Nationen

Abb. 5.13 Einfluss nationaler Dimensionen auf die Erfolgswirkung von Corporate Entrepreneurship: Empirische Ergebnisse von Saeed et al. (2014)

In Nationen mit niedriger Unsicherheitsvermeidung besteht ein stärkerer Zusammenhang zwischen Corporate Entrepreneurship und dem Erfolg eines Unternehmens. Käufer in Nationen, die durch hohe Unsicherheitsvermeidung gekennzeichnet sind, werden wahrscheinlich die innovativen Produkte, die Unternehmen mit hohem Grad an Corporate Entrepreneurship auf den Markt bringen, nicht so gut annehmen, da der Kauf dieser (bisher unbekannten) Produkte mit Unsicherheit verbunden ist (van Everdingen und Waarts 2003). Da Käufer in diesen unsicherheitsvermeidenden Nationen eher bei etablierten Produkten bleiben, wird das Erfolgspotenzial für innovative Produkte beschränkter sein als in Nationen, die einen geringen Grad an Unsicherheitsvermeidung aufweisen. Außerdem ist in Nationen mit hoher Unsicherheitsvermeidung der Widerstand gegen einen Wechsel von Zulieferern höher, so dass Unternehmen, die neue Produkte oder Dienstleistungen auf den Markt bringen, weniger wahrscheinlich Kunden von Wettbewerbern abwerben können.

Eine weitere Hürde zur Etablierung von Corporate Entrepreneurship ist in Nationen mit hoher Unsicherheitsvermeidung die meist stärkere interne Formalisierung und Bürokratie im Unternehmen (Luque und Javidan 2004). Unternehmen, die in unsicherheitsvermeidenden Nationen agieren, werden Corporate Entrepreneurship mit seinem flexiblen Reagieren auf den Markt und seinen Lernprozessen wahrscheinlich nicht so effektiv umsetzen (Shane 1994) und risikobehaftete Ideen einzelner Mitarbeiter weniger fördern als Unternehmen in einer Kultur mit niedrigem Grad an Unsicherheitsvermeidung.

Folglich ist es in Nationen mit niedriger Machtdistanz und niedriger Unsicherheitsvermeidung (wie Schweden und Dänemark) erfolgversprechender, sich als etabliertes Unternehmen unternehmerisch zu verhalten, als in Nationen mit hoher Machtdistanz und hoher Unsicherheitsvermeidung (wie Japan oder Mexiko).

Des Weiteren sind unternehmerische Unternehmen erfolgreicher, wenn sie in sich entwickelnden Nationen statt bereits entwickelten tätig sind. Wahrscheinlich bieten diese Nationen noch mehr Potenzial und Chancen, die unternehmerisch genutzt werden können, als Nationen, die bereits stark entwickelt sind. Entwickelte Nationen wie Deutschland haben eine relativ stabile Nachfrage und ausgeprägten Wettbewerb in den meisten Märkten, während in weniger entwickelten Nationen dynamische Marktbedingungen, rasches Wachstum und Unsicherheit über die Nachfrage herrschen (Gu et al. 2008). Diese dynamischen Bedingungen bieten ein weites Feld an neuen Möglichkeiten für unternehmerische Unternehmen (Rauch et al. 2009). Normalerweise ist auch in Nationen, die noch viel Entwicklungspotenzial haben, der Wettbewerb weniger stark ausgeprägt. Dadurch kann ein unternehmerisches Unternehmen in einer sich entwickelnden Nation tendenziell länger einen First-Mover-Vorteil ausnutzen als in stark entwickelten Nationen.

Langfristige politische Stabilität führt ebenfalls zu einer besseren Erfolgswirkung von unternehmerischem Verhalten, da Unternehmen in diesen Nationen sicherer planen und handeln können, ohne zusätzliche Ressourcen oder Alternativpläne (beispielsweise für den Fall spontaner Änderungen der Handelsgesetze) bereitzustellen (Wiklund und Shepherd 2005). In politisch stabilen Umfeldern laufen Unternehmen weniger Gefahr, ihre Investitionen und Ideen einzubüßen, wohingegen in instabilen nationalen Umfeldern Unternehmen das Risiko eingehen müssen, nicht oder nur geringfügig von ihren innovativen Anstrengungen zu profitieren, falls sich die politische Lage ändert (Wright et al. 2005). Ein stabiles politisches Umfeld ist folglich attraktiver für Corporate Entrepreneurship, wohingegen ein politisch instabiles Umfeld, wie in Beispiel 5.3 für Russland dargestellt, weniger günstig ist.

Beispiel 5.3: Big Business und politisches Risiko in Russland: Lohnt sich Corporate Entrepreneurship?

Ein großes Thema für Russlands erfolgreiche Unternehmer ist, wie sie ihren Erfolg und Wohlstand sichern können. Obwohl nach dem Sturz des Sowjet-Regimes mehr als 20 Jahre vergangen sind, sind Eigentumsansprüche in Russland immer noch nicht gut geschützt. Die kleinen wie die großen Unternehmen Russlands sind einem stark korrupten Rechtssystem, willkürlicher Staatsmacht und undurchsichtigen politischen Strukturen ausgesetzt. Ein signifikanter Teil der Gewinne muss für Zahlungen an regulatorische, Sicherheits- und Polizeiinstitutionen aufgewendet werden (Yenikeyeff 2012).

Unternehmer, die ihre Geschäfte weiterhin und langfristig unternehmerisch betreiben wollen, haben zwei Möglichkeiten. Entweder gehen sie Kooperationen mit ausländischen Investoren ein (wie das russisch-britische Joint Venture TNK-BP) und entwickeln Unternehmensstrukturen, die einen Teil der Finanzen ins Ausland verlagern, um das Geschäft wenigstens teilweise der Kontrolle des russischen Staates zu entziehen (Yenikeyeff 2012). Der dabei entstehende Aufwand oder die Gewinnteilung mit

Partnern reduzieren die Profitabilität und senken die Erfolgswirkung des Corporate Entrepreneurship.

Eine andere Möglichkeit, die Geschäftstätigkeit abzusichern, ist der Aufbau und die Pflege intensiver persönlicher Beziehungen zu den politisch Führenden. Da dies ebenfalls Ressourcen in Anspruch nimmt, reduziert auch diese Möglichkeit die Erfolgswirkung von Corporate Entrepreneurship in Russland. Die politische Instabilität dieses Landes ist folglich ein Hemmnis für die Erfolgswirkung von Corporate Entrepreneurship.

Der Grad an Kollektivismus einer Nation hatte keinen Einfluss auf den Zusammenhang zwischen Corporate Entrepreneurship und Erfolg. Während man weiß, dass in eher individualistisch geprägten Nationen Innovationen schneller und stärker angenommen werden, unterstützt ein ausgeprägter Individualismus nicht die Zusammenarbeit im Unternehmen, die notwendig ist, um Corporate Entrepreneurship effektiv zu leben. Anscheinend heben sich diese gegenläufigen Effekte auf die Erfolgswirkung auf.

Auch ob Unternehmen in einem kleinen oder einem großen Heimatmarkt operieren, wirkt sich nicht auf die Effektivität von Corporate Entrepreneurship aus. Zwar könnte man argumentieren, dass ein größerer Heimatmarkt es Unternehmen erlaubt, mehr zu experimentieren und leichter mögliche Kunden für innovative Produkte zu finden, in den Daten zeigt sich aber kein Einfluss auf die Erfolgswirkung von Corporate Entrepreneurship.

Die regulatorische Qualität einer Nation könnte ebenfalls die Erfolgswirkung von Corporate Entrepreneurship beeinflussen. Hohe Qualität der Regularien einer Nation sichert, dass die Privatunternehmen von den unternehmerischen Tätigkeiten, die sie durchführen, auch profitieren können. In Nationen mit niedriger regulatorischer Qualität ist das nicht garantiert. Allerdings zeigt sich in der Metastudie von Saeed et al. (2014) kein signifikanter Einfluss der regulatorischen Qualität einer Nation – gemessen durch den Worldwide Governance Indikator – auf den Zusammenhang von Corporate Entrepreneurship und Erfolg.

5.2.3 Wirkung von Managementhebeln zur Förderung von Corporate Entrepreneurship in verschiedenen Nationen

Nationale Einflussgrößen bestimmen nicht nur das generelle Vorkommen und die Erfolgswirkung von Corporate Entrepreneurship, sondern auch die Wirkung einzelner Stellhebel des Managements entlang der fünf Managementfunktionen, wie sie in Kap. 3 dargestellt wurden. Die Logik, dass einige Managementhebel in ihrer Wirkung über nationale Grenzen Unterschiede aufweisen, ist fest in der Forschung zum interkulturellen Management verankert (Newman und Nollen 1996). Demnach übt ein Managementstellhebel (wie beispielsweise ein hoher Formalisierungsgrad als Element der Organisationsfunktion) in einer nationalen Kultur eine stärkere Wirkung aus, wenn dieser Stellhebel mit den Eigenschaften der nationalen Kultur, repräsentiert durch bestimmte Kulturdimensionen, kongruent ist (Lachman et al. 1994). Kongruenz zwischen hohem Formalisierungsgrad und hoher Unsicherheitsvermeidung liegt theoretisch nahe, da die Vielzahl von Regeln ja gerade darauf ausgelegt ist, Unsicherheit zu reduzieren und Verhalten vorhersagbar zu machen. Individuelle Belohnungsanreize dürften eher mit der Kulturdimension Individualismus im Einklang stehen, da diese Kulturen – im Gegensatz zum Harmonie- und Konformitätsdenken kollektivistischer Kulturen – ein positives Ausscheren aus einer Gruppe akzeptieren oder sogar wünschen.

Nach dieser Logik und den in Abschn. 5.1.1 vorgestellten Kulturdimensionen kann man die in Kap. 3 beschriebenen Managementhebel zur Förderung von Corporate Entrepreneurship durchspielen und daraus Vermutungen ableiten, welche Hebel in welchen nationalen Kulturen Corporate Entrepreneurship besonders fördern bzw. nicht geeignet sind. Empirisch gesicherte Erkenntnisse zur Kulturabhängigkeit von Stellhebeln gibt es bislang allerdings kaum. Die wenigen Studien werden im Folgenden vorgestellt. Sie sind den beiden Managementfunktionen Organisation oder Führung zuzuordnen.

Zunächst werden kulturabhängige Wirkungen im Rahmen der Organisationsfunktion vorgestellt. Mittels einer Befragung von 226 deutschen und 178 chinesischen Unternehmen aus einer breiten Auswahl von Industrien testet Engelen (2010), ob die funktionsübergreifende Integration und der Grad der Zentralisierung in ihrer Wirkung auf Corporate Entrepreneurship kulturabhängig sind.

Funktionsübergreifende Integration bezeichnet die Interaktion, Kommunikation, Informationsweitergabe und -koordination zwischen verschiedenen Abteilungen eines Unternehmens (wie dem Marketing und der Entwicklungsabteilung). Funktionsübergreifende Integration unterstützt, wie bereits im Rahmen der Organisationsfunktion in Abschn. 3.3 allgemein diskutiert, Corporate Entrepreneurship im Unternehmen, da durch den engen Austausch Informationen kombiniert werden können, die zu neuen innovativen Ideen und zu einer abgestimmten, zügigen Implementierung von Ideen im Markt führen (Brettel et al. 2011). Engelen (2010) kommt in der Untersuchung zu dem Ergebnis, dass funktionsübergreifende Integration grundsätzlich wichtig für die Förderung von Corporate Entrepreneurship ist, in chinesischen Unternehmen aber noch wichtiger als in deutschen. Chinesische Mitarbeiter arbeiten in einem nationalen Kontext, der durch hohen Kollektivismus gekennzeichnet ist. Daher entspricht Zusammenarbeit in Gruppen eher ihren kulturellen Werten und ist effektiver zur Förderung von Corporate Entrepreneurship als in deutschen Unternehmen.

Der Grad an Zentralisierung von Entscheidungsgewalt beschreibt, wo die Entscheidungsmacht und -kontrolle im Unternehmen angesiedelt ist. In stark zentralisierten Strukturen haben nur einige wenige Manager Entscheidungsgewalt, während in wenig zentralisierten Strukturen die Mitarbeiter viele Entscheidungen selbst treffen können. Wenig Zentralisierung der Entscheidungsmacht erlaubt schnelle Entscheidungen vor Ort, nutzt das Detailwissen der operativen Mitarbeiter und fördert deren Bereitschaft, Risiken einzugehen. Folglich wird Corporate Entrepreneurship eher durch einen niedrigen Grad an Zentralisierung der Entscheidungen vorangetrieben, wie bereits in Abschn. 3.3 allgemein dargelegt (Covin und Slevin 1991). Diesen Zusammenhang konnte Engelen (2010) sowohl für chinesische als auch für deutsche Unternehmen bestätigen, es lag kein signifikanter

Unterschied zwischen den Nationen vor. Zentralisierte Strukturen wirken sich unabhängig von der nationalen Kultur negativ auf Corporate Entrepreneurship aus.

Darüber hinaus existiert eine internationale Studie, die die vier Unternehmenskulturtypen von Deshpandé und Farley (2004) (Konsens-Kultur, flexible Kultur, Hierarchie-Kultur und Markt-Kultur, detaillierter beschrieben in Abschn. 3.3.1.3 im Rahmen der Organisationsfunktion) in Bezug auf ihre Wirkung auf den Grad an Corporate Entrepreneurship im Unternehmen untersucht. Wie bereits allgemein in Abschn. 3.3.1.3 dargestellt, untersuchen Engelen et al. (2013) diese vier Typen von Unternehmenskulturen in 381 deutschen und 262 thailändischen Unternehmen. Die Autoren zeigen, dass eine flexible Unternehmenskultur die stärkste Wirkung auf Corporate Entrepreneurship hat. Da die flexible Kultur auf Innovationen und dynamisches Verhalten ausgerichtet ist und den Blick des Unternehmens nach draußen auf den Markt begünstigt, unterstützt sie Corporate Entrepreneurship am besten.

Diese Wirkung ist im individualistischen Deutschland noch stärker als im kollektivistisch geprägten Thailand, wie Engelen et al. (2013) empirisch bestätigen. Eine auf Innovationen und Veränderung fokussierte Unternehmenskultur führt dazu, dass sich auch die Beziehungen und Konstellationen im Unternehmen konstant wandeln. Dies ist nur schwer mit einem hohen Grad an nationalem Kollektivismus, wie er in Thailand anzutreffen ist, vereinbar (Triandis 1994). In individualistischeren Nationen wie Deutschland dagegen betont man den Erfolg und die Leistung des Einzelnen, was auch in der flexiblen Unternehmenskultur eine große Rolle spielt.

Der Grad an Machtdistanz in einer Kultur beeinflusst ebenfalls, wie effektiv eine Unternehmenskultur ist. In Nationen mit niedriger Machtdistanz – wie Deutschland – wird die Verantwortlichkeit jedes Einzelnen gefordert, wohingegen sich die Mitarbeiter in Thailand mit seinem höheren Grad an Machtdistanz stark auf ihren Vorgesetzten und dessen Verantwortung verlassen (Carl et al. 2004). Eine flexible Unternehmenskultur mit ihren Anforderungen an die Flexibilität des gesamten Unternehmens fordert die Verantwortung und Entscheidungsbereitschaft jedes Mitarbeiters. Damit entspricht sie eher den Gegebenheiten, wie sie in Nationen mit niedriger Machtdistanz vorkommen, und wird dort positiver auf Corporate Entrepreneurship wirken.

Weiterhin gibt es Erkenntnisse zur Kulturabhängigkeit der Wirkung der Führungsfunktion auf Corporate Entrepreneurship. Die Führungslehre ist sich generell einig, dass ein Führungsstil nur dann effektiv wirken kann, wenn dieser Stil die Erwartungen der Geführten trifft. Diese Geführten sind unter anderem durch ihre nationale Kultur geprägt. Diesen Grundgedanken folgend befragen Chwallek et al. (2012) 668 Unternehmen aus fünf Nationen (171 aus Deutschland, 38 aus Österreich, 93 aus der Schweiz, 232 aus Thailand und 134 aus den USA) zur Auswirkung von Partizipation und Konsideration im Führungsstil auf Corporate Entrepreneurship. Partizipation stellt dar, wie ausgeprägt Vorgesetzte die aktive Teilnahme und Beteiligung von Mitarbeitern bei der Entscheidungsfindung fördern. Konsideration beschreibt, wie viel soziales Interesse Führungskräfte an ihren Mitarbeitern zeigen und wie sie sich um deren Belange kümmern.

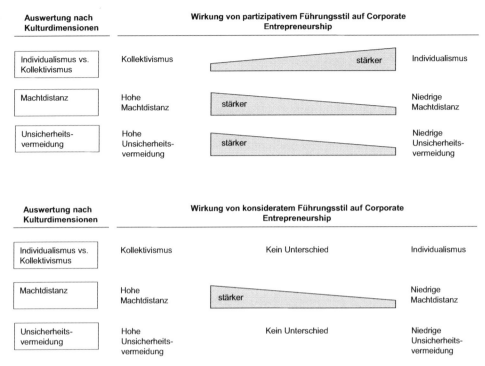

Abb. 5.14 Einfluss nationaler Kulturdimensionen auf die Wirkung von Führungsstilen auf Corporate Entrepreneurship: Empirische Ergebnisse von Chwallek et. al (2012)

Chwallek et al. (2012) kommen zu dem Ergebnis, dass sowohl ein partizipativer als auch ein konsiderater Führungsstil positiv auf Corporate Entrepreneurship wirken, diese Wirkungsbeziehung zwischen dem Führungsstil und Corporate Entrepreneurship aber durch die kulturellen Eigenschaften der Nation, in der das Unternehmen tätig ist, beeinflusst wird (wie in Abb. 5.14 zusammengefasst).

Sie finden heraus, dass in Nationen mit einem höheren Grad an Individualismus ein partizipativer Führungsstil mehr auf Corporate Entrepreneurship wirkt als in eher kollektivistischen Nationen. In individualistisch charakterisierten Nationen streben Mitarbeiter stärker nach Autonomie und Integration ihrer Meinungen, während Mitarbeiter in stärker kollektivistischen Nationen ihre Meinung eher einer Gruppe unterordnen (Triandis 2001). Da ein partizipativer Führungsstil am besten funktioniert, wenn die Untergebenen auch mitarbeiten wollen und ihre Meinungen offen kommunizieren, wirkt dieser in Nationen mit einem hohen Grad an Individualismus stärker auf Corporate Entrepreneurship.

Eine hohe Machtdistanz wirkt nicht – wie erwartet – negativ auf die Wirkung eines partizipativen Führungsstils, sondern fördert diesen Zusammenhang. Eventuell gibt ein partizipativer Führungsstil auch den Mitarbeitern in Kulturen mit hoher Machtdistanz die Bestätigung und das nötige Selbstbewusstsein, um selbst unternehmerischer zu handeln, wenn sie explizit dazu aufgefordert werden, ihre Meinung zu Fachfragen beizutragen.

Ein hoher Grad an kultureller Unsicherheitsvermeidung beeinflusst den Effekt eines partizipativen Führungsstils auf Corporate Entrepreneurship positiv. Eine mögliche Strategie zur Vermeidung unsicherer Ergebnisse oder Situationen ist es, möglichst viele Meinungen zusammenzutragen und zu besprechen, um sich bei Kollegen und Vorgesetzten rückzuversichern und diese in das Risiko einzubinden. Dies wird durch einen partizipativen Führungsstil realisiert. In Kulturen mit einem niedrigen Grad an Unsicherheitsvermeidung dagegen ist eine umfangreiche Einbeziehung anderer in die Entscheidungsfindung nicht in dem Maße notwendig. Somit wirkt ein partizipativer Führungsstil in Kulturen mit einem hohen Grad an Unsicherheitsvermeidung stärker auf Corporate Entrepreneurship als in Kulturen mit geringer Unsicherheitsvermeidung.

Je stärker ausgeprägt Machtdistanz in einer nationalen Kultur ist, desto stärker wirkt sich ein konsiderater Führungsstil auf Corporate Entrepreneurship aus, da Mitarbeiter die Führungskräfte eher in der Rolle des respektierten, aber fürsorglichen Vaters sehen. Gerade die Verfolgung unternehmerischer Tätigkeiten bringt Mitarbeiter in unsichere Situationen, in denen der Mitarbeiter eine väterliche Führungsperson möglicherweise besonders wertschätzt und benötigt.

Des Weiteren ergibt die empirische Untersuchung von Chwallek et al. (2012), dass weder der Grad an Individualismus noch der Grad an Unsicherheitsvermeidung einen spürbaren Einfluss auf die Wirkung des konsideraten Führungsstils haben.

Weitere Stellhebel zur Förderung von Corporate Entrepreneurship sind bisher nicht im interkulturellen Kontext betrachtet und erforscht worden. Manager, die Corporate Entrepreneurship in anderen nationalen Kontexten unter ihren Mitarbeitern fördern wollen, können allerdings den eingangs vorgestellten Kongruenz-Ansatz (Passen die Stellhebel zu den vorherrschenden nationalen Werten?) anwenden, um daraus abzuleiten, welche Stellhebel am effektivsten einzusetzen sind.

Beantwortung der zentralen Fragen von Kap. 5

Der nationale Kontext, in dem ein Unternehmen tätig ist, prägt sowohl die einzelnen Mitarbeiter als auch die Kunden, für die ein Unternehmen Produkte und Dienstleistungen anbietet. Die interkulturelle Forschung hat herausgefunden, dass der nationale Kontext damit einen bedeutenden Einfluss auf organisatorische Aspekte, die Umsetzung von Strategien und deren Erfolgswirkung hat. Nationale Kultur stellt den wichtigsten informellen Aspekt einer Nation dar, während das wirtschaftliche, politische und regulatorische Umfeld zu den formellen Aspekten einer Nation zählt.

Nationale Kultur ist das gemeinsame in einer Nation vorherrschende Wertesystem, das das Verhalten von Individuen und Gruppen leitet. Nach Hofstede (2001) gelten als wichtigste vier Dimensionen nationaler Kultur Individualismus vs. Kollektivismus, Machtdistanz, Unsicherheitsvermeidung und Maskulinität vs. Femininität. Das wirtschaftliche Umfeld einer Nation wird meist durch den Entwicklungsstand (HDI) des UNDP beschrieben, während die Indikatoren der Worldwide Governance der Weltbank Kennzahlen für die politische und regulatorische Stabilität einer Nation liefern.

Der nationale Kontext hat Auswirkungen auf das Vorkommen von Corporate Entrepreneurship, die Erfolgswirkung und Stellhebel zur Förderung von Corporate Entrepreneurship, wie die aktuelle Forschung empirisch bestätigt.

Vor allem ein hoher Grad an Machtdistanz und Unsicherheitsvermeidung einer Nation wirkt hemmend auf Corporate Entrepreneurship. Die Dimensionen Proaktivität und Risikobereitschaft sowie die Erfolgswirkung von Corporate Entrepreneurship nehmen ab, wenn ein höherer Grad an Machtdistanz oder Unsicherheitsvermeidung in einer Nation vorliegt.

Die verschiedenen Stellhebel, die Corporate Entrepreneurship fördern, sind in ihrer Effektivität ebenfalls vom nationalen Kontext abhängig. Der Kongruenz-Ansatz besagt, dass diejenigen Stellhebel am effektivsten sind, die im Einklang mit den nationalen Werten stehen. Beispielsweise wirkt sich funktionsübergreifende Integration in China stärker auf Corporate Entrepreneurship aus als in Deutschland, und ein partizipativer Führungsstil ist in Nationen mit einem hohen Grad an Unsicherheitsvermeidung wichtiger für Corporate Entrepreneurship als in solchen mit niedrigem Grad dieser Kulturdimension.

Literatur

Adler, N. (1983). A typology of management studies involving culture. *Journal of International Business Studies, 14*(2), 29–47.

Boohene, R., Marfo-Yiadom, E., & Yeboah, M. (2012). An empirical analysis of the effect of entrepreneurial orientation on firm performance of auto artisans in the Cape Coast Metropolis. *Developing Countries Studies, 2*(9), 77–86.

Bosma, N., Wennekers, S., & Amoros, J. (2012). *Global entrepreneurship monitor 2011: Extended report on entrepreneurs and entrepreneurial employeesaAcross the globe.* Wellesley: Babson College.

Bosma, N., Wennekers, S., Guerrero, M., Amoros, J., Martiarena, A., & Singer, S. (2013). *Global entrepreneurship monitor – special report on entrepreneurial employee activity.* Babson: Global Entrepreneurship Research Association.

Brettel, M., Engelen, A., Heinemann, F. & Vadhanasindhu, P. (2008). Antecedents of market orientation: A cross-cultural comparison. *Journal of International Marketing, 16*(2), 84–119.

Brettel, M., Heinemann, F., Engelen, A., & Neubauer, S. (2011). Cross-functional integration of R & D, Marketing, and Manufacturing in radical and incremental product innovations and its effects on project effectiveness and efficiency. *Journal of Product Innovation Management, 28*(2), 251–269.

Burgess, S., & Steenkamp, J.-B. (2006). Marketing renaissance: How research in emerging markets advances marketing science and practice. *International Journal of Research in Marketing, 23*(4), 337–356.

Cano, C., Carrillat, F., & Jaramillo, F. (2004). A meta-analysis of the relationship between market orientation and business performance: Evidence from five continents. *International Journal of Research in Marketing, 21*(2), 179–200.

Carl, D., Gupta, V., & Javidan, M. (2004). Power distance. In R. House, P. Hanges, M. Javidan, P. Dorfman, & V. Gupta (Hrsg.), *Culture, leadership, and organizations: The GLOBE study of 62 societies* (S. 513–563). California: Thousand Oaks Sage.

Chwallek, C., Engelen, A., Oswald, M., & Brettel, M. (2012). Die Wirkung des Führungsverhaltens des Top-Managements auf die unternehmerische Orientierung – ein 5-Länder-Vergleich. *ZFBF, 64,* 138–165.

Covin, J., & Slevin, D. (1988). The influence of organization structure on the utility of an entrepreneurial top management style. *Journal of Management Studies, 25*(3), 217–234.

Covin, J., & Slevin, D. (1991). A conceptual model of entrepreneurship as firm behavior. *Entrepreneurship Theory and Practice, 16*(1), 7–25.

De Clercq, D., Dimov, D., & Thongpapanl, N. (2010). The moderating impact of internal social exchange processes on the entrepreneurial orientation-performance relationship. *Journal of Business Venturing, 25*(1), 87–103.

Deshpandé, R., & Farley, J. (2004). Organizational culture, market orientation, innovativeness, and firm performance: An international research odyssey. *International Journal of Research in Marketing, 21*(1), 3–22.

Earley, C. (1993). East meets west meets mideast: Further explorations of collectivistic and individualistic work groups. *Academy of Management Journal, 36*(2), 319–348.

Ellis, P. (2006). Market orientation and performance: A meta-analysis and cross-national comparisons. *Journal of Management Studies, 43*(5), 1089–1107.

Emrich, C., Denmark, F., & Hartog, D. (2004). Cross-cultural differences in gender egalitarianism. In R. House, P. Hanges, M. Javidan, P. Dorfman, & V. Gupta (Hrsg.), *Culture, leadership and organizations: The GLOBE study of 62 societies* (S. 343–394). California: Thousand Oaks u. a. Sage.

Engelen, A. (2010). Entrepreneurial orientation as a function of national cultural variations in two countries. *Journal of International Management, 16*(4), 354–368.

Engelen, A., & Brettel, M. (2011). Assessing cross-cultural marketing theory and research *Journal of Business Research, 64*(5), 516–523.

Engelen, A., & Tholen, E. (2014). *Interkulturelles Management* (1. Aufl.). Stuttgart: Schäffer-Poeschel.

Engelen, A., Heinemann, F., & Brettel, M. (2009). Cross-cultural entrepreneurship research: Current status and framework for future studies. *Journal of International Entrepreneurship, 7*(3), 163–189.

Engelen, A., Flatten, T., Thalmann, J., & Brettel, M. (2013). The effect of organizational culture on entrepreneurial orientation: A comparison between Germany and Thailand. *Journal of Small Business Management* (Im Druck).

Erdem, T., Swait, J., & Valenzuela, A. (2006). Brands as signals: A cross-country validation study. *Journal of Marketing, 70*(1), 34–49.

van Everdingen, Y., & Waarts, E. (2003). The effect of national culture on the adoption of innovations. *Marketing Letters, 14*(3), 217–232.

Ghauri, P., & Cateora, P. (2010). *International Marketing* (3. Aufl.). New York: McGraw-Hill.

Gu, F. F., Hung, K., & Tse, D. K. (2008). When does Guanxi matter? Issues of capitalization and its dark sides. *Journal of Marketing, 72*(4), 12–28.

Hayton, J., George, G., & Zahra, S. (2002). National culture and entrepreneurship: A review of behavioral research. *Entrepreneurship Theory and Practice, 26*(4), 33–52.

Hofstede, G. (2001). *Culture's consequences: Comparing values, behaviors, institutions, and organizations across nations* (2. Aufl.). California: Thousand Oaks Sage.

Hoskisson, R., Eden, L., Lau, C., & Wright, M. (2000). Strategy in emerging economies. *Academy of Management Journal, 43*(3), 249–267.

House, R., Javidan, M., & Dorfman, P. (2001). Project GLOBE: An introduction. *Applied Psychology: An International Review, 50*(4), 489–505.

Javidan, M., Dorfman, P. W., De Luque, M. S., & House, R. J. (2006). In the eye of the beholder: Cross cultural lessons in leadership from project GLOBE. *Academy of Management Perspectives, 20*(1), 67–90.

Kaufmann, D., Kraay, A., & Mastruzzi, M. (2010). The worldwide governance indicators: Methodology and analytical issues. *World Bank Policy Research Working Paper* 5430.

Kaulfersch, A., & Engelen, A. (2013). The contingent role of social capital and market dynamism on the EO-performance relationship. *Journal of Small Business Management* (Im Druck).

Kelley, D. J., Singer, S., & Herrington, M. (2012). The global entrepreneurship monitor. Global Report, GEM 2011, 7.

Kirca, A., Jayachandran, S., & Bearden, W. (2005). Market orientation: A meta-analytic review and assessment of its antecedents and impact on performance. *Journal of Marketing, 69*(2), 24–41.

Kirkman, B. L., Lowe, K. B., & Gibson, C. B. (2006). A quarter century of culture's consequences: A review of empirical research incorporating Hofstede's cultural values framework. *Journal of International Business Studies, 37*(3), 285–320.

Kluckhohn, C. (1951). The study of culture. In D. Lerner, & H. Lasswell (Hrsg.),*The policy standard* (S. 393–404). Stanford: Stanford University Press.

Kreiser, P. M., Marino, L. D., Dickson, P., & Weaver, M. K. (2010). Cultural influences on entrepreneurial orientation: The impact of national culture on risk taking and proactiveness in SMEs. *Entrepreneurship: Theory & Practice, 34*(5), 959–983.

Lachman, R., Nedd, A., & Hinings, B. (1994). Analyzing cross-national management and organizations: A theoretical framework. *Management Science, 40*(1), 40–55.

Luque, M. d., & Javidan, M. (2004). Uncertainty avoidance. In R. House, P. Hanges, M. Javidan, P. Dorfman, & V. Gupta (Hrsg.), *Culture, leadership, and organizations: The GLOBE study of 62 societies* (S. 602–653). California: Thousand Oaks Sage.

Merlo, O., & Auh, S. (2009). The effects of entrepreneurial orientation, market orientation, and marketing subunit influence on firm performance. *Marketing Letters, 20*(3), 295–311.

Mueller, S., & Thomas, A. (2001). Culture and entrepreneurial potential: A nine country study of locus of control and innovativeness. *Journal of Business Venturing, 16*(1), 51–75.

Mulder, N. (1996). *Inside Thai society – An interpretation of everyday life* (5. Aufl.). Amsterdam: Amsterdam Pepin.

Nakata, C., & Sivakumar, K. (1996). National culture and new product development: An integrative review. *Journal of Marketing, 60*(1), 61–72.

Newman, K. L., & Nollen, S. D. (1996). Culture and congruence: The fit between management practices and national culture. *Journal of International Business Studies, 27*(4), 753–779.

N. N. (2010). Chávez droht Nestlé mit Enteignung http://www.sueddeutsche.de/wirtschaft/venezuela-chvez-droht-nestle-mit-enteignung-1.267779. Zugegriffen: 4. Juli 2014.

Radhakrishnan, S. (1961). *Weltanschauung der Hindu*. Baden-Baden: Holle.

Rauch, A., Frese, M., & Sonnentag, S. (2000). Cultural differences in planning/success relationships: A comparison of small enterprises in Ireland, West Germany, and East Germany. *Journal of Small Business Management, 38*(4), 28–41.

Rauch, A., Wiklund, J., Lumpkin, G. T., & Frese, M. (2009). Entrepreneurial orientation and business performance: An assessment of past research and suggestions for the future. *Entrepreneurship: Theory & Practice, 33*(3), 761–787.

Saeed, S., Yousafzai, S. Y., & Engelen, A. (2014). On cultural and macroeconomic contingencies of the entrepreneurial orientation-performance relationship. *Entrepreneurship: Theory & Practice, 38*(2), 255–290.

Shane, S. (1994). The effect of national culture on the choice between licensing and direct foreign investment. *Strategic Management Journal, 15*(8), 627–642.

Singh, S. (2006). Cultural differences in, and influences on, consumers' propensity to adopt innovations. *International Marketing Review, 23*(2), 173–191.

Skoda, U. (2014). Kaste und Kastensystem in Indien. http://www.bpb.de/internationales/asien/indien/44414/kastenwesen?p=all. Zugegriffen: 4. Juli 2014.

Smith, P. B. (2006). When elephants fight, the grass gets trampled: The GLOBE and Hofstede projects. *Journal of International Business Studies, 37*(6), 915–921.

Tang, J., Tang, Z., & Zhang, Y. (2007). The impact of entrepreneurial orientation and ownership type on firm performance in the emerging region of China. *Journal of Developmental Entrepreneurship, 12*(4), 383–397.

Taras, V., Steel, P., & Kirkman, B. (2012). Improving national cultural indices using a longidutional meta-analysis of Hofstede's dimensions. *Journal of World Business, 47*(3), 329–341.

Thomas, A., & Mueller, S. (2000). A case for comparative entrepreneurship: Assessing the relevance of culture. *Journal of International Business Studies, 31*(2), 287–301.

Triandis, H. (1994). *Culture and social behavior.* New York: McGraw-Hill.

Triandis, H. (1995). *Individualism and collectivism.* Boulder: Westview.

Triandis, H. (2001). Individualism-collectivism and personality. *Journal of Personality, 69*(6), 907–924.

United Nations Development Program (2013). *Human development report.* New York: Palgrave Macmillan.

Weltbank. (2013). The worldwide governance Indicators (WGI) project. http://info.worldbank.org/governance/wgi/index.aspx#home. Zugegriffen: 11. Juli 2014.

Wiklund, J., & Shepherd, D. (2005). Entrepreneurial orientation and small business performance: A configurational approach. *Journal of Business Venturing, 20*(1), 71–91.

Wright, M., Filatotchev, I., Hoskisson, R. E., & Peng, M. W. (2005). Strategy research in emerging economies: Challenging the conventional wisdom. *Journal of Management Studies, 42*(1), 1–33.

Yenikeyeff, S. (2012). Putin and Russia's big business: From unstable stability to stable instability? http://www.theglobalist.com/putin-and-russias-big-business-from-unstable-stability-to-stable-instability/. Zugegriffen: 1. Juli 2014.

Zahra, S. A. (1991). Predictors and financial outcomes of corporate entrepreneurship: An exploratory study. *Journal of Business Venturing, 6*(4), 259–285.

Ansätze zur Messung von Corporate Entrepreneurship

6

„Was man nicht messen kann, kann man nicht lenken." Dieser Logik von Peter Drucker folgend lassen sich die in den vorhergehenden Kapiteln besprochenen Managementansätze nur gezielt anwenden, wenn der Status quo quantitativ erfasst und Entwicklungen aufgezeigt werden können. Daher widmet sich das sechste Kapitel den Möglichkeiten, Corporate Entrepreneurship und seine Managementstellhebel im Unternehmen zu messen. Abschnitt 6.1 präsentiert verschiedene Ebenen der Messung von Corporate Entrepreneurship sowie allgemeine Methoden zur Messung von Managementthemen. Abschnitt 6.2 beschäftigt sich mit Messinstrumenten zu Corporate Entrepreneurship auf Unternehmens-, Management- und Mitarbeiterebene.

Zentrale Fragen von Kap. 6
- Auf welchen Ebenen können Corporate Entrepreneurship und unternehmerisches Verhalten gemessen werden? Durch welche Methoden und durch wen kann Corporate Entrepreneurship erfasst werden?
- Welche Messinstrumente zur Erfassung von Corporate Entrepreneurship und unternehmerischem Verhalten gibt es auf der individuellen Ebene einzelner Mitarbeiter und auf der Ebene des gesamten Unternehmens?

© Springer Fachmedien Wiesbaden 2015
A. Engelen et al., *Corporate Entrepreneurship*, DOI 10.1007/978-3-658-00646-4_6

6.1   Ebenen und Methoden zur Messung von Corporate Entrepreneurship

Der folgende Abschnitt dient der Einführung in die Thematik der Messung von managementrelevanten Themen im Unternehmen im Allgemeinen und von Corporate Entrepreneurship im Speziellen. Dazu wird in Abschn. 6.1.1 diskutiert, auf welchen Ebenen Corporate Entrepreneurship im Unternehmen gemessen werden kann. Abschnitt 6.1.2 führt dann allgemein in die Möglichkeiten der Messung von managementrelevanten Themen in Unternehmen ein.

6.1.1   Messebenen von Corporate Entrepreneurship im Unternehmen

Es gibt verschiedene Ebenen, auf denen Corporate Entrepreneurship im Unternehmen betrachtet und gemessen werden kann (Wales et al. 2011). Wie in Abb. 6.1 dargestellt, lassen sich konkret drei Ebenen der Messung von Corporate Entrepreneurship unterscheiden:

- Die individuelle Ebene: Ansatzpunkt der Messung ist, wie unternehmerisch sich einzelne Mitarbeiter verhalten (de Jong et al. 2014). Diese Information kann für bestehende Mitarbeiter, für Rekrutierungsprozesse und als persönliche Selbstinformation relevant sein. Manager können mit diesem Messinstrument bewerten, wie unternehmerisch ihre aktuellen Mitarbeiter sind, und daraus ableiten, ob es notwendig ist, das unternehmerische Verhalten zu stärken und entsprechende Trainings und andere Stellhebel anzuwenden. Falls eine Stelle mit besonders unternehmerisch orientierten Mitarbeitern besetzt werden soll, kann deren Orientierung ebenfalls vorher gemessen werden, um

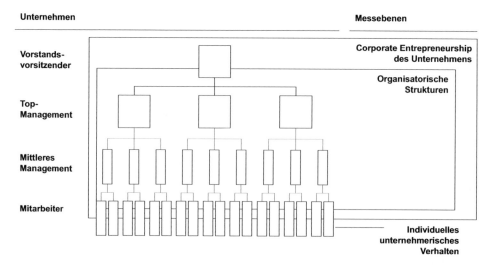

Abb. 6.1 Verschiedene Ebenen der Messung von Corporate Entrepreneurship

den geeigneten Kandidaten zu finden. Als Selbstinformation können sowohl Manager als auch Mitarbeiter den Fragebogen nutzen, um sich selbst einzuschätzen und zu beurteilen.

- Die organisatorische Ebene: Auf dieser Ebene können einzelne Management-Stellhebel zur Förderung von Corporate Entrepreneurship gemessen werden. Dies sind im Wesentlichen die in Kap. 3 dieses Buchs dargestellten Managementansätze entlang der fünf Managementfunktionen Planung, Organisation, Personal, Führung und Kontrolle. Diese Ebene ist interessant für Manager, die mit dem Gedanken spielen, mehr Corporate Entrepreneurship in ihrem Unternehmen zu fördern. Diese Manager können herausfinden, an welchen Stellhebeln gearbeitet werden kann, und im Zeitverlauf durch Folgemessungen herausfinden, ob der gewünschte Fortschritt eingetreten ist.
- Die Unternehmensebene: Übergreifend kann Corporate Entrepreneurship als eine aggregierte Kennzahl zur Beurteilung der drei Dimensionen Innovativität, Proaktivität und Risikobereitschaft eines Unternehmens erfasst werden, die, wie Abschn. 2.1 dargelegt hat, zugrunde liegende Elemente von Corporate Entrepreneurship sind (Covin und Slevin 1989).

6.1.2   Überblick über Messansätze und -methoden

Im Folgenden soll dargestellt werden, welche grundlegenden Möglichkeiten bestehen, managementrelevante Sachverhalte im Unternehmen zu messen (Homburg und Giering 1996). Zunächst ist zu unterscheiden, wer überhaupt die Messung vornimmt. Das kann entweder die zu bewertende Person bzw. das zu bewertende Unternehmen (Selbstbeurteilung) oder eine externe Person oder Institution (Fremdbeurteilung) sein.

Bei der Selbstbeurteilung bewertet der Antwortende sich oder sein Unternehmen selbst. Ein Vorteil ist, dass diese Selbstbeurteilung schnell und unkompliziert durchzuführen ist und man seine eigene Situation und die des Unternehmens gut kennt. Allerdings besteht bei der reinen Selbstbewertung die Gefahr, sich so zu bewerten, wie man sich selbst gerne sehen möchte.

Fremdbeurteilung liegt vor, wenn man sich oder sein Unternehmen von unternehmensexternen Personen oder Institutionen bewerten lässt (Kumar et al. 1993). Diese Beurteilung ist aufwendiger – geeignete Personen müssen gefunden und überzeugt werden, an der Befragung teilzunehmen – und birgt das Risiko, dass Externe nicht alle internen Details zur Beurteilung des Sachverhaltes kennen. Allerdings liefert die Fremdbeurteilung ein objektiveres Bild und eignet sich damit gerade für die Aspekte von Corporate Entrepreneurship. Kunden beispielsweise können die Innovativität des Unternehmens anhand der angebotenen Produkte, die Proaktivität anhand des Auftretens im Vergleich zu Wettbewerbern gut beurteilen.

Des Weiteren kann man die Bewertung von einer oder mehreren Personen vornehmen lassen (Homburg et al. 2012). Nur eine Bewertung einzuholen ist ressourcenärmer, birgt aber die Gefahr, dass diese eine Meinung nicht repräsentativ ist. Um ein umfassenderes Bild zu bekommen, bietet es sich an, mehrere Personen im Unternehmen zu befragen. Auf der individuellen Ebene können beispielsweise die Mitarbeiter, der Vorgesetzte, Kontakte in anderen Abteilungen sowie externe Partner, mit denen man zusammenarbeitet, als Beurteiler in Frage kommen. Für die Bewertung des Corporate Entrepreneurship auf Unternehmensebene bietet es sich ebenfalls an, aus mehreren Hierarchieebenen, Abteilungen und dem externen Umfeld Bewertungen zu sammeln. Es kann interessant sein, sich nicht nur die aggregierten Durchschnittswerte anzusehen, sondern auch die Abweichungen – zum Beispiel, ob die Bewertung des Unternehmens durch externe Partner anders ausfällt als die interne Bewertung. Aus den beiden Kriterien „Selbstbeurteilung vs. Fremdbeurteilung" und der Anzahl der Beurteilenden ergeben sich vier Ansätze der Messung, wie Abb. 6.2 zusammenfasst.

Neben der Klärung, wer befragt werden soll, unterscheiden sich Messansätze darin, ob ein „Single-Item"- oder „Multi-Item"-Messmodell vorliegt (Bagozzi et al. 1991). Bei „Single-Item"-Messmodellen wird ein Sachverhalt (beispielsweise ein Planungsrhythmus) mit einem Indikator abgefragt, der lauten könnte: „Wie oft planen Sie operative Werbebudgets neu?" Wenn der Antwortende über diesen Sachverhalt informiert ist, kann er diese Frage ziemlich genau beantworten. Dieser eine Indikator beschreibt den zugrunde liegenden Sachverhalt ausreichend gut und direkt, so dass keine weiteren Informationen notwendig sind.

Es gibt jedoch eine ganze Reihe von Sachverhalten in der Managementlehre, die ein einziger Indikator nicht unmittelbar ausreichend erfassen kann. Bereits die Erhebung eines bestimmten Führungsstils ist wesentlich komplizierter (Bass 1985). Es ist schwer vorstell-

		Selbstbeurteilung	Fremdbeurteilung
		Mitarbeiter oder Manager beurteilt sich oder sein Unternehmen selbst	Mitarbeiter oder Manager beurteilt einen anderen Mitarbeiter oder ein anderes Unternehmen
Ein Befragter	Eine Bewertung wird erfasst	**Subjektive individuelle Selbstbeurteilung** des unternehmerischen Verhaltens, z.B.: Wie unternehmerisch schätze ich mich ein? Wie unternehmerisch sieht ein Manager das Unternehmen?	**Objektive(re) dyadische Beurteilung**, z.B.: Wie unternehmerisch sehen Kollegen/Vorgesetzte/ Untergeordnete einen Mitarbeiter/Manager?
Mehrere Befragte	Mehrere Bewertungen von verschiedenen Personen werden erfasst	**Subjektive Selbstbeurteilung einer Organisation** (als Durchschnitt oder Streuung der Ergebnisse), z.B.: Wie unternehmerisch sehen verschiedene Funktionen das Unternehmen? Wie stark schwankt die Beurteilung?	**Objektive(re) dyadische externe Beurteilung**, z.B.: Wie unternehmerisch schätzen Kunden oder Partner einen Geschäftspartner oder ein Unternehmen ein?

Abb. 6.2 Ansätze der Messung von managementrelevanten Sachverhalten

bar, einen kompletten Führungsstil über einen Indikator abzudecken. Hinzu kommt, dass Führungsstile nicht unmittelbar beobachtbare Phänomene („latente Konstrukte") sind. In solchen Fällen bedient man sich sogenannter „Multi-Item"-Messmodelle. Sie bestehen aus zwei oder mehr Indikatoren, die in ihrer Gesamtheit das nicht unmittelbar beobachtbare Phänomen erfassen (Homburg und Giering 1996).

Schließlich unterscheiden sich Messmodelle in der verwendeten Skala. Auf jeden Indikator soll ein Antwortender in irgendeiner Form eine auswertbare Rückantwort geben. In der Managementlehre werden zumeist sogenannte Likert-Skalen genutzt (Devellis 2003). Mit diesen Likert-Skalen kann der Befragte in vorgegebenen Abstufungen eine Einschätzung zu den Indikatoren geben. Dabei sollte der Abstand zwischen den Abstufungen gleich und die Abstufungen symmetrisch verteilt sein (also z. B. gleich viele ablehnende wie zustimmende Stufen). Dieser Ansatz soll einen Erkenntnisgewinn darüber liefern, wie stark der Antwortende die im Indikator geäußerte Aussage unterstützt. Als Beispiel sind in Abb. 6.3 eine fünfstufige und eine sechsstufige Variante dargestellt (Homburg und Krohmer 2009).

Darüber hinaus können semantische Differenziale verwendet werden. Mit einem semantischen Differenzial werden ebenfalls Meinungen abgefragt, allerdings dadurch, dass man den Befragten die Zustimmung zu gegensätzlichen Aussagen geben lässt. Man verwendet also eine bipolare Ratingskala, wie sie in Abb. 6.3 exemplarisch dargestellt ist. Das Verfahren hat gegenüber der direkten Befragung den Vorteil, dass die Ergebnisse besser miteinander vergleichbar sind und weniger davon beeinflusst werden, was die Befragten für die erwartete Antwort halten.

Likert-Skala

Fünfstufig	trifft nicht zu	trifft eher nicht zu	teils-teils	trifft eher zu	trifft zu
• Aussage z.B.: „Dieser Mitarbeiter generiert neue Ideen"	1 ☐	2 ☐	3 ☐	4 ☐	5 ☐

Sechsstufig	trifft überhaupt nicht zu	trifft nicht zu	trifft eher nicht zu	trifft eher zu	trifft zu	trifft voll zu
• Aussage z.B.: „Dieser Mitarbeiter zeigt sich bereit , Risiken einzugehen"	1 ☐	2 ☐	3 ☐	4 ☐	5 ☐	6 ☐

Semantisches Differenzial

• Ausprägung z.B.: Veränderungen in Produktlinien fallen eher gering aus	1 ☐	2 ☐	3 ☐	4 ☐	5 ☐	6 ☐	7 ☐	• Gegensätzliche Ausprägung z.B.: Veränderungen fallen typischerweise drastisch aus

Abb. 6.3 Beispiele für Fragetypen: Likert-Skala und semantisches Differenzial

6.2   Messinstrumente für Corporate Entrepreneurship

Im Folgenden werden konkrete Messinstrumente zum Corporate Entrepreneurship erläutert: Abschn. 6.2.1 stellt zwei Ansätze zur Messung des individuellen unternehmerischen Verhaltens von Mitarbeitern dar, Abschn. 6.2.2 organisationale Strukturen und Faktoren für unternehmerisches Verhalten anhand des „Corporate Entrepreneurship Assessment Instruments" (CEAI) und Abschn. 6.2.3 einen Index zur aggregierten Messung von Corporate Entrepreneurship. Alle im Folgenden dargestellten Messinstrumente stammen aus dem anglo-amerikanischen Raum und sind im Original in Englisch verfasst. Für dieses Buch wurden die Fragen ins Deutsche übersetzt.

6.2.1   Messung von individuellem unternehmerischem Verhalten von Mitarbeitern

Wie bereits in Abschn. 3.4.1.2 und 5.2.1 dargestellt, widmete der Global Entrepreneurship Monitor (GEM) 2011 dem Thema unternehmerische Aktivitäten von angestellten Mitarbeitern (engl. Entrepreneurial Employee Activity; abgekürzt: EEA) in Unternehmen einen Special Report (Bosma et al. 2013). Er unterscheidet dabei zwei Definitionen von unternehmerischen Aktivitäten: Zum einen eine breiter gefasste Definition, die auf Mitarbeiter zutrifft, die in den letzten drei Jahren aktiv und in führender Rolle an der Entwicklung, Gestaltung und Einführung einer neuen Aktivität beteiligt waren. Zum anderen eine engere Definition, die sich auf Mitarbeiter bezieht, die aktuell an einer solchen Entwicklung beteiligt sind. Abbildung 6.4 stellt dar, durch welche Fragen der EEA in der engeren und breiteren Definition ermittelt wird.

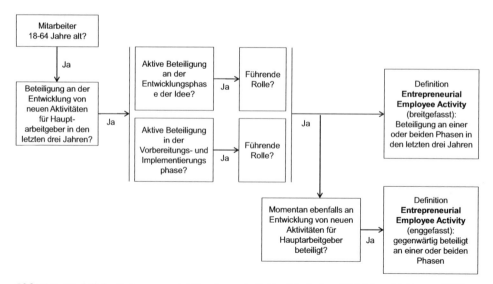

Abb. 6.4 Modell der Entrepreneurial Employee Activity. (Nach dem GEM Special Report 2013)

Die Kennzahl EEA bezieht sich auf die Bevölkerung zwischen 18 und 64 Jahren und wird in Prozent angegeben. Der GEM erhebt einen Durchschnittswert für verschiedene Nationen, wie in Abschn. 5.2.1 aufgezeigt wurde. In der breiteren Definition liegt der EEA für Schweden als Spitzenreiter bei 22%, für Deutschland bei 7,6% der Mitarbeiter, die in den letzten drei Jahren unternehmerische Aktivitäten in bestehenden Unternehmen gezeigt haben. Unternehmen und Manager können dieses Messinstrument anwenden, um den Prozentsatz ihrer Mitarbeiter zu bestimmen, die an unternehmerischen Aktivitäten beteiligt sind. Kritisch zu sehen ist, dass der EEA die Mitarbeiter nur digital in „unternehmerisch" und „nicht unternehmerisch" unterteilt (mit Abstufung der enger und breiter gefassten Definition, ob diese aktuell unternehmerisch sind oder es in den letzten drei Jahren waren).

Um dezidiertere Aussagen über das unternehmerische Verhalten von Mitarbeitern zu treffen, bietet es sich an, das unternehmerische Verhalten und die zugrunde liegende Intention skaliert statt digital zu betrachten. Das von de Jong et al. (2014) präsentierte Messinstrument bietet sich dafür an. Hierbei handelt es sich um ein „Multi-Item"-Messinstrument, das der Komplexität des Phänomens Rechnung trägt.

De Jong et al. (2014) definieren individuelles unternehmerisches Verhalten von Mitarbeitern entlang der drei Dimensionen Innovativität, Proaktivität und Risikobereitschaft folgendermaßen:

> In sum, innovation, proactivity, and risk taking are defining features of the individual entrepreneurial process, representing a range of behaviors that entrepreneurial workers may engage in – including identifying opportunities and threats, generating and searching out ideas, championing ideas and selling those to peers in the company, putting effort in making it happen, and boldly moving forward in the pursuit of opportunities while accepting the risk of potential losses. (S. 4)

Die Autoren übertragen damit das Konzept von Corporate Entrepreneurship auf Unternehmensebene, wie es in Abschn. 2.1 dargestellt wurde und über die drei Dimensionen Innovativität, Proaktivität und Risikobereitschaft zu erfassen ist, auf die individuelle Ebene einzelner Mitarbeiter. Sie entwickelten ein Messinstrument, mit dem Mitarbeiter entlang von neun Fragen auf einer Likert-Skala von 1 („überhaupt nicht") bis 7 („in sehr hohem Maße") bewertet werden können. In Tab. 6.1 sind die Fragen der drei Dimensionen als Likert-Skala abgebildet.

Die Punktwerte der Antworten werden summiert, anschließend bildet man den Durchschnitt je Dimension und für das gesamte unternehmerische Verhalten. Anhand der neun Fragen nach de Jong et al. (2014) können die Mitarbeiter sich selbst, Kollegen und/oder Vorgesetzte auf den einzelnen Dimensionen oder insgesamt unternehmerisch einstufen und vergleichen. Das Messinstrument für individuelles Corporate Entrepreneurship liefert ein kompaktes und einfaches Messinstrument, das allerdings mit nur acht Fragen die Komplexität des Themas reduziert und keinen Anspruch hat, tiefere Aspekte von individuellem unternehmerischem Verhalten aufzudecken.

Tab. 6.1 Messinstrument zur Bewertung des individuellen unternehmerischen Verhaltens. (Nach de Jong et al. 2014)

	Diese/r Mitarbeiter/in …	Überhaupt nicht		Neutral			In sehr hohem Maße	
1	… generiert kreative Ideen	1	2	3	4	5	6	7
2	… sucht aktiv nach neuen Techniken, Technologien und/oder anderen Produktideen	1	2	3	4	5	6	7
3	… fördert und vertritt anderen gegenüber seine Ideen	1	2	3	4	5	6	7
	Durchschnittswert von Innovativität (1, 2 und 3)						—	
4	… identifiziert langfristige Chancen und Gefahren für das Unternehmen	1	2	3	4	5	6	7
5	… ist bekannt als erfolgreicher Vermarkter seiner Ideen	1	2	3	4	5	6	7
6	… strengt sich an, neue Geschäftsfelder und Geschäftsideen erfolgreich zu betreiben	1	2	3	4	5	6	7
	Durchschnittswert von Proaktivität (4, 5 und 6)						—	
7	… zeigt sich bereit, Risiken einzugehen	1	2	3	4	5	6	7
8	… versucht, den großen Gewinn einzufahren, wenn große Chancen auf dem Tisch liegen, auch wenn das schiefgehen könnte	1	2	3	4	5	6	7
9	… handelt zuerst und fragt danach um Erlaubnis, auch wenn er/sie weiß, dass andere Leute das missbilligen	1	2	3	4	5	6	7
	Durchschnittswert von Risikobereitschaft (7, 8 und 9)						—	
	Durchschnittswert aller drei Dimensionen						—	

6.2.2 Messung von Organisationsstrukturen als Stellhebel von Corporate Entrepreneurship

Das „Corporate Entrepreneurship Assessment Instrument" (CEAI) wurde als Messinstrument für wichtige unternehmensinterne Stellhebel von Corporate Entrepreneurship von Hornsby et al. (2002) und Hornsby et al. (2013) entwickelt. Erstere leiten aus der bestehenden Literatur fünf wichtige Faktoren ab, die sich auch in Abschn. 3.1 und Abb. 3.2 dieses Buchs zu den Managementhebeln zur Förderung von Corporate Entrepreneurship im Unternehmen finden:

• Zeitliche Verfügbarkeit: Besonders das mittlere Management, das oft in die Ressourcenallokation eingebunden ist, sollte sicherstellen, dass genug Personal für innovative und kreative Aktivitäten vorhanden ist. Wenn durch zusätzliche unternehmerische Aktivitäten die anfallenden Kernaufgaben langsamer, weniger gut oder gar nicht mehr erfüllt werden können, werden Manager davor zurückschrecken, die für Corporate Entrepreneurship notwendigen Experimente in ausreichender Anzahl zuzulassen. Die Arbeitsbelastung von einzelnen Mitarbeitern und Teams sollte es erlauben, dass Innovationen und Anstrengungen, mit denen langfristige Ziele des Unternehmens realisiert werden, verfolgt werden können, wie es auch bereits in Abschn. 3.4 im Rahmen der Personalfunktion hergeleitet wurde.

- Einstellung des Top-Managements: Wie bereits in Abschn. 3.5 detailliert beschrieben, ist die Bereitschaft des Top-Managements, unternehmerisches Verhalten zu ermöglichen und zu unterstützen, zentral. Zu den Möglichkeiten des Top-Managements, dies zu tun, zählen Mentorschaften für innovative Ideen, die Bereitstellung notwendiger Budgets und Schutz für besonders unternehmerische Projekte.
- Freiräume in der Arbeitsgestaltung der Mitarbeiter: Das Top-Management muss es dem mittleren Management zugestehen, einen Teil der Entscheidungen selbst zu treffen, Autorität und Verantwortung selbst zu übernehmen, es muss Mittelmanager vor exzessiver Kontrolle schützen und ein gewisses Maß an Fehlern akzeptieren. Dies wurde bereits in Abschn. 3.3 und 3.4 dargestellt. Ein Umfeld, das dazu ermutigt (kalkulierbare oder begrenzte) Risiken einzugehen, und dabei auch ein gewisses Maß an Fehlern erlaubt, unterstützt die Realisierung von Corporate Entrepreneurship.
- Belohnungssysteme: Wie in Abschn. 3.4 dargestellt, betont die aktuelle Forschung, dass zur Förderung unternehmerischen Verhaltens spezielle Entlohnungs- und Bewertungssysteme notwendig sind. Diese müssen allerdings durch konkrete Ziele, sinnvolle Feedbackmöglichkeiten, Betonung der Verantwortung des Einzelnen und Ergebnisorientierung gekennzeichnet sein und die mittleren Manager ermutigen, anspruchsvolle und herausfordernde Aufgaben wie Corporate Entrepreneurship anzugehen.
- Unterstützende Organisationsstrukturen und -ziele: Wie in Abschn. 3.3 aufgeführt, müssen die administrativen Strukturen und Mechanismen, durch die eine Idee bewertet, ausgewählt und realisiert wird, Corporate Entrepreneurship unterstützen. Unpassende Organisationsstrukturen und -systeme stellen eines der größten Hindernisse für Mittelmanager in der Realisierung von Corporate Entrepreneurship dar.

Diese Faktoren werden einzeln und in Kombination als wichtige Stellhebel zur Förderung von Corporate Entrepreneurship angesehen. Hornsby et al. (2002) entwickelten einen Fragebogen mit 48 Fragen, der diese fünf Dimensionen abdeckte („Multi-Item"-Messmodelle). Bei einer Überarbeitung 2013 reduzierten die Autoren diesen auf 25 Fragen, die in Tab. 6.2 mit einer 7-stufigen Likert-Skala (von 1 „überhaupt nicht" bis 7 „in sehr hohem Maße") dargestellt sind (Hornsby et al. 2013).

Mit dem CEAI kann aufgedeckt werden, wie gut ein Unternehmen bereits für Corporate Entrepreneurship positioniert ist und an welchen Bereichen es noch arbeiten kann. Eine Folgemessung im Zeitverlauf kann aufzeigen, ob und wie stark sich die einzelnen Hebel positiv für Corporate Entrepreneurship verändert haben. Es ist meist sinnvoll, die Bewertung durch mehrere Manager durchführen zu lassen, da sehr unterschiedliche Sichtweisen bestehen können. Zum Beispiel kann ein Top-Manager sich selbst als sehr unterstützend für Corporate Entrepreneurship betrachten, während seine untergeordneten Mitarbeiter diese Wahrnehmung nicht teilen. Bei einer Bewertung durch mehrere Personen entsteht ein objektiveres Bild, und die Chance steigt, dass der Fokus auf die richtigen Stellhebel gelegt wird.

Tab. 6.2 Fragen des „Corporate Entrepreneurship Assessment Instrument". (Nach Hornsby et al. 2013)

		Überhaupt nicht		Neutral		In sehr hohem Maße		
1	Ich habe immer genug Zeit, alle meine Aufgaben zu erfüllen	1	2	3	4	5	6	7
2	Während der letzten 3 Monate war mein Arbeitspensum zu hoch, als dass ich Zeit für die Entwicklung von neuen Ideen gehabt hätte	1	2	3	4	5	6	7
3	Ich besitze ausreichend viel Zeit für mein tägliches Arbeitspensum	1	2	3	4	5	6	7
4	Es fühlt sich für mich so an, als würde ich meine Aufgaben immer unter Zeitdruck erledigen	1	2	3	4	5	6	7
5	Meine Kollegen und ich finden immer genug Zeit, um Langzeitprobleme zu lösen	1	2	3	4	5	6	7
	Durchschnittswert von zeitlicher Verfügbarkeit (1–5)					——		
6	Das höhere Management zeigt sich gegenüber meinen Ideen und Vorschlägen offen und sehr aufnahmefähig	1	2	3	4	5	6	7
7	Mein Unternehmen unterstützt viele kleine und experimentelle Projekte mit dem Wissen, dass einige scheitern werden	1	2	3	4	5	6	7
8	Oftmals stehen finanzielle Mittel zur Verfügung, um neue Projekte anzustoßen	1	2	3	4	5	6	7
9	Mitarbeiter werden oft dazu ermutigt, kalkulierte Risiken mit neuen Ideen einzugehen	1	2	3	4	5	6	7
10	Um vielversprechenden Ideen nachzugehen, ermutigt die Geschäftsleitung die Innovatoren, Regeln und starre Prozeduren zu umgehen	1	2	3	4	5	6	7
11	Mitarbeiter, die eigene innovative Ideen hervorbringen, erhalten für ihre Aktivitäten Zuspruch vom Management	1	2	3	4	5	6	7
12	Mein Chef hilft mir beim Bewältigen meiner Arbeit, indem er Hindernisse aus dem Weg räumt	1	2	3	4	5	6	7
	Durchschnittswert zur Einstellung des Top-Managements (6–12)					——		
13	Ich besitze viel Autonomie bei meiner Arbeit und kann meine Aufgaben selbstständig bearbeiten	1	2	3	4	5	6	7
14	Es liegt quasi in meiner Verantwortung, wie ich meinen Job erledige	1	2	3	4	5	6	7
15	Ich muss selten jeden Tag die gleichen Methoden anwenden, um meine Aufgaben zu erledigen	1	2	3	4	5	6	7

Tab. 6.2 (Fortsetzung)

		Überhaupt nicht		Neutral			In sehr hohem Maße	
16	Ich bin mein eigener Chef und muss nicht alle meine Entscheidungen doppelt überprüfen lassen	1	2	3	4	5	6	7
17	Dieses Unternehmen bietet mir die Freiheit, mir mein eigenes Urteil zu bilden	1	2	3	4	5	6	7
18	Ich kann fast immer entscheiden, was ich in meinem Job mache	1	2	3	4	5	6	7
19	Ich habe die Freiheit zu entscheiden, was ich in meinem Job mache	1	2	3	4	5	6	7
	Durchschnittswert zu Freiräumen in der Arbeitsgestaltung (13–19)						—	
20	Die Belohnungen, die ich erhalte, sind abhängig von meiner Leistung	1	2	3	4	5	6	7
21	Wenn meine Leistungen besonders gut sind, ernte ich besondere Anerkennung durch meinen Vorgesetzten	1	2	3	4	5	6	7
22	Wenn meine Leistungen überdurchschnittlich gut sind, berichtet mein Chef dies seinem Vorgesetzten	1	2	3	4	5	6	7
23	Durchschnittswert von Belohnungssystemen (20–22)						—	
24	Meine Jobbeschreibung spezifiziert klar die Leistungsstandards, auf deren Grundlage meine Arbeit evaluiert wird	1	2	3	4	5	6	7
25	In den letzten drei Monaten habe ich mich immer an die Standardbetriebsabläufe gehalten, um meine Hauptaufgaben zu erfüllen	1	2	3	4	5	6	7
	Durchschnittswert zu unterstützenden Organisations-strukturen und -zielen (24 und 25)						—	
	Durchschnittswert aller fünf Dimensionen						—	

6.2.3 Messung von Corporate Entrepreneurship durch einen Index auf Unternehmensebene

Darüber hinaus kann Corporate Entrepreneurship durch einen einzigen Index auf Unternehmensebene erfasst werden. Diese aggregierte Kennzahl ermöglicht dann zwar keine detaillierte Ursachenforschung über Stärken und Schwächen eines Unternehmens in Bezug auf Corporate Entrepreneurship, jedoch ist ein einfacher Vergleich mit anderen Unternehmen möglich. So kann Transparenz über den Status quo des Unternehmens relativ zum Wettbewerb geschaffen werden.

Tab. 6.3 Messinstrument für Corporate Entrepreneurship auf Unternehmensebene. (Nach Covin und Slevin 1989)

Im Allgemeinen bevorzugen die Top-Manager meines Unternehmens …								
(1) … verstärkten Fokus auf Marketing von bewährten Produkten und Dienstleistungen	1	2	3	4	5	6	7	… verstärkten Fokus auf Forschung und Entwicklung, technologische Führerschaft und Innovation

Wie viele neue Produktlinien oder Dienstleistungen hat Ihr Unternehmen während der letzten fünf Jahre oder seit der Gründung vermarktet?

(2) Keine neuen Produkte oder Dienstleistungen	1	2	3	4	5	6	7	Sehr viele neue Produkte oder Dienstleistungen
(3) Änderungen der Produkte oder Dienstleistungen waren meist marginal	1	2	3	4	5	6	7	Änderungen der Produkte oder Dienstleistungen waren meist ziemlich tiefgreifend
Durchschnittswert von Innovativität (1, 2 und 3)				—				

Im Umgang mit Wettbewerbern …								
(4) … reagiert mein Unternehmen typischerweise auf Handlungen, die Wettbewerber initiieren	1	2	3	4	5	6	7	…startet mein Unternehmen typischerweise selbst Aktivitäten, auf die Wettbewerber dann reagieren
(5) … ist mein Unternehmen selten das erste Unternehmen, das neue Produkte, Dienstleistungen, administrative Prozesse, Produktionstechniken etc. einführt	1	2	3	4	5	6	7	… ist mein Unternehmen häufig das erste Unternehmen, das neue Produkte, Dienstleistungen, administrative Prozesse, Produktionstechniken etc. einführt
(6) … vermeidet mein Unternehmen typischerweise direkte Konfrontationen mit dem Wettbewerb und bevorzugt eine Haltung nach dem Motto „leben und leben lassen"	1	2	3	4	5	6	7	… nimmt mein Unternehmen typischerweise eine sehr konkurrenzbetonte Haltung ein nach dem Motto „schlage den Wettbewerb"
Durchschnittswert von Proaktivität (4, 5 und 6)				—				

Im Allgemeinen haben die Top-Manager meines Unternehmens …								
(7) … eine starke Neigung zu Projekten mit geringem Risiko (mit durchschnittlichen und sicheren Erträgen)	1	2	3	4	5	6	7	… eine starke Neigung zu Projekten mit hohem Risiko (mit Chancen auf sehr hohe Erträge)

Im Allgemeinen glauben Top-Manager in meinem Unternehmen …								
(8) … dass es besser ist, ein unbekanntes (Markt-)Umfeld nach und nach mit vorsichtigem, schrittweisem Vorgehen zu erkunden	1	2	3	4	5	6	7	… dass in einem unbekannten (Markt) Umfeld selbstsicheres, weitreichendes Handeln notwendig ist, um die Unternehmensziele zu erreichen

Tab. 6.3 (Fortsetzung)

In Entscheidungssituationen unter Unsicherheit …								
(9) … nimmt mein Unternehmen typischerweise eine vorsichtige, abwartende Haltung ein, um die Wahrscheinlichkeit von kostspieligen Entscheidungen zu minimieren	1	2	3	4	5	6	7	… nimmt mein Unternehmen typischerweise eine selbstsichere, aggressive Haltung ein, um die Wahrscheinlichkeit zu maximieren, mögliche Chancen zu nutzen
Durchschnittswert von Risikobereitschaft (7, 8 und 9)				——				
Durchschnittswert aller drei Dimensionen von Corporate Entrepreneurship				——				

In der Literatur wird der Grad an Corporate Entrepreneurship eines einzelnen Unternehmens zumeist über das Messinstrument von Covin und Slevin (1989) erfasst, das in Tab. 6.3 dargestellt wird. Die Autoren bauen auf der Unterteilung in die drei Dimensionen Innovativität, Proaktivität und Risikobereitschaft auf und entwickeln für jede dieser Dimensionen eine bestimmte Anzahl an Indikatoren („Multi-Item"-Messmodelle), die über semantische Differenziale erfasst werden.

Dieses Messinstrument ist in der Mehrzahl der empirischen wissenschaftlichen Studien zum Corporate Entrepreneurship (Wales et al. 2013), über die in Kap. 2 und Kap. 3 berichtet wurde, zum Einsatz gekommen.

Beantwortung der zentralen Fragen von Kap. 6

Die Messung von Corporate Entrepreneurship kann durch Selbst- oder Fremdbeurteilung oder einer Kombination aus beidem erfolgen.

Als etablierte Messinstrumente gibt es …

- die Kennzahl Entrepreneurial Employee Activity (EEA) des Global Entrepreneurship Monitors, die den Anteil unternehmerisch aktiver Mitarbeiter in Unternehmen misst.
- das individuelle unternehmerische Verhalten auf den Komponenten Innovativität, Proaktivität und Risikobereitschaft nach de Jong et al. (2014), mit dem man den Grad an Corporate Entrepreneurship einzelner Personen messen kann.
- das Corporate Entrepreneurship Assessment Instrument (CEAI) nach Hornsby et al. (2002 und 2013), anhand dessen beurteilt werden kann, wie konsequent organisatorische Strukturen Corporate Entrepreneurship bereits unterstützen oder wo Handlungsbedarf besteht.
- den Grad an Corporate Entrepreneurship, wie ihn Covin und Slevin (1989) für das gesamte Unternehmen anhand der drei Komponenten Innovativität, Proaktivität und Risikobereitschaft messen.

Literatur

Bagozzi, R., Yi, Y., & Phillips, L. (1991). Assessing construct validity in organizational research. *Administrative Science Quarterly, 36*(3), 421–458.

Bass, B. (1985). *Leadership and performance beyond expectations*. London: The Free Press.

Bosma, N., Wennekers, S., Guerrero, M., Amoros, J., Martiarena, A., & Singer, S. (2013). *Global entrepreneurship monitor – special report on entrepreneurial employee activity*. Babson: Global Entrepreneurship Research Association.

Covin, J., & Slevin, D. (1989). Strategic management of small firms in hostile and benign environments. *Strategic Management Journal, 10*(1):75–87.

Devellis, R. (2003). *Scale development: Theory and applications* (2. Aufl.). California: Newbury Park Sage.

Homburg, C., & Giering, A. (1996). Konzeptualisierung und Operationalisierung komplexer Konstrukte – Ein Leitfaden für die Marketingforschung. *Marketing Zeitschrift für Forschung und Praxis, 20*(2), 5–24.

Homburg, C., & Krohmer, H. (2009). *Grundlagen des Marketingmanagements: Einführung in Strategie, Instrumente, Umsetzung und Unternehmensführung* (2. Aufl.). Wiesbaden: Gabler.

Homburg, C., Klarmann, M., Reimann, M., & Schilke, O. (2012). What drives key informant accuracy? *Journal of Marketing Research, 49*(4), 594–608.

Hornsby, J. S., Kuratko, D. F., & Zahra, S. A. (2002). Middle managers' perception of the internal environment for corporate entrepreneurship: Assessing a measurement scale. *Journal of Business Venturing, 17*(3), 253–273.

Hornsby, J. S., Kuratko, D. F., Holt, D. T., & Wales, W. J. (2013). Assessing a measurement of organizational preparedness for corporate entrepreneurship. *Journal of Product Innovation Management, 30*(5), 937–955.

de Jong, J., Parker, S., Wennekers, S., & Wu, C. (2014). Entrepreneurial behavior in organizations: Does job design matter? *Entrepreneurship: Theory & Practice* (Im Druck).

Kumar, N., Stern, L. W., & Anderson, J. C. (1993). Conducting interorganizational research using key informants. *Academy of Management Journal, 36*(6), 1633–1651.

Wales, W., Monsen, E., & McKelvie, A. (2011). The organizational pervasiveness of entrepreneurial orientation. *Entrepreneurship Theory & Practice, 35*(5), 895–923.

Wales, W., Gupta, V., & Mousa, F. (2013). Empirical research on entrepreneurial orientation: An assessment and suggestions for future research. *International Small Business Journal, 31*(4), 357–383.

Sachverzeichnis

Printed in Poland
by Amazon Fulfillment
Poland Sp. z o.o., Wrocław